聖經
漢字
解說

성경한자해설

신학박사 **홍순영** 감수 / 저자 **박광호** 교수

백산출판사

추천사

하나님께서는 하나님을 더듬어 찾아 발견할 수 있도록 우리에게 은혜를 주셨습니다. 우리는 그 은혜에 힘입어 다양한 방법으로 하나님을 알아갑니다. 그중에서도 성경을 통해 하나님을 찾아감이 가장 명확하고 올바른 방법입니다. 성경에서 계시하시는 하나님을 하나씩 알아갈 때 우리 신앙인은 기쁨과 행복을 누리게 됩니다.

마르틴 루터의 종교개혁 이후 성경은 더 이상 성직자들의 전유물이 아니라, 모든 성도가 하나님의 말씀인 성경을 읽고 은혜를 나누고, 또 성경을 통해 하나님을 더욱 분명하게 알아가고 있습니다. 종교개혁 이후 예수 그리스도의 복음이 전파되는 곳에는 항상 성경 번역이 활발하게 이어졌습니다. 번역된 성경은 선교 현장의 언어와 문화 그리고 관습을 고스란히 담았고, 사람들은 그 번역된 성경을 통해 더욱 쉽게 하나님을 이해하고 받아들였습니다.

현재 우리가 읽고 있는 성경 역시 이와 같은 과정을 거쳤습니다. 외국 선교사들의 도움과 한문 성경을 참고한 활발한 번역 작업 덕분에 1911년 한글성경이 완역되는 성과를 이루었습니다. 이 성과물에 한자 문화권의 영향이 담겨 있음은 부인할 수 없는 사실입니다. 그러므로 한자로 표기된 성경의 단어들은 한자로 접근하고 이해할 때 진정한 의미를 깨달을 수 있습니다.

글로벌 시대에 영어 문화권을 중심으로 한 교육과 문화가 더욱 활발하게 번성하고 있으나, 우리는 중국과 일본에 인접하여 한자 문화권의 영향을 받아 왔고, 여전히 그들과 문화교류를 이어가고 있습니다. 그러므로 한자를 통한 성경 이해는 그들에 대한 이해를 높이고, 선교 대상으로 삼아 복음을 증거하는 데 많은 도움이 될 것입니다.

저자 박광호 장로님은 오래전부터 대학에서 국문학과 한자를 가르치셨고, 오랜 신앙생활을 통해 성경에 대해서도 해박한 지식을 가지신 분입니다. 하나님께서 주신 유능한 재능을 잘 활용하여 모두에게 유익을 끼치는 이 일이야말로 하나님께는 영광이요, 장로님에게는 한없는 감사와 기쁨이 될 것입니다.

아울러 『성경한자해설』이라는 값진 열매를 통해 많은 신앙인이 하나님의 말씀을 더욱 명료하게 깨달아 성결한 삶을 실천할 수 있기를 바랍니다.

기독교대한성결교회
총회장 류정호(柳正鎬) 목사

서문(序文)

　　성경(聖經)이 우리말로 번역(飜譯)되기 시작한 지는 한 세기가 넘었고, 그동안 각 계층(階層)에 널리 보급(普及)되었다.

　　그런데 일반적으로 성경의 한문(漢文)에 대한 인식(認識)은 그 중요성에 견주어 볼 때 그렇게 정확(正確)하게 이해되고 있는 것 같지만은 않다. 그것은 당초 한문자(漢文字)로 번역했던 것을 한글로 다시 표기함에 따라 한자어의 의미(意味)에 대한 바른 이해(理解)가 부족한 데서 연유하는 것으로 보인다.

　　또, 성경 본래의 뜻과는 달리 오역(誤譯)하여 출판했거나 임의로 해석(解釋)된 책자를 보아왔기에 이를 정정(訂正)해보려는 의욕이 있었다.

　　그러나 당초 성서적으로 해석해보려는 시도의욕(試圖意慾)은 컸으나 천학(淺學)의 소치(所致)로 원전(原典)에 대한 초라한 주석서(註釋書)가 된 것에 대한 자괴(自愧)의 마음을 금할 수 없다가 내 생애에 이 책을 출간하여 종교계에 남기고 싶은 마음으로 다시 첫마음을 살려 시도하였다. 홍모(鴻毛)의 누라도 끼치지 않았을까 두렵고 많은 질타(叱咤)와 훈도(訓導)가 있기를 바란다.

　　재출(再出)되는 어휘(語彙)[예컨대 약속(約束)이란 단어가 구약의 경우 7,706번, 신약에는 1,104번 도합 8,810번이나 재출되고 있음는 가급적 피하려 했으나 빈도(頻度)의 다수로 인한 중복(重複)은 어쩔 수 없었음을 밝혀둔다.

　　끝으로 이 책의 내용을 손수 감수(監修)해주신 홍순영(洪淳永) 목사님, 추천사(推薦辭)를 써 주신 교단 총회장 류정호(柳正鎬) 목사님께 깊이 감사를 드리며, 많은 어려움을 물리치고 어엿한 한 권의 책으로 만들어주신 백산출판사 진욱상(秦旭相) 회장님께 감사를 드린다.

2019. 10. 著者 識

차례

■ 추천사 / 3
■ 서문(序文) / 4
■ 발문(跋文) / 617

舊約全書

■ 創世記 ····················· 9
■ 出애굽記 ················ 87
■ 레위記 ···················· 137
■ 民數記 ···················· 160
■ 申命記 ···················· 188
■ 여호수아 ················· 216
■ 士師記 ···················· 227
■ 룻記 ························· 240
■ 사무엘 上 ················ 242
■ 사무엘 下 ················ 258
■ 列王記 上 ················ 273
■ 列王記 下 ················ 287
■ 歷代 上 ··················· 298
■ 歷代 下 ··················· 308
■ 에스라 ···················· 320
■ 느헤미야 ················· 325
■ 에스더 ···················· 331
■ 욥記 ························· 336
■ 詩篇 ························· 356
■ 箴言 ························· 386

■ 傳道書 ···················· 400
■ 雅歌 ························· 405
■ 이사야 ···················· 409
■ 예레미야 ················· 434
■ 예레미야哀歌 ·········· 448
■ 에스겔 ···················· 451
■ 다니엘 ···················· 461
■ 호세아 ···················· 467
■ 요엘 ························· 470
■ 아모스 ···················· 472
■ 오바댜 ···················· 474
■ 요나 ························· 475
■ 미가 ························· 477
■ 나훔 ························· 479
■ 하박국 ···················· 481
■ 스바냐 ···················· 483
■ 학개 ························· 485
■ 스가랴 ···················· 487
■ 말라기 ···················· 491

新約全書

- 마태福音 ···················· 495
- 마가福音 ···················· 509
- 누가福音 ···················· 515
- 요한福音 ···················· 526
- 使徒行傳 ···················· 533
- 로마書 ······················ 552
- 고린도前書 ················· 559
- 고린도後書 ················· 565
- 갈라디아書 ················· 569
- 에베소書 ···················· 572
- 빌립보書 ···················· 575
- 골로새書 ···················· 578
- 데살로니가前書 ·········· 580
- 데살로니가後書 ·········· 582
- 디모데前書 ················· 584

- 디모데後書 ················· 588
- 디도書 ······················ 590
- 빌레몬書 ···················· 591
- 히브리書 ···················· 592
- 야고보書 ···················· 596
- 베드로前書 ················· 599
- 베드로後書 ················· 601
- 요한一書 ···················· 603
- 요한二書 ···················· 604
- 요한三書 ···················· 605
- 유다書 ······················ 606
- 요한啓示錄 ················· 607
- 교회력 안내 ··············· 612
- 여호와의 절기 ············ 615

- 발문(跋文) / 617
- 찾아보기 / 619

舊約全書

創世記

구약 성서의 첫째 권. 「모세 5경」 또는 「율법의 책」 다섯 권 중의 첫 권으로서, 정확한 기록 연대를 추정할 수는 없지만 분명한 사실은 출애굽부터 모세가 죽기까지의 사이에 기록되었을 것임은 틀림없다.

출애굽 사건은 에굽의 투트모스 3세(기원전 1504~1448)를 탄압자로 보고 그 아들 아메호텝 2세(기원전 1450~1420) 때 출애굽 사건이 이루어진 것으로 볼 때 약 기원전 1446년 정도로 추정할 수 있다. 한편 지도자 모세는 출애굽 후 40년의 광야생활을 마치고 120세에 세상을 떠났다[신34:7]. 따라서 본서의 저작연대는 기원전 1446년부터 1407년 사이에 기록된 것으로 볼 수 있다. 창세기는 세상과 인류의 창조, 죄의 기원, 에덴 동산의 추방, 문명의 기원과 사람의 증가, 노아의 홍수, 여러 민족과 히브리 사람의 기원, 바벨탑의 제1부와, 아브라함 · 이삭 · 야곱 · 요셉의 생애의 제2부로 되어 있다.

創 비로소창	1. 비로소. 다치다. 2. 징계하다.
世 인간세	1. 세상. 인간. 낳다. 2. 세대. 서른 해
記 기록할기	1. 기록하다. 기억하다. 2. 문체의 하나로, 사물에 대한 사실이나 관찰을 객관적으로 기록하는 글로, 일반적으로 일의 유래를 기록하며 뒤에 남기는 기념문에 사용되는 경우가 많다.

1장

1:1	**太** 클태 **初** 처음초	1. 우주의 맨 처음. 곧 천지가 개벽한 처음. 2. **성**히브리 원어 '브레쉬트'는 무시간적 차원인 영원의 어느 한 점으로부터라는 뜻[요1:1의 태초가 이에 해당]이 아니라 하나님이 천지 창조를 시작하심으로써 시작된 시간이 출발점을 의미한다.
1:1	**天** 하늘천 **地** 땅지	1. 하늘과 땅. 2. 온 세상.
1:1	**創** 비로소창 **造** 지을조	성경에서는 '창조하다'라는 뜻을 가진 원어로 다음 네 가지가 사용되고 있다. ① 본문에서 사용된 원어 '바라'는 무에서 유를 창조하는 순수한 의미의 창조 사역에 사용되었다[시51:10, 사65:17, 암4:13, 참조 사65:18]. ② '바라'와 근본적인 의미에서 동의어로 쓰인 '아샤'는 이미 창조된 물질로부터 전혀 새로운 생명이나 물체의 창조를 의미한다[1:16, 25~26]. ③ '야찰'은 토기장이가 흙으로 아름다운 그릇을 만들 듯이 하나님이 자신의 뜻에 맞도록 사물을 완벽하게 지으시는(form) 것을 뜻한다[2:7, 9]. ④ '바라'는 하나님이 아담의 갈빗대로 하와를 지으신 것을 나타낼 때 사용된 말로 '짓다' 또는 '건축하다'(build)란 뜻을 갖는다. 이상 '창조'라는 뜻의 네 가지 원어를 종합해 볼 때 하나님은 태초에 무에서 유를 창조하셨고 자신이 창조하신 물질을 사용하여 우주를 자신의 뜻에 맞도록 조물(造物)하셨다는 것을 알 수 있다.
1:2	**混** 흐릴혼 **沌** 흐릴돈	1. 천지 개벽 초에 하늘과 땅이 아직 나뉘지 아니한 사람이 살 수 없을 정도의 상태. 2. 사물의 구별이 판연하지 않고 모호한 상태. 즉 무에서 유로의 창조가 최초로 이루어졌지만 아직 우주가 하나님의 거룩한 뜻에 맞도록 완전히 창조된 것은 아니었다[사45:18].

| 1:2 | 空
빌공 | 虛
빌허 | 속이 텅빔. 아무것도 없음. |

| 1:2 | 黑
검을흑 | 暗
어두울암 | 몹시 껌껌하게 어두움. 이 표현은 지구의 근본 재료
가 유동체이거나 액체 또는 용해된 형태라는 것을
암시하는 것 같다. |

| 1:2 | 神
귀신신 | | 1. 인간의 종교심의 대상이 되는, 초인간적 위력을
　　가지고 있는 존재. 나타나지 아니하여 알 수 없는
　　가운데 존재하며 불가사의한 능력을 가지고 인류
　　에게 화복을 내린다고 믿어지는 신령, 곧 종교상
　　귀의하고 또 두려움을 받는 대상.
2. 하나님.
3. 귀신.
4. 영묘 불가사의하여 사람의 지혜로서는 헤아릴 수 없
　　는 것.
5. 거룩하여 감히 침범할 수 없는 것.
6. 신명.
7. 하나님의 신 히브리어로 '루아흐 엘로힘'이다.
　　하나님의 숨이라는 뜻도 되는데 이 말은 생명의
　　근원과 성령을 의미[참조 욥26:13, 27:3, 시33:6,
　　104:29, 143:10, 사34:16, 61:1, 63:11]. |

| 1:2 | 運
옮길운 | 行
행할행 | 1. 운전하여 나아감.
2. 천체가 그 궤도를 따라 운동함.
3. 성 성령께서 새로운 생명력을 부여하기 위해 사랑
　　으로 부단히 창조 활동을 행하심. |

| 1:5 | 稱
일컬을칭 | | 일컫다. 부르다. |

| 1:6 | 穹
하늘궁 | 蒼
푸를창 | 1. 높고 푸른 하늘.
2. 지구와 직접 접하고 있는 대기권의 하늘.
　　*궁창 위의 물. 이 대기권의 수증기로 인하여 지구는
　　마치 온실과 같이 되어서 생물은 최적의 환경을 갖게
　　되었다. 고대 족장들의 장수(5장) 그리고 대홍수
　　당시의 엄청난 비(6~9장)도 이것과 관계된 듯함. |

11

1:11	菜 나물채	蔬 나물소	냄새 · 소채. 온갖 푸성귀. 남새.

1:11 種 일컬을종 / 종류종 / 씨종 / 가지종 / 심을종 — 類 같을류(유)

1. 사물의 부문(部門)을 나누는 갈래, 종속(種屬)
2. 이 말은 종(種)의 근본적 변천을 주장하는 진화론이 될 수 없음을 보여 준다. 생물계의 재생산 영역은 넘을 수 없는 경계가 있다. 그러나 여기서 사용된 종류(kind)라는 말은 생물 분류 기준의 여러 단위 중에서 과(科, family), 속(屬, genus) 또는 어떤 특정한 범주와 동일시하기는 힘들다. 이 구절은 하나님께서 비교적 적은 수의 기본 구조형을 창조하시되, 그 종류 자체 내에서 환경에 따라 적용하며 변할 수 있는 기본 종류들을 만드셨다고 볼 수 있음.

1:11	果 과실과	木 나무목	과실이 열리는 나무.

1:14 光 빛광 — 明 밝을명

1. 밝은 빛. 밝고 환함.
2. [불교] 번뇌 · 죄악의 암흑을 비추어 신앙상의 슬기와 식견을 주는 것.

1:14 晝 낮주 — 夜 밤야

1. 낮과 밤.
2. 언제나, 항상.

1:14	徵 부를징	兆 억조조	미리 보이는 조짐.
1:14	年 해년(연)	限 한정한	시간의 기본 단위인 작정된 햇수. 연기(年期).
1:16	主 주인주	管 거느릴관	일을 맡아 주장하여 관리함.

1:20 生 날생 — 物 만물물

생활 현상을 영위하는 물건. 곧 동물, 식물을 통틀어 말함.

1:20	蕃 번성할번 / 盛 성할성	1. 자손이 늘어서 퍼짐. 2. 초목이 잘 퍼져서 무성함.
1:22	福 복복	히브리어 '아쉬테이'(잘 되어간다)에서 파생된 말로 하나님의 은총에 의한 번영과 행복을 의미.
1:22	生 날생 / 育 기를육	1. 낳아서 기르는 일. 2. 풍부한 결실.
1:22	充 가득할(채울)충 / 滿 찰만	1. 분량이 차서 가득함. 2. 하나님의 덕과 능력이 가득 차서 완전한 상태.
1:26	形 형상형 / 像 형상상	1. 물건의 형체와 그 생긴 꼴. 2. 성 인간이 하나님의 성품의 영향을 받아 지음 받았음을 의미.
1:26	貌 모양모 / 樣 모양양	형상. 생김 생김. 모습. 맵시.
1:28	征 칠정 / 服 다스릴복	정벌하여 복종시킴. 어려운 일을 이겨냄.
1:29	食 먹을식 / 物 만물물	먹는 물건. 먹을 물건.
1:29	地 땅지 / 面 낯면	땅의 표면.
1:31	甚 매우(심할)심	1. 심하다. 2. 더욱. 매우.

2장

| 2:1 | 萬
일만만 | 物
만물물 | 세상에 있는 온갖 물건. |

| 2:2 | 安
편안안 | 息
쉴식 | 편안하게 쉼. |

| 2:4 | 大
큰대 | 略
간략할략(약) | 대강. 대충. |

| 2:5 | 耕
갈경 | 作
지을작 | 1. 농사 일을 함.
2. 땅을 갈아서 농사를 지음. |

| 2:7 | 生
날생 | 氣
기운기 | 싱싱하고 힘찬 기운. 활발하고 생생한 기운. |

| 2:7 | 生
날생 | 靈
신령령(영) | 생령(a living soul)은 산 인간을 의미하며 이 말은 동물들에게도 적용되었다. 그러나 인간은 하나님의 형상을 따라 창조되었다는 점에서 동물과 구별됨. |

| 2:8 | 創
비롯할창 | 設
베풀(세울)설 | 처음으로 베풂. 창립. |

| 2:9 | 生
날생 | 命
목숨명 | 목숨. 수명. 살아가는 원동력. 사물을 유지하는 기간. |

| 2:9 | 善
선할선 | 惡
악할악 | (惡) 착함과 악함. |

| 2:10 | 發
필발 | 源
근원원 | 1. 물의 근원. 물이 비롯하여 흐르는 근원.
2. 사물이 일어나는 근원. (flow out) |

| 2:10 | 根
뿌리근 | 源
근원원 | 1. 물의 줄기가 나오기 시작하는 곳.
2. 사물이 생겨나는 본바탕. 근본. |

2:12	精 정할정	金 쇠금	순금.
2:12	縞 흰비단호	瑪 옥돌마	瑙 화반석노 미술품을 만드는 데 쓰는 옥돌의 한 가지.
2:16	各 각각각	種 종류종	여러 가지의 종류. 여러 가지.
2:16	實 열매실	果 과실과	먹을 수 있는 초목의 열매.
2:16	任 맡을임	意 뜻의	마음대로 함.
2:17	丁 고무래정	寧 평안녕	기필코. (하나님의 말씀에 순종하면 영원히 살리라는 약속을 동시에 내포하고 있는 전제)
2:18	獨 홀로독	處 곳처	홀로 거처함.
2:18	爲 할(만들, 위할, 도울)위		1. 하다. 되다. 2. 더불어. 3. 하여금. 4. 삼다. 5. 만들다.
2:18	配 짝배	匹 짝필	부부가 되는 짝.
2:20	六 여섯육	畜 가축축	집에서 기르는 대표적인 6가지 가축 (소, 말, 양, 돼지, 닭, 개).
2:21	取 가질취		1. 가지다. 취하다. 2. 받다.
2:24	聯 이을련(연)	合 합할합	두 가지 이상의 사물이 서로 합함. 또는 서로 합하게 함.

3장

3:1	奸 간사할간	巧 공교할교		1. 간사하고 교묘하게 남을 속임. 2. **성**총명하다(subtil)라는 뜻으로 나쁜 의미로 쓰이지 않았다. 왜냐하면 이 시점에서는 아직 저주 받지 않았기 때문에.
3:6	智 지혜지	慧 지혜혜		슬기. **성**히브리어 '호크마'로서 이론적인 지식.
3:6	貪 탐낼탐			1. 탐욕. 탐하다. 2. **성**정욕의 독소에 오염된 불순한 눈으로 보았음 [요일2:16].
3:7	無 없을무	花 꽃화	果 과실과	무화과 나무의 열매.
3:8	廣 넓을광	大 큰대		히브리어 '가돌'인데 '위대함'이란 뜻.
3:8	音 소리음	聲 소리성		1. 말소리. 외치는 소리 등의 총칭. 2. **성**하나님께서 범죄한 아담을 부르시는 소리 (완전히 버리시지 않고 다시 찾아오신 사실).
3:8	避 피할피			1. 피하다. 숨다. 2. **성**하나님과 인간의 친밀한 교제가 깨어졌음.
3:11	告 알릴고			1. 알리다. 2. 여쭈다.
3:14	詛 저주할저	呪 저주할주		남이 못 되기를 빌고 바람[벧후2:14].
3:14	終 마칠종	身 몸신		1. 한평생을 마침. 2. 명을 마칠 때까지의 동안. 3. 임종.

3:15	怨 원망할원	讐 원수수	자기 또는 자기 집, 자기 나라에 참지 못할 해를 끼친 사람.
3:15	傷 상할상		상하다. 상처.
3:16	孕 아이밸잉	胎 아이밸태	임신. 아이를 배는 일.
3:16	苦 괴로울고	痛 아플통	1. 괴롭고 아픔. 2. 불만에서 오는(생기는) 감정.
3:16	受 받을수	苦 괴로울고	무슨 일에 힘들이고 애씀.
3:16	思 생각사	慕 사모모	1. 정을 들이고 애틋하게 생각하고 그리워함. 2. 의뢰하다. 기대다. 3. 우러러 받들고 마음으로 따름[살전2:8].
3:17	因 인연인		1. 인연. 2. 원인이 일어나는 근본 동기.
3:17	所 바(곳)소	産 낳을산	생겨나는 바.
3:19	畢 다할필	竟 끝날경	마침내. 결국에는.
3:22	永 길영	生 날생	예수를 믿고 그 가르치는 바대로 행함으로써 천국에 회생하여 영원무궁토록 삶.
3:23	根 뿌리근	本 근본본	1. 초목의 뿌리. 2. 사물이 발생하는 근원. 기초. 근저.
3:24	火 불화	焰 불꽃염	劍 칼검	구약시대에 신이 가끔 검과 흡사한 화염(불꽃)으로 나타나기 때문에 그 형상을 가리켜 말함.

4장

4:1	同 한가지동	寢 잠잘침	부부 또는 남녀가 한 이불 속에서 잠.
4:1	得 얻을득	男 사내남	생남. 아들을 낳음.
4:2	農 농사농	事 일사	농민이 곡식을 가꾸는 일. 논밭을 갈아 유익한 식물을 재배하거나 동식물을 사육하는 일.
4:3	歲 해세	月 달월	흘러가는 시간. 광음.
4:3	祭 제사제	物 만물물	제사에 쓰는 음식[빌4:18]. 고운 밀가루와 감람유, 유향을 제물로 삼아 드리는 소제[레2:1∼16].

4:4	悅 기쁠열	納 드릴(받을)납	1. 기쁘게 받다.

2. **성** 히브리어 '라쩨'는 '받아들여짐'이라는 의미를 지니고 있는데, 모세는 종종 이를 '하나님의 선한 뜻'의 '라쫀'과 같은 의미로 사용하고 있다.
제사 행위는 그 자체에 구원의 능력이 있는 것이 아니라 이런 행위를 통하여 하나님이 우리를 인정하시겠다는 약속이 있기 때문에 중요한 것이다. 따라서 이 제사를 인간의 마음과 뜻과 정성을 다하여 드려야 하는 것임.

4:5	忿 분할분		1. 분하다. 2. 한하다.
4:5	顏 얼굴안	色 빛색	얼굴에 나타나는 기색. 얼굴 빛.
4:7	罪 허물죄		1. 인간의 허물. 2. **성** 성경 최초로 등장하는 말로 '표적이 빗나가다'라는 뜻을 가진 히브리어 '하타'에서 나온 말.

4:7	所 願 바소 원할원	원하는 바. 바라는 일.
4:10	呼 訴 부를호 아뢸소	원통한 사정을 관부 또는 남에게 말함.
4:12	效 (効) 力 본받을효 힘력	1. 효험(效驗). 2. 공로(公路). 3. 보람(保覽). 4. 효능 등을 나타내는 힘. 본래의 의미는 '생산력'임.
4:12	流 離 흐를류(유) 떠날리	유랑. 정한 직업이 없이 이리 저리 떠돌아 다니는 일.
4:13	罪 罰 허물죄 벌줄벌	1. 죄에 대한 형벌. 2. 성죄에 대한 후회는 전혀 없이 형벌의 공포에만 절망하고 있음.
4:13	重 무거울중	1. 무겁다.　　　2. 정중하다. 3. 크다. 심하다.　4. 소중하다. 5. 거듭되다.
4:14	主 주인주	1. 주인.　　　　2. 임금. 3. 중심. 4. 중심이 되어 다스리다. 5. 성하나님.
4:15	標 표표	1. 표. 나무끝. 2. 기록함.
4:15	免 면할면	1. 면하다. 벗다. 2. 허가하다.
4:15	罰 벌줄벌	1. 벌주다. 2. 벌받다. 3. 성철저한 복수의 표현.

4:17	居 살 거		살다. 앉다.

| 4:17 | 同
한가지 동 | 寢
잠잘 침 | 성그의 아내는 아담이 낳은 여자임이 분명하다. 그녀는 가인의 쌍둥이 여동생이었거나 조카 또는 그의 증손녀(형제들이 낳은)였을 수도 있다. 분명한 것은 가인은 룰루와와 쌍둥이로 태어났고, 아벨은 이클리아와 쌍둥이로 태어났다. 아담과 하와는 가인의 아내로 이클리아를 아벨의 아내로 룰루와를 맺어주려 했으나 이 사실을 안 가인이 아벨을 죽이고 룰루와를 데리고 도망하여 놋 땅에서 에녹을 낳았다. 그 뒤에 셋째 아들 셋은 누이인 이클리아와 혼인하게 된다. 물론 이 당시의 결혼은 근친혼(近親婚)이었으며 이 관습이 고대 근동에서는 먼 훗날까지 계속되었음. |

| 4:17 | 城
재 성 | | 1. 성.
2. 도읍.
3. 성인류 최초의 정착촌에 대한 기록이다. 문자적으로는 영원한 거주지를 뜻한다. 여기서 성이라는 말은 근대적 의미의 도시가 아니라 쌓아 올린 벽이나 성채를 뜻한다. 이것은 인류 문명의 중요한 단계가 되었다. |

| 4:19 | 娶
장가들 취 | | 1. 장가들다.
2. 성본문에는 라멕이 첫 번째 부인으로부터 아이를 갖지 못했다는 말이 없고 다만 두 아내를 취했다고만 기록되었다. 그에 의하여 최초로 하나님이 정하신 일부일처제의 결혼 윤리가 변경된다. 라멕의 육체적 탐욕으로 인한 것임. |

| 4:20 | 帳
천막(휘장) 장 | 幕
장막 막 | 1. 천막 또는 둘러치는 막.
2. 속을 보지 못하게 둘러치는 막. |

| 4:21 | 竪
세울 수 | 琴
거문고 금 | 1. 거문고의 하나.
2. 악하프(harp). 청아한 음색을 지니고 있어 하나님을 찬양할 때 비파와 함께 사용된 현악기. |

4:21	洞 골동(꿰뚫을)통	簫 퉁소소	퉁소.
4:22	銅 구리동	鐵 쇠철	(鉄) 구리와 쇠.
4:22	各 각각각	樣 모양양	여러 가지 모양. 여러 가지.
4:22	機 기계기	械 기계계	여러 기관이 서로 어울려 사람 또는 자연의 힘을 받아 움직이는 틀.
4:23	創 다칠창	傷 상할상	1. 칼날·창·총검 따위로 다친 상처. 2. 성 라멕은 그의 아들의 발명으로 만들어진 무기의 우수성을 자랑하면서 자기를 해치려는 원수에게는 가인의 살인자에게 주어진 복수보다 10배를 더 가할 것이라고 호언하고 있다. 하나님을 떠난 자들의 교만과 그 시대의 잔학성을 표현한다.

5장

| 5:1 | 系
이을계 | 譜
적을(계보)보 | 혈통과 집안 역사를 적은 책. 이 말은 아마도 모세가 창세기를 기록하기 위하여 이용한 문서 자료일지도 모른다. 왜냐하면 계보는 족보, 즉 '책'(book)을 뜻하기 때문임[2:4, 6:9, 10:1, 11:10~27, 25:12~19, 36:1, 37:2]. |
| 5:5 | 享
누릴향 | 壽
목숨수 | 오래 사는 복을 누림. |

5:22	同 한가지동	行 행할행	길을 같이 함. 이 구절은 노아에게 사용되었고[6:9], 또한 미가가 사용하였다[미6:8]. 그 내용은 하나님 앞에 지속적인 복종으로 사는 경건한 생활을 뜻한다. 곧 그의 생각, 그의 말과 행동이 하나님 앞에서 하나님을 기쁘게 하는 것을 뜻한다. 에녹의 사건은 비록 이 땅에 사단의 권세가 가득하지만 그래도 우리는 하나님과 동행할 수 있다는 희망을 줌.
5:24	世 인간세	上 위상	1. 사람이 살고 있는 온 누리. 2. 속세.
5:29	安 편안안	慰 위로할위	몸을 편안하게 하고 마음을 위로함.

6장

6:1	始 비로소시	作 지을작		처음으로 함.
6:3	永 길영	遠 멀원		영구한 세월. 세월이 끝이 없이 길고 오램.
6:3	肉 살육	體 몸체	(体)	1. 몸. 육신. 물질적인 신체. 2. **성** 죄 있는 존재들을 의미한다. 히브리어 '바살'은 신약성경의 헬라어 '사륵스'와 같은 뜻인데 이것은 죄에 의해서 사악하게 된 인간의 육체를 말함.
6:4	當 마땅당	時 때시		일이 생긴 그때.
6:4	勇 날랠용	士 선비사		용기가 있는 남자. 용자.

6:5	罪 허물죄	惡 악할악	죄가 될 만한 나쁜 것.
6:5	貫 꿸관	盈 찰영	1. 가득 참. 2. 성 히브리어 '라바'는 '충분하다, 너무 많다'는 뜻 [대상23:17, 시130:7]이다. 당시 사람들의 죄악이 깊이 뿌리를 박은 지속적인 것이었음.
6:5	計 셈계	劃 그을획	꾀를 내어 미리 일의 얼개를 세움.
6:5	恒 항상항	常 항상상	늘. 일상.
6:5	惡 악할악	(惡)	악하다. 악함.
6:6	恨 한할한	嘆 탄식할탄	원통하거나 뉘우침이 있을 때에 한숨 짓는 탄식.
6:8	恩 은혜은	惠 은혜혜	1. 베풀어 주는 혜택. 2. 고마움. 3. 하나님의 은총. 4. 성 히브리 원어 '헨'은 숙이다 또는 굽히다라는 뜻이다. 즉 높은 자가 낮은 자에게 값없이 그리고 겸손하게 베푸는 사랑을 뜻하는 말로 성경에서는 처음으로 이곳에 사용되었다. 이 은혜는 때로 구속적 의미에서 사용되기도 함[렘31:2, 슥12:10].
6:9	事 일사	蹟 자취적	사건의 자취. 일의 행적.

6:9	義 옳을의	人 사람인	1. 의로운 사람. 사리에 바르고 자비와 긍휼이 있는 사람. 2. 성 전혀 무죄하거나 흠없는 자가 아니라 타락한 시대적 상황에서 그래도 경건하고 정직하게 살려고 노력하는 사람.
6:9	當 마땅당	世 인간세	그 시대의 세상.
6:9	完 완전할완	全 온전전	부족함이 없음.
6:11	悖 거스릴패	壞 무너질괴	1. 부서지고 무너짐. 또는 무너뜨림. 2. 성 하나님의 모든 뜻을 거스르는 극심한 부패와 타락의 상태.
6:11	强 굳셀강	暴 사나울포	1. 우악스럽고 사나움. 2. 공평과 정직을 버리고 남들에게 대하여 무질서하게 압제함. 3. 성 당시의 무법천지 암시.
6:12	血 피혈	肉 살육	1. 피와 살. 2. 자기가 낳은 자녀. 3. 성 인간 본성.
6:12	行 행할행	爲 할위	하는 짓.
6:13	滅 멸할멸		멸하다. 죽이다.
6:14	方 모방	舟 배주	노아가 홍수를 대피하기 위해 만든 배. 방주는 통상적인 의미에서 사용되는 배가 아니라 물 위에 뜰 수 있는 상자나 큰 궤를 말함[참조 출2:3]. 방주의 모양에 대해서는 언급이 없고 규모에 대해서만 언급되었다.

24

*규빗. 팔꿈치에서 중지까지의 길이[신3:11]로 시대와 장소에 따라 조금씩 차이가 있으나 규빗은 약 45.6cm이다. 이렇게 볼 때 이 방주는 대략 높이 약 14m, 폭 약 23m, 길이 약 137m가 된다. 이것은 배수량 약 20,000t, 용적 14,000t 크기의 배.

6:14 　間
사이간

1. 사이.
2. 이간하다.

6:14 　瀝　　青
거를력(역)　푸를청

1. 천연산의 고체·반고체·액체 또는 기체의 탄화수소 화합물의 총칭.
2. 콜타르에서 휘발 성분을 증류하고 남은 찌꺼기.

6:15 　制　　度
법도(억누를)제　법도도

마련한 법도. 나라의 법칙.

6:15 　長
길(어른)장

1. 길다.　　2. 오래.
3. 잘한다.　4. 어른.
5. 맏.　　　6. 상관.
7. 우두머리 노릇하다.

6:15 　廣
넓을광

1. 광중.
2. 텅 비다.
3. 넓다.

6:17 　洪　　水
넓을홍　物수

1. 장마로 벌창하는 큰 물.
2. 성 엄청난 양의 강우량이 계속된 것은 대기권에 퍼져 있던 수증기가 급속도로 응결하여 일시에 내렸기 때문이다[1:7 각주 참조]. 또 비뿐만 아니라 모든 지하수와 해변의 범람이 일시에 발생한 것은 하나님의 심판에 의한 초자연적 현상이었음.

6:17 　氣　　息
기운기　쉴식

호흡.

| 6:17 | 滅
멸할멸 | 絶
끊을절 | 멸망하여 끊어져 버림. |

| 6:18 | 言
말씀언 | 約
약속할약 | 1. 말로 약속함.
2. 성히브리어로 '베리트'인데 새기다라는 뜻을 갖고 있다. 하나님의 성실을 보증으로 하는 인간을 향한 약속이다. 구약의 위대한 언약 전승은 다음과 같다. 아담에 대한 언약[창2:16~17], 노아에 대한 언약[창9:8~13], 아브라함에 대한 언약[창12:1~3], 모세에 대한 언약[출19:5], 다윗에 대한 언약[삼하7:16], 메시야에 대한 언약[렘31~34, 히8:8]. |

| 6:18 | 子
아들자 | 婦
지어미부 | 며느리. |

| 6:19 | 雙
짝쌍 | (双, 隻) | 짝. 둘. |

| 6:19 | 保
보호할보 | 存
있을존 | 잘 지켜서 탈이 없도록 함. |

| 6:21 | 貯
쌓을저 | 蓄
쌓을축 | 절약하여 모아둠. |

| 6:22 | 遵
좇을준 | 行
행할행 | 그대로 좇아서 행함. 규정을 지키어 행함. |

7장

| 7:1 | 世
대세 | 代
대신할대 | 1. 여러 대.
2. 한 대(약 30년). 한 시대 사람들. |

7:2	淨 깨끗할정	潔 깨끗할결	1. 말쑥하고 깨끗함. 2. **성**몸을 깨끗이 씻는 것을 말하는데 이 결례는 후에 요한이 전파한 회개의 세례와 유사함.
7:2	不 아니부	淨 깨끗할정	깨끗하지 않고 더러움.

7:3	遺
	남을유
		傳
		전할전
			1. 끼쳐 내려옴.
			2. 조상의 몸의 형태나 성질이 자손에게 전하여지는 일.
			3. **성**씨가 마르지 않도록 계속 살게 하라는 뜻.
			4. 신약에서는 ① 장로들의 유전[마15:2]
			                  ② 사람의 유전[골2:8]
			                  ③ 바울이 가르친 '복음의 진리'
			등을 가리킴.

7:18	漲 넘칠창	溢 넘칠일	물이 범람하여 넘침.
7:22	陸 뭍륙(육)	地 땅지	지구 위의 땅. 뭍.
7:22	呼 숨내쉴호	吸 빨아드릴흡	1. 숨의 내쉼과 들이마심. 2. 두 사람 이상이 일을 함께 할 때의 장단.

8장

8:1	眷 돌볼권	念 생각념	1. 보살펴 생각함. 2. **성**기억하다. 새기다. 보살펴 주다.
8:1	減 덜감	(減)	덜다. 덜리다.

| 8:3 | 漸
차차 점 | 漸
차차 점 | 조금씩. 차차. 점차. |

| 8:9 | 接
댈 접 | 足
발 족 | 발을 들여 놓음. 발 붙임. |

| 8:11 | 橄
감람나무 감 | 欖
감람나무 람 | 1. 푸른 빛이 나는 타원형의 핵과로 맛이 좀 쓰고 떫으며, 먹을수록 단맛이 나는데, 날로 먹기도 하고 꿀이나 소금에 절여서도 먹음. 올리브(olive).
2. 성홍수가 지난 뒤 돋아난 새 잎으로 하나님의 자비와 새로운 생명의 출발을 상징함. |

| 8:20 | 壇
단(터) 단 | | 1. 단(교단. 돌단. 연단).
2. (흙이나 돌로 쌓아 올린) 제터(제단). |

| 8:20 | 燔
구울 번 | 祭
제사 제 | 히브리어 '올라'인데 연기나 불꽃이 올라가듯이 상승하게 하다라는 의미이다. 70인역 성경에는 '호로카우스타'로 번역되어 있는데, 이는 전제(奠祭)라는 의미이다. 번제는 육제(肉祭)로 단상에서 전부 구워 향기로 드리워진다. 드려지는 예물들은 드리는 자들의 경제 사정에 따라 수송아지, 숫양이나 숫염소, 산비둘기나 집비둘기로 드려졌다. 번제는 하나님께 대한 인간의 자발적인 헌신을 상징한다. 이는 [히10:5~7]에서 죽음 앞에 자신을 드러내 놓는 예수 그리스도의 희생제로 형상화되었다. 바울은 [롬12:1~2]에서 모든 그리스도인들을 하나님 앞에 자신을 번제물로 드려야 할 존재로 말하고 있음. |

| 8:21 | 香
향기 향 | 氣
기운 기 | 향 냄새. 향취. |

| 8:21 | 歆
흠향할 흠 | 饗
잔치할 향 | 1. 신이 제물을 받음.
2. 성인간이 바친 제물과 그 제사를 하나님께서 기쁘게 받으시는 것. |

9장

9:7	遍 두루편	滿 찰만		1. 널리 참. 꽉 참. 2. 떼를 지어 들끓다.
9:11	沉 잠길침	沒 빠질몰		물 속에 가라앉음. 물에 빠져서 잠김.
9:12	永 길영	世 인간세		영원한 세대. 오랜 세월.
9:12	證 증명할증	據 의거할거		어떠한 사실을 증명할 만한 근거.
9:15	血 피혈	氣 기운기		1. 목숨을 유지하는 체력. 2. 격동하기 쉬운 의기.
9:15	記 기록할기	憶 생각할억		잊지 않고 외워둠.
9:21	葡 포도포	萄 포도도	酒 술주	포도로 만든 술.
9:21	醉 취할취			1. 술 취하다. 2. 취하다.
9:22	下 아래하	體 몸체		1. 몸의 아랫도리. 2. 남녀의 생식기. '하체'는 '벗게 한다'는 뜻을 가진 말에서 기원했다. 3. 성함의 죄는 그가 아비의 하체를 본 그 자체에 있는 것이 아니라 그가 본 것을 악의적으로 즐긴 데 있다.

9:25	詛 저주할저	詋 저주할주	가나안이 어떻게 자신의 아버지 함의 죄에 관련되었는지는 알 수 없다. 그러나 함의 입장에서 보면 자기의 아들이 저주를 받음으로써 결국 형벌을 받는 결과가 된 것이다. 한편 저주는 함족 전체에 내린 것이 아니라 가나안 족속에게 내렸다. 그들은 출애굽 이후 여호수아에게 또 그 후에는 솔로몬에게 정벌되었다[왕상9:20~21]. 그 이후 가나안족은 멸절되어 현재 이 저주 아래 있는 사람은 아무도 없음.
9:26	讚 기릴찬	頌 칭송할송	덕을 찬미하여 기림.
9:27	昌 창성할창	大 큰대	크게 번창함.
9:29	享 누릴향	年 해년	한 평생을 살아 누린 나이. 이 세상에 생존한 햇수.

10장

10:1	後 뒤후	裔 후손예	대수가 먼 후손.
10:5	方 모(곳)방	言 말씀언	1. 어떤 지방이나 계급층에만 국한되어 쓰이는 언어의 체계. 2. 언 한 나라의 언어 중에서 지역에 따라 발음·어법·어휘·의미·음운 등이 표준어와 서로 다른 언어 체계를 가진 말. 사투리. 3. 성 구약시대에 성령의 강림으로 말미암아, 제자들이 자기도 모르는 외국어를 하여 이방인을 놀라게 한 말. 또는 황홀한 상태에서 성령에 의해서만이 말할 수 있는 내용 불명의 말. 여기서는 셈·함족 언어처럼 타국어, 다른 언어(different-language)의 뜻.

10:5	宗 겨레종	族 겨레족	同宗의 겨레붙이.
10:8	英 꽃부리영	傑 뛰어날걸	1. 영웅과 호걸. 용맹이 있고 강력한 세력을 지닌 자. 2. 성니므롯이 폭력으로 최초의 강력한 국가를 형성한 자임을 암시.
10:9	特 특별할특	異 다를이	훨씬 다름.
10:9	俗 풍속속	談 말씀담	1. 예부터 내려오는 민간의 격언. 2. 속된 이야기.
10:12	建 세울건	築 쌓을축	집, 성, 다리 따위를 세움.
10:16	族 겨레족	屬 붙을(무리)속	(属) 같은 종문(宗門)의 겨레붙이.
10:32	世 대세	系 이을계	1. 대대의 계통. 2. 성히브리어 '톨레돗'으로 족보·출생·후손·역사 등의 의미로 사용됨.
10:32	列 벌릴렬(열)	國 나라국	여러 나라. 열방.

11장

11:1	口 입구	音 소리음	의사소통의 수단인 입의 소리. 말. 언어.
11:3	堅 굳을견	固 굳을고	굳세고 단단함.

11:4	臺 집대		히브리어 '믹달'로 탑을 의미. 이것은 우상숭배를 목적으로 세워진 지구라트(Ziggurats)와는 성격이 다르다. 이것은 인간들의 명예욕의 상징으로 인간을 집합시키는 역할을 했음.
11:5	降 내릴강	臨 임할림(임)	1. 신이 하늘에서 속세로 내려옴. 2. 고대 헬라 문화권에서는 왕이나 황제가 도시를 방문하는 것을 의미. 그리스도의 재림.
11:6	以 써이	後 뒤후	1. 그 뒤. 2. 이 다음.
11:6	經 글경	營 경영할영	계획을 세워 일을 다스림.
11:6	禁 금할금	止 그칠지	금하여 못하게 함.
11:7	混 흐릴혼	雜 섞을잡	1. 뒤섞여서 복잡함. 혼란 2. 성 신의 말씀을 팔고 다니다'란 뜻으로 복음의 순수성을 흐리게 하는 것[고후2:17].
11:8	故 연고고		1. 연고. 2. 옛. 3. 죽다.

12장

12:1	親 친할친	戚 겨레척	혈족 관계와 배우자 관계에 있는 사람들.
12:1	指 손가락(가리킬)지	示 보일시	가리켜 보임.

12:2	民 백성민	族 겨레족	말과 풍속이 같고 독특한 문화를 갖는 같은 겨레.
12:3	祝 빌축	福 복복	앞날의 행복을 빎.
12:5	所 바소	有 있을유	가진 물건.
12:6	通 통할통	過 지낼(허물)과	통하여 지나감.
12:10	饑 주릴기	饉 흉년들근	흉년으로 인하여 곡식이 부족함. 먹을 양식이 없어 백성들이 굶주림.
12:10	寓 붙일우	居 살거	1. 남의 집에 임시로 붙어서 삶. 2. 타향에 임시로 삶. 3. 성 아브라함의 애굽행이 임시방편적인 것임을 암시.
12:15	大 큰대	臣 신하신	1. 의정의 총칭. 2. 임금이 있는 나라의 정치상 중임을 맡던 으뜸벼슬.
12:15	稱 일컬을칭	讚 기릴찬	미덕을 찬송하고 기림.
12:16	厚 두터울후	待 기다릴대	두터운 대접. 극진한 친절을 베풂.
12:16	奴 종노	婢 계집종비	남종과 여종의 총칭.
12:17	緣 인연연	故 연고고	까닭. 이유.

| 12:17 | 災
재앙재 | 殃
재앙앙 | 1. 천변 지이(地異) 따위로 말미암은 온갖 불행한 사고.
2. 성 어떤 재앙인지는 확실하지 않지만 바로는 자신의 집안의 재앙으로 인하여 사라와 아브라함을 해치지 않고 그대로 돌려보냈다. 아브라함은 비겁한 거짓말로 위기를 면하려 했으나 결국은 하나님의 은혜로 구출되었음. |
| 12:18 | 待
기다릴대 | 接
댈접 | 음식을 제공함. 예를 차려 대접함. |

13장

13:2	豐 풍년풍	富 가멸(넉넉할)부	원뜻은 '무겁다'로 미처 다 관리할 수 없을 만큼 차고 넘친 상태를 의미.
13:2	發 필발	行 행할행	1. 길을 떠남. 2. 출판물이나 지폐, 채권 등을 박아냄.
13:3	前 앞전		앞. 먼저. 앞서다. 옛.
13:5	一 한일	行 행할행	여행 따위의 동반자.
13:6	同 한가지동	居 살거	1. 한 집에서 같이 삶. 2. 가족이 아니면서 어떤 가족과 같은 집에서 생활함.
13:6	容 얼굴용	納 드릴납	남의 말을 너그러운 마음으로 받아들임.
13:7	家 집가	畜 기를축	집에서 기르는 짐승.

13:7	牧 칠목	者 놈자	1. 양을 치는 사람. 2. 신자를 이끌어 보살피는 성직자. 3. 교인의 신앙생활을 보살피는 목사를 비유하는 말.
13:7	縱 세로종		세로. 세로지르다.
13:7	橫 가로횡		가로. 가로지르다.
13:8	骨 뼈골	肉 살육	뼈와 살. 육체.

14장

14:3	鹽 소금염	海 바다해	Salt Sea. 현재의 지명은 사해(死海)이다. 성경에서는 염해(鹽海)[창14:3, 민34:3], 아라바 해[신3:17, 수12:3, 왕하14:25], 동해[겔47:18, 슥14:8], 바다[겔47:8, 암8:12, 미7:12]라고 기록되어 있다. 서방 유대의 구릉지대와 동방 모압의 고원지대 사이에 끼어 있는 요단 계곡의 남단이다. 그 사해의 수면은 지중해보다 380m나 얕은 세계 최저 수면이다. 요단강 외에도 여러 지류의 수량 유입이 막대하지만 배수구를 갖지 않은 이 호수가 1년 내내 동일한 수위를 유지하는 것은 급속한 수면 증발량 때문이다. 따라서 이 호수에 함유된 염분의 양은 보통 해수의 약 6배이다. 따라서 어떤 생물도 이 호수 안에서는 살 수 없다. 모든 생명이 살 수 없는 곳이므로 후대에 사해(死海: dead sea)라는 이름을 얻었다. 이 호수는 남북이 78.6km, 동서가 14.4~16km, 면적이 약 880km²이므로 바다로 불려지게 되었다. 이 바다는 본래 소돔과 고모라 지역이었는데 이 두 도시가 멸망한 자리가 함몰되어서 형성되었다고도 한다. 현재 아라비아인은 이 바다를 바할롯(롯의 바다)이라고 부름.

14:4	背 등배	叛 모반할반	신의를 버리고 등지고 돌아서는 일.
14:5	同 한가지동	盟 맹세할맹	같은 목적이나 이익을 위해 같이 행동하기로 약속하는 일.
14:6	曠 빌광	野 들야	텅 빈 들. 허허벌판.
14:6	近 가까울근	方 모방	근처. 가까운 곳.
14:8	接 댈접	戰 싸울전	어울려 싸움.
14:9	交 사귈교	戰 싸울전	서로 맞붙어 싸움.
14:10	逃 달아날도	亡 망할망	몰래 피해 달아남.
14:11	財 재물재	物 만물물	돈이나 그밖의 값나가는 물건.
14:11	糧 양식량(양)	食 밥식	먹고 살거리. 식량.
14:12	擄 노략질할로(노)	掠 노략질할략	떼를 지어 재물을 약탈함.
14:13	近 가까울근	處 곳처	가까운 곳. 근방.
14:14	練 익힐련(연)	習 익힐습	1. 계속 되풀이하여 익힘. 2. 성'훈련시킨, 무장시킨'의 뜻으로 유목민들은 많은 수의 가축을 관리하고 도적과 맹수의 위협을 이겨내기 위하여 더욱 정예화된 일꾼들이 요구됐음.

14:17	王 임금왕	谷 골곡		지방(곳) 이름.
14:17	迎 맞이할영	接 댈접		손님을 맞아 대접함.
14:18	至 이를지	極 다할극		구극한 데까지 이름. 더없이 극진함.
14:18	祭 제사제	司 맡을사	長 길장	예루살렘 신전의 제사의 장. 유태에 있어서의 사회적 지위가 가장 높으며 종교적으로는 일정한 복장을 하고 지성소에 출입할 수 있으며 다른 제사를 감독하였음.
14:19	主 임금주	宰 재상재		1. 사람들 위에 서서 일체를 통할함. 또는 그 사람. 2. 성 창설자. 창조자라는 뜻.
14:20	對 대할대	敵 대적할적		적을 상대함.
14:22	盟 맹세할맹	誓 맹세할세(서)		1. 맹세. 장래를 두고 다짐하여 약속함. 2. 신 앞에서 약속함. 3. 성 하나님께서 아브라함과 맺으신 언약.
14:23	致 이를치	富 가멸(넉넉할)부		재물을 모아 부자가 됨.
14:23	無 없을무	論 의논할론(논)		물론. 말할 것도 없이.
14:23	屬 붙을속			붙다. 따르다.
14:24	除 덜제			버리다. 덜다.

15장

| 15:1 | 異
다를이 | 常
떳떳할상 | 1. 보통과 다름.
2. 성 일반적으로 주간에 보여지는 하나님의 계시 사건으로 일종의 황홀한 상태[행10:10, 22:17]. |

| 15:1 | 臨
임할림(임) | | 임하다. |

| 15:1 | 防
막을방 | 牌
패(신위)패 . | 전쟁할 때 창·칼·화살 등을 막는 무기. |

| 15:1 | 賞
상줄상 | 給
줄급 | 상으로 줌. 상으로 주는 물건. |

| 15:2 | 無
없을무 | 子
아들자 | 아들이 없음. |

| 15:2 | 相
서로상 | 續
이을속 | 者
놈자 | 1. 가독(家督) 또는 유산을 계승하는 사람.
2. 성 고대 근동에는 부자가 자식이 없을 때 종을 양자로 삼고 그에게 재산을 상속하는 것이 관례였다. 여기서도 아브라함이 엘리에셀을 상속자로 받아들여도 좋을지 하나님께 여쭈어 보고 있는 것임. |

| 15:3 | 後
뒤후 | 嗣
이을사 | 대를 이어 가문을 보존하고 이어나갈 자. |

| 15:11 | 死
죽을사 | 體
몸체 | (体) 죽은 몸. 시체. |

| 15:13 | 異
다를이 | 邦
나라방 | 타국. 다른 나라. |

15:14	懲 징계할징	治 다스릴치	1. 징계하여 다스림. 2. 성 하나님의 직접적인 약속이다. 하나님은 자신의 섭리를 이루시기 위하여 인간이나 자연을 이용하시지만 그 근본적인 동기는 하나님의 직접적인 의지(will)임.
15:15	長 길장	壽 목숨수	오래 삶.
15:15	平 평평할평	安 편안안	아무 일이 없어서 마음에 걱정이 없음.
15:15	葬 장사장	事 일사	시체를 묻거나 화장하는 일.

16장

16:1	生 날생	産 낳을산	1. 아이를 낳음. 2. 생활에 도움이 되는 산업.
16:2	許 허락할허	諾 승낙할락(낙)	청하고 바라는 바를 들어줌.
16:3	妾 첩첩		1. 정식 아내 외에 데리고 사는 여자. 2. 성 아브라함과 사라는 약속의 본질에 대하여는 생각지 못했으며 다만 그 성취의 결과와 방법만 생각했다. 이 순간적인 결과는 지금까지도 중동 분쟁의 인종적 원인이 되고 있음.
16:4	女 여자녀	主 주인주	人 사람인 여자 주인.

39

16:4	蔑 視		1. 업신여겨 봄. 낮추어 봄.
	업신여길멸 볼시		2. 성한나가 브닌나에게서 멸시받은 것과 같은 경우이다[삼상1:6]. 히브리인은 잉태하지 못하는 것을 수치로 여겼으며 다산을 하나님의 축복으로 생각했음.

16:5	辱		욕되다. 욕하다.
	욕될욕		

16:5	判 斷	(斷)	1. 대상의 여하를 의식작용으로 결정하는 일.
	판단할판 끊을단		2. 길흉을 점침.

16:6	手 中		1. 손안. 장중.
	손수 가운데중		2. 자기가 부릴 수 있는 세력 범위.

16:6	虐 待		가혹한 대우.
	사나울학 기다릴대		

16:7	使 者		1. 사명을 띤 사람.
	하여금(부릴)사 놈자		2. 하나님께서 부리는 하늘의 일꾼.
			3. 성구약에서 여호와의 사자는 천사가 아니라 보통 하나님의 직접적인 현현(顯現)으로 주장된다. 이런 일반 관점은 그리스도의 성육신 이후 하나님의 사자의 직접적인 출현이 중단되었으므로 이 사자가 아마도 제2위이신 그리스도가 아닌가 하는 논리에서 시작되었다. 사자는 여기서도 친히 하나님으로서의 입장을 취하기도 하신다. 즉 그분은 하나님과 동일한 분이시며 동시에 다른 위(位)를 갖고 계신 분이시다[창16:7~14, 21:17~21, 22:11~18, 31:11~13, 출3:2, 삿2:1~4, 5:23, 6:11~24, 13:3~22, 삼하24:16, 슥1:12, 3:1, 12:8].

16:9	手 下		손아래.
	손수 아래하		

16:9	服 옷복	從 따를종	명령대로 좇음.
16:13	鑑 거울감	察 사필찰	자세히 보아 살피심. 흔히 편지에 쓰는 말.

17장

17:1	全 온전전	能 능할능	1. 모든 일을 다 할 수 있는 절대의 능력. 2. **성** 히브리어는 '엘 샤다이'이다. 이것은 여호와의 또 다른 이름으로 '엘'은 엘로힘의 단수형이고 '샤다이'는 충분한 또는 자족한(self-sufficient)이라는 뜻이다. 이 두 단어는 합하여 '하나님의 전능하심', 또는 '샤다이'가 '산'(山)이라는 뜻에서 파생된 단어이므로 산 위에 우뚝 서신 하나님의 위엄을 나타내는 이름.
17:6	列 벌릴렬(열)	邦 나라방	여러 나라. 열국.
17:8	一 한일	境 지경경	어느 지경의 전부. 한 지역 내의 모든 땅.
17:8	基 터기	業 업업	1. 기초가 되는 사업. 2. 대대로 전하여 오는 사업과 재산. 3. **성** 이들이 차지한 지상의 가나안이 언약의 조건에 의하여 영원히 그들의 기업이 된다는 뜻이다. 이와 같이 천국의 가나안 복지도 아브라함의 영적 후손에게 영원한 기업이 됨.
17:10	割 나눌할	禮 예도례(예)	남자가 난 지 8일 만에 생식기 끝의 껍질을 끊어내는 종교적 습관. 애굽이·아라비아 등 기타의 원시 민족 사이에 성행하였음. 유대인은 이것을 신이 민족에게 명한 신선한 행위며 선민으로서의 특징으로 여겼음.

할례는 여러 가지 뜻을 갖게 되었다.
① 아브라함의 후손을 이방인으로부터 구별하고,
② 여호와의 언약을 영원히 기억하며,
③ 백성에게 메시야의 소망을 알게 하며,
④ 그들에게 도덕적 순결에 대한 의무를 지키게 하고,
⑤ 믿음에 의지하여 생활함으로써 구원을 전파하게 하며,
⑥ 아브라함의 영적 후손임을 알게 하고,
⑦ 그리스도 교회의 세례의식에 대한 전조가 되는 것 [골2:11, 12].

17:11	陽 볕양	皮 가죽피	1. 사내의 생식기 껍질. 2. 성 할례의식 때 잘라낸 껍질.
17:11	表 겉표	徵 부를(증거할)징	1. 겉으로 들어나는 표적. 2. 상징. 3. 성 하나님의 섭리와 뜻이 포함된 하나님의 기적적인 사역.
17:16	列 벌릴렬(열)	王 임금왕	여러 왕.
17:17	心 마음심	中 가운데중	마음 속. 의중. 중정(中情). 복장(腹臟).
17:20	衆 무리중	多 많을다	다수. 수효가 많음.
17:20	方 모방	伯 맏백	1. 관찰사(지금의 도지사). 2. 사령관[벧전2:14].
17:21	期 기약할기	限 한정한	미리 정하는 때.
17:23	生 날생	長 길장	나고 자람.

17:26	當 마땅할당	日 날일	일이 생긴 바로 그날.

<h1 style="text-align:center">18장</h1>

18:2	便 편할편, 소변변, 대변변		1. 편하다. 2. 소식. 3. 오줌 똥.
18:5	快 쾌할쾌	活 살활	1. 씩씩하고 활발함. 2. 성 피로를 말끔히 풂.
18:8	陳 벌릴진, 진진	設 베풀설	1. 배설. 2. 제사나 잔치 때에 음식을 갖추어 상을 차려 놓음. 이 관습은 지금도 아랍인들 사이에서 지켜지고 있다. 손님에게 경의를 표하는 것은 같이 앉아서 식사를 하는 것이 아니라 옆에 서서 시중드는 일임.
18:9	對 대할대	答 대답할답	1. 물음에 대해 자기 뜻을 나타냄. 2. 부름에 응함.
18:11	經 월경경	水 물수	1. 월경. 2. 여자의 생리. 3. 문자적으로는 '女子의 길'이란 뜻.
18:12	老 늙을로(노)	衰 쇠할쇠	늙어서 쇠약함.
18:15	承 이을승	認 인정할인	1. 옳다고 인정하여 승낙함. 2. 들어주는 일. 3. 성 사라는 자신의 은밀한 생각이 드러나자 나그네가 여호와라는 사실을 알게 되었다. 그래서 하나님의 말씀을 일순간이라도 의심한 데 대하여 양심의 가책과 두려움을 가졌음.

| 18:16 | 餞
전송할전 | 送
보낼송 | 전별하여 보냄. |

| 18:19 | 眷
돌볼권 | 屬
붙을속 | 1. 한 집안에 딸린 식구.
2. 처의 낮춤말.
3. 제사장의 모든 가족.
4. 성 여기서는 '여호와의 친구'로 불림. |

| 18:19 | 公
공평할공 | 道
길도 | 1. 공평하고 바른 도리.
2. 성 모든 일에 하나님의 말씀을 따라 판단하며 행동하는 올바른 태도. |

| 18:24 | 果
과실과 | 然
그럴연 | 알고보니 정말. 빈말이 아니라 정말로. 듣는 것과 같이. |

| 18:24 | 城
재성 | 中
가운데중 | 성 당시의 인구를 정확히 알 수는 없으나 소돔은 비옥한 평지의 큰 성이었으므로 이 오십은 극히 미미한 비율일 것이다. 그러나 아브라함은 의인에 대한 하나님의 사랑을 확신하였으므로 의인 오십 명이면 이 성을 능히 구원할 수 있을 것이라고 믿었음. |

| 18:24 | 容
얼굴용 | 恕
용서할서 | 1. 놓아줌.
2. 죄를 면해줌.
3. 꾸짖지 아니함. |

| 18:25 | 不
아닐불 | 可
옳을가 | 옳지 않음. |

| 18:25 | 均
고를균 | 等
무리등 | 차별없이 고르고 가지런함. |

| 18:25 | 審
살필심 | 判
판단할판 | 1. 사건을 헤아리고 살피어서 판단 또는 판결함.
2. 성 하나님이 사람이 행한 대로 선과 악을 구별하여 의로운 자에게는 영생을 주고, 불의한 자는 지옥으로 보내는 일. |

| 18:25 | 公
공평할공 | 義
옳을의 | 선악의 제재를 공평하게 하는 하나님의 성품의 한 가지. 아브라함은 여호와가 단순한 복의 근원이시기 때문에 믿은 것이 아니라 공의와 사랑의 하나님이신 것을 알기 때문에 믿었음. |
| 18:26 | 地
땅지 | 境
지경경 | 1. 땅과 땅의 경계.
2. 어떠한 처지. |

19장

19:1	城 재성	門 문문	성의 출입문. 성(城). 고대에는 성문 앞이 모든 공공 생활의 중심지였음[4:19~24].
19:2	經 지낼(겪을)경	夜 밤야	1. 밤을 지냄. 2. 초상때 근친·知己가 관 곁에서 밤을 세워 지키는 일.
19:3	懇 간절할간	請 청할청	1. 간절히 청함. 2. 롯은 이들에게 진심에서 우러나오는 친절을 베풀었다. 롯은 나그네들이 그 마을 사람들의 폭력과 방종으로 해 받을 것을 염려했음.
19:3	無 없을무	酵 술괼교	餅 떡병
			누룩을 넣지 않고 만든 떡. 유대 사람들이 유월절에서 무교절의 8일 동안 구약시대의 출애굽의 수난과 은혜를 기념하여 만들어 먹었음.
19:5	相 서로상	關 관계할관	1. 서로 관련을 가짐. 2. 남의 일에 간섭함. 3. 남녀가 교합함. 본문에서 상관한다는 뜻은 성교(性交)를 뜻함. 즉 동성애의 관계를 갖겠다는 말이다. 이런 추행이 공공연히 자행된 것을 보아도 이 성이 얼마나 타락했었는지를 알 수 있다. 훗날 이 성의 타락한 성적 문란에서 파생한 말 'sodomy'는 남색(男色)을 의미함.

45

19:11	困 곤할곤	憊 고달플비	1. 곤핍. 피곤하여 기운이 없음. 괴롭고 가쁨. 2. 정신적·육체적 피로.
19:14	弄 희롱할롱	談 말씀담	실없는 말. 농변.
19:15	滅 멸할멸	亡 망할망	망하여 버림.
19:16	遲 더딜지	滯 막힐체	1. 기한에 뒤짐. 지정거려서 늦어짐. 2. 성 롯의 우유부단한 태도가 자신은 물론 그와 함께 있는 자에게도 위험을 가져 오게 하였다. 롯은 잃게 될 그의 재산을 생각하고 머뭇거렸다. 천사들은 롯의 막대한 세상적인 재물에 대하여는 한마디의 언급도 없다. 구원과 비교해 볼 때 이 재물은 헛된 것들임.
19:16	引 끌인	導 인도할도	1. 인솔. 2. 지도함.
19:16	仁 어질인	慈 사랑자	어질고 자애로움.
19:19	救 구원할구	援 도울원	1. 도와서 건져 줌. 2. 성 인류를 죄악·고통·죽음에서 건져 냄. 사탄의 마력에서 건져 내어 천국에 가게 함.
19:24	硫 유황류	黃 누를황	비금속 원소의 하나. 유황(sulphur)과 역청(asphalt, 탄화수소 화합물의 총칭)의 잔해가 이 지역에서 발견되었다. 또 불은 번개의 의미로도 사용되었음[왕상 18:38].
19:28	甕 독옹	器 그릇기	店 가게점 오지그릇 가게.
19:30	窟 굴굴		소굴. 굴.

20장

20:1	移 옮길이	徒 옮길사	1. 집을 옮김. 2. **성**이웃 사람들의 적대심 때문에 떠남.
20:3	現 나타날현	夢 꿈몽	꿈에 죽은 사람이나 신령이 나타남. 하나님께서는 꿈을 구약시대에 계시의 한 방편으로 사용하셨음.
20:5	穩 평온할온	全 온전전	1. 흠이 없고 완전함. 2. 도덕적인 표현에서 볼 때 옳다는 뜻.

20:7	先 먼저선	知 알지	者 놈(사람)자	히브리 원어 '나비'(선포자, 중재인)는 '부글부글 끓게 하다'라는 '나바'에서 나온 말이다. 이 어원에서 쉬임 없이 말한다는 의미가 나왔으며 하나님의 영감을 받아서 말하는 자[신13:2, 삿6:8, 삼상9:9, 왕상22:7]에게 적용된 말로 이곳에 처음 사용되었다. 선지자의 주요 역할은 ① 하나님의 뜻을 사람에게 전하는 것 [출4:15, 7:1]. ② 하나님과 사람 사이의 중재자[렘7:16] 역할이다. 여기서는 아브라함의 중재자로서의 권위를 강조하는 말이다. 이후에 아브라함의 중재로 아비멜렉 집안의 불임(不姙)이 해결됨. 대선지자 4사람과 소선지자 12사람이 있음.

20:7	祈 빌기	禱 빌도	1. 마음으로 바라는 바가 이루어지기를 신에게 비는 일. 2. **천주교** 마음을 드려 천주에게 향함. 천주를 흠숭 사례하여 자신이나 다른 사람에게 필요한 각종 은혜를 구함. 묵상 기도와 염경 기도 두 가지가 있음. 3. **기독교** 하나님에게 예수의 이름으로 감사와 찬미와 희구를 드려 비는 일. 묵상 기도와 통성 기도 두 가지가 있음.

20:8	臣 신하신	僕 종복	1. 신하. 2. 전쟁 노예. 3. 종들.
20:9	合 합할합	當 마땅당	꼭 알맞음. 적당.
20:10	意 뜻의	見 볼견	마음 속에 느낀 바. 생각.
20:12	異 다를이	腹 배복	아버지는 같고 어머니는 다름. 아브라함은 자신이 거짓말을 하지 않았다는 이유로 이런 말을 했다. 사라는 데라의 손녀이며 이스가의 누이이다. 그러나 이것은 궁색한 변명일 뿐임.
20:16	羞 부끄러워할수	恥 부끄러울치	부끄러움. 곧 사라에게 아무 일도 없었다는 것을 보증해 주었다는 뜻.
20:17	治 다스릴치	療 병고칠료	병을 잘 다스려 낫게 함.
20:18	已 이미이	往 갈왕	이왕에. 이미 그렇게 된 바에.
20:18	胎 아이밸태		1. 뱃속의 아이를 싸고 있는 난막. 2. 도가(道家)에서 사람 몸이 깃들이는 체기의 근원.

21장

| 21:1 | 眷
돌볼권 | 顧
돌아볼고 | 돌보아 줌. 사랑으로 기억한다는 뜻이다[참조 출4:31, 삼상2:21, 사23:17 등]. 또는 하나님의 심판이 오고 있을 때 사용된 말[출20:5, 32:34]. |

21:7	老 늙을로	境 지경경			늙바탕. 늘그막. 늙마.
21:8	大 큰대	宴 잔치연			크게 베푼 잔치. (이삭이 3살, 이스마엘이 17살이 되었을 때).
21:8	排 벌릴배	設 베풀설			의식에 쓰는 모든 제구를 벌려 베풀어 놓음. 진설(陳設).
21:9	所 바소	生 날생			자기가 낳은 자녀. (이스마엘은 이미 철이 들었으므로 이삭의 존재로 자신의 상속권이 깨어졌음을 알고 있었음.)
21:9	戲 희롱할희	弄 희롱할롱			장난 삼아 놀리는 것.
21:14	負 질부	袋 전대대			종이, 피륙, 가죽 등으로 만든 큰 자루. 포대.
21:14	彷 거닐방	徨 어정거릴황			일정한 목적이나 방향이 없이 이리저리 돌아다님.
21:16	放 놓을방	聲 소리성	大 큰대	哭 울곡	1. 소리를 크게 질러 욺. 2. 성 영혼이 격렬한 고통을 겪고 있음을 표현.
21:25	勒 억누를륵	奪 빼앗을탈			강탈. 폭력이나 위력으로 빼앗음. (유목민에게 가장 큰 타격은 물의 근원지를 빼앗는 것임.)

22장

22:3	鞍 안장안	裝 꾸밀장	말의 등에 얹어서 사람이 타게 만든 제구.
22:3	使 하여금사	喚 부를환	심부름하는 사람.

22:5	敬 공경경	拜 절배	1. 공경하여 절함. 2. 성 다소 당황한 것 같으나 신앙심에 넘치는 행위.
22:8	準 법도(비길)준	備 갖출비	1. 미리 필요한 것을 마련하여 갖춤. 2. 성 성경에서 유일한 인신 재물에 대한 기록임.
22:9	結 맺을결	縛 얽을박	1. 두 손을 앞으로나 혹은 뒤로 하여 묶음. 2. 성 이삭은 그의 아버지의 뜻에 완전히 복종했다. 반항을 할 수도 있었으나 늙은 아버지에게 순순히 결박됨으로써 하나님에 대한 자신의 믿음과 아비에 대한 신뢰와 순종을 보여줌.
22:12	敬 공경경	畏 두려울외	공경하고 두려워함.
22:17	盛 성할성		성하다. 무성하다. 많다. 담다.

23장

23:2	哀 슬플애	痛 아플통	1. 매우 슬퍼함. 2. 성 히브리어는 '바카'인데 조용히 눈물을 흘리는 것을 뜻한다. 땅에 앉아 시신 앞에서 슬퍼하고 애곡하는 예식.
23:3	屍 죽음시	體 몸체	송장.
23:4	埋 묻을매	葬 장사장	地 땅지

1. 장지. 매장할 땅. 매장한 땅.
2. 성 성경에서 매장에 관하여 처음 언급된 곳이다. 아브라함이 사라의 시체를 장사지내려고 한 것은 하나님의 지시에 따른 것이었다. 고대국가에서는 흔히 화장을 하였지만 유대인들에게는 토장하는 것이 그들의 특징임.

23:6	墓 무덤묘	室 집실	시체를 매장한 굴.

23:9	準 법도준	價 값가	1. 제 가치에 꼭 찬 값. 2. 성문자적으로는 '많은 은'을 가리킨다. 본문은 물물교환의 매개체로 귀중한 금속이 사용되었다는 성경에서의 첫 번째 기록.

23:15	較 비교교	計 셈할계	맞나 맞지 않나 서로 견주어 봄.

23:16	商 장사상	賈 장사고	장수. 장사치. 상인이란 뜻으로 그 원어는 '사할'(히브리어 '돌아다닌다')에서 나온 말이다. 헷 족속의 한 분파인 가나안인들은 옛날에는 상업에 종사하였음 [참조 욥40:30, 잠31:24].

23:16	通 통할통	用 쓸용	1. 유통. 일반에 두루 쓰임. 2. 서로 넘나들어 쓰임.

24장

24:12	順 순할순	適 맞을적	1. 거스르지 않고 좋음. 2. 마음에 들도록 함. 3. 쉽고도 적절하게.

24:21	默 잠잠할묵	默 잠잠할묵	1. 잠잠함. 말이 없음. 2. 성침묵은 흔히 하나님의 말씀을 기다리거나 받을 때에 영혼이 취하는 겸허한 자세[참조 레10:3, 시39:2, 행11:18].

24:21	注 물댈주	目 눈목	1. 자세히 살피며 눈을 쏘아봄. 2. 어떤 일에 주의하여 봄. 3. 성놀란 표정으로 그녀를 바라본 것.

24:23	留 머무를류(유)	宿 잘숙	1. 남의 집에 묵고 있음. 2. ⑤여호와께서 그의 기도에 응답하여 답하고 그의 길을 평탄케 하셨으며 자기 앞에 서 있는 소녀를 이삭의 신부로 작정하셨음.
24:27	誠 정성성	實 열매실	정성스럽고 참됨.
24:31	處 곳처	所 바(곳)소	머물러 있는 곳. 장소.
24:31	豫 미리예	備 갖출비	1. 미리 준비함. 2. ⑤이삭의 신부를 맞이하는 데 있어서 근본적인 방침과 입장을 설명했다. 즉, 도덕적으로 문란한 가나안 여인 중에서가 아니고 셈족 여인에게서 취하기로 맹세한 것을 말한다. 이런 올바른 기준은 리브가의 집안으로부터도 깊은 신뢰와 친척으로서의 일체감을 불러일으켰다.
24:32	從 따를종	者 놈자	데리고 다니는 사람.
24:33	陳 베풀진	述 지을술	자세히 말함.
24:35	昌 창성할창	盛 성할성	번성하여 잘 되어 감.
24:41	設 베풀설	或 혹혹	설령. 그렇다 치고.
24:42	亨 형통할형	通 통할통	모든 일이 잘 통하여 뜻과 같이 되어 감.
24:45	默 잠잠할묵	禱 빌도	소리를 내지 않고 마음 속으로 하는 기도.

24:53	佩 찰패	物 만물물	사람의 몸에 차는 장식품.
24:56	挽 당길만	留 머무를류(유)	붙잡고 말림. 못하게 말림.
24:61	婢 계집종비	子 아들자	1. 여자 종. 2. 여자 자신의 겸칭. 노복(奴僕)은 남종을, 노비(奴婢)는 남녀종을 통칭.
24:63	默 잠잠할묵	想 생각상	1. 마음 속으로 기도함. 2. 묵묵히 마음 속으로 생각함.
24:65	徘 배회할배	徊 배회할회	목적 없이 거닒. 어떤 곳을 중심으로 어치렁거리며 이리저리 거닐어 다님.
24:65	面 낯면	帕 수건박	1. 얼굴을 가리는 수건. 아라비아의 망토와 같은 베일이다. 이 면박으로 얼굴뿐만 아니라 몸 전체를 가리운다. 기혼녀는 면박을 사용하지 않지만 처녀는 아무리 정혼한 약혼자 앞이라 할지라도 결혼 전까지는 면박을 벗지 않음. 2. 성실상을 보지 못하도록 가리는 영적 무지.
24:67	喪 복입을상	事 일사	초상난 일. 죽은 사람을 장사지내기까지의 제반 일.

25장

25:8	盡 다할진		다하다. 모두.
25:8	列 벌릴렬(열)	祖 할아비조	1. 훈공이 있는 조상. 2. 나라에 정성 다한 공로가 있는 조상.

25:21	懇 간절할간	求 구할구	1. 간절히 요구함. 2. 성 리브가는 이전에 사라와 같이 오랫동안 잉태하지 못하였다. 이것은 "자식은 여호와의 주신 기업"임을 알게 하고[시127:3] 더 나아가서 약속의 자식은 자연적 출생 과정으로만 아니라 하나님의 은혜를 통해서 이루어지는 것임을 보여 주기 위한 것.
25:23	胎 아이밸태	中 가운데중	1. 아이를 밴 동안. 2. 성 이스라엘과 에돔이 태중에 있을 때부터 갈등을 일으키고 장자의 권리를 어린 자가 차지하게 될 일에 대한 예언[호12:3, 롬9:10~13].
25:23	腹 배복	中 가운데중	뱃속.
25:27	從 따를종	容 얼굴용	조용하다. 순전[욥1:1], 완전[시64:4], 온전[잠99:10] 등의 도덕적인 용례가 많으나, 여기서는 야곱의 단순하고 평온한 면을 표현.
25:29	粥 죽죽		죽. 미음.
25:31	名 이름명	分 나눌분	1. 도덕상 명목의 다름에 따라 반드시 지켜야 할 직분. 2. 표면적인 핑계. 3. 성 *장자의 명분: 장자권(히브리어 뻬코라)이 아브라함의 가계에서는 다음 세 가지의 사실을 포함한다. ① 이 세상에서는 가나안 땅의 기업을 얻게 됨을 의미한다. ② 부계로부터 받는 언약의 축복을 의미한다. ③ 약속의 후손 중의 장자권을 암시한다. 모세의 율법에서는 장자권이 ① 아비의 권위를 계승하고 ② 아버지의 재산 중에 두 곱의 분깃을 상속받으며 ③ 가정의 제사 직분을 수행하는 일이다. 그러나 이 장자권은 중한 죄를 짓게 되면 박탈당할 수 있으며[대상5:1] 교환할 수도 있었다.

에서는 맹세에 의하여 장자권을 팔았으므로 이 교환은 엄숙한 것이 됨[33절].

25:32	有 있을유	益 더할익	이익이 있음. 이로움.
25:34	輕 가벼울경	忽 문득홀	1. 언동이 가볍고 소홀함. 2. 성인생에서 중요한 가치나 의미를 육체의 만족을 위해 버리는 자는 진정한 의미의 축복과 행복을 얻을 수 없음.

26장

26:5	誡 경계할계	命 목숨명	도덕상, 종교상 지켜야 할 규정.
26:5	律 법률(율)	例 본보기례(예)	1. 형률의 작용에 관한 법례. 2. 형벌법의 총칭. 곧 법규. 3. 성시공을 초월하여 인류가 마음 속에 새겨 두어야 할 하나님의 규례와 진리.
26:13	旺 왕성할왕	盛 성할성	1. 잘되어 한창 성함. 2. 계속적인 성장이나 증가.
26:13	巨 클거	富 가멸부	1. 큰 부자. 2. 성영광, 번영 또는 유명해지는 것을 의미
26:14	奴 종노	僕 종복	'일하다, 섬기다'에서 유래한 말로 주인에게 예속된 남자 종. 노자(奴子).
26:14	猜 시기할시	忌 꺼릴기	1. 샘하여 미워함. 새암. 2. 성히브리어로 '탄다'는 뜻을 가진 '카나'에서 온 말인데 이것은 강렬한 질투심을 표현한 말.
26:16	強 굳셀강	盛 성할성	힘차고 왕성함.

27장

27:3	器 그릇기	具 갖출구	세간 그릇 따위의 총칭.

27:3	箭 화살전	筒 대통(낚시)통	전동. 화살 넣는 통.

27:12	姑 시어미고	捨 버릴사	그만 두고.

*복은 고사하고 저주를. 여기서 이 모자(母子)의 대화를 보면 마치 축복의 주권이 오로지 이삭의 축복하는 행위에만 있는 것처럼 생각하고 있다. 그러나 축복은 인간의 언행이 아니라 오로지 하나님의 신실하신 뜻에 있는 것이다. 사실 이들은 어떤 정해진 축복을 훔친다고 생각했으나 그것은 하나님의 주권성에 대한 인식 부족이었다. 즉 하나님은 이들이 태어나기 이전부터 이미 예언하신 대로 야곱을 통하여 언약의 후손을 이어 가도록 허락하셨다.

27:27	香 향기향	臭 냄새취	향기.

27:28	豐 풍년풍	盛 성할성	1. 넉넉하고 많음. 2. 성본문에서 언급된 이슬은 물질적 번영의 상징으로 간주되었다[신33:13, 슥8:12]. 따라서 이슬이나 비가 오지 않는 것은 하나님의 진노하심의 상징으로 생각함[삼하1:21, 왕상17:1, 학1:10, 슥8:12].

27:28	穀 곡식곡	食 먹을식	사람의 먹이가 되는 쌀·보리·콩·수수 등의 총칭.

27:41	哭 울곡		1. 소리를 내어 욺. 2. 사람이 죽었을 때, 또는 제사를 지낼 때 소리를 내어 욺. 3. 성영혼이 당하는 고통.

27:42	恨 원한한		원한. 한탄.

| 27:45 | 憤怒 분할분 성낼(세찰)노 | 분하여 몹시 성냄. |

28장

28:1	付託 줄(청할)부 부탁할탁	남에게 일을 당부하여 맡김.
28:4	遺業 끼칠유 업업	1. 선대부터 내려오는 사업. 2. 성 하나님으로부터 물려받은 상속물.
28:9	本妻 밑본 아내(시집보낼)처	정실(正室), 본아내. 본실(本室), 정처(正妻).
28:17	殿 대궐전	대궐. 큰집. 궁궐. 신당. 성전.
28:20	誓願 맹세할서 원할원	1. 하나님께 헌물 헌신할 것을 서약하는 일. 2. 구약시대의 풍습으로, 하나님께 어떤 은혜를 빌고, 그 보답으로 하나님께 어떤 행위 곧 헌물을 바칠 것을 맹서하는 일.

29장

| 29:12 | 甥姪 생질생 조카질 | 누이의 아들. |
| 29:13 | 消息 끌소 쉴식 | 1. 편지.
2. 안부.
3. 형편. |

29:18	奉 받들봉	事 일(섬길)사	1. 웃어른을 받들어 일을 도우며 섬김. 2. 소경. 3. [고제]이조 때 종8품의 한 벼슬. 奉仕(벼슬, 섬김): ① 남의 뜻을 받들어 섬김. ② 남을 위하여 자기를 돌보지 않고 노력이나 힘을 바쳐 친절히 보살펴 줌. ③ 국가나 사회를 위하여 헌신적으로 일함.
29:24	侍 모실시	女 여자녀(여)	1. 궁녀. 2. 시종드는 여자.
29:31	寵 사랑할(괼) 총		1. 남달리 귀엽게 여겨 사랑한다. 2. 은혜. 3. [성]레아를 위한 일주일간의 결혼 잔치가 끝난 후 다시 7년을 봉사하기에 앞서 야곱은 라헬을 두 번째 아내로 맞아들였다. 이 중혼(重婚)으로 인하여 그의 가정은 시기와 분쟁이 끊이지 않았음.

30장

30:1	妬 강새암할투	忌 꺼릴기	강새암. 고대에는 아이를 낳지 못하는 여자는 큰 수치의 대상이 되었다. 더욱이 라헬은 언니에 대한 투기로 인하여 하나님의 섭리를 생각지 않고 야곱을 재촉하고 있다. ※ 투기 ① 投寄: 남에게 물건을 부치어 줌 ② 投棄: 내던져 버림 ③ 投機: 기회를 엿보아 큰 이익을 보려는 짓. ④ 鬪技: 곡예·운동 등의 재주를 서로 다툼.
30:2	成 이룰성	胎 아이밸태	잉태. 아이를 뱀. 임신. 회태.
30:6	抑 누를억	鬱 답답할울	(盉) 1. 억제당하여 답답함. 2. 애먼 일을 당해서 원통하여 가슴이 답답함.

30:8	競 다툴경	爭 다툴쟁	서로 겨루어 다툼.
30:14	麥 보리맥	秋 가을추	보리가 익는 시절. 보릿가을.
30:14	合 합할합	歡 기쁠환	菜 나물채	1. 연가지라는 식물. 5월에 익고 청황색 자두와 비슷. 2. 성'만드라'라고 하는 식물의 열매로 가지과의 유독식물인 벨라도나를 닮았다. 뿌리는 당근 같고 향긋한 냄새가 나며 희고 붉은 꽃이 피는 사과와 같이 노랑색 열매를 맺는 것이 특징이다. 이것은 최음제(催淫劑)로 사용되었으며 일부다처 가정의 성적 문란을 나타내는 말.
30:30	功 공공	力 힘력(역)	1. 공들이고 애쓰는 힘. 2. 성외형적인 집의 건축이 아니라 자신의 독립을 말하는 것이다. 야곱은 자신의 본토인 약속의 땅으로 돌아가야 할 의무를 잊지 않고 있다. 풍족한 땅에서 안락한 생활이 보장될 수도 있었지만 비록 형 에서가 그를 용서하지 않더라도 그는 가나안으로 돌아갈 희망을 버리지 않았음.
30:32	點 점점	(点)	점. 점 찍다.
30:33	後 뒤후	日 날일	뒷날. 훗날.
30:33	調 고를조	査 조사할사	1. 사물의 내용을 자세히 살펴 봄. 2. 성품삯을 계산하여 지불한다는 뜻.
30:33	或 혹혹	時 때시	어떠한 때. 간혹.

30:33	盜 도둑 도	賊 도둑 적	1. 도둑. 2. 남의 물건을 빼앗거나 훔치는 사람.
30:33	認 인정할 인	定 정할 정	옳다고 믿고 정함.

31장

31:7	變 변할 변	易 바꿀(주) 역	변하여 바뀌거나 바꿈.
31:20	去 갈 거	就 나아갈 취	1. 가거나 옴. 2. 일신상의 진퇴.
31:31	臆 가슴 억	志 뜻 지	자기의 생각이나 행동을 무리하게 관철해 보려는 고집. 문자적으로 '탐식', '탐욕'을 의미.
31:32	發 필 발	見 볼 견	세상 사람에게 알려지지 않은 사물을 맨 먼저 찾아냄.
31:36	對 대할 대	斥 쫓을 척	1. 서로 등지는 일. 2. 어떤 일에 대하여 정반대가 됨. 3. 성자신감에 넘치는 표현.
31:37	家 집 가	藏 감출 장	什 세간 집(열 사람 십)	物 만물 물	집 안의 온갖 세간.
31:38	落 떨어질 락	胎 아이밸 태	달이 차기 전에 태아가 죽어 나옴.
31:49	彼 저 피	此 이 차	1. 이것과 저것. 2. 이 일과 저 일. 3. 서로.

31:50	薄 엷을박	待 기다릴대	1. 푸대접. 아무렇게나 대접함. 인정 없이 대접함. 2. 성자기 딸들에 대한 라반의 관심이 표명되었다. 지금까지는 이러한 관심이 표면에 나타나지 않았 지만 막상 헤어질 때가 되니 그의 부정(父情)이 나타난다. 그는 야곱이 행복하게 사는 것을 바랄 뿐 아니라 자기의 두 딸에 대한 야곱의 태도가 걱 정이 되었다.
31:54	祭 제사제	祀 제사사	신에게 음식을 바치어 정성을 표하는 예절. 향사(享祀)

32장

32:2	軍 군사군	隊 떼대	1. 국가의 무장력의 총칭. 2. 성히브리어 '말아케이 엘로힘' 즉 하나님의 병사, 하나님의 진↔야곱 자신이 데리고 있는 사람과 대조.
32:10	恩 은혜은	寵 사랑할총	1. 높은 이로부터 받은 특별한 은혜와 사랑. 2. 하나님의 인류에 대한 사랑. 3. 성구약에서 250회 가량 언급되는데 충성, 견고, 신 실한 사랑 등의 뜻.
32:10	堪 견딜감	當 마땅당	1. 일을 능히 해 냄. 2. 참고 견디어 냄. 3. 성겸손한 야곱의 말로 자신의 내적 변화를 표현.
32:16	相 서로상	距 떨어질거	서로 떨어져 있는 두 곳의 거리. 떨어져 있는 사이.
32:20	感 느낄감	情 뜻정	사물에 느끼어 일어나는 마음. 기분. 심정.

32:20	對 대할대	面 낯면	얼굴을 마주 보고 서로 대함.
32:25	違 어길위	骨 뼈골	뼈가 어그러짐.
32:30	保 보호할보	全 온전전	잘 보호하여 안전하게 함.

33장

33:11	强 굳셀강	勸 권할권	억지로 권함. 세차게 권유함. 윗사람에게 선물을 드릴 때 그 사람이 선물을 받게 되면 그와 평화가 성립되는 것이다. 그렇기 때문에 야곱은 에서에게 선물을 받을 것을 계속 부탁했음.
33:13	幼 어릴유	弱 약할약	1. 어리고 잔약함. 2. 양친의 보호와 사랑의 대상. 3. 유순함.
33:13	過 지날(허물)과		지나침. 과실.
33:14	行 행할행	步 걸음보	1. 걸음. 2. 어떤 목적한 곳으로 장사하러 다님.
33:16	回 돌아올회	程 한도(길)정	귀로. 귀정. 돌아오거나 돌아가는 길.

34장

절	한자			뜻풀이
34:2	族 겨레족	屬 붙을속	中 가운데중	같은 종문(宗門)의 겨레붙이 가운데.
34:2	酋 두목추	長 어른장		야만족들이 사는 부락의 우두머리. 추령. 추수.
34:2	强 굳셀(힘쓸)강	姦 간사할(간음할)간		1. 폭행·협박의 수단을 쓰거나 심신 상실·항거 불 능을 이용하여 부녀를 간음하는 일. 2. 성세겜은 디나를 힘으로 욕보였으나 일시적 욕망 이 아니었음이 그후 행동에서 나타남.
34:3	戀 사모할련(연)	戀 사모할련		1. 사모하여 차마 잊지 못함. 2. 성어근은 '하사크'인데 '같이 연합하다'라는 뜻.
34:5	牧 기를목	畜 기를축		소·양·말·돼지 같은 가축을 다량으로 기름.
34:5	潛 잠길잠	潛 잠길잠	(潛)	아무 말이 없음. 조용함. 문자적으로 귀머 거리 같이 처신하였고, 즉 그 문제에 대하여 침묵을 지키고 세겜의 죄 행위에 대해서 보 복조치를 취하지 않았음[참조 삼상10:27, 삼하 13:22].
34:9	通 통할통	婚 혼인할혼		1. 서로 혼인 관계를 맺음. 2. 혼인할 뜻을 타진함.
34:10	賣 팔매	買 살매		물건을 팔고 사고 하는 일.
34:11	男 사내남	兄 맏형		남자형.
34:11	酬 술권할(갚을)수	應 응할응		남의 요구에 응함.

34:12	聘 찾을빙	物 만물물	1. 남을 방문하는 데 가지고 가는 예물(빙문: 예물을 갖추어서 방문함). 2. 성 히브리어로 '모할'인데 신부의 아버지에게 딸에 대한 대가를 지불하는 것을 뜻함.
34:14	羞 부끄러워할수	辱 욕될욕	히브리어 헤르파(옷이 벗겨진 상태)에서 파생된 말로 수치스럽고 욕되는 일.
34:21	親 친할친	睦 화목할목	서로 친하여 뜻이 맞고 정다움.
34:21	居 살거	住 머무를주	1. 한 곳에 삶. 2. 성 자유롭게 방목하는 생활.
34:23	牲 희생생	畜 기를축	희생으로 쓰는 가축. 히브리어로 '마케네'인데 양떼와 소떼를 언급한 말.
34:23	財 재물재	産 낳을산	개인·가정·단체가 소유하는 재물.
34:25	掩 가릴엄	襲 덮을습	1. 뜻밖에 습격함. 2. 성 주동자는 시므온과 레위이나 그들은 그들의 종을 데리고 갔을 것이며 야곱의 다른 아들들도 동참했을 것임.
34:30	禍 재화(재앙)화		재화. 재앙. 앙화.
34:31	娼 창기창	女 여자녀(여)	1. 몸을 파는 것을 업으로 삼는 여자. 위안부. 창부. 2. 성 여기 창녀라는 말은 가나안의 여신 아스다롯을 섬기는 여자들, 즉 자연의 생식력과 생산적인 원리를 신성시하는 우상숭배자들이며 이들의 매춘 행위는 종교적 배경을 갖고 있었다. 고대 셈족에 널리 퍼진 매춘 행위는 일반 매춘과 신전 창녀의 공적 매춘이 있었다[신23:17].

| 34:31 | 待
기다릴대 | 遇
만날우 | 1. 신분에 맞게 대접함.
2. 예의를 갖추어서 대함. |

35장

35:2	神 귀신신	像 형상상	신령(우상)을 그린 그림이나 돌 또는 나무로 새긴 형상.
35:2	衣 옷의	服 입을복	1. 옷. 2. 성 우상과 관계된 장신구(귀걸이나 부적 등).
35:3	患 근심환	難 어려울난	1. 근심과 재난. 2. 성 믿음을 위한 육체적 고난.
35:3	應 응할응	答 대답할답	물음에 대답함.
35:5	追 쫓을추	擊 칠격	뒤쫓아서 냅다 침.
35:14	奠 정할전	祭 제사제	物 만물물	전제(모세의 율법에 나오는 제사의 하나)에 드리는 제물. 곧 부어드리는 제사 방법으로 포도주, 기름, 피 등이 있다.
35:16	隔 막힐격		막히다. 사이 뜨다.
35:16	臨 임할임	産 낳을산	1. 해산할 때가 다다름. 2. 성 첫아들 요셉을 낳은 지 약 16년이 지났음.
35:16	辛 매울신	苦 쓸고	어려운 일을 당하고 몹시 애씀. 또는 그 고생.

65

35:16	難 어려울난	産 낳을산	1. 어렵게 아이를 낳음. 2. 일이 어려워 잘 이루어지지 아니함.
35:17	産 낳을산	婆 할미파	조산원.
35:20	墓 무덤묘	碑 비석비	무덤 앞에 세우는 비석.
35:21	望 바랄망	臺 집대	1. 적의 동태를 살피는 높은 대. 2. 성 베들레헴 남방 약 2km 지점에 목자들이 가축 떼를 지키기 위해 만든 높은 대.
35:22	庶 여러(거의)서	母 어미모	아버지의 첩. 첩어미.
35:22	通 통할통	姦 간음할간	1. 간통. 자기 배우자 이외의 이성과의 간음 행위. 2. 성 근친상간의 행위로 르우벤은 뒤에 상속권이 박탈됨.

36장

36:6	他 다를타	處 곳처		다른 곳. 타소.
36:15	族 겨레족	長 어른장		1. 일족 중 제일 어른이 되는 사람. 2. 가족의 어른.
36:20	原 근본원	居 살거	人 사람인	1. 그 지방에 오래전부터 사는 사람. 2. 성 여기서는 에서가 세일산으로 옮기기 전에 에돔 땅에 살고 있는 원주민 호리 족속[참조 창14:16].

| 36:32 | 都 도읍도 | 城 재성 | 서울. |

| 36:37 | 河 물하 | 水 물수 | 강물. 강수. |

37장

| 37:2 | 略 간략할략 | 傳 전할전 | 대략 추려 적은 전기. 여기서는 '계보', '족보'라는 뜻. |

| 37:2 | 過 허물과 | 失 잃을실 | 과오. 허물. |

| 37:3 | 彩 채색채 | 色 빛색 | 1. 여러 가지의 좋은 빛깔.
2. 성 다른 형제들과 달리 채색옷을 입힌 것은 그에 대한 아버지의 편애(偏愛)를 의미하며 그것으로 인하여 요셉은 형제들의 미움을 받음. |

| 37:4 | 言 말씀언 | 辭 말씀사 | 말. 말씨. '샬롬'이란 인사조차 하지 않았다. |

| 37:25 | 香 향기향 | 品 물건품 | 향유·향수나 향기 나는 물건. |

| 37:25 | 乳 젖유 | 香 향기향 | 감람과의 유향목의 분비액을 말려 만든 나무기름. 창양·복통 등의 약재나 방부제로 사용하였음. |

| 37:25 | 沒 빠질몰 | 藥 약약 | 감람과의 관목. 아라비아 아프리카에 분포함. 고대부터 방향 및 방부제로 쓰이고, 즙액은 향수·의료품·구강 소독 및 통경재·건위재로 쓰임. |

67

| 37:26 | 隱
숨을은 | 匿
숨길익 | 숨기어 감춤. 비밀로 함. |

| 37:27 | 聽
들을청 | 從
따를종 | 1. 이르는 대로 잘 들어 좇음.
2. 성'마음을 집중하다'라는 뜻으로 복음에 귀기울이다. |

| 37:35 | 陰
그늘음 | 府
마을부 | 1. 사후에 복을 받지 못하는 사람이 가는 곳. 황천. 지옥.
2. 성구약에서는 지옥의 개념이 명확하지 않다. 이음부(히브리어 스올)는 단순히 죽었을 때 시체를 두는 무덤[민16:30, 33, 시16:10]을 의미한다. 또한 이곳은 선악의 개념과는 상관없이 막연히 지하에 위치한 죽은 자들의 영이 있는 곳을 의미한다. 이 말은 구약에서 65회 사용되었다. 한편 신약에서는 예수님의 가르침에 의해 지옥(헬, 게헨나)의 개념이 형벌의 장소로 정립되었고, 묵시 문학에서는 무저갱(無抵坑)의 개념으로도 발전되었다. 물론 신약에서도 하데스(헬)는 주로 스올처럼 막연한 사자(死者)의 세계를 의미하기도 함. |

| 37:36 | 侍
모실시 | 衞
호위할(지킬)위 | 隊
떼대 | 長
어른장 | 왕의 신변을 호위하는 특수한 직책을 맡은 호위대의 우두머리로서 항상 바로(파라오)의 측근에 있던 요직임. |

38장

| 38:9 | 兄
맏형 | 嫂
형수수 | 1. 형의 아내.
2. 성오난의 형 엘이 죽었기 때문에 오난이 형을 대신하여 그 형수를 취하고 대를 잇게 되었다. 이러한 풍습은 인도, 페르시아 그리고 아시아와 아프리카 여러 국가에서도 찾아볼 수 있다. 네 형을 위하여 씨가 있게 하라. 훗날 히브리 입법에서 설명한 바와 같이 장자의 미망인과 차자가 결혼했을 경우 그 후손은 장자의 대를 잇는 후손이 된다. 이것을 |

계대결혼(繼代結婚, levirate marriage)이라고 하는데 특히 죽은 형이 장자일 경우는 장자의 상속권이 동생에게 전해지는 것이 아니라 계대결혼을 통해 낳은 아들(법적으로 맏형의 아들)에게 장자의 상속권이 전수된다. 이것은 훗날 모세의 율법에서 성문화되었음[신25:5~10].

38:9	泄 샐설	精 정할정	1. 몽설. 몽정. 잠을 자는 중에 정액을 싸는 일. 2. 정액을 사정함.
38:11	守 지킬수	節 마디절	1. 정절을 지킴. 2. 성 원래 '고독하다'라는 말. 남편을 여읜 여자에게 사용되는 말로서 과부를 뜻함.
38:11	念 생각념	慮 생각려	1. 걱정하는 마음. 2. 마음을 놓지 못함.
38:13	媤 시집시	父 아비부	시아버지.
38:14	寡 적을과	婦 지어미부	1. 홀어미. 미망인(未亡人). 2. 성 고대에는 과부가 커다란 문제였다. 구약의 율법과 신약시대 사도들의 교훈은 모두 이들을 보호하기 위한 자비의 규정을 포함하고 있다. 이 기록을 보면 그 당시 과부는 특수한 복장을 하여 자신의 신분을 나타낸 것.
38:17	約 약속할약	條 가지조	物 만물물 — 조건을 붙여 약속한 물건.
38:18	圖 그림도	章 글장	인장. 인신. 도장은 손가락에 끼거나 명주실로 해서 목에 걸고 다녔다. 도장을 찍는 것은 주로 소유권을 표시하는 데 사용.

38:24	行 행할행	淫 음란할음	1. 간음을 행함. 도덕에 어긋나는 음사. 2. 성 율법 아래서는 돌로 쳐 죽였다[참조 신22:20~24]. 한편 매우 흉악한 죄인일 경우에는 태워 죽였다 [참조 레20:14, 21:9]. 생사권이 족장인 유다의 손에 달려 있다는 것이 명백하다.
38:27	雙 짝쌍	胎 아이밸태	한 태 안의 두 태아.
38:28	紅 붉은홍	糸 실사	붉은 실.

39장

39:4	總 다총	務 힘쓸무	1. 전체의 사무 또는 그것을 맡아 보는 사람. 2. 성 요셉이 애굽으로 내려온 지 10년 만에 이루어진 이 직책은 엘리에셀이 아브라함의 집에서 차지했 던 지위와 같은 것이다. 애굽의 비문은 왕조 초기 에 그러한 직책이 있었음을 보여줌.
39:4	委 맡길위	任 맡길임	1. 맡김. 2. 위탁하여 권리를 줌.
39:6	干 방패간	涉 건널섭	1. 남의 일에 참견함. 2. 권한 밖의 일을 참견하여 일을 보살핌.
39:6	容 얼굴용	貌 모양모	얼굴 모양.
39:6	俊 준걸준	秀 빼어날수	재주·슬기·풍채가 빼어남.

39:6	雅 맑을아	淡 맑을담	말쑥하고 담담함.
39:8	同 한가지동	寢 잠잘침	1. 남녀가 함께 잠. 2. 성 역사적 증거에 의하면 애굽 여인들은 결혼을 한 경우에도 방탕한 생활과 비도덕적인 생활을 했고 은둔해서 사는 것이 아니라 개방된 생활을 했다. 더욱이 요셉은 집안일을 책임 맡았으므로 여주인과의 접촉이 용이했을 것임.
39:8	拒 막을거	絕 끊을절	응낙하지 않고 물리침.
39:8	家 집가	中 가운데중	집 가운데에. 집 안에.
39:8	諸 모든(여러)제	般 일반반	여러 가지 모든 것.
39:9	得 얻을득	罪 허물죄	남에게 대한 큰 잘못으로 죄를 얻음.
39:11	視 볼시	務 힘쓸무	사무를 봄.
39:14	劫 겁탈할겁	姦 간음할간	폭력으로 억눌러 간음함.
39:21	典 법전	獄 감옥옥	1. 교정관. 교도관의 계급의 하나. 2. 죄인을 가두는 감옥. 3. 감옥을 총관리하는 자.
39:21	獄 감옥옥	中 가운데중	1. 감옥 가운데에. 2. 성 요셉의 옥중 생활에서 성도의 생활이 어떠해야 하는가를 생각할 수 있게 함.

39:21	事 務	주로 문서를 맡아 다루는 업무. 일자리에서 하는 일.
	일사 힘쓸무	
39:21	處 理	일을 다스려 감. 일을 끝냄.
	곳처 이치리	

40장

40:2	官 員 長	본래는 '환관', '내시' 등을 뜻하나 여기서는 중앙의 공무원의 머리되는 사람.
	벼슬관 사람원 어른장	
40:4	隨 從	1. 시종.
	따를수 따를종	2. 따라 다니며 심부름하는 하인.
40:5	夢 兆	1. 꿈자리.
	꿈몽 조짐조	2. 성이 꿈은 정신적인 현상으로 꾸어진 것이 아니라 꿈을 꾸는 자의 미래에 대한 하나님의 예언적 징조라는 것이 입증됨.
40:8	解 釋	1. 알기 쉽게 설명함.
	풀해 풀석	2. 성마음 속에 있는 하나님이 주시는 내적 확신으로 인하여 꿈의 의미를 해석할 것으로 믿은 것.
40:11	盞	술잔. 등잔.
	술잔잔	
40:13	前 職	전에 가졌던 직업 또는 벼슬.
	앞전 맡을직	
40:13	回 復	이전의 상태와 같이 됨.
	돌아올회 회복할복	

40:14	得 얻을득	意 뜻의	1. 뜻을 이루어 자랑함. 2. 뜻대로 되어 뽐냄. 3. 일이 잘되어 형통하게 됨.
40:20	誕 낳을탄	日 날일	1. 탄생일. 2. 성 애굽 왕의 생일은 신성한 날이었다. 백성들은 모든 일을 중단하고 잔치에 동참했음.

41장

41:3	兇 흉악할흉	惡 악할악	1. 용모가 험상궂고 모짊. 2. 성질이 거칠고 사나움.
41:5	茂 성할무	盛 성할성	초목이 우거짐.
41:5	充 가득할충	實 열매실	1. 속이 올차고 단단하고 여묾. 2. 원만하고 성실함.
41:6	細 가늘세	弱 약할약	가늘고 약함. 아주 약함.
41:8	煩 번거로울번	悶 번민할민	1. 마음이 답답하여 괴로워함. 2. 여러 감정이 얽히어 갈피를 잡지 못함.
41:8	術 꾀술	客 손객	1. 음양 점술에 정통한 사람. 2. 감추인 것이나 신비스러운 것을 설명하고 행하는 사람. 3. 죽은 자의 영혼을 불러들이는 사람.
41:9	追 좇을(따를)추	憶 생각할억	지나간 일이나 가버린 사람을 돌이켜 생각함.

| 41:13 | 復
회복할복 | 職
맡을직 | 이전 직업을 회복함. |

| 41:29 | 豐
풍년풍 | 年
해년 | 곡식이 푸지고도 잘 여무는 해. |

| 41:33 | 明
밝을명 | 哲
밝을철 | 1. 총명하고 사리에 밝음.
2. [성] 요셉이 초자연적인 능력을 믿는 것은 올바른 판단이 아니나, 믿음의 능력은 위기에 처했을 때 선명하게 드러남을 알 수 있음[민27:18, 욥32:8, 잠2:6, 단4:8 등]. |

| 41:33 | 治
다스릴치 | 理
이치리 | 나라를 다스림. 이치에 맞게 다스림. |

| 41:34 | 國
나라국 | 中
가운데중 | 국내. 나라 가운데. |

| 41:35 | 積
쌓을적 | 置
둘치 | 쌓아 둠. |

| 41:36 | 貯
쌓을저 | 藏
감출장 | 쌓아서 간직하여 둠. 갈무리. |

| 41:38 | 感
느낄감 | 動
움직일동 | 깊이 느끼어 마음이 움직임. |

| 41:40 | 寶
보배보 | 座
자리좌 | 1. 옥좌. 임금이 앉는 자리[왕상10:18].
2. 하나님께서 좌정하신 곳[시9:4]. |

| 41:42 | 細
가늘세 | 麻
삼마 | 布
베포 | 1. 올이 고운 삼베.
2. 색깔이 희기 때문에 그런 명칭이 붙음. |

| 41:45 | 巡
순행할순 | 察
살필찰 | 여러 곳으로 돌아다니며 사정을 살핌. |

| 41:47 | 所 바소 | 出 날출 | 논, 밭에서 거둔 곡식. |

42장

| 42:1 | 觀 볼관 | 望 바랄망 | 형세를 바라봄. |

| 42:4 | 災 재앙재 | 難 어려울난 | 1. 뜻밖에 일어난 불행한 일.
 2. 본문에서는 여행자에게 닥칠지도 모르는 불운을 암시. |

| 42:7 | 嚴 엄할엄 | | 1. 엄하다.
 2. 혹독하다.
 *엄한 소리로. 이것은 요셉이 그의 형제들에 대한 적개심으로 하는 보복적인 언사가 아니고 그들의 마음을 사로잡아 그들로 하여금 온전히 회개하게 하려는 의도였음이 이후의 사건에서 명백해진다. 이미 자신에게 절하는 형들을 보고 전날의 꿈이 성취되는 것을 본 그는 이제 사사로운 흥분이 아니라 하나님의 대리자로서의 품위를 갖고 대함. |

| 42:9 | 偵 정탐할정 | 探 찾을탐 | 몰래 형편을 알아봄. |

| 42:11 | 篤 두터울독 | 實 열매실 | 1. 성실하고 극진함.
 2. 인정이 두텁고 친절함.
 3. 의롭고 정직함.
 4. 거짓말 할 줄 모름. |

| 42:21 | 哀 슬플애 | 乞 빌걸 | 1. 슬피 하소연하여 무엇을 달라고 빎.
 2. 성20년 전 아우에 대한 범죄를 잊을 수 없었음. |

42:23	通 통할통	辯 말잘할변	1. 통역. 2. 성 요셉은 히브리 말을 잊지 않고 있었으나 자신의 신분을 감추기 위해 중간에 통역자를 두어 완전한 애굽인처럼 행동.
42:27	客 손객	店 가게점	1. 길 가는 손님이 음식을 사 먹거나 자는 주막. 2. 성 여인숙이 아니고 여행자가 쉬는 장소로서 강도나 짐승들의 난을 피하고 여행자가 음식을 먹고 짐승에게 먹이도 주는 곳.

43장

43:3	警 경계할경	戒 경계할계	1. 잘못되는 일이 생기지 아니하도록 미리 마음을 가다듬어 조심함. 2. 타일러 주의시킴. 3. 성 되풀이하여 강조하는 것.
43:7	詰 힐난할힐	問 물을문	1. 잘못을 트집 잡아 책망하며 물음. 2. 성 히브리어 '솨알'(묻다, 차용하다, 대부하다)에서 유래. 상대방에 대해 상세히 질문하다.
43:7	條 가지조	條 가지조	1. 조목조목. 2. 자세히. 낱낱이.
43:9	擔 멜담	保 보호할보	1. 맡아서 보관함. 2. 빚진 사람이 빚을 갚지 못할 경우에 그 대신 맡기는 물건.
43:11	榧 비자비	子 아들자	비자나무의 열매. 구충제로 쓰이는데 특히 촌충에 유효함. 약 2cm 크기의 달걀 모양.
43:11	巴 땅이름파	旦 아침단	杏 은행행	살구의 일종. 히브리어로 '사케드'. 아몬드 나무를 말하는데 애굽에서는 귀하지만 팔레스타인에서는 흔함.

76

| 43:12 | 差 어긋날차 | 錯 섞일착 | 1. 어그러져서 순서가 틀리고 앞뒤가 서로 맞지 않음.
2. 성 실수를 의미한다. |

| 43:16 | 廳 관청청 (厅) | 直 곧을직 | 양반집 守청 방에 있으면서 여러 가지 잡일을 맡아 보던 사람. |

| 43:18 | 抑 누를억 | 留 머무를류 | 억지로 머무르게 함. |

| 43:18 | 奴 종노 | 隷 종례 | 1. 종.
2. 국법상의 보호를 받지 못하고 자유를 속박당하여 마소같이 부려지는 사람. |

| 43:21 | 本 밑본 | 數 셀수 | 본래의 수. |

| 43:25 | 整 가지런할정 | 頓 가지런할돈 | 가지런히 바로 잡음. |

| 43:27 | 安 편안안 | 否 아니부 | 1. 평안하고 아니한 소식 또는 그 물음.
2. 평안을 빎. |

| 43:31 | 抑 누를억 | 制 억누를(법도)제 | 내려눌러 꼼짝 못하게 함. 억지로 못하게 함. |

| 43:32 | 陪 따를배 | 食 밥식 | 귀인을 모시고 같이 식사함. |

| 43:33 | 長 어른장 | 幼 어릴유 | 어른과 어린이. |

| 43:33 | 次 차례(버금)차 | 序 차례서 | 차례의 순서. |

44장

44:2	銀 은은	盞 술잔잔	1. 은으로 만든 잔. 2. **성**형제들의 진심을 확인하고 자신의 신분을 밝히기 위한 매개물.
44:3	開 열개	東 동녘동	時 때시	날이 밝아 오는 때. 동틀 무렵.
44:6	起 일기	耕 갈경	지금까지 가꾸지 않은 땅을 갈아 일으켜서 논밭을 만듦. 본절에서는 농사를 나타내는 제유적 표현.
44:6	秋 가을추	收 거둘수	가을에 익은 곡식을 거두어 들이는 일.
44:7	決 결단할결	斷 끊을단	1. 결정하여 단정함. 2. 옳고 그름과 착하고 악함의 재결.
44:8	治 다스릴치	理 다스릴리	者 놈자	나라를 다스리는 사람.
44:11	奉 받들봉	養 기를양	부모나 조부모를 받들어서 모심.
44:12	搜 찾을수	探 찾을탐	샅샅이 조사하고 철저하게 알아냄.
44:16	摘 딸(들추어낼)적	發 필발	숨어있는 사물을 들추어 냄.
44:21	目 눈목	覩 볼도	몸소 직접 봄. 목격.
44:29	災 재앙재	害 해할해	1. 재앙으로 인하여 받은 피해. 2. 예측할 수 있는 것이나 예측하지 못한 모든 종류의 어려운 상황.

| 44:30 | 結 맺을결 | 託 바칠탁 | 1. 마음을 주어 서로 의탁함.
2. 배가 맞아 한통이 됨. |

45장

45:11	家 집가	屬 붙을속	1. 집안 겨레붙이. 2. 자기 아내를 낮추어 이르는 말.
45:11	所 바소	屬 붙을속	어떠한 기관에 딸려 있는 사람이나 물건.
45:11	缺 빠질결	乏 모자랄핍	1. 축나서 모자람. 2. 있어야 할 것이 없음. 3. 다 써서 없어짐.
45:13	榮 영화영	華 빛날화	귀하게 되어서 몸이 세상에 드러나고 이름이 빛남.
45:23	供 바칠(이바지할)공	饋 먹을궤	1. 음식을 줌. 2. 계속적으로 정성을 다해 보살핌. 3. 애찬용 상을 차리는 일을 비롯한 제반 구제 사업과 교회의 재정 출납.
45:24	路 길노	中 가운데중	길 가운데. 도중.
45:26	氣 기운기	塞 막을(변방새)색	1. 숨이 막힘. 2. 과격한 정신적 충동으로 호흡이 막히는 병. 3. 어안이 벙벙함.
45:27	蘇 깨날소	生 날생	다시 살아남.

46장

46:1	犧 희생희	牲 희생생	1. 천지 묘사(廟祠)에게 제사지낼 때 바치는 산짐승. 2. 어떠한 사물을 위해 몸을 바쳐 모든 것을 돌보지 않음.
46:2	異 다를이	像 형상상	1. 보통과 다른 형상. 2. 성 히브리어 '카존'인데 '본 것'이란 뜻. 뒤에는 일반적인 예언이란 의미로 사용.
46:34	可 옳을가	憎 미워할증 (憎)	1. 얄미움. 2. 성 히브리어 '토에바'는 '몹시 싫은 것', '극히 미워하는 것'. 곧 배교와 우상 숭배.

47장

47:2	五 다섯오	人 사람인	애굽인들의 숫자 개념에서 '5'는 '완전함, 충분함'을 뜻함.
47:3	生 날생	業 업업	1. 살아가기 위한 작업. 2. 성 목축업.
47:9	險 험할험	惡 악할악	1. 길이나 날씨 따위가 험난함. 2. 성질이나 인심이 흉악함.
47:14	沒 빠질몰	數 셀수	수량의 온통을 빼앗는 조치.
47:19	荒 거칠황	廢 폐할(그칠)폐	거칠어 못쓰게 됨.
47:22	祿 녹록		벼슬아치에게 일년 만이나 사맹삭(四孟朔)으로 주던 쌀·보리·명주·베·돈 등의 총칭.

47:24	上 위상	納 드릴납	정부에 조세를 바침.
47:27	産 낳을산	業 업업	경제적 생활에 관한 모든 일.
47:29	仁 어질인	愛 사랑애	1. 어질고 남을 사랑함. 또는 어진 사랑. 2. 성의무를 다하는 충성된 사랑, 경건, 친절, 하나님께 대한 사랑, 확고한 사랑.
47:29	誠 정성성	心 마음심	정성스러운 마음.
47:30	先 먼저선	塋 구슬(밝을)영	선산. 조상의 무덤이 있는 곳, 즉 헤브론 땅의 막벨라 굴을 가리킴.
47:31	寢 잠잘침	床 평상상	침대

48장

48:6	名 이름명	義 옳을의	下 아래하	명분과 의리 밑에. 명분하에. 즉 에브라임과 므낫세의 상속과 유산 중에서.
48:7	關 상관할관			1. 관계. 2. 국경이나 요지의 통로에 두어서 외적을 경비하며 드나드는 사람이나 화물을 조사하는 곳.
48:13	右 오른쪽우	手 손수		오른손은 '능력, 권능'을 상징하며[욥40:14, 시44:3] 큰 축복을 주는 기능을 가졌다.

49장

절	한자		뜻풀이
49:1	氣 기운기	力 힘력	1. 일을 감당해 나갈 수 있는 힘. 2. 성장자.
49:3	威 위엄위	光 빛광	위엄스러운 기세. 감히 범할 수 없는 권위.
49:3	超 뛰어넘을초	等 무리등	등급을 뛰어 넘음.
49:3	權 권세권	能 능할능	1. 권세와 일을 처리할 수 있는 능력. 2. 성헬라어 '뒤나미스'는 성령을 통해 나타나는 외적 현상. '액수시야'는 내적 현상을 강조하는 표현의 권세.
49:3	卓 높을탁	越 넘을월	남보다 훨씬 뛰어남.
49:5	殘 잔인할(남을)잔	害 해할해	1. 잔인 해물(사람에게 잔인하게 굴고 물건을 해침). 2. 군인들이 도시나 성을 공격하여 황폐하게 하는 것.
49:6	參 참여할참	與 더불어	무슨 일에 참가하여 관계함.
49:6	謀 꾀모	議 의논할의	1. 어떠한 일을 꾀하고 의논함. 2. 여럿이 같은 의사로서 범죄의 계획 및 실행 수단을 의논함.
49:6	榮 영화영	光 빛광	1. 빛나는 명예. 영화스러운 현상. 2. 성하나님 임재의 찬란함.
49:6	忿 분할분	怒 노할노	분하여 몹시 성냄.
49:7	怒 노할노	焰 불꽃염	노여움.

49:7	酷 혹독할혹	毒 독할독	1. 정도가 퍽 심함. 2. 마음씨나 하는 짓이 매우 심악스러움.
49:7	忿 분할분	氣 기운기	분하게 생긴 기운.
49:7	猛 사나울맹	烈 매울렬	기세가 몹시 사납고 세참.
49:9	獅 사자사	子 아들자	고양이과의 사나운 짐승.
49:10	笏 홀홀		1. 홀. 벼슬아치가 조복을 입고 조현(朝見)할 때에 오른손에 쥐던 패. 2. 성 왕이 가지는 지휘봉. 지휘자의 지팡이(Royal scepter).
49:11	服 옷복	裝 꾸밀장	1. 직업에 따라 일정하게 만든 옷. 2. 옷차림.
49:11	葡 포도포	萄 포도도	汁 진액즙 포도를 짠 물(액).
49:15	壓 누를압	制 억제할제	압박하고 억제함.
49:16	支 지탱할지	派 물갈래파	종파에서 갈라져 나간 파.
49:17	捷 빠를(이길)첩	徑 지름길경	지름길.
49:17	毒 독할독	蛇 뱀사	독이 있는 뱀.
49:19	迫 핍박할박	擊 칠격	1. 바싹 대들어 몰아침. 2. 겁을 주기 위해서 소리지르면서 손을 들고 달려드는 것

49:20	珍 보배진	羞 맛있는 음식(부끄러워할)수	썩 맛이 좋은 음식. 보기 드물게 잘 차린 음식.
49:23	窘 군색할군	迫 핍박할박	1. 적에게 공격을 당하여 괴로움을 받음. 2. 군색하게 막혀 일의 형세가 급하게 됨. 3. 극심한 고통을 주며 핍박함.
49:24	堅 굳을견	剛 굳셀강	성질이 야무지고 단단함.
49:24	全 온전전	能 능할능 者 놈자	1. 모든 일을 다 할 수 있는 절대의 능력을 가진 자. 하나님. 2. 히브리어 '샤다이'로서 '모든 충만 또는 능력'을 뜻한다. 하나님의 이 이름은 스스로 충만하시며 자기 백성들을 채우시는 하나님을 나타냄[창17:1].
49:24	磐 반석(너럭바위)반	石 돌석	1. 넓고 편편한 큰 돌. 튼튼한 돌. 2. 성 하나님, 시온의 반석 ⇒ 예수.
49:25	源 근원원	泉 샘천	1. 물이 솟아나는 원줄기. 2. 사물의 근원.
49:26	父 아비부	與 더불여 祖 할아비조	아버지와 할아버지. 선조, 열조.
49:28	分 나눌분	量 분량(헤아릴)량	부피나 수효 무게의 많고 적음과 크고 작은 정도

50장

50:2	香 향기향			성막에서 쓰던 향은 소합향, 나감향, 풍자향에 유향을 섞어 제작하였다[출30:34]. 그러나 후대에는 더욱 복잡한 제작과정을 거쳤는데[눅1:8~10] 요세푸스의 기록에 의하면 약 13종의 재료가 들었음[23, 24].
50:7	長 어른장	老 늙을로(노)		'elder'로 나이 많고 덕망이 높은 유지에 대한 통칭. 민간 공동사회의 어른이므로 왕이 중대한 시국에 국민을 움직이기 위해서는 우선 장로들과 의논하는데 이는 여호와의 말씀에 근거한 신본주의였음.
50:9	兵 병사병	車 수레거(차)		군사를 실은 수레. 전차.
50:9	騎 말탈기	兵 병사병		말탄 병정.
50:10	打 칠타	作 지을작		1. 곡식의 이삭을 떨어서 그 알을 거두는 일. 마당질. 2. 성 상징적으로는 적에게 유린되는 모양[사21:10], 철저한 하나님의 종말적 심판[마3:12].
50:10	呼 부를호	哭 곡할곡		소리 내어 슬피 우는 울음.
50:10	哀 슬플애	哭 곡할곡		1. 슬퍼하며 흐느껴 욺. 2. 성 일반적으로 7일간이었으나 요셉은 야곱을 위해 70일간 곡하였다. 오늘날 유대교는 30일 동안.
50:14	護 보호할호	喪 복입을상	軍 군사군	1. 초상에 관한 모든 일을 맡아보는 사람. 2. 성 야곱의 장례 행렬에 참가했던 모든 사람들.
50:21	懇 간절할간	曲 굽을곡		간절하고 곡진함.

50:23	膝 무릎슬	下 아래하	부모의 무릎 아래. 어버이의 따뜻한 사랑 아래. 품.
50:23	養 기를양	育 기를육	부양하여 기름.
50:25	骸 뼈해	骨 뼈골	1. 죽은 사람의 살은 썩고 남은 뼈. 2. 몸을 이루고 있는 뼈.
50:26	入 들입	棺 관관	시체를 관 속에 넣는 일.

出애굽記

구약 성서 중의 「모세 5경」의 하나. 출애굽기 본문에 모세가 직접 기록했다는 언급이 있다[출17:14, 24:4]. 구약의 다른 책에도 모세가 기록했음을 말하고 있다[신31:9, 24, 왕상2:3, 느8:1]. 예수님도 출애굽기를 모세의 책으로 말씀하셨다[막7:10, 12:26].

야곱의 가족이 애굽에 들어가서 400여 년의 세월이 흘렀을 때, 애굽의 왕조가 바뀌고 그들의 신분은 총리의 가족에서 노예로 전락한다. 출애굽기는 이때부터 이스라엘 백성이 애굽을 빠져나와 광야에서 성막을 세우기까지의 기간을 다룬다.

출애굽기는 창세기에 이어 애굽으로 이주한 야곱과 그 자손들의 계속된 역사이다. 70명의 야곱 자손은 애굽의 나일 강 삼각주의 비옥한 땅에서 급속히 번창하여 하나의 민족으로 성장한다. 이로써 아브라함에게 주신 언약 중에서 하나(자손 번성)가 성취된다. 이제 이 민족이 하나님의 복을 받아 가나안 땅에 정착하는 것과 온 세상을 향한 복의 통로가 되는 일이 남았다. 이를 위해 하나님은 이스라엘을 광야로 끌어내신다.

이스라엘은 하나님의 제안을 받아들여 하나님과 언약을 맺는다(시내산 언약). 언약이 체결됨에 따라 하나님은 이스라엘 백성들이 지켜야 할 것을 말씀하신다. 십계명을 시작으로 이스라엘을 회복시키기 위한 하나님의 선한 율법을 내려주신다. 이스라엘 백성들은 율법에 순종할 것을 다짐한다. 이어서 하나님은 하나님이 거하실 성막을 지으라 명하시며 그 모양을 계시해주신다. 하나님께서 이스라엘 속에 함께 계시려 하는 것이다. 19장까지는 주로 사건 중심으로 전개되지만 20장 이후 신명기에 이르기까지는 율법서의 특징을 보이고 있다.

1장

| 1:5 | 血 피혈 | 屬 붙을속 | 혈통을 잇는 족속. |

| 1:9 | 臣 신하신 | 民 백성민 | 군주국에 있어서의 신하와 국민. 백성. |

| 1:10 | 戰 싸움전 | 爭 다툴쟁 | 1. 싸움.
2. 무력으로 국가 간의 싸우는 일. |

| 1:11 | 監 볼감 | 督 감독할(살필)독 | 1. 교회 성직의 하나. (감리교회나 성공회에서 교회를 관찰하고 의식을 관장하며 신도를 보호하고, 종교적 교육을 업무로 하는 높은 교직자).
2. 보살피어 잘못이 없도록 시키는 사람. |

| 1:11 | 國 나라국 | 庫 창고(곳집)고 | 城 재성 | 1. 국가의 창고를 건축해 둔 성.
2. 전쟁에 사용할 물자들을 보관하는 군수기지. |

| 1:13 | 役 역사(부릴)역 | 事 일사 | 1. 국가나 민족 또는 공공을 위한 큰 일.
2. 토목이나 건축 따위의 공사.
3. 능력을 주어 일을 개시하게 함. |

| 1:14 | 苦 쓸고 | 役 소임(일)역 | 몹시 힘든 일. |

| 1:16 | 助 도울조 | 産 낳을산 | 1. 분만을 도움. 해산바라지.
2. 성히브리 女人들은 아이를 보다 쉽게 분만하기 위해 벽돌이나 돌 위에 엎드리곤 했다. |

2장

2:3	箱 상자상	子 아들자	나무나 대 또는 종이로 만든 손그릇. 파피루스로 만든 것으로 6장의 방주와 똑같은 의미를 가짐.

2:3	津 진액(나루)진		1. 나루. 2. 풀, 나무 따위에서 나오는 끈끈한 물.

2:13	同 한가지동	胞 태의(세포)포	1. 같은 어머니로부터 태어난 형제 자매. 2. 한국민. 한겨레. 3. 성 모세의 뜨거운 민족애.

2:14	綻 옷터질탄	露 드러날로	비밀이 드러남.

2:14	嘆 탄식할탄	息 쉴식	한탄하는 한숨.

2:23	上 윗상	達 통달할달	1. 윗사람에게 말이나 글로 여쭈어 알게 함. 2. 성 백성의 부르짖음이 기도가 되어 하나님께 닿았다는 뜻.

3장

3:7	看 볼간	役 역사역	者 놈자	1. 토목이나 건축 등의 공사를 보살피는 사람. 2. 성 여기서 이스라엘 사람들을 감독하는 자를 크게 두 부류로 나눌 수 있다. 첫째는 이스라엘 사람으로 구성된 **간역자들과 패장들**인데 이들은 이스라엘 민족을 직접 현장에서 감독한 것 같다. 그리고 **바로의 간역자**[14절]들이 이 이스라엘의 간역자들과 패장을 감독했다. 여기에 사용된 간역자와 패장은 기능이나

지위에 대한 분류인 것으로 생각되지만 정확한 사항은 알 수 없다. 물론 이들 중에는 스스로 애굽의 앞잡이가 된 자들도 있을 것이고 강제로 그 직무를 맡게 된 자들도 있을 것이다. 그러나 그들은 주권을 빼앗긴 민족의 지도자로서 부끄러운 평안을 누렸던 것만은 확실하다. 성경에서 개인 간의 평등과 협조를 강조하듯이, 각 민족 사이의 독립과 협조를 이상으로 하는 사상은 신약시대 이후 급격히 발달했음.

3:7	憂 근심우	苦 쓸(괴로울)고	1. 근심하고 괴로워함. 또는 그 근심과 괴로움. 2. 비탄, 슬픔 등의 뜻으로 이스라엘이 당하는 고통이 극에 달했음을 대변.
3:9	達 통달할달		통달하다. 사무치다. 이르다.
3:15	表 겉표	號 이름호	1. 나타낼 이름. 2. 성 여호와는 결코 변하지 않으신다는 뜻. 곧 기념비적 이름.
3:20	異 다를이	蹟 자취적	1. 기이한 행적. 2. 성 인간의 능력으로서는 불가능한 일을 하나님이나 성령의 힘을 입은 특수한 사람이 행하는 일. 곧 예수가 기도로써 문둥병자나 앉은뱅이를 고친 일 등.

4장

4:7	如 같을여	常 항상상	1. 보통 때와 같은 모습으로 말끔해졌음. 2. 늘 같음.
4:10	鈍 둔할둔		1. 둔하다. 2. 무디다.
4:21	剛 굳셀강	愎 괴팍할팍	1. 성미가 까다롭고 고집이 셈. 2. 성 하나님께 대한 인간의 완고한 저항을 의미한다. 하나님의 말씀을 듣는 일과 복종하는 것과 감사하는 일을 거부하는 것이 강팍한 마음의 특징이다. 강팍은 '완악성'과 '무감각성'임.
4:24	宿 잘숙	所 바소	머물러 묵는 곳.

5장

5:1	節 마디절	期 기약할기	명절.
5:3	瘟 병온	役 역사역	1. 봄철에 유행하는 돌림병. 모든 전염병의 총칭. 2. 성 하나님의 심판 및 징계의 결과로 오는 전염병 [렘14:16].
5:6	牌 방패패	長 어른장	1. 관청이나 일터의 인부를 거느리는 사람. 2. 역사를 하는 때 모군의 두목. 3. 작업 시간을 감독하는 사람.
5:7	所 바소	用 쓸용	1. 쓰일 데. 쓰이는 바. 2. 쓰임 바.

5:8	數 셀수	爻 사귈(닮을)효	물건의 수.

5:13	穀 곡식곡	草 풀초	이삭을 떨어낸 줄기. 짚·밀짚 같은 것.

5:13	督 감독할독	促 재촉할촉	1. 독려하여 재촉함. 2. 채무를 이행할 것을 재촉함.

5:18	如 같을여	數 셀수	같은 수.

6장

6:5	呻 앓을신	吟 앓을(읊을)음	1. 몹시 아파서 끙끙거림. 2. 몹시 앓음.

6:6	求 구할(구걸할, 찾을)구	贖 속바칠속	1. 죄악과 악마의 속에서 인류를 건져 냄. 2. 성문자적으로는 내가 (야훼) 너희를 위하여 혈연 관계에 있는 구속자(히브리어 '고엘')가 될 것이다 [참조 창48:15~16]. 즉 구속자와 구속받은 자 사이의 밀접한 관계를 암시한다. 이 구절에 하나님께서 이스라엘 자손에게 주실 구원의 내용이 기록되어 있다. ① 괴로운 노역에서 해방시키심[6절]. ② 그들을 구속하심[6절]. 여기의 구속(히브리어 '가알')은 다른 생명을 대신 희생시키고 구원한 다는 뜻. ③ 그들을 자기 백성으로 삼으시고, 그들의 하나님이 되심[7절]. ④ 그들이 이렇게 구원받으므로 하나님을 알게 됨[7절]. ⑤ 그들에게 가나안 땅을 주심[8절]. ※ 구속(拘束): 체포하여 인체를 묶음.

| 6:16 | 年
해년 | 齒
이치 | 나이. 나이의 순서. |

7장

| 7:1 | 代
대신대 | 言
말씀언 | 者
놈자 | 남을 대신하여 말하는 사람. |

| 7:4 | 只
다만지 | 今
이제금 | 1. 이제. 현재.
2. 바로 이 시각. |

| 7:11 | 術
꾀술 | 法
법법 | 1. 음양과 복술에 관한 이치, 괴이한 재주.
2. 태양신 '라'(Ra)를 섬기는 남자 제사장(박수)들의
미신에 가까운 법. |

| 7:14 | 頑
완고할완 | 強
굳셀(힘쓸)강 | 태도가 거칠고 의지가 굳셈. |

| 7:19 | 運
움직일운 | 河
물하 | 육지를 파서 강을 내고 배가 다니게 하는 길. |

| 7:19 | 湖
호수호 | 水
물수 | 육지가 우묵하고 패고 물이 괴어 있는 곳. 못이나 늪
보다 크고 깊음. |

| 7:23 | 關
상관할관 | 念
생각념 | 관심. 마음을 둠. |

8장

8:22	區 別	1. 종류에 따라 갈라 놓음.
	구역구 다를별	2. 차별을 둠.
		3. 성 히브리어 '파다하'로 하나님의 백성과 다른 백성을 분리시킬 때 사용한 단어.

9장

9:3	惡 疾	1. 고치기 어려운 병.
	악할악 병질	2. 성 전염병이란 뜻으로 동물에게 미치는 재난만 국한되어 사용. 가장 불행하고 치명적인 병(plague).

9:9	毒 腫	아주 독한 부스럼. (가렵고 진물과 고름이 흐르는 심한 피부병.)
	독할독 부스럼종	

9:16	傳 播	널리 전하여 퍼뜨림.
	전할전 씨뿌릴파	

9:17	自 高	1. 스스로 높은 체함. 스스로 높아짐.
	스스로자 높을고	2. 성 바로의 교만을 암시.

9:18	雨 雹	1. 공중에서 떨어지는 비와 눈의 중간 상태의 백색 고체.
	비우 누리(우박)박	2. 성 이 재앙은 애굽의 신 이시스와 오시리스에게 향한 것임.

9:18	開 國	나라를 새로 세움.
	열개 나라국	

9:18	以 來	그 뒤로. 어느 시점을 기준한 뒤로.
	써이 올래	

9:23	雷 우레(천둥)뇌	聲 소리성	1. 우레소리. 천둥소리. 2. 성 히브리어의 뜻은 가장 강한 하나님(엘로힘)의 음성.
9:32	裸 벌거벗을라	麥 보리맥	1. 쌀보리. 2. 밀보다 조금 못한 곡식으로 우박의 재앙을 입지 않았으나 뒤에 메뚜기 재앙을 입게 됨.
9:34	一 한일	般 일반반	1. 한 모양. 2. 온통. 전체.

10장

10:3	謙 겸손할겸	卑 낮출비	1. 자기 몸을 겸손하게 낮춤. 2. 패전하여 항복한 사람처럼 무조건적이며 완전한 복종을 의미.
10:4	境 지경경	內 안내	일정한 지경의 안.
10:7	陷 빠질함	穽 함정정	1. 허방다리. 짐승을 잡기 위해 파 놓은 구덩이. 2. 빠져 나올 수 없는 계략을 비유하여 이르는 말.
10:11	男 사내남	丁 고무래정	열다섯이 넘는 장정. 젊은 남자.
10:15	全 온전전	境 지경경	온 지경.
10:19	強 굳셀(힘쓸)세	烈 매울렬	1. 강하고 심함. 2. 성 애굽에서 메뚜기 떼는 항상 東風에 실려오고 西風으로 사라져 버림.

| 10:25 | 燔 구울번 | 祭 제사제 | 物 만물물 | 구약시대에 하나님께 올리던 제사 때 짐승을 통째로 태워 제물로 바친 것으로, 매일 아침 저녁과 안식일, 또는 매달 초하루와 무교절·속죄제에 쓰는 제물. [번제: 창8:20]. |

11장

| 11:6 | 前 앞전 | 無 없을무 | 後 뒤후 | 無 없을무 | 과거에도 앞으로도 없음. 공전절후(空前絕後) |

| 11:6 | 哭 울곡 | 聲 소리성 | 곡하는 소리. |

| 11:9 | 奇 기이할기 | 事 일사 | 기이한 일. |

12장

| 12:3 | 會 모을회 | 衆 무리중 | 1. 많이 모인 뭇사람.
2. 성 원어는 '에다'와 '카할'이다. 여기에서는 두 단어 사이에 구별이 없는 것으로 보인다. 둘 다 여호와 하나님을 중심으로 한 제정일치(祭政一致)의 이스라엘 국가와 사회 전체를 의미. |

| 12:3 | 每 매양매 | 人 사람인 | 사람마다. |

| 12:4 | 人 사람인 | 數 셀수 | 사람의 수효. |

12:5	欠 하품할(모자랄)흠		1. 흉. 2. 물건이 이지러지거나 깨어진 곳. 3. 물건이 썩거나 좀먹어 성하지 아니한 부분. 하자. 4. 하품.
12:6	看 볼간	直 곧을직	잘 간수하여 둠.
12:7	楔 쐐기설	柱 기둥주	1. 문설주·중방과 문지방 사이 문의 양편에 세운 기둥. 2. 성문설주에 피를 바른 이 행동에 이미 십자가가 상징되어 있음.
12:9	內 안내	臟 오장장	소화기, 호흡기, 비뇨생식기 따위. 몸속의 여러 기관.
12:10	燒 불사를소	火 불화	1. 불에 태움. 2. 성고기를 남겨 두지 않고 태워 없앤 것은 성물을 존중히 함을 의미.

12:11	逾 넘을유	越 넘을월	節 마디절	유월이란 말은 여호와가 애굽 사람의 맏아들을 모두 죽일 때 이스라엘 사람들의 집에는 어린 양의 피를 문기둥에 발라서 표를 하여 놓은 까닭에 그대로 지나가 그 재난을 면한 데서 유래함. 유대교의 3대절기의 하나. 봄의 축제로 이스라엘 민족이 출애굽함을 기념하는 명절. 히브리어 '페사'. 이 절기는 사실 이스라엘 민족의 해방이나 구원인 출애굽 사건과 관련된 것으로 이스라엘 종교력의 첫달인 니산월(태양력의 3~4월) 14일 저녁에 지켜졌다. 또한 이것은 애굽으로부터의 해방과 이스라엘을 향한 큰 구원을 후손 대대로 기념하기 위한 절기다. 신약과 이 유월절과의 관계는 ① 그리스도는 우리의 유월절 양이시다[요 1:29, 19:36].

② 유월절은 성만찬의 기초가 되었다[마26:17
~30, 막14:12~25, 눅22:1~20].
③ 유월절은 어린 양의 결혼 잔치를 예표
[참조 출12:1~28, 43~49, 레23:5, 민
28:18, 신16:1~8].

12:13	表 (겉표)	蹟 (자취적)	이적. 확실한 표시.
12:14	記 (기록할기)	念 (생각념)	1. 기억하여 잊지 않음. 2. 성 쓴 나물을 먹음으로 애굽에서의 쓰라린 생활을 기억하라는 뜻.
12:14	規 (법(바를, 잡을)규)	例 (본보기례)	일정한 규칙.

12:15	有 (있을유)	酵 (술괼교(효))	餠 (떡병)	1. 누룩을 넣은 떡. 2. 누룩은 도덕적 타락과 악을 상징함.

12:16	聖 (거룩할성)	會 (모을회)	1. 거룩한 집회. 종교적 의식이나 제전에 관한 모임. 2. 천주교 성당. 3. 기독교 교회.

12:17	無 (없을무)	酵 (술괼교(효))	節 (마디절)	히브리어 '마초드'. 유월절 다음 날 니산월 15일째부터 시작하여 일주일간 계속된다. 이것은 이스라엘인들의 애굽으로부터의 황급한 탈출을 기념하는 것이다[출12:39]. 발효시키지 않은 것은 하나님께 대한 완전한 헌신과 봉헌을 상징한다.

① 무교병(無酵餠)은 그리스도의 모형이다
[요6:30~59, 고전11:24].
② 무교병은 진실한 교회의 모형이다[고전5:
7~8].

무교절에 대해서는 출12:15~20, 13:3~10, 레
23:6~8, 민28:17~25, 신16:3~8 등에 언급되어
있음.

12:19	有 있을유	酵 술괼교	物 만물물	1. 누룩을 넣은 음식물. 2. 7일간의 무교절을 지키라는 말.
12:22	牛 소우	膝 무릎슬	草 풀초	옛 희랍 사람들이 불제 의식 때에 사용했다는 박하과의 식물. 카파리스-스피노자라는 식물의 줄기를 묶어서 물을 묻혀 뎚으로써 몸을 깨끗하게 한다고 함. 특히 문둥병 치료에 사용.
12:34	發 필발	酵 술괼교(효)		밀가루 반죽 시 누룩을 넣어 부풀게 함.
12:37	假 거짓가	量 분량(헤아릴)량		1. 어림. 짐작. 2. 수량을 대강 나타내는 말.
12:38	雜 섞을잡	族 겨레족		1. 여러 족속이 섞인 겨레. 2. 성 나일강 삼각주 지역에 거주하던 다른 셈족들과 일부 이집트인으로 구성됨.
12:45	居 살거	留 머무를류	人 사람인	일시적으로 머물러 사는 외국 사람.

13장

13:2	初 처음초	胎 아이밸태	生 날생	1. 모태에 처음으로 태어난 것. 2. 성 하나님께 속한 것으로 간주하라는 뜻.
13:9	記 기록할기	號 이름호		1. 무슨 뜻을 나타내거나 적어 보이는 표. 2. 사인(私人)이나 관청이 어떤 목적으로 물품에 찍는 표장(標章)[마23:5].
13:9	眉 눈썹미	間 사이간		두 눈썹 사이. 즉 머릿속에 항상 기억해 두라는 상징적 의미[신6:6].

13:9	律 법률(율)	法 법법	1. 법률. 2. 종교적, 도덕적, 사회적 생활에 관하여 신이 인간에게 지켜야 할 것을 내린 규범.
13:13	代 대신할대	贖 속바꿀속	1. 예수님이 십자가의 보혈로 인류의 죄를 대신해 씻어 구원한 일. 2. 남의 죄를 대신하여 자기가 당함. 3. 히브리어 '파다하'로 어떤 속박에서 대가를 지불하고 구함.
13:18	行 행할행	伍 대오오	1. 항오의 잘못. 군대를 편성한 행렬. 2. 성이스라엘 백성들의 질서 정연한 행진의 모습.
13:19	必 반드시필	然 그러할연	1. 그렇게 될 수밖에 달리 있을 수 없는 것. 반드시 그렇다고 정하여진 것. 2. 성하나님의 약속을 굳게 믿는 요셉.

14장

14:7	特 특별할특	別 다를별		일반과 다름.
14:7	六 여섯육	百 일백백	乘 탈승	600대(승 : 병차의 단위).
14:8	膽 쓸개담	大 큰대		1. 겁이 없이 용기가 대단함. 담력이 큼. 2. 성높은 손으로, 자신만만한 태도로 바로를 무시하면서[민15:3].
14:9	馬 말마	兵 병사병		1. 기병. 말을 타고 싸우는 병사. 2. 성제19대 왕조의 통치 기간 때 이미 마병이 갖춰져 있었다.
14:19	陳 진칠진			진치다. 진영.

14:22	壁 벽벽		1. 벽. 2. 성 이스라엘 민족이 홍해를 건넌 이력은 얕은 여울 목을 건넌 사실의 과장이 아니라 기적적인 힘으로 갈라진 물벽.
14:25	極 다할극	難 어려울난	몹시 어려움.

15장

15:7	威 위엄위	嚴 엄할엄	1. 의젓하고 엄숙함. 품위. 2. 성 하나님은 주관적 의지를 가지신 공의로우신 존재.
15:7	震 진동할진	怒 성낼노	1. 존엄한 사람의 성냄. 2. 하나님이 죄를 지은 인간에 대하여 노여워하고 심판함.
15:7	草 풀초	芥 겨자개	지푸라기. 하잘 것 없음.
15:8	波 물결파	濤 큰물결도	센 물결.
15:9	奪 빼앗을탈	取 가질취	物 만물물	빼앗아 가진 물건.
15:10	洶 용솟음칠흉	湧 솟을용	1. 큰 물결이 세차게 일어남. 또는 물이 힘차게 솟아남. 2. 성 히브리어 '아따림'. 장엄한이란 뜻으로 하나님에 의한 것을 암시.
15:10	鑞 백랍랍(납)		보통 쇠붙이 가운데서 가장 무거운 회색의 무른 금속 원소.

15:11	奇 기이할기	異 다를이		기괴하고 이상함.
15:13	聖 거룩할성	潔 깨끗할결		1. 거룩하고 깨끗함. 2. 🔵성명예욕, 물욕, 성욕에 휩싸이지 않은 거룩한 상태.
15:14	居 살거	民 백성민		이 땅에 사는 국민.
15:15	英 꽃부리영	雄 영웅웅		1. 재능과 지력이 썩 훌륭한 사람. 2. 용맹과 담력이 뛰어난 사람.
15:15	落 떨어질낙	膽 쓸개담		1. 뜻대로 되지 않아서 마음이 상함. 2. 몹시 놀라서 간이 떨어지는 듯함.
15:18	永 길영	遠 멀원	無 없을무 窮 다할궁	세월이 끝없이 길고 오램.
15:20	小 작을소	鼓 북고		작은 북.
15:21	和 화할(화목할)화	答 대답할답		시가(詩歌)에 응답함.
15:24	怨 원망할원	望 바랄망		1. 남을 못마땅하게 여기고 탓함. 2. 지나간 일을 불만스럽게 여김. 3. 지나간 일을 언짢게 여기고 부르짖음. 4. 🔵성이스라엘 민족은 원망하는 죄를 많이 범했음.
15:26	疾 병(미워할)질	病 병들병		온갖 병. 질환.
15:27	七 일곱칠	十 열십	柱 그루주	1. 70그루. 2. 🔵성70장로[24:9]를 위한 것으로 하나님께서 오래 전부터 예비하시고 기다리신 자비를 나타냄.

| 15:27 | 棕 종려나무종 | 櫚 종려나무려 | 야자과의 상록 교목. |

16장

| 16:4 | 日 날일 | 用 쓸용 | 1. 날마다 씀. 날마다 드는 씀씀이.
2. 성하나님을 경외하는 자들에게 주어질 물질에 대한 보편적 진리. |

| 16:14 | 細 가늘세 | 微 작을미 | 아주 가늘고 작음. |

| 16:16 | 每 매양매 | 名 이름명 | 각 사람. 각인. 매인. 한 사람마다. |

| 16:23 | 安 편안안 | 息 쉴식 | 日 날일 | 하나님이 6일간에 만물을 창조하고 일곱째 날에 안식하였다는 창세기에서 유래
① 신자가 모든 일을 쉬고 종교적 헌신을 하는 거룩한 날. 즉 일요일.
② 유대교와 안식교는 토요일.
성안식일의 제정은 천지창조와 관련된 것으로[창2:2] 율법의 주요 부분을 이루고 있다. 이 날은 단순한 휴식의 의미일 뿐만 아니라 신적 기원을 가진 거룩한 날로 구별된 것이다. 이 7일 주기의 생활이 과학적으로 인체의 생활 리듬에도 가장 적절한 것으로 증명되고 있다. 안식일의 히브리어 '사바트'는 '쉬다'라는 동사에서 나온 명사로 창조 사역의 한 부분. |

| 16:23 | 看 볼간 | 守 지킬수 | 1. 보고 지킴.
2. 교도소에서 죄수를 감독 사역하는 직(교도관의 계급의 하나). |

17장

17:1	路 길로	程 한도정	1. 길의 里數(이수). 2. 여행의 경로. 3. 셩 하나님께서 광야에서 백성들에게 장막 칠 곳과 여행할 길을 인도하심.
17:3	渴 목마를갈		목마름.
17:14	記 기록할기	錄 기록할록	1. 사실을 적음. 2. 사실을 적은 서류.
17:14	塗 바를도	抹 지울말	1. 발라서 드러나지 않게 함. 2. 이리저리 임시변통으로 발라 맞추어 꾸밈. 3. 지워버림.

18장

18:6	傳 전할전	言 말씀언	말을 전함. 또는 그말.
18:7	問 물을문	安 편안안	웃어른께 안부를 여쭘.
18:11	驕 교만할교	慢 교만할만	1. 건방지고 뽐내며 방자함. 2. 셩 이방인으로 다신교를 따르는 제사장으로 여호와만이 참 하나님임을 깨닫기 이전 태도.
18:13	裁 마를재	判 판단할판	옳고 그름을 살피어서 심판함.
18:18	衰 쇠할쇠		쇠하다. 약하다.

18:19	方 모방	針 바늘침	일을 처리할 방향과 계획.
18:19	訴 하소연할소	訟 송사할송	법률상의 판결을 법원에 요구하는 절차.
18:21	才 재주재	德 큰덕	재주와 덕. 재지(才智)와 덕행.
18:21	兼 겸할겸	全 온전전	여러 가지를 다 갖춰 완전함.
18:21	眞 참진 實 열매실	無 없을무 妄 망령될망	진실되어 망령됨이 없음.
18:22	擔 멜담 (担)	當 마땅당	어떤 일을 맡음.
18:23	認 인정할인	可 옳을가	인정하여 허락함.
18:26	自 스스로자	斷 끊을단	1. 스스로 결단함. 2. 성택함 받은 자들이 비교적 쉬운 송사 사건을 스스로 판결함.

19장

19:8	回 돌아올회	報 갚을보	1. 대답하는 보고. 2. 돌아와서 여쭙는 일. 3. 성모세가 하나님과 백성 사이에서 중개자 역할 수행.
19:16	雨 비우	雷 천둥뢰	1. 천둥. 2. 성온 백성을 떨게 하며 메시아 통치의 시작을 선포하는 의미를 가짐[사27:13].

| 19:16 | 陳
진칠진 | 中
가운데중 | 진 가운데서[출14:19]. |

| 19:18 | 震
진동할진 | 動
움직일동 | 1. 흔들리어 움직임.
2. 성이스라엘을 구원하시기 위한 하나님의 기이하신 역사임. |

| 19:21 | 申
납신 | 飭
삼갈칙 | 1. 단단히 타일러서 경계함. (납산: 원숭이의 고어)
2. 다짐하다. |

| 19:21 | 突
부딪칠돌 | 破
깨뜨릴파 | 1. 꿰뚫고 나감. 2. 쳐서 깨뜨림.
3. 명표에 도달함. |

| 19:22 | 突
부딪칠돌 | 擊
칠격 | 1. 불시에 냅다 침.
2. 돌진하여 공격함.
3. 성구름 속에서 갑자기 나타나 해를 가하는 것을 의미. |

20장

| 20:4 | 偶
허수아비우 | 像
형상상 | 1. 목석이나 쇠붙이로 만든 신불이나 사람의 형상.
2. 종교적인 숭배의 대상이 되는 신불(神佛)의 상.
3. 하나님에 대하여 인위적으로 만들어 낸 신의 형상이나 개념.
4. 미신 등의 대상이 되는 신. 또는 신을 표현한 형상.
5. 성나무, 돌, 금속 등의 물질로 형상을 새긴 것이거나 자연물 자체를 신성화한 것인데, '아무것도 아닌 것'이란 뜻이다. 십계명의 제2계명은 우상을 만들지 못하도록 명령하고 있다. 고대의 민족들은 각 신(神)들을 상징하는 여러 종류의 우상을 만들었다. 그러나 하나님은 모세를 통해서 가나안 족속이 섬기는 모든 우상을 파괴하라고 명령하셨다[신7:5, 12:3]. 구약 성경은 어떤 구체적 물체에 신성을 부여하거나 더욱이 하나님과 동일시 한 적이 결코 없음. |

20:5	嫉 미워할질	妬 새암할투		1. 강새암. 2. 시기하여 미워함.
20:7	妄 망령될망	靈 신령령		1. 늙거나 정신이 흐려서 언행이 보통에 어그러지는 일. 2. 성 히브리 원어 '랏쇠웨'는 헛되이란 뜻에 더 가깝다. 믿음이 없는 형식적인 기도, 자기 자신을 높이는 설교, 단순히 직업적인 목회 생활, 형식적 예배 등이 다 하나님의 이름을 헛되이 부르는 것임.
20:12	恭 공손할공	敬 공경경		1. 삼가서 예를 표시함. 공손히 섬김. 2. 성 히브리 원어는 '카뻬드'로 부모의 권위에 합당한 존경을 돌리는 것이다. 즉, 부모님께 순종하고 그 은혜를 갚아야 한다는 것[참조 엡6:1, 골3:20, 딤전3:4].
20:14	姦 간음할간	淫 음난할음		1. 부부간이 아닌 남녀가 성적 관계를 맺음. 2. 성 남편과 아내 모두에게 적용되며[레20:10] 가정의 신성함을 지키기 위한 금지어. 구약에서는 우상숭배, 신약에서는 배교자를 표현.
20:21	暗 어두울암	黑 검을흑		어둡고 캄캄함.
20:24	土 흙토	壇 단(터)단		흙을 쌓아 만든 단. 이는 옮겨 다니며 생활하던 이스라엘의 생활양식 때문임.
20:24	和 화할화	睦 화목할목	祭 제사제	히브리어 '셀렘'. 이는 '살롬'으로부터 유래한 것으로 친(親)하다, 보답하다의 의미이다. 화목제에는 세 종류의 제사가 있는데, 첫째는 감사제(感謝祭): 기대할 수 없었던 축복과 구출에 대해 감사하는 것[민7:12~15, 22:29~30]. 둘째는 서원제(誓願祭): 서원드린 것이 성취되었을 때 드리는 것[민7:16~18, 22:18~25]. 셋째는 낙헌제(樂獻祭): 축복이나 구출에 관계없이 자발적으로 드리는 제사이다[민7:16~18, 22:18~25]. 예물은 드리는 이들의 경제적 사정에 따라 수소나 암소, 숫양이나 암양, 염소

등으로 드려졌다. 낙헌제일 경우에는 양이나 소에 약간의 흠이 있는 것도 허용되었다. 또한 제물로 암컷도 허용되었다. 제사의 분위기는 엄정하기보다는 자애로운 것이다. 이것은 화목제가 받은 은혜에 대해 감사하는 친교의 제사이기 때문이다. 화목제는 희생 위에 근거한 하나님과 인간, 인간과 인간 사이의 평화와 친교를 표시하는 것이다. 곧 예수 그리스도를 통한 하나님과 인간의 화해를 암시함[롬5:1, 골1:2].

20:25	釘 못(못질할) 정		못. 못질하다.
20:26	層 층계층	階 섬돌계	층층이 높이 올라가게 만들어 놓은 설비.

21장

21:4	上 위상	典 법전	종에 대하여 그 주인을 말함.
21:6	裁 마를재	判 판단할판	長 어른장
21:6	門 문문	楔 쐐기설	柱 기둥주
21:8	贖 속바꿀속	身 몸신	
21:11	施 베풀시	行 행할행	실제로 행함.

21:6 裁判長: 1. 합의제 법원에서 합의체를 대표하는 법관. 2. 성 때로는 왕을 가리킴[미가5:1].

21:6 門楔柱: 설주[참조 출12:7].

21:8 贖身: 1. 속량(남의 환난을 대신하여 받음). 2. 성 종을 풀어 주어서 양민이 되게 함(6년이 지난 뒤).

21:11	贖 속바꿀속	錢 돈전	죄를 면하려고 바치는 돈.
21:14	謀 꾀모	殺 죽일살	1. 미리 꾀하여 사람을 죽임. 2. 성 고의적으로 살인했을 경우에는 여호와의 제단 이라도 도피처가 될 수 없음.
21:18	敵 대적할적	手 손수	1. 비슷한 실력이나 솜씨. 2. 투쟁이나 경쟁의 상대자.
21:19	起 일기	動 움직일동	1. 몸을 일으켜 움직임. 2. 기관의 운전을 시작함.
21:19	刑 형벌형	罰 벌줄벌	1. 국가가 죄를 저지른 사람에게 주는 제재. 2. 죄를 저지른 자에게 앙갚음으로 주는 고통.
21:19	損 덜손	害 해할해	1. 이익을 잃어버림. 손실. 2. 해를 입음.
21:19	賠 배상할배	償 갚을상	1. 남에게 입힌 손해를 갚아 줌. 2. 남의 권리를 침해한 자가 그 손해를 보상하는 일.
21:19	全 온전전	治 다스릴치	병을 완전하게 고침.
21:20	當 마땅할당	場 마당장	바로 그때.
21:21	延 끌연	命 목숨명	1. 목숨을 겨우 이어 살아감. 2. 성 종이 연명하다 죽은 경우 죽이려는 의도에서 한 행동이 아닌 것으로 인정.
21:22	判 판단할판	決 정할(끊을)결	시비·선악·곡직을 가리어 결정하는 일.

109

21:29	警 경계할경	告 고할(알릴)고	주의하라고 경계하여 알림.
21:29	團 (団) 둥글단	束 묶을속	1. 경계를 단단히 하여 다잡음. 2. 신칙하여 단단히 함.
21:30	贖 속바칠(살)속		죄를 씻기 위하여 물건을 대신하여 바침.
21:30	贖 속바칠(살)속	罪 허물죄	金 쇠금	속죄하기 위해 바치는 돈으로 종의 몸값 은 은 30세겔(420g), 일반 성인 남자는 은 50세겔(570g)이었다.
21:34	措 들조	處 곳처	일을 잘 살펴서 처리함. 조치.

22장

22:6	田 밭전	園 동산원	1. 논밭과 동산. 2. 시골. 교외.
22:7	逢 만날봉	賊 도둑적	1. 도둑을 만남. 2. 도적을 당함.
22:9	相 서로상	對 대할대	便 편할편	상대방. 마주 대한 쪽.
22:15	貰 빌릴세		빌리다. 세내다.
22:16	聘 부를빙	幣 폐백폐	1. 공경하는 뜻으로 드리는 예물. 2. 성약혼 예물. 이는 남편이 죽었을 경우 여자의 생 활 보장을 위해 준 것.

22:22	孤 외로울고	兒 아이아	1. 부모가 없는 아이. 2. 🟥약자에 대한 보호규정이 율법의 여러 곳에서 발견된다. 하나님께서는 그 자신을 "고아의 아버지"[시68:5]로서 선포하셨다[참조 시10:14]. 성경은 고아를 학대하는 자들에게 경고하신 하나님의 말씀을 거듭 언급하고 있다[신16:14, 24:17, 26:12~13]. 과부도 고아와 체류자(우거하는 객)와 함께 동정받을 만한 사람으로 분류되었다[신14:29]. 사실상 성경시대에 있어서 과부는 매우 곤궁한 사람이었다. 악인은 과부를 선대치 아니한다[욥24:21]. 과부와 고아를 압제하는 자는 심판받을 대상임[말3:5].
22:25	債 빚채	主 주인주	1. 남에게 돈을 빌려 준 사람. 2. 🟥성경에서 상업적인 의미의 전문용어로 사용되지는 않으나, 이 말은 빚진 자에게 돈이나 물건을 빌려 주는 자라는 뜻으로 사용되었다. 신명기에 의하면, 어떠한 채주든지 돈을 꾸어간 이스라엘 사람에게는 이식(利息)을 취할 수가 없었고, 외국인에게만 이식을 취할 수가 있었다[신23:19]. 다만 돈을 다시 갚겠다는 것을 보증하는 담보물을 요구할 수는 있었음.
22:25	邊 가변	利 이할리	변돈에서 느는 이자.
22:26	典 법전	當 마땅할당	재산을 담보하고 돈을 융통하는 일.
22:27	慈 사랑자	悲 슬플비	크게 사랑하고 가엾게 여김.
22:28	有 있을유	司 맡을사	1. 어떤 단체의 사무를 맡아 보는 직무(officer). 2. 교회의 제반 사무를 맡아보는 사람. 3. 🟥준 군사 조직체의 공식 지도자·지배자·권력자.

| 22:29 | 汁 진액즙 | | 진액. |

<h1 style="text-align:center">23장</h1>

23:1	虛 빌허	妄 망령될망	1. 거짓이 많고 근거가 없음. 허탄. 2. 히브리어 '와에'로서 근거 없는 것을 의미.
23:1	風 바람풍	說 말씀설	세상에 떠돌아다니는 뜬소문.
23:1	誣 무고할(속일)무	陷 빠질함	1. 없는 일을 거짓 꾸며 남을 함정에 몰아 넣음. 2. 약한 자의 편을 들어 증언하는 것.
23:2	訟 송사할송	事 일사	1. 백성끼리의 분쟁의 판결을 관청에 호소하던 일. 2. 재판을 거는 것.
23:3	偏 치우칠편	僻 궁벽할벽	1. 한쪽으로 지나치게 기울어짐. 2. 재판의 공정성을 수립하기 위한 필수 요소.
23:3	斗 말두	護 보호할호	남을 두둔하여 보호함.
23:8	賂 뇌물뇌	物 만물물	사사로운 이익을 얻기 위하여 권력자에게 몰래 주는 재물.
23:9	情 뜻정	境 지경경	1. 민망한 정상(情狀). 2. 딱한 처지에 놓여 있는 가엾은 경상(景狀). 3. 성 객지 생활을 하는 이방인을 도와주는 인도주의적 배려.
23:9	播 씨뿌릴파	種 심을종	논밭에 곡식의 씨앗을 뿌리어 심음. 종파. 부식. 낙종.

23:11	橄 감람나무감	欖 감람나무람	園 동산원	감람나무를 심은 동산.
23:16	麥 보리맥	秋 가을추	節 마디절	이스라엘의 가장 큰 농경 축하제로 유월절 이후 안식일 첫날에서 49일이 지난 날인데 칠칠절 또는 오순절이라고도 함.
23:16	收 거둘수	藏 감출장	節 마디절	가을 추수가 끝난 후 디스리월(9~10월) 15일 부터 광야 생활을 기념하여 한 주간 동안 집을 떠나 초막 생활을 하는 절기.
23:16	年 해년	終 마칠종		세밑. 한 해의 마지막 때.
23:24	崇 높을숭	拜 절배		1. 높이어 우러러 공경함. 2. 종교적 대상을 숭경하고 귀의하는 심적 태도와 외적 표현의 총칭.
23:24	毀 헐훼	破 깨뜨릴파		헐어서 깨뜨림.
23:24	柱 기둥주	像 형상상		신성한 기둥 모양으로 만든 가나안의 우상[24:4, 34:13].
23:24	打 칠타	破 깨뜨릴파		규율이나 관례를 깨뜨려 버림.
23:24	荒 거칠황	蕪 거칠무		땅 따위가 거두지 않고 제대로 버려두어서 몹시 거칢.

24장

24:7	言 말씀언	約 약속할약	書 글서	1. 언약의 글. 2. 성모세를 통하여 공식적으로 선포되었고 기록되고 다시 인준되었다. 이스라엘 백성들은 여호와에 의하여 주도된 공식적인 언약의 관계를 시작.
24:7	朗 밝을랑	讀 읽을독		소리내어 읽음.
24:10	靑 푸를청	玉 구슬옥		푸른 색이 나는 돌의 하나. 장식용 혹은 그릇을 만드는 데 쓰임.
24:10	淸 맑을청	明 밝을명		날씨가 맑고 깨끗함.
24:12	板 널판			1. 널. 2. 관목.
24:16	至 이를지	今 이제금		지금까지. 지금에 와서. '至于今(지우금)'의 준말.

25장

25:5	海 바다해	獺 수달달		족제비과의 물짐승. 바다소(海牛). 홍해에 서식. 모피는 최고급품으로 취급됨.
25:5	皂 검을조	角 뿔각	木 나무목	싯딤나무 곧 아카시아의 일종으로 사막에서 자라며 견고하고 내구성이 강하여 성막을 지을 때 유용.

25:6	燈 등잔등	油 기름유	등을 켜는 데 쓰는 기름. 성소에 있는 촛대에는 항상 등불을 켜야 했다[27:20].
25:6	灌 물댈관	油 기름유	관제에 쓰는 기름.
25:6	焚 불사를분	香 향기향	향을 피움. 향을 태움.
25:7	胸 가슴흉	牌 패패	대제사장의 가슴에 차는 수 놓은 헝겊 조각. 일종의 주머니.
25:7	寶 보배보	石 돌석	아름다운 보배의 옥돌.
25:8	聖 거룩할성	所 바소	성막, 회중의 성막, 증거의 성막으로도 불릴 때가 있으나 그 의미는 서로 다르다. 성경에 나오는 성소의 이름은 다음의 다섯 가지이다. ① 집(히브리어 '벧') ② 성막(히브리어 '미쉬칸'): 히브리어 '샤칸'에서 온 말로 "거하는 장소"이며 여호와께서 빛 가운데 임재하시는 곳을 나타내 준다. ③ 장막(히브리어 '오엘'): 성소가 세워지기 이전에 있었던 특별한 예배 장소로 세워진 곳. ④ 회중의 장막: 즉 회막으로서 이스라엘 백성들이 집합하는 중심지를 의미한다. ⑤ 증거의 성소: 증거판을 보관하는 장막으로 여호와와 맺은 언약을 증거하는 것이다.
25:9	式 법식	樣 모양양	1. 일정한 모양과 격식. 2. 성 히브리어 '토브니드'는 모형을 의미한다. 즉, 원형에 대한 모사품이라는 뜻이다. 이것은 하늘의 완전한 것에 대한 땅, 즉 현재의 불완전한 모형이라는 의미.

25:10	櫃 함궤			상자. 증거판을 보관하기 위해 만든 상자.
25:17	贖 속바꿀속	罪 허물죄	所 바소	속죄소(mercy seat)는 언약궤 위 하나님의 거룩함을 수호하는 두 그룹[창3:22~24]의 날개 사이의 공간이었다. 속죄일에 대제사장은 언약궤가 들어 있는 지성소에 들어가 속죄소 위에 속죄의 피를 뿌림으로써 백성의 죄를 위해 속죄를 했다[레16:14~15]. [롬3:25]에서는 바로 이 비유를 사용하여 그리스도의 구속 사역을 묘사하고 있다. 그곳에서 '화목'이라는 말은 '속죄소'를 뜻함.
25:22	證 증명할증	據 의거할거	櫃 함궤	법궤. 지성소 안 증거궤에는 일년에 한 번씩 대제사장만 들어갈 수 있었으나 하나님은 제사장직의 신적 기원을 가르치시기 위해 이와 같이 특별한 경우에 모세가 증거궤 앞에 나아옴을 허용하셨음.
25:23	床 평상상			소반. 책상. 평상.
25:29	大 큰대	楪 널평상접		1. 위가 넓고 운두가 낮은 숭늉이나 국물을 담는 그릇. 2. 제물의 피를 담는 그릇.
25:30	陳 베풀진	設 베풀설	餠 떡병	1. 제사나 잔치 때에 상 위에 벌여 놓은 떡. 2. 성안식일에 드리기 위해 고운 가루로 만든 12개의 떡.
25:31	燈 등잔등	臺 집대		1. 위험한 곳을 비춰 주거나 목표로 삼게 하기 위하여 등불을 켜서 놓아 두는 대. 2. 성이 등대는 유대주의를 잘 상징하는 사물 중의 하나이다. 이 등대는 밤낮으로 장막 안을 비추기 위한 것이며 등대의 양편에 각각 세 개의 가지가 이어져 있고 가운데도 한 가지가 있어서 일곱 가

지로 되어 있다. 하나님은 천지를 창조하실 때 맨
먼저 빛을 창조하셨고, 언제나 하나님은 이스라엘
의 빛으로 자신을 나타내셨다. 신약에서도 빛 가
운데로 가는 것은 곧 진리대로 사는 것이라든가,
예수는 참빛이라는 말씀 속에 이 상징이 계속됨
[요1:9, 8:12, 9:5, 12:4].

| 25:37 | 燈
등잔등 | 盞
술잔잔 | 기름을 담아 등불을 켜게 만든 그릇. |

26장

| 26:1 | 聖
거룩할성 | 幕
장막막 | 이스라엘 백성이 성전을 건축하기 전 법궤를 모셨던 막. 안은 깨끗하고 거룩하고 순수함에 기초를 둔 질서의 사회를 상징하고, 밖은 부정·불결·혼동의 사회로 상징됨. |

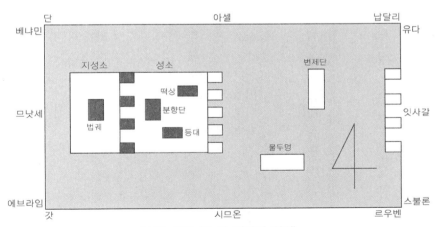

〈성막 모형 및 각 지파의 위치〉

| 26:1 | 仰
우러러볼앙 | 帳
휘장장 | 1. 천장이나 상여 위에 치는 휘장 막.
2. 성 성막을 덮는 막. 성막을 이루고 있는 나무로 만든 골격을 덮을 성막 내면의 막. 가늘게 꼰 베실로 |

만든 앙장막은 성막 외면을 덮는 앙장들[7절]과 한 쌍을 이루도록 만들어졌다. 이 앙장들은 운반할 수 있도록 조각으로 나뉘어져서 만들어졌다. 여기에 그려진 "그룹"도 하나님의 임재를 상징하며[참조 25:17~18] 등대의 빛으로 인해 성막 안에서도 볼 수 있었다. 붉은 물을 들인 숫양의 가죽으로 만든 덮개는 모든 외부의 빛을 차단하며, 또 피의 붉은 색깔로서 장막을 보호하기 위한 것이었다. 장막의 외부를 덮는 덮개막들은 단순히 폭풍이나 우박, 비로부터 장막을 보호하거나 여러 가지의 피해를 막기 위한 것.

26:1	幅 넓이폭		1. 물건의 옆의 한 끝에서 다른 한 끝까지의 거리 너비. 2. 지위·위세·인망이 미치는 세력 범위.
26:1	工 장인공	巧 공교교	교묘하다.
26:1	繡 수놓을수		수 놓다.
26:2	每 매양매	幅 넓이폭	폭마다.
26:4	聯 이을련	絡 연락(이을)락	1. 이어 댐. 2. 서로 사정을 알림. 3. 서로 연고를 맺음.
26:4	末 끝말	幅 넓이폭	끝 폭.
26:8	幕 장막막		1. 앙장. 2. 임시로 지은 집. 3. 무대에 치는 물건.
26:8	各 각각각	幅 넓이폭	매폭. 폭마다.

26:9	折 꺾을절	半 반반	하나의 반.
26:33	至 이를지	聖 거룩할성	所 바소

구약시대에 신전 또는 막 안의 신이 있는 가장 신성한 곳. 지성소(혹은 성막)는 세심하게 보호되었다. 하나님께서는 거룩한 장소와 그렇지 못한 장소를 엄격히 구분하셨다. 그러므로 지성소는 일반에게 공개되어서도 안 되며, 저주 아래에 있는 자연에 노출되어서도 안 되었다. 지성소 혹은 *성소: 성소의 개념은 하나님이 임재하는 곳이라는 의미를 강조하고 있으며, 지성소(Holy of Holy, 영)는 1년에 한 번 속죄일에 대제사장만 들어갈 수 있는 곳으로 법궤를 모셔둔 곳.

26:35	帳 휘장장		장막. 성소와 지성소 사이의 휘장.
26:36	聖 거룩할성	幕 장막막	門 문문

외부의 휘장은 성막 입구의 역할을 하는 것으로 성소 동쪽 모서리에 매달려 있는 것이었다. 이 막에서는 '그룹'이 수놓여 있지 않으며, 금이나 은 대신에 놋으로 만든 기둥 받침이 사용되었음.

26:37	門 문문	帳 휘장장	문과 창문에 치는 휘장. 커튼.

119

27장

| 27:9 | 細 가늘세 | 麻 삼마 | 布 베포 | 帳 휘장장 | 가는 삼실로 짠 베로 만든 휘장. 성소의 외곽을 두르는 막. |

| 27:9 | 布 베포 | 帳 휘장장 | 베나 무명으로 만든 휘장. |

27:20 純 순수할순 潔 깨끗할결
1. 아무 잡된 것이 섞이지 않고 아주 조촐하며 깨끗함.
2. 성순결의 기름: 올리브 기름으로 빛을 냄 → 세상의 빛 되신 그리스도를 예표함.

27:20 燈 등잔등 (灯) 등불.

27:21 會 모을회 幕 장막막 성막.

27:21 揮 두를휘 帳 휘장장 피륙을 이어서 만든 둘러치는 막.

27:21 看 볼간 檢 검사할검 잘 살펴 검사함. 곧 성소의 등불을 매일매일 정한 시간에 켜고 끄는 것.

28장

28:3 靈 신령령 신령. 영혼.

28:4 斑 얼룩질반 布 베포 반베. 반물빛의 실과 흰 실을 섞어서 짠 수건감의 무명 속옷.

28:4	冠 갓관			1. 갓. 관. 2. 가늘게 꼰 베실로 금관의 모양으로 만든 흰색의 관으로 머리에 쓰는 것[39절].
28:7	肩 어깨견	帶 띠대		1. 전대. 2. 상지대. 3. 에봇을 연결해 주는 어깨에 거는 띠.
28:11	印 도장인			도장. 인장 반지[창41:42]. 중요한 서류나 문건의 신 빙성을 확증하는 의미로 사용됨[왕상21:8].
28:16	長 길장	廣 넓을광		길이와 넓이.
28:17	紅 붉을홍	寶 보배보	石 돌석	루비. 보석 이름.
28:17	黃 누를황	玉 구슬옥		옥의 한 종류. 사방정계(斜方晶系)의 기둥꼴의 결정.
28:17	綠 푸를록	珠 구슬주	玉 구슬옥	옥의 한 종류.
28:18	石 돌석	榴 석류류	石 돌석	광물의 하나.
28:18	藍 쪽람	寶 보배보	石 돌석	청보석.
28:18	紅 붉을홍	瑪 옥돌마	瑙 화반석노	금강석.
28:19	琥 호박늘호	珀 호박박		옛적 송진들이 땅속에 묻히어 굳어진 물건. 황색. 투 명. 잘 갈고 잘 닦아 장식품으로 씀.

28:19	白 흰백	瑪 옥돌마	瑙 화반석노	보석의 하나. 중심부에 흰색과 갈색을 띠고 있는 옥.
28:19	紫 자줏빛자	水 물수	晶 수정정	보라색의 수정.
28:20	綠 푸를록	寶 보배보	石 돌석	보석의 일종.
28:20	碧 푸를벽	玉 구슬옥		파란 옥.
28:33	石 돌석	榴 석류류		석류나무의 열매. 맛이 달고 심.
28:33	間 사이간	隔 막힐격		물건과 물건의 거리. 문자적 의미는 '중앙'이다.
28:36	牌 방패(패)패			1. 패. 방패. 방붙이다. 2. 제사장이 머리에 쓰는 관. 앞에 매는 판.
28:38	聖 거룩할성	物 만물물		1. 거룩한 물건. 구별된 물건. 2. **성**속죄를 위해 여호와께 바치던 동물이나 곡식.
28:38	罪 허물죄	愆 허물건		죄와 허물.
28:42	袴 바지고	衣 옷의		1. 남자의 여름 홑바지. 2. **성**회막에 들어갈 때 제사장들은 반드시 바지를 입어 하체를 가려야만 죽음을 면했다.

29장

29:2	無 없을무	酵 술괼교(효)		1. 누룩이 없는. 누룩을 넣지 않은. 2. 📕성 화목제와 함께 드릴 소제를 위한 것.
29:2	煎 지질전	餅 떡병		번철에 지진 떡. 부꾸미.
29:6	聖 거룩할성	牌 패패		"여호와의 성결"이라 쓴 패를 제사장의 관 위에 매었던 것[28:36].
29:10	按 어루만질안	手 손수		1. 목사나 장로가 기도를 드리는 사람의 머리에 손을 얹는 일. 2. 감독이나 목사가 성직 후보자의 머리 위에 손을 얹는 일. 3. 📕성 구약의 희생제 의식인 번제와 속죄제에서는 제물을 드리는 자가 희생 제물을 죽이기 전에 제물에 손을 얹도록 규정되어 있다[출29:10, 레1:4, 4:4, 8:14, 민8:10, 대하29:23]. 이것은 희생제를 드리는 사람의 죄를 제물에게 전가시키는 의미.
29:11	會 모을회	幕 장막막	門 문문	회막의 문.
29:13	肝 간간			간.
29:14	贖 속바칠속	罪 허물죄	祭 제사제	일을 그르쳐 죄를 짓다라는 말인 '하타'에서 온 말로 '그러한 죄로부터 정결케 되다'라는 의미이다. 이는 여호와께서 금지한 계명들을 인간들이 연약하여 죄를 범한 경우에 용서받기 위해 드려진 제사이다. 피할 수 있었는데 고의적으로 지은 죄(고범죄)에 대해서는 속죄제가 무용하다[민15:30~31, 히10:26~28]. 대제사장의

속죄제와 온 회중의 속죄제에는 다같이 수송아지가 예물로 드려졌다. 이는 대제사장의 과실을 전(全) 국민의 과실로 간주하는 사고방식이 깔려 있는 것이다. 족장의 속죄제에는 숫염소, 평민의 속죄제에는 암염소나 어린 암양이 드려졌고, 가난한 자를 위해서는 비둘기나 고운 가루 두 되로 드려지기도 했다. 공식적인 여러 제사에서 속죄제는 의무적으로 드려져야 했으며 이 제사가 드려진 후에 번제, 소제, 화목제가 드려졌다. 향기로 드려지는 제물(즉 번제단 위에서 태워지는)이 그리스도의 인격의 완전함을 예시했다면 향기 없는 제물은 구속을 위한 그리스도의 사역을 암시하고 있다[고후5:21, 갈3:13]. 그것은 그리스도께서 우리를 위해 죄를 짊어지심[고후8:21]과 그리스도가 예루살렘 밖에서 고난받을 것을 암시한다[히13:11~13]. 구약시대 후 속죄제는 신약에서의 그리스도의 희생에 대한 불완전한 예표이다. 속죄제에 수송아지를 드리는 경우, 그 피는 성소의 장막 밖에서 일곱 번 뿌려진 뒤 향단 뿔에 바르고 나머지는 회막문 앞 번제단 밑에 쏟는다. 7은 영적인 완전함을 의미하며 또한 성령의 역사의 표시이다. 이는 생명의 창시자이며 수여자로서의 의미가 있다. 사람과 짐승과 새들과 곤충의 수태와 출생의 기간과 관련되어 있음.

| 29:17 | 脚
다리각 | | 다리. '여러 조각으로 자르다'란 의미. |
| 29:17 | 臟
오장장 | 腑
장부부 | 오장육부(오장: 폐장 · 심장 · 간장 · 비장 · 신장, 육부: 대장 · 소장 · 위 · 담 · 방광 · 삼초). |

| 29:18 | 火 불화 | 祭 제사제 | | 제물을 불에 태우는 제사로 제단 위에서 사르는 모든 제사의 총칭(offering by fire). |

| 29:22 | 委 맡길위 | 任 맡길임 | 式 법식 | 위탁하여 권리를 주는 예식. |

| 29:24 | 搖 흔들요 | 祭 제사제 | | 히브리어 '트누파'로서 제물을 앞뒤로 흔들어서 드리는 것(아래 위로 흔드는 것이 아님)이다. 이 트누파 의식은 두 가지 원칙에 의해서 실시된 봉헌 의식이었다. 먼저, 주인이 성소에 제물을 가져 왔을 때 아직 주인에게 속한 제물은 트누파의 봉헌 의식을 필요로 한다는 것이다. 그런데 대부분 제물은 성소에 가져 오기 전에 바쳐졌던 것이기 때문에 거의 모든 제물이 트누파 의식에서 제외되었다. 그리고 구성, 과정, 목적이 일반 기준에서 벗어난 가장 거룩한 제물이 이 트누파 의식의 봉헌을 필요로 했음. |

| 29:27 | 搖 흔들요 | 祭 제사제 | 物 만물물 | 요제의 제물. |

| 29:28 | 舉 (擧) 들거 | 祭 제사제 | 物 만물물 | 히브리어 '테루마'로 넓적다리를 들어 제사를 지냈던 제물로 후에 제사장의 음식으로 제공됨. |

| 29:29 | 聖 거룩할성 | 衣 옷의 | | 거룩한 옷(아론이 입던 여러 가지 예복). |

| 29:33 | 贖 속바칠속 | 罪 허물죄 | 物 만물물 | 아론의 아들이 위임식 때 거룩하게 하는 데 쓰던 제물. |

| 29:36 | 贖 속바칠속 | 罪 허물죄 | | 1. 제물을 내고 죄를 면하는 일.
2. 성 예수가 인류를 대신하여 십자가에 달려 죽음으로써 인류의 죄를 대속한 일. |

29:37	接 댈접	觸 닿을촉	맞붙어서 닿음.
29:40	奠 정할전	祭 제사제	부어드리는 제사(drink offering)는 포도주를 부어 바치는 제사로 전제의 제물은 포도주 약 1/4힌, 즉 5홉 정도.
29:41	素 횔소	祭 제사제	히브리어 '민카'로 선물 또는 현물이라는 의미. 처음에는 동물이나 식물로 된 현물 모두에 대해 이 말을 사용했는데 나중에 와서 식물로 된 현물에만 사용하게 되었다. 예물은 밀가루와 감람유로 제사장에게 드려 제사장이 직접 드리게 하였다. 순백의 고운 밀가루에 기름을 붓고 유향과 함께 단상에서 불태워 향기로 드리는 제사이다. 번제가 생명 자체를 드리는 제사임에 비해 소제는 자기의 생활 중에서 노동의 결과를 드리는 것이며, 하나님께서 사람에게 기본적인 식물(食物)을 주신 사실과 생명에 대한 감사를 예물로 드려야 하는 사실을 가르쳐 준다. 소제는 예수 그리스도의 완전한 인격을 상징한다. 발효되지 않은 제물은 그리스도의 무죄를 의미하며[히4:1, 요3:5], 기름은 성령의 사역을 상징한다[눅4:18].

30장

30:7	整 가지런할정	理 이치리	정돈하여 가지런하게 함.
30:10	香 향기향	壇 제단단	성막에서 향을 피우던 제단으로 성소와 지성소를 가로지르는 휘장 앞에 놓였음.
30:13	計 셈할계	數 셀수	中 가운데중	수효를 셈한 가운데.

| 30:15 | 富
가멸(넉넉할)부 | 者
놈자 | 재산이 넉넉한 사람. |

| 30:23 | 上
윗상 | 等
무리등 | 높은 등급. |

| 30:23 | 流
흐를류 | 質
바탕질 | 1. 전당 잡힌 물건이 기일이 넘어서 실효가 되어 못 찾게 됨.
2. 액체. |

| 30:23 | 肉
살육 | 桂
계수나무계 | 계수나무의 두꺼운 껍질. 건위 강장제로 쓰임. |

| 30:23 | 菖
창포창 | 浦
물가(개)포 | 창포과에 속하는 다년생 풀. 특이한 향기가 있고 연못이나 호숫가에 남. 뿌리를 깎아 아이들의 머리에 꽂으며, 잎과 함께 우려내어 머리를 감거나 목욕도 하고 술도 빚음. |

| 30:24 | 桂
계수나무계 | 皮
가죽피 | 계수나무의 껍질. |

| 30:25 | 製
지을제 | 造
지을조 | 큰 규모로 물건을 만듦. |

| 30:27 | 焚
불사를분 | 香
향기향 | 壇
제단단 | 향을 피우는 제단. |

| 30:28 | 燔
구을번 | 祭
제사제 | 壇
제단단 | 번제를 드리는 단. |

| 30:29 | 至
이를지 | 聖
거룩할성 | 物
만물물 | 지극히 거룩한 물건. |

| 30:32 | 方
모방 | 法
법법 | 일을 치러내는 솜씨와 법식. 방식. |

127

30:34	蘇 차조기소	合 합할합	香 향기향	1. 조록나무과에 속하는 낙엽 교목. 암수 동주로 소아시아에 분포. 2. 수지(나무의 진액)는 약용·향료로 씀.
30:34	螺 소라라	弇 덮을감	香 향기향	홍해 해안에서 수집되는 갑각류의 껍질에서 채취한 향.
30:34	楓 단풍나무풍	子 아들자	香 향기향	유향수(Boswellia)에서 채취한 진액으로 만든 향.
30:34	重 무거울중	數 셈할수		단위로 헤아려 숫자로 나타낸 무게.

31장

31:2	指 가리킬지	名 이름명		여러 사람 가운데서 인명을 지정함.
31:3	聰 귀밝을총	明 밝을명		1. 영리하고 기억력이 좋음. 2. 사물을 정확히 파악하는 능력.
31:3	知 알지	識 알식		1. 사물을 아는 마음의 작용. 2. 알고 있는 내용. 3. 경험을 구체화시켜 생활에 적용하는 능력.
31:3	才 재주재	操 잡을조		재주.
31:10	祭 제사제	司 맡을사	職 맡을직	제사장의 직무.
31:14	聖 거룩할성	日 날일		거룩한 날. 주일(主日). 안식일. 일요일.

32장

32:4	刻 새길각	刀 칼도	새김칼. 새김질에 쓰는 작은 칼.

32:5	公 공평할공	布 펼포	일반에게 널리 알림.

32:7	腐 썩을부	敗 패할패	1. 썩고 결단나서 쓸모가 없게 됨. 2. 법규나 제도 등이 문란하여 바르지 못함.

32:10	殄 끊어질진	滅 멸할멸	무찔러 죄다 없앰.

32:17	喧 지껄일훤(헌)	譁 시끄러울화	1. 몹시 시끄러움. 지껄이어서 떠듦. 2. 초상집에 고용되어 직업적으로 곡을 해 주는 사람들의 곡소리. 3. 성 이교도의 흉악한 고함치는 것 같은 조화성이 없는 거친 소리.

32:21	重 무거울중	罪 허물죄	히브리어 '하타'로서 과녁을 맞추지 못하다[삿20:16], 발을 잘못 디뎌서 빠지다[잠19:2]의 의미.

32:25	放 놓을방	恣 맵시(성품)자	1. 꺼리거나 삼가지 않고 제멋대로 놀아남. 2. 성 하나님의 말씀과 명령, 언약을 모두 벗어버리고 육신이 시키는 대로 날뛰는 것.

32:25	嘲 비웃음조	弄 희롱할롱	1. 비웃고 놀림. 2. 깔보고 희롱함, 우롱.

32:26	陳 진칠진	門 문문	진중으로 드나드는 문.

32:27	屠 죽일도	戮 죽일륙	모두 무찔러 죽여 버림. 도살.

32:29	獻 드릴헌	身 몸신	자기의 이해를 돌보지 않고 몸을 바쳐 전력을 다함.
32:31	金 쇠금	神 귀신신	금으로 만든 우상. 애굽의 '아피스'(Apis)를 본떠 만든 금송아지 우상.
32:32	合 합할합	意 뜻의	1. 서로 뜻이 같음. 2. 둘 이상의 당사자의 의사가 합치하는 일. 3. **성** 하나님께서 원하시면.
32:34	報 갚을보	應 응할응	1. 선악이 그 인과에 따라 틀림없이 되갚음 됨. 2. **성** 하나님의 진노는 그의 백성에 대한 그의 강력한 사랑의 역설적 증거이다. 진노가 그의 백성에 대한 하나님의 근본적인 태도는 아니다. 하나님의 진노는 격렬히 폭발하는 격노도 아니고 악마적인 충동도 아니다. 그의 진노는 오히려 이스라엘 백성이 지켜야 할 계약의 책임을 지키지 않고 어겼을 때마다 야기되는 신적(神的) 징계.

33장

33:3	中 가운데중	路 길로	1. 가던 길의 중간. 2. 일을 하여 나가거나 되어 가는 중간. 3. 中人의 계급.
33:4	惶 두려울황	悚 두려울송	1. 황공. 높은 자리에 눌려 두려움. 2. **성** '재난', '슬픔'의 뜻으로 이스라엘에 대한 하나님의 저주의 말씀.
33:4	丹 붉을단	粧 단장할장	1. 화장. 2. 산뜻하게 모양을 내어 꾸밈.
33:5	瞬 잠깐순	息 쉴식	間 사이간	아주 짧은 동안.

33:5	丹 붉을단	粧 단장할장	品 물건품	단장하는 데 쓰는 물품.

33:7	仰 우러러볼앙	慕 사모할모		우러러 사모함.

33:10	帳 휘장장	幕 장막막	門 문문	장막에 드나드는 문. 이 장막은 하나님과 교통하기를 원하는 사람들을 위해 장소를 제공할 목적으로 모세가 세운 것이다. 하나님은 모세가 세운 이 장막에 구름 기둥을 내리심으로써 이 장막의 설립을 승인하셨음.

33:11	隨 따를수	從 따를종	者 놈자	1. 시중드는 사람. 2. 따라 다니는 하인.

33:19	頒 펼반	布 베풀포		세상에 펴서 널리 퍼뜨림.

33:19	矜 자랑할긍	恤 구제할휼		1. 불쌍히 여겨 도와줌. 가엾게 여김. 2. 성죄악 중에 머무는 죄인들에게는 하나님이 분노를 발하시나[신29:20], 회개하고 자기의 죄를 탄식하는 자들은 불쌍히 여기신다[렘3:18~20]. 진실되게 참회하는 자는 우리 하나님의 긍휼과 인자하신 자비로부터 크나큰 용기를 얻게 될 것이다. 이것은 인간에 대한 하나님과 긍휼하심의 반영임.

34장

34:7	免 면할면	罪 허물죄		죄를 면함.

34:7	子 아들자	與 더불여	孫 손자손	1. 아들과 손자. 2. 후손.

| 34:13 | 像
형상상 | | | 1. 형상. 모양.
2. 성 히브리어 '아세라'로서 곧게 세우다, 바르게 하다 라는 뜻을 지닌 히브리어 '아쉬르'에서 온 단어임. '아세라'는 땅에 곧게 세워진 형상으로 예배의 대상이 됨. '아세라' 신은 가나안 족속들이 섬기는 여신이었으며 바알의 어머니 신으로 sex와 다산과 전쟁을 주관하는 신. |

| 34:15 | 淫
음란할음 | 亂
어지러울난 | | 1. 주색에 빠짐.
2. 성생활이 문란함.
3. 매춘 행위를 하다. 창녀와 지내다. |

| 34:22 | 七
일곱칠 | 七
일곱칠 | 節
마디절 | 히브리어 '오메르'로서 유월절 후 50일 만에 있는 절기. 칠칠절(Feast of Weeks)은 이스라엘에서 해마다 지켜지는 3대 절기 중 두 번째 절기이다. 이것은 자주 유월절로부터 시작되는 절기 주기의 종결로서 간주되었다. 이 절기의 명칭은 칠칠절 이외에도 여러 가지가 있는데, '맥추절'[출23:6], '오순절'[행2:1] 등이다. 칠칠절은 원래 추수감사제였다. 그러므로 이것은 성경 전체 역사를 통해 이와 같은 특성을 계속 유지했다. 출23:16의 맥추절은 칠칠절의 가장 오래된 이름인 듯하다. 이 기간은 특별히 거룩하게 지냈는데 이스라엘 백성들은 비뿐만 아니라 농사의 풍작도 하나님께서 좌우하신다고 믿었기 때문이다. 이 절기가 헬라어를 쓰는 유대인들 사이에서는 오순절로 알려져 있었음. |

| 34:22 | 初
처음초 | 實
열매실 | 節
마디절 | 곡물의 첫 이삭을 드리는 날[레23:10~14]. 히브리어 '비쿠림'. 이 초실절은 유월절이 지난 후 첫 안식일 다음날인데, 이것은 첫 열매에 대한 헌납과 봉헌을 기념하는 것이다. 초실절에는 여호와께 한 단의 곡 |

식[문자적으로는 '오멜': 참조 출16:16]을 드
려야 했다. 또 이후에 번제, 소제, 전제가
차례로 드려졌다. 약 1ℓ의 순수한 포도
주를 전제(부어 드리는 제사)로 기쁨을
상징하기 위하여 소제물 위에 부어졌다.
이 초실절은 모든 추수의 봉헌을 상징하
는 것으로 앞으로 거두게 될 모든 추수에
대한 서약과 축복의 뜻을 갖는다.
① 첫 열매는 예수 그리스도의 육체적 부
　활의 모형이다[고전15:20~30].
② 첫 열매는 모든 신자들의 육체적 부활
　에 대한 예증이다[고전15:20~30; 살
　전4:13~18].
③ 첫 열매는 교회의 봉헌을 상징한다.

34:28	四 넉사	十 열십	성경에서 이 숫자는 '세상의 모든 것에 적용된 신적인 질서'를 의미함.
34:28	十 열십	誠 경계할계	모세가 시내산에서 하나님께 받은 열 가지 계명.
34:29	光 빛광	彩 채색채	1. 눈부신 빛. 2. 어두운 속을 비추는 힘.
34:33	手 손수	巾 수건건	1. 얼굴이나 몸을 닦기 위하여 만든 베조각. 2. 성무지와 오해, 예수를 거부하는 불신앙, 사랑이 상실된 편견과 엄격한 바리새적 위선[고후3:14].

35장

35:19	祭 제사제	司 맡을사	1. 유태교에서 예루살렘의 신전에 봉사하는 종교상의 의식·전례(典禮)를 맡아 보는 사람. 2. 사제(司祭). 3. 미개한 여러 민족에 있어서 제의(祭儀)·주문(呪文)을 통하여 영험을 얻게 하는 사람. 또는 신령의 대표자.
35:21	自 스스로자	願 원할원	1. 스스로 하고 싶어 바람. 2. 자원하는 마음으로 물품을 드림.
35:29	憑 의지할빙	藉 빙자할자	1. 남의 힘을 빌어서 의지함. 2. 내세워 평계함.
35:35	彫 새길조	刻 새길각	글씨·그림·물건의 형상을 돌이나 나무 따위에 새김.

36장

36:4	停 머무를정	止 그칠지			하던 일을 중도에서 그치거나 머무름.
36:6	無 없을무	論 의논할론	男 사내남	女 여자녀	남자나 여자나 말할 것도 없이.

38장

38:21	物 만물물	目 눈목	물건의 목록.

| 38:24 | 費
허비할비 | 用
쓸용 | 드는 돈. 쓰이는 돈. |
| 38:27 | 板
널판 | 墻
담장 | 목판장. 널빤장. |

39장

39:1	精 정할정	巧 공교교	세밀하고 교묘함.
39:26	供 받들공	職 맡을직	관청. 단체의 일을 맡음.
39:27	織 짤직	造 지을조	피륙 따위를 기계로 짜는 일.
39:28	頭 머리두	巾 수건건	1. 남자 상제나 어른 된 복인(服人)이 상중에 머리에 쓰는 베로 만든 건. 2. 성 대제사장이 머리에 쓰는 관.
39:32	竣 일마칠준	工 장인공	공사를 끝냄. 준역.
39:38	金 쇠금	壇 제단단	금으로 만든 단.
39:42	畢 마칠필		마치다. 끝내다.

135

40장

40:20

證 증거증 **據** 의지할거 **板** 널판

이것은 하나님이 두 개의 돌판에 십계명을 새겨 모세에게 준 것을 가리킨다. 성경에는 돌판[출24:12], 판[출32:15], 돌비[고후3:3], 언약의 비석[히9:4] 등 여러 가지 표현으로 쓰여졌다. 증거판에 대한 언급이 출애굽기에 5회나 나타나는 것으로 미루어 그 중요성을 충분히 알 수 있다[16:24, 25:16, 25:21, 31:18, 40:20]. 뿐만 아니라 돌판이라는 명칭은 출애굽기에 4회[24:12, 31:18, 34:1, 34:4], 신명기에 9회[4:13, 5:22, 9:9, 9:10, 9:11, 9:15, 9:17, 10:1, 10:3], 열왕기하에 2회[8:9, 16:17], 역대하에 1회[5:10] 나타난다. 성경에 이것에 대한 언급이 이렇게 여러 번 반복되는 것은 하나님께서 이것을 중요하게 생각하심을 보여 준다. 또한 이것은 여호와께서 자신의 율법을 직접 전해준 것이라는 데 특별한 중요성을 지닌다. 이것을 하나님이 친히 기록하셔서 모세를 통해 이스라엘의 모든 무리, 더 큰 의미로는 모든 인류에게 주신 것으로 그 근본 정신은 보편성과 영원성을 지닌다. 즉 당시의 이스라엘 백성뿐만 아니라, 모든 시대의 모든 사람에게 적용되어야 하는 것이다. 신약시대에 주어진 복음도 이러한 계시의 말씀에 근거하여 더 포괄적이고 보편적이며 진일보한 진리로 확대된 것임.

레위記

하나님은 거룩하기 때문에 하나님께 나아가는 자는 반드시 거룩해야 한다.
모든 사람은 죄인이기 때문에 사람의 죄를 대신하는 제물을 희생시켜 피를 흘리는 제사 방식을 통해 죄를 속한 후에야 하나님께 나아갈 수 있다. 우리 주 예수 그리스도의 보배로운 피 흘리는 제사가 없이는 죄를 사함 받을 수 없고 우리에게 항상 있는 하나님의 아들 예수 그리스도의 대제사장의 중보 없이는 하나님 앞에 담대히 나갈 수 없다. 그러므로 죄 문제를 해결하고 하나님 앞에 나가기 위해서는 우리의 대속물이요 중보자인 대제사장 예수 그리스도가 반드시 필요하다.
우리 예수 그리스도의 피로 죄 사함 받고 몸과 영혼 전인이 거룩하게 성화되어야 할 필요성을 레위기는 제사와 절기라는 수단을 통하여 예표함으로써 주제를 선언한다.

2장

2:2	記 기록할기	念 생각념	物 만물물	1. 하나님 앞에 상달될 제물 부분. 2. 기념이 되게 하는 물건. 3. 기념으로 드리는 제물.
2:3	素 흴소	祭 제사제	物 만물물	소제에 드리는 제물[출29:41].
2:4	無 없을무	酵 술괼교(효)	煎 지질전	餠 떡병	1. 누룩을 넣지 않고 번철에 지진 떡. 2. **성**새 생활에 대한 상징 [고전5:6~8].
2:5	燔 구울번	鐵 쇠철			지짐질 하는 데 쓰는 무쇠로 만든 큰 냄비형 철판 (plate) [겔4:3].

3장

3:4	近 가까울 근	傍 곁(가까이할) 방		아주 가까운 곳.
3:9	尾 꼬리 미	閭 이문 려	骨 뼈 골	1. 꽁무니 뼈. 미저골. 2. 성팔레스타인과 아프리카에는 기름지고 굵은 꼬리를 가진 양이 있다. 미려골은 그런 꼬리가 붙은 뼈를 말함.

4장

4:2	禁 금할 금	令 명령할 령		히브리어 '차와'에서 파생된 말로, 지켜 행하도록 세워 명령된 '계명', '규례', '제도' 등.
4:3	罪 허물 죄	孽 서자(재앙) 얼		죄악에 대한 재앙.
4:29	燔 구울 번	祭 제사 제	所 바 소	번제에 드릴 제물을 잡는 장소[레1:11].

5장

5:5	犯 범할 범	過 허물 과	허물을 저지름.
5:5	自 스스로 자	服 옷(복종할) 복	1. 자백하고 복종함. 2. 친고죄 또는 준친고죄에 있어, 범인이 자기의 범죄 사실이 발각되기 전에 피해자에게 고지하는 일. 자수.

5:6 贖 愆 祭
속바칠속 허물건 제사제

히브리어 '아삼'으로 무지나 소홀함으로 인한 태만의 죄를 말한다. 특히 타인의 재물을 사사로이 소비하는 불신행위를 가리킨다. 또한 과오에 대한 책임을 제거하고 책임을 보상하는 수단, 곧 저지를 범과(犯科)에 대한 배상물[5:6, 민5:8, 삼상6:3 이해]이나 배상금[왕상12:16]을 말한다. 희생 제물로 암컷 대신 수컷을 요구하는 것은 그것이 더 비싸므로 더 중한 죄에 해당되는 제사임을 나타낸다. 이 잘못을 가증스럽게 여기는 것은 그 죄과의 성질 때문이다. 속건제는 주로 재물에 관한 죄인데 이는 하나님께 마땅히 드려야 할 성물을 탈취한 것을 말한다. 여기에서 말하고 있는 것은 십일조나 첫 열매나 첫 태의 짐승 등 반드시 드리도록 명령하신 성물들뿐만이 아니라 자발적으로 드리는 서원물들도 포함하고 있다. 이 모든 것을 드림에 있어서 이스라엘 백성들은 하나님께 매우 성실하게 드리도록 엄격히 명령받았다. 그러나 여기서 말하는 범죄는 꾀를 내어 악하게 속이는 범죄를 말하지 않는다. 하나님께서는 탐욕이 너무 강하거나 개인적인 유익으로 인하여 종교적 의무를 무시한 범죄에 대해 희생 제사를 통한 속죄를 요구하시는 것이다. 또한 속건제는 사람의 재물에 대해서도 드려졌다. 여호와의 성물에 대한 죄일 경우는 범한 성물과 같은 가격의 흠없는 숫양과 5분의 1의 배상금을 첨가하여 제사장에게 드린다. 이웃의 소유물에 관한 죄일 경우 범한 소유물의 전액과 5분의 1의 배상금을 소유자에게 반환하고 그 후 다시 제사장에게 흠없는 숫양을 드렸다. 속건제의 모든 절차는 속죄제와 동일함.

| 5:12 | 火
불화 | 祭
제사제 | 物
만물물 | 화제에 드리는 제물[출29:18]. |

| 5:15 | 指
가리킬지 | 定
정할정 | | 어찌 하라고 가리켜 지정함. |

| 5:15 | 價
값가 | 値
값치 | | 값. 욕망을 충족시키는 재화의 중요 정도. |

| 5:15 | 相
서로상 | 當
마땅할당 | | 1. 어지간함.
2. 서로 어금지금함.
3. 대단한 정도에 가까움. |

6장

| 6:2 | 信
믿을신 | 實
열매실 | | 믿음직하고 꾸밈이 없음. 거짓이 없음. |

| 6:2 | 勒
굴레(억지로함)륵 | 捧
받들봉 | | 빚진 사람에게 금품을 속임수나 강제로 받아 냄. |

| 6:4 | 遺
잃을유 | 失
잃을실 | 物
만물물 | 잃어버린 물건. |

| 6:5 | 本
밑본 | 物
만물물 | | 본디 그대로의 물건. |

| 6:6 | 贖
속바꿀속 | 愆
허물건 | | 1. 레5:6 참조.
2. 허물을 용서받음. |

| 6:17 | 所
바소 | 得
얻을득 | | 1. 자기 소유가 됨.
2. 생긴 이익. |

6:28	鍮 놋쇠유	器 그릇기	놋그릇.

7장

7:7	祭 제사제	肉 살육	제사를 드린 고기.
7:10	分 나눌분	配 짝(나눌)배	몫. 몫을 고르게 나눠 줌.
7:12	感 느낄감	謝 사례할사	1. 고마움. 2. 고맙게 여김. 3. 고맙게 여기고 사례함.
7:14	擧 들거	祭 제사제	제물의 오른편 뒷다리를 상하로 흔들어서 여호와께 헌납하는 제사이다. 하나님께 바쳤다가 제사장이 다시 하나님으로부터 받는 것을 의미하는 데서 생겨났음[출29:27~28, 레7:14~32].
7:37	委 맡길위	任 맡길임	祭 제사제	제사장직을 위임할 때 드리는 제사.

8장

8:29	應 응할응	食 밥식	1. 직무에 응하여 받는 녹. 2. 히브리어 '할렉'인데 단순히 몫(portion)을 가리킴.
8:35	七 일곱칠	晝 낮주	夜 밤야	밤낮 7일.

10장

10:1	香 향기향	爐 화로로	향을 피우는 조그마한 화로. 번제단의 불을 담아 성소 안의 분향단으로 옮기는 그릇[출27:3].

10:9 毒 酒
독할독 술주

1. 독한 술.
2. 독약을 탄 술.
3. 🈳민28:7을 제외하고 독주라는 말은 언제나 포도주와 함께 사용되고 있는데, 이 두 용어는 서로 별개의 뜻을 가리키는 말로 일반적으로 모든 종류의 술을 나타내는 데 사용된다. 독주는 마음이 괴롭거나 죽게 된 자에게 그들의 고통을 없애는 수단으로 권해졌으나 왕족들에게는 그들의 공의를 그르치지 않도록 하기 위해 금지되었음[잠31:4~7].

11장

11:4 不 淨
아닐부 깨끗할정

레위기 전체 구성에서 보면 먼저, 제사율법[1:1, 7:38]에 있어서 신·인간의 관계 정상화의 길을 알려 주며, 둘째, 제사를 취급하는 자에 관한 율법[8:1, 10:20], 그리고 비로소 정·부정에 대한 율법이 제시되었다[11:1, 15:33]. 이의 내용은 ① 동물 식사에 관한 부정과 정결, ② 출산에 의한 부정과 정결, ③ 나병에 의한 부정과 정결, ④ 성적 유출물에 의한 부정과 정결을 분류, ⑤ 속죄일에 관한 율법을 가르쳐 모든 더러움에 대해 전국민이 완전히 정결케 되는 길을 알려 주고 있음.

11:13 魚 鷹
물고기어 매응

새 이름. 징경이. 물수리. 지중해나 갈릴리 호수에서 물고기를 잡아먹고 산다.

11:16 駝 鳥
곱사등이타 새조

새 이름(달리는 힘이 강함).

11:17	鸕 더펄새로	鶿 까마귀자	1. 물에 잠기는 새. 가마우지. 2. 성 철새로서 겨울에 팔레스타인 해안 지대로 찾아온다.
11:18	塘 못당	鵝 거위아	새 이름(pelican). 아래 턱에 주머니가 있어 먹이를 저장하는 것과 큰 부리, 물갈퀴 등이 특징.
11:18	兀 오뚝할올	鷹 매응	독수리의 일종. 주로 송장과 썩은 고기를 먹고 산다 [잠30:17, 마24:28].
11:19	鶴 새학		학. 두루미.
11:19	戴 일대	勝 이길승	오디새. 팔레스타인의 여름 철새로 분뇨 더미 같은 더러운 곳에서 유충을 먹고 산다.
11:30	蛤 대합조개합	蚧 조개개	도마뱀의 한 가지. 회갈색 모바탕에 푸르스름하고 꼬리가 새파란 도마뱀의 하나. 벌레를 잡아 먹음.
11:30	鰐 악어악	魚 고기어	악목류의 파충류의 총칭.
11:30	守 지킬수	宮 집궁	도마뱀붙이. 벽호.
11:30	七 일곱칠	面 낯면	蜥 도마뱀석 蜴 도마뱀척	빛이 변하는 도마뱀(팔레스타인 혹은 열대산). 카멜레온.
11:32	木 나무목	器 그릇기	나무로 만든 그릇.
11:32	淨 깨끗할정		깨끗하다. 조촐하다.
11:35	湯 끓일탕	罐 양철통관	국이나 약을 끓이는 그릇. 쇠붙이나 오지로 만듦.

| 11:36 | 防 막을방 | 築 쌓을축 | 물을 막기 위하여 쌓은 둑. |

12장

| 12:2 | 經 월경경 | 度 법도도 | 1. 문자적 뜻은 '흐르는 것'.
2. 월경. 여자의 생리. |
| 12:3 | 産 낳을산 | 血 피혈 | 해산 후의 피. |

13장

13:2	色 빛색	點 점점	색이 있는 점. 피부에 밝고 희끄무레하게 부어 오른 종기.
13:3	診 진찰할진	察 살필찰	의사가 환자의 병세를 살펴봄.
13:3	患 근심(병)환	處 곳처	아픈 부위.
13:4	禁 금할금	錮 가둘고	감옥 안에 가두고 정역(定役)은 시키지 않는 자유형.
13:5	病 병들병	色 빛색	1. 병든 사람의 얼굴빛. 2. 병을 앓을 때에 겉으로 나타나는 빛.
13:10	爛 문드러질란	肉 살육	1. 살이 문드러진 것. 2. 나병균으로 인하여 피부가 터지고 속살이 겉으로 드러난 것.

13:18	腫 부스럼종	氣 기운기	커다란 부스럼.
13:19	腫 부스럼종	處 곳처	종기가 난 자리.
13:23	痕 자취흔	跡 발자취적	1. 남은 자취. 일하다가 얻은 상처. 곧 주인이 노예의 몸에 소유를 나타내는 화인을 찍은 것. 2. 성예수의 종이 됨[갈6:17].
13:24	純 순수할순	全 온전전	다른 것이 섞이지 않고 순수함. '순결'의 의미로 가정에서 젊은 여자들이 지켜야 할 덕목[딤전5:2, 딛2:5].
13:29	鬚 수염수	髥 구레나룻염	청년 이상의 남자의 코밑, 턱, 뺨에 나는 털. 나룻.
13:33	毛 터럭모	髮 터럭발	사람의 머리털과 몸에 난 털의 총칭.
13:44	確 확실할(굳을)확	實 열매실	틀림없이 실상스러움.
13:57	復 돌아올복	發 필발	1. 근심이나 설움이 다시 일어남. 2. 재발(再發).

14장

14:4	柏 잣백	香 향기향	木 나무목	레바논에 나던 삼목(杉木)의 일종. 높이 30m 가량으로 향기가 나고, 내구력이 강하여 건축·조각·가구에 사용하는데, 솔로몬왕이 성전을 짓는 데 썼음.
14:13	贖 속바꿀속	愆 허물건	祭 제사제	物 만물물 속건제에 드리는 물건[레5:6].

| 14:23 | 潔
깨끗할결 | 禮
예도예 | 1. 정결케 하는 예식.
2. 성모세의 율법에서는 아기를 낳은 여인은 불결하다고 한다. 남자 아이의 경우, 아기는 생후 8일 만에 할례를 받으나 산모의 경우 남아는 33일, 여아는 66일이 더 지나야 깨끗해질 수 있음. 이 기한이 차면 산모는 정결 예식을 위해 번제와 속죄제를 드림 [참조 레12:4~6].
할례: 계약의 표시로 정결의식, 결례: 헌아식으로 신약시대의 유아세례와 같다. |
| 14:38 | 閉
닫을폐 | 鎖
쇠사슬(잠글)쇄 | 1. 자물쇠를 꼭 채워 문을 닫음.
2. 기능을 정지함. |

15장

| 15:2 | 流
흐를유 | 出
날출 | 病
병들병 | 1. 혈루병(하혈)과 냉병(여자병) 등의 총칭.
2. 성병적으로 정액이 계속 분비되는 병은 이스라엘인의 성막 출입과 하나님께 대한 제사를 금하는 부정의 하나로 간주된다는 것이다. 그리고 부정한 남자에게서 나오는 것은 무엇이든지 부정한 것이며 영혼과 몸이 아울러 순결한 자 외에는 누구라도 하나님께 그 자신이나 그의 소유물을 드릴 수 없다는 규칙이 항상 유지되어야 한다. 마찬가지로 바울이 성도들에게 하나님의 택하신 백성으로 받아들여진 이상 육과 영의 온갖 더러운 것에서 자신을 깨끗하게 해야 한다고[고후7:1] 권고할 때 그는 이 의식의 목적과 동일한 가르침을 전한 것임. |
| 15:13 | 流
흐를유 | 出
날출 | | 여자의 국부로 부정한 것이 흐름. |

15:16	泄 샐설	精 정기정	1. 몽설(夢泄). 잠을 자는 중에 정액을 싸는 일. 2. 남녀가 성교할 때 남자가 정액을 싸는 일. 3. 성 성생활의 절제는 부부간에도 요청되었다. 설정한 자는 하루 동안 부정한 자로 간주되었다. 특히 전쟁의 경우, 그것이 여호와의 전쟁이라는 관점에서 여자를 가까이 하지 않는 것이 필요했다. 삼상 21:4~5, 삼하11:11, 예레미야6:4에 "그를 칠 준비를 하라"는 말은 전쟁을 '정결케 하라'는 의미이다. 전사(戰士)는 정결한 몸으로 전쟁에 임해야 하기 때문이다. 그리고 신성한 임무에 나설 때 그 몸이 정결하지 않으면 안된다는 기록이 출19:15에 있다. 신약 성경의 고전7:5, 계14:4에도 이에 관한 언급이 있다. 물론 16~18절은 인간의 자연스러운 생리적 분비였으며 아무런 제물이 필요하지 않았음.
15:17	精 정할정	水 물수	정액(호르몬).
15:19	不 아니불	潔 깨끗할결	1. 깨끗하지 아니하고 더러움. 2. 성 도덕적으로 음란한 것과는 구별되는 종교 의식상 불결을 의미.
15:22	座 앉을좌	席 자리석	앉는 자리. 앉은 자리.
15:24	傳 전할전	染 물들일염	1. 병독이 남에게 옮김. 2. 몹쓸 풍속이 전하여 물이 듦.
15:25	不 아니불	潔 깨끗할결 期 기약할기	1. 깨끗하지 아니하고 더러운 기간. 2. 여자의 생리 기간.

16장

16:2	法 법법	櫃 함궤	언약궤. 십계명판을 넣어 두었던 궤.
16:2	無 없을무	時 때시	때의 정함이 없이.
16:13	香 향기향	煙 연기연	향을 피우는 연기.
16:22	無 없을무	人 사람인	之 어조사(갈)지	境 지경경	사람이 전혀 없는 곳.

18장

18:14	伯 맏백	叔 아제비숙	母 어미모	아버지 맏형제의 아내.
18:22	交 사귈교	合 합할합	1. 남녀 간의 성교(性交). 2. 성동성애에 관한 성경의 언급은 레20:13, 롬1:26 등에 나온다. 성경은 이를 철저히 금지하고 있다 [고전6:9]. 이 죄에 대한 대표적 예는 창19:5에 나오는 소돔의 경우임.
18:22	可 옳을가	憎 미워할증	얄미움.
18:23	交 사귈교	接 댈접	1. 서로 마주 닿아 접촉함. 2. 교제.　3. 성교. 4. 성짐승과의 교합(수간(獸姦))은 이집트 종교예식의 한 부분이었음.

| 18:23 | 紊
어지러울문 | 亂
어지러울난 | | 도덕이나 질서가 얽히어서 어지러움. |

19장

19:14	障 막힐장	碍 막을애	物 만물물	거치적거리가 되는 물건. 방해가 되는 물건.
19:16	論 의논할론	斷 끊을단		1. 논하여 단정을 내림. 논술하여 결론을 맺음. 2. 성 여기서의 뜻은 중상모략하지 말라는 의미.
19:17	責 꾸짖을책	善 착할선		1. 친구 사이에 서로 착한 일을 하도록 권함. 2. 서로 충고하여 죄를 범하지 않도록 함.
19:20	贖 속바꿀속	良 어질량		1. 종을 풀어 주어서 양민이 되게 함. 2. 남의 환란을 대신하여 받음. 3. 성 예수께서 율법의 종이 된 우리를 속량하시기 위해 십자가 죽음이란 대가를 치름[행20:28].
19:20	解 풀해	放 놓을방		압박하거나 가두어 두었던 것을 풀어 놓음.
19:26	卜 점칠복	術 꾀술		1. 점을 치는 술법. 2. 무슨 표적을 보고 신의 뜻을 알아내려는 행위. 옛 셈족들이 메소포타미아에서 가지고 들어온 술법[계18:23].
19:26	術 꾀술	數 꾀수		술법. 술책. 음양·복서(卜筮) 등에서 길흉을 점치는 방법.
19:27	損 덜손	傷 상할상		떨어지고 상함.

19:29	淫 음란할음	風 바람풍	1. 음란하고 더러운 풍속. 음습. 2. 성금품을 받고 몸을 파는 창녀들의 부도덕한 간음 행위.
19:31	神 귀신신	接 댈접	1. 신이 몸에 접함(주로 귀신 접함을 말함). 2. 성영매자(靈媒者)들을 찾는 것은 근본적으로 하나님을 떠난 인간의 탐욕과 공포의 발로이므로 엄격히 금지되었음.
19:31	追 좇을추	從 따를종	1. 남이 하는 대로 따라서 좇음. 2. 아첨하여 좇음.
19:35	度 법도도	量 분량량 衡 저울대형	길이, 분량, 무게 또는 이를 재고 다는 자·되·저울 등을 일컬음.
19:36	錘 저울추		1. 저울추. 저울눈. 2. 무게.

20장

20:3	聖 거룩할성	號 이름호	1. 거룩한 표호. 신자가 가슴에 그리는 「十字」의 표. 2. 거룩한 이름, 곧 하나님의 칭호.
20:10	姦 간음할간	夫 지아비부	간통한 남자.
20:10	淫 음란할음	婦 지어미부	음녀. 음탕한 계집.
20:14	丈 어른장	母 어미모	아내의 친정어머니.

21장

21:3	出 날출	嫁 시집갈가	처녀가 시집을 감.
21:7	離 떠날리	婚 혼인할혼	1. 생존 중의 부부가 합의 또는 재판상의 청구에 의하여 혼인관계를 해소하는 일. 2. 성 이혼이 유대인들에게 허용되고 있지만 그리스도께서는 이혼이 율법의 참뜻이 아니라고 가르치셨다. 여기서도 이혼의 정당성을 시인하거나 장려하는 것이 아니라 이미 퍼져있는 풍습을 규제하는 것이었다. 그 이유는 이혼은 하나님의 결혼제도와 정반대되는 것이기 때문이다. 여기서 이 민족이 가장 신성한 관계마저 억제하지 않고 파괴할 정도로 타락해 있었다는 것을 알 수 있음.
21:10	禮 예도례	服 옷복	예식 때 입는 옷.
21:18	肢 팔다리지	體 몸체	팔다리와 몸.
21:20	白 흰백	膜 꺼플막	눈알의 거죽을 싼 얇은 막.
21:20	壞 무너뜨릴괴	血 피혈	病 병들병	비타민 C의 결핍으로 인한 병(잇몸에 피가 남, 빈혈).

22장

| 22:18 | 誓
 맹세할서 | 願
 원할원 | 祭
 제사제 | 하나님에게 은혜를 빌고, 그 보답으로 하나님에게 헌물을 바칠 것을 맹세하는 제사. |

| 22:18 | 樂
즐거울락 | 獻
드릴헌 | 祭
제사제 | 성 화목제의 일종(freewill offering): 자발적이고 즐거운 마음으로 하나님께 예물을 드리는 제사. 서원한 것을 갚는 서원제와 함께 자의(自意)로 예물을 드리는 자원제이다. 낙헌제의 제물은 소, 양, 염소의 흠 없는 수컷으로 화목제나 번제로 드렸고 그 희생제물의 고기는 이튿날까지 다 먹을 것이며 제 삼일까지 남았으면 불살라 버렸음[레7:16~17]. |

23장

| 23:10 | 爲
할위 | 先
먼저선 | | 1. 조상을 위함, 또는 그 일.
2. 제일 먼저. |

| 23:17 | 筒
낱개 | | | 낱. |

| 23:28 | 贖
속바꿀속 | 罪
허물죄 | 日
날일 | 1. 하나님 앞에서 죄를 용서받는 날.
2. 성 히브리어 '욤 키프림'. 제7월의 10일째 되는 날로 9월이나 10월에 해당된다. 이는 매년제(每年祭)로 대제사장의 죄와 백성의 죄와 회막의 죄를 속죄하는 날이다. 속죄일의 참뜻은 궁극적으로 예수 그리스도의 십자가에서 완성되어졌다[히9장]. 이것은 예수 그리스도의 완전한 구속사업을 표시하고 있다. 속죄일은 레16장, 23:26~32, 민29:7~11 등에 언급되어 있음. |

| 23:34 | 草
풀초 | 幕
장막막 | 節
마디절 | 수장절. 히브리어 '슉곳'. 제7월의 15일째 되는 날에서부터 일주간으로 제8일째 되는 날은 축제의 절정을 이루는 성회(聖會)의 날로 끝마쳤다. 이 일주일 동안 백성들은 |

집을 떠나 초막이나 오두막을 만들고 거기서
생활했다. 이것은 광야에서 방황하는 동안
하나님의 보호와 해방을 기념하고[23:43]
모든 추수를 완료한 것에 대한 감사의 축
제이다. 초막절에 대해서는 레23:33~43, 민
29:12~38, 신16:13~17에 언급되어 있음.

23:38	獻 드릴헌	物 만물물	바치는 제물. 바치는 물건.
23:38	樂 즐길락	獻 드릴헌	기쁨과 영광을 드림.
23:42	草 풀초	幕 장막막	감람나무, 들감람나무, 화석류나무, 종려나무, 기타 무성한 나뭇가지들로 지은 막[느8:15].

24장

24:11	譭 훼방할훼	謗 헐뜯을방	1. 남의 일을 방해함. 2. 남을 헐뜯어 비방함. 3. 성 히브리어 '나카브'(찌르다, 구멍을 뚫다 세게 차다) 로 하나님에 대해 불경스럽게 말하는 신성 모독.
24:20	破 깨뜨릴파	傷 상할상	1. 깨어져 상함. 2. 신체에 입은 상해.

25장

25:5	安 편안할안	息 쉴식	年 해년	매 7년째 되는 해는 안식년으로 휴경(休耕) 하여야만 했다. 경지휴한(耕地休閑)은 자연 분해의 결과로 생기는 양분 증가에 따라 지 력(地力)의 회복에 크게 도움을 주는 건전

한 영농 방법으로 잘 알려져 있다. 그러나 안식년 제정은 이스라엘 백성들을 탐욕으로부터 보호하시려는 하나님의 의도가 있는 것이다. 왕하36:21에서는 이스라엘의 바벨론 포로가 안식년에 대한 이스라엘의 불순종에 따른 하나님의 심판으로 이해되고 있다. 이 안식년의 교훈을 여섯 가지로 요약할 수 있다.

① 땅의 주인이신 하나님에 대한 재인식.
② 같은 피조물인 땅에게도 그 힘을 길러 주어야 함.
③ 1년간의 휴작으로 인하여 백성의 영적 생활을 위한 시간이 보장됨.
④ 물질에 대한 탐욕의 억제.
⑤ 언제나 하나님만을 위하여 살아야 할 것을 가르침.
⑥ 장차 올 세상의 영원한 안식에 대한 교훈 등.

25:10

禧 기쁠 희 **年** 해 년

요벨은 숫양 혹은 숫양의 뿔을 뜻하는 것이었지만 가나안 진입을 기점으로 하여 제50년이 되는 해를 알릴 때 숫양의 뿔로 만들어진 나팔을 불었으므로 그 해를 요벨 혹은 요벨의 해로 부른다. 8~55절이 바로 요벨의 해 곧 희년(禧年)에 관한 법이다. 이 법은 제50년이 되는 그 해를 다른 해와 달리 거룩하게 하라고 규정하고 있으며 그 땅에 사는 모든 거주자들에게 '드로르'(자유 혹은 해방)를 선포하라고 규정하고 있다[25:10]. '드로르'가 선포되면 빚 때문에 토지나 가옥을 팔았던 농민들은 그 기본 재산을 다시 돌려 받게 되며 옹색하게 되어 몸을 팔아 노예가 되었던 사람들도 노예의 신분에서 벗어나 자유하게 된다. 토지는 땅이 없었던 이스라엘이 약속의 땅인 가나안에 들어와서 분배받은 재산으로서 대대로 물려 주어야 할 가문의 재산이다. 희년법의 토지 이해에 따르면 땅은 하나님의 것이고 사람은 하나님에게 의지하는 식객에 불과했다. 따라서 분배받는 땅은 아주 팔아 넘기지 못했고 또한 언제든지 되돌려 살 수 있어야 했다. 희년은 안식년이 7회 반복되는 해, 곧 49년째가 되는 해인데 동양식 계산법으로는 50년째가 되는 해이다. 이러한 법의 신앙적 근거는 출애굽 신앙이다. 하나님께서 애굽 땅에서 종살이하던 이스라엘을 해방시켜 주신 것을 생각해서 종들에게 자유를 주는 규정을 지키라는 것이다. 일정한 기간마다 '드로르'가 선포되고 소유권이 본래의 주인들에게로 돌아가고 노예들은 자유인이 되어 사람들을 동일한 조건에서 시작하도록 하는 평등과 자유의 법임.

25:15	年 해년	數 셈할수	햇수.
25:16	多 많을다	少 적을소	많음과 적음.
25:19	産 낳을산	物 만물물	산출물.
25:25	近 가까울근	族 겨레족	가까운 친족. 근친.
25:25	同 한가지동	族 겨레족	같은 겨레. 동일한 종족.
25:26	富 가멸(많을)부	饒 넉넉할요	재물이 넉넉함.
25:29	城 재성	壁 벽벽	성과의 벽. 담벼락.
25:30	確 확실확확	定 정할정	1. 틀림없이 작정함. 2. 성취함. 채움. 확신함.

25:31	村 마을촌	落 떨어질락	촌에 이루어진 부락. 마을. 주민의 생활에 따라 농촌·어촌·광촌 등으로 구분.
25:31	田 밭전	土 흙토	1. 논밭. 2. 토지 거래.
25:33	大 큰대	抵 막을저	무릇.
25:35	貧 가난빈	寒 찰한	가난하여 집안이 쓸쓸함.
25:36	利 이할리	息 쉴식	1. 다른 사람으로 하여금 금전을 사용하게 하고 일정한 비율에 따라 정기적으로 받는 보수. 길미. 2. 🅢이식은 고리대금 업자가 돈을 대여해 주고 받는 이익이다(ASV에서는 이 경우에 "usury"를, RSV는 "interest"를 사용하고 있다). 오늘날 usury는 고리(高利)의 이율을 의미한다. 모세오경에서는 이스라엘 동족끼리 돈을 꾸어주는 경우 이식을 취하는 것을 금했음[레25:36~37].
25:37	利 이할리	益 더할(유익할)익	1. 이가 됨. 2. 유익하고 도움이 됨.
25:50	雇 품팔고	傭 품팔이할용	삯을 받고 남의 일을 하여 줌.

26장

26:1	木 나무목	像 형상상	가나안의 여신인 '아세라' 상을 가리킨다. 풍요와 다산을 상징하는 신으로 제례의식 행위 중 성적인 문란 행위가 수반되었다.

26:1	柱 기둥주	像 형상상	가나안의 남신인 '바알' 상. 폭풍우를 주관하던 신인데 제의 행위에 인신 제사[렘19:5] 행위가 수반되기도 했다.
26:9	履 신(밟을)리	行 행할행	실제로 행함.
26:16	肺 허파폐	病 병들병	폐장에 관한 질병의 총칭.
26:16	熱 더울열	病 병들병	몸에 열이 대단히 나는 병. 장질부사.
26:19	鐵 쇠철		1. 쇠. 2. 단단하다.
26:22	減 덜감	少 적을소	1. 줆. 2. 덜어 적게 함.
26:22	道 길도	路 길로	사람이나 차가 다닐 수 있도록 만든 길.
26:23	對 대할대	抗 대항할항	서로 맞서 대적함.
26:25	背 등(어길)배	約 약속할약	1. 약속을 어겨서 저버림. 2. 성신적 계약을 휴지 조각처럼 여기는 배신 행위.
26:25	染 물들일염	病 병들병	장질부사, 페스트 같은 치명적 전염병으로 광야에 있을 때 죄에 대한 형벌로 4회 발생[민14:12].
26:26	依 의지할의	賴 힘입을뢰	남에게 의지함[딤후1:12].

26:28	懲 징계할징	責 꾸짖을책		꾸짖어 징계함.
26:30	山 뫼산	堂 집당		1. 산신당. 산의 수호신을 모신 당집. 2. 성가나안의 영향으로 우상숭배의 장소로도 많이 사용[호4:13].
26:31	荒 거칠황	凉 서늘할량		황폐하여 쓸쓸함.
26:35	安 편안안	息 쉴식	時 때시	안식할 때(7년마다 돌아옴).
26:37	踐 밟을천	踏 밟을답		1. 짓밟음. 2. 두려움과 공포로 인해 먼저 도망가려고 엎치락뒤치락하는 모습.
26:39	衰 쇠할쇠	殘 남을잔		1. 힘이 빠져 거의 죽게 됨. 2. 쇠하여 잔약해 짐.
26:41	順 순할순			1. 순하다. 2. 순조롭다. 3. 차례.

27장

27:8	誓 맹세할서	願 원할원	者 놈자	하나님 앞에 은혜를 빌고, 그 보답으로 헌물 또는 헌신할 것을 서약한 사람.
27:8	定 정할정	價 값가		1. 정해 놓은 값. 2. 값을 정함.
27:8	形 형상형	勢 권세세		1. 생활의 경제적인 형편. 2. 정세. 3. 성재력. 능력.

27:9	誓 맹세할서	願 원할원	物 만물물	서원한 물건.
27:10	變 변할변	改 고칠개		변경. 변역.
27:10	優 넉넉할우	劣 용열할렬	間 사이간	낮거나 못하거나.
27:16	斗 말두	落 떨어질락	數 셀수	1. 마지기 수. 2. 땅에 씨를 뿌릴 수 있는 분량.
27:24	本 밑본	主 주인주		소유자. 본 주인.

民數記

두 차례나 인구조사를 한 데서 유래된 말로 구약성서의 넷째 편. 애굽에서 구속 받아 거룩하게 성별된 하나님의 백성들이 하나님의 인도와 보호 아래 시내산에서 출발하여 광야의 시험을 거치면서 모압 광야에 도착하기까지 여정을 통해서 하나님의 은혜와 사랑과 인도하심을 주제로 선언한 것이다. 반석에서 물이 나와 갈증을 해소하고 불뱀에 물려 죽게 되었을 때 장대 위에 달린 놋뱀을 쳐다보고 살게 되며 하늘에서 만나가 내려와 약 38일 동안 굶주리지 아니하고 구름기둥과 불기둥으로 인도하시고 도피성 제도를 통해서 예수 그리스도께 피하면 모든 죄가 사함 받아 새 생명을 얻게 되는 등 그리스도의 사랑과 인도와 보호하심을 예표적으로 보여준다.

民 백성민	인구조사(number).
數 셀수	1. 두어수. 2. 셈하다. 3. 운수. 4. 팔자.
記 기록할기	1. 표하다. 2. 적다. 3. 뜻. 4. 문자에 주석을 달다.

1장

1:2	**名** 이름명 **數** 셀수	사람의 수효.
1:4	**頭** 머리두 **領** 거느릴령	1. 사람의 수효. 2. 여러 사람을 거느리는 우두머리가 되는 사람.

1:18	依 의지할의	支 지탱할지	1. 남에게 의뢰함. 2. 몸을 기대어 부지함.
1:18	系 이을계	統 거느릴통	1. 어떤 사물 사이의 관계를 통일된 원칙 밑에 순서를 따라 벌인 것. 2. 자신의 출신 계보.
1:46	總 모두총	計 셈할계	수량 전체를 한데 모아서 셈함.

1:50	證 증명할증	據 의거할거	幕 장막막	**성**제사의 장소였던 성막의 다른 이름이다. 성막은 그 기능 또는 목적에 따라 몇 가지의 이름으로 불리었다. 회중과 하나님이 만나는 장소임을 강조한 회막(Tabernacle of Congregation Tent of meeting), 하나님의 임재를 강조하는 여호와의 전(House of the Lord), 거룩과 신성을 강조한 성막(Tent), 율법과의 관련성을 강조한 법막(Tent of Testimony) 등.
1:50	附 붙을부	屬 붙을속	品 물건품	주되는 일이나 물건에 딸려서 붙는 것.
1:50	管 맡을관	理 도리리		1. 관리의 우두머리. 2. 부하를 지휘 감독함. 3. 사무를 정리함.
1:50	運 움직일운	搬 운반할반		물건 또는 사람을 옮겨 나름.
1:51	外 바깥외	人 사람인		**성**여기서는 레위인을 제외한 모든 이스라엘인 및 타국인을 가리킨다.

2장

2:2	旗 기기　號 이름호	1. 기의 신호. 2. 기의 표장(票章). 3. 성 각 종족의 고유한 도안이 새겨진 깃발.
2:31	後 뒤후　隊 때대	1. 후방에 있는 부대. 2. 뒤에 있는 대오(隊伍).

3장

3:7	職 맡을직　務 힘쓸무	직책. 맡은 바 임무.
3:8	守 지킬수　直 곧을직	맡아서 지킴.
3:15	種 심을(씨)종　族 겨레족	조상이 같고 공통의 언어·풍속·습관 등을 가지는 사회 집단. 부족.
3:32	統 거느릴통　轄 다스릴할	모두 거느려서 관할함.

4장

4:3	条 참여할참　(參)　加 더할가	어떠한 모임이나 단체에 참여함.
4:5	行 행할행　陳 진칠진	행군(行軍).

4:6	純 순수할순	靑 푸를청	色 빛색	다른 것이 섞이지 않은 순수한 청색.
4:6	褓 포대기보			포대기. 보자기.
4:7	周 두루주	鉢 바리때발		1. 식기. 2. 위가 약간 벌어지고 뚜껑이 있는 놋쇠로 만든 밥 그릇.
4:12	器 그릇기	皿 그릇명		그릇. 기물.
4:19	指 가리킬지	揮 휘두를휘		가리켜 보여서 일을 하도록 시킴.
4:20	暫 잠깐잠	時 때시		잠깐 동안. 오래 걸리지 않는 동안.
4:23	入 들입	參 참여할참		1. 궁중의 경축이나 제례에 참렬하는 일. 2. 성레위인들이 회막 봉사에 참여함을 암시.
4:32	名 이름명	目 눈목		1. 사물의 이름. 명칭. 2. 핑계. 이유.
4:37	從 따를종	事 일사		1. 어느 일에 마음과 힘을 다함. 2. 어떤 일을 일삼아서 함.

5장

5:6	悖 거스릴패	逆 거스릴역	1. 패악하고 불순함. 인륜에 어긋나고 나라에 반역함. 2. 남의 인격을 모독함.

5:12	失 잃을실	行 행할행	1. 도의에 어그러진 좋지 못한 행동을 함. 2. **성** 여기서는 성적으로 타락한 행위를 저지르는 것.
5:13	情 뜻정	交 사귈교	1. 남녀가 몸을 허락하여 사귐. 2. 참된 마음을 사귐. 친밀한 교제.
5:14	疑 의심할의	心 마음심	믿지 못하여 이상하게 여기는 생각이나 마음. *의심의 소제. 이것은 하나님께서 정하여 주신 신성한 결혼 관계가 부당하게 파탄에 이르는 것을 막아 주는 제사로 그 사건을 하나님의 판결에 전적으로 맡기는 것이다. 이 일을 위해서 그 남편은 자기 아내를 데리고 제사장에게로 가서 '그 아내를 위하여', '그 여자의 예물'로 불리우는 소제를 드려야 했다. 그러므로 그 소제는 하나님 앞에서 행한 그 여자의 행실의 열매를 상징하는 예물이었다. 또한 가난하고 곤경에 처한 백성들의 주식인 보리가루를 제물로 삼은 것은 그 여자의 죄가 아직 확정되지도 아니하였고 또 그 문제를 보다 관대하게 본다면 그 예물을 드리는 여자가 무죄일 수도 있기 때문이다. 그러나 그 여자가 처해 있는 의심스러운 상황이나 그녀의 행실에 대한 애매하고 의심스러운 점을 지적할 때에는 의심의 소제를 드려야 했다. 따라서 그것은 '의심의 소제'였으며 그 소제의 목적은 그 의심에 근거를 밝혀내는 데에 있었다. 이런 의미에서 그것은 여호와 앞에서 그 여자의 행실을 '생각하게 하는 소제', 즉 여호와께서 판단하시도록 그 여자의 '죄악을 생각하게 하는 소제'로 불림.

6장

6:3	乾 하늘건	葡 포도포	萄 포도도	1. 말린 포도. 2. **성** 술을 만드는 재료와 관련된 것임.

6:3	醋 초초				포도주 또는 알코올 성분을 가진 주정을 발효하여 얻은 액체. 혹자는 '쉰 포도'라고 번역.
6:5	削 깎을삭	刀 칼도			1. 머리를 깎는 데 쓰는 칼. 2. 성 나실인이 머리를 기르는 것은 자신의 머리 위에 주장하는 자가 있음을 상징[고전11:10].
6:7	兄 맏형	弟 아우제	姉 누이자	妹 누이매	형제(남자쪽)와 자매(여자쪽).
6:9	忽 문득홀	然 그럴연			1. 문득. 2. 갑자기.
6:12	無 없을무	效 효험효			1. 보람이 없음. 효력이 없음. 2. 행위자가 목적으로 한 법률상의 효과가 없음.
6:26	平 평평할평	康 편안할강			1. 평안함. 2. 성 구속을 계획하신 하나님과, 그의 백성을 의롭게 하시려고 십자가에서 죽으신 예수로부터만 나올 수 있는 것. 유대인의 간절한 소망이 담긴 보편적인 인사말.

7장

7:5	職 맡을직	任 맡길임	1. 직무상 맡은 바 책임. 2. 성 헬라어 '디아코니온'(봉사) 즉 다른 성도들을 섬기게 할 목적으로 주어진 것[고전12:5].
7:10	奉 받들봉	獻 드릴헌	1. 웃어른께 물건을 바침. 2. 성 12명의 족장이 12일 동안 계속 단의 봉헌을 위해 동일한 예물과 제물을 바쳤음.
7:13	銀 은은	盤 소반반	1. 은으로 만든 쟁반. 2. 매끄러운 얼굴.

| 7:84 | 奉
받을봉 | 獻
드릴헌 | 禮
예도례 | 物
만물물 | 봉헌식에 바친 예물. |

8장

| 8:16 | 一
한일 | 切
끊을절
모두체 | 1. 아주, 도무지의 뜻으로 사물을 부인 또는 금지할 때 쓰는 말(부사).
2. 일체: 모든 것. 온갖 사물(명사). |

9장

| 9:18 | 留
머무를류 | 陳
진칠진 | 행군 도중에 잠시 군대를 머물러 두는 일. |

10장

| 10:9 | 壓
누를압 | 迫
핍박할박 | 세력으로 누르고 구박함. |

| 10:10 | 喜
기쁠희 | 樂
즐길락 | 기뻐하고 즐거워함. |

| 10:10 | 月
달월 | 朔
초하루삭 | 1. 그달 초하루. 월초. 旬(열흘 순), 望(보름 망), 晦(그믐 회).
2. 셩이것은 세 가지 성경적 의미를 내포한다.
① 매월의 축제(the new moon).
② 연대기적 시간으로서의 달(month).
③ '예라'(yerah)의 동의어적 표현에 의해서 월삭과 |

월삭 사이의 기간을 가리키며 특히 달(月)의 명칭과 함께 사용된다(출애굽기의 아빕월). 그런데 '월삭'은 왕하4:23, 사66:23, 겔46:1~6(성전 예배의 안식일), 암8:5(사회생활의 안식일)에서 안식일과 관련되어 있다. 안식일과 월삭과 절기(성회)의 논리적 연속성은 흔히 종교적 규정을 요약하는 데 사용되었다[대상23:31, 대하2:4, 8:13, 31:3, 느10:33, 사1:13 이하, 겔45:17, 호2:11].

10:14	首 머리수	頭 머리두	무슨 일에 앞장을 선 사람. 필두(筆頭). 괴(魁).
10:14	領 거느릴령	率 거느릴솔	1. 부하·식구·제자 등을 거느림. 2. 지도자가 되어 지휘하는 것.
10:25	後 뒤후	陣 진칠진	후군.
10:29	善 착할선	待 기다릴대	1. 친절하게 잘 대접함. 2. 성 히브리어로 '헤세드'인데, 자비, 긍휼, 친절이란 뜻이다. 일반적으로 하나님과 이스라엘 사이의 관계를 나타내는 데 쓰이지만, 여기서는 인간과 인간 사이의 신뢰, 즉 변함없는 충성심을 나타내고 있음[호2:19 참조].
10:33	言 말씀언	約 약속할약	櫃 함궤	법궤. 법궤는 하나님의 임재를 표상하는 것이다. 법궤가 앞서가는 것은 하나님께서 이스라엘 민족을 인도하신다는 증표.

11장

11:4	貪 탐낼탐	慾 욕심낼욕	지나치게 탐내는 욕심.
11:5	生 날생	鮮 생선선	말리거나 절이지 않은 잡은 그대로의 물고기.
11:6	精 정기정	力 힘력	1. 심신의 원기. 2. 활동하는 힘.
11:7	眞 참진	珠 구슬주	진주조개 껍질이나 살 속에 생기는 일종의 구슬.
11:15	困 곤할곤	苦 쓸고	1. 곤란하고 고통스러움. 2. 인생의 온갖 험악한 일들.
11:25	豫 미리예	言 말씀언	앞에 올 일을 미리 말함(豫言者 20%). 預言=하나님이 맡겨 놓은 말씀(預言者 80%).
11:26	錄 기록할록	名 이름명	이름을 기록함.
11:32	終 마칠종	日 날일	1. 아침부터 저녁까지의 하루 동안. 2. 지속적으로. 매일.
11:32	終 끝종	夜 밤야	1. 하룻밤 동안. 2. 밤새도록.

12장

12:1	誹 비방할비	謗 헐뜯을방	1. 남을 헐어서 욕함. 비웃어 말함. 2. 성 모세가 구스(에디오피아) 여자와 결혼했다는 것 때문에 미리암이 주도했으나 사실은 모세에 대한 시기심이었음.
12:3	溫 따뜻할온	柔 부드러울유	1. 온화하고 부드러움. 2. 자기를 낮추고 겸손함.
12:3	勝 이길승		1. 이기다. 2. 낫다. 훌륭하다.
12:7	忠 충성충	誠 정성성	1. 진정에서 우러나는 정성. 2. 주인의 지시대로 어김없이 수행하는 일꾼의 신뢰성.
12:8	隱 숨을은	密 빽빽할밀	숨어서 나타나지 아니함.
12:11	愚 어리석을우	昧 어두울매	어리석고 몽매함.
12:12	母 어미모	胎 아이밸태	어머니의 태(胎) 안.

13장

13:2	探 찾을탐	知 알지	1. 더듬어 살펴 앎. 또는 알아냄. 2. 성 하나님께서 이 명령을 내리시기 전에 백성들이 먼저 정탐꾼을 보내기를 요청[신1:22].

13:17	山 뫼산	地 땅지		산이 많은 땅.
13:18	強 굳셀(힘쓸) 강	弱 약할약		1. 강함과 약함. 2. 강한 자와 약한 자
13:19	好 좋을 호	不 아니 불	好 좋을 호	좋음과 나쁨.
13:19	鎭 진압할진	營 경영할영		1. 지방대의 주둔 영으로 각 병영 수영 밑에 두었던 직소. 2. 본문에서는 단순한 촌락을 뜻함.
13:19	山 뫼산	城 재성		1. 산에 쌓은 성. 2. 성 군사 시설로 방위되어 있는 도시.
13:20	厚 두터울 후	薄 엷을박		1. 두꺼움과 얇음. 2. 후함과 박한 일. 3. 비옥함과 척박함.
13:20	安 편안안	頓 가지런할돈		사물을 잘 정돈함.
13:32	惡 악할악	評 평론할 평		나쁜 평판.
13:32	長 길장	大 큰대		길고 큼.

14장

14:9	据 막을거	逆 거스릴역	명령을 어김.
14:9	保 보호할보	護 보호할호	者 놈자	1. 어떠한 사람을 보호할 의무를 가진 사람. 2. 미성년자에 대하여 친권을 행하는 사람. 3. 성수호신을 의미하는 비유적 표현.
14:15	名 이름명	聲 소리성	세상에 떨친 이름.
14:33	消 꺼질(삭일)소	滅 멸할멸	지워 없어짐.

15장

15:3	祭 제사제	1. 제사. 2. 제사지내다.
15:3	節 마디절	期 기약할기	祭 제사제	절기에 올리는 제사.
15:31	破 깨뜨릴파	壞 무너뜨릴괴	1. 깨뜨림. 2. 무너뜨림. 3. 성언약을 무효화시키다[잠15:22, 사24:5].
15:34	處 곳처	置 둘치	1. 일을 감당하여 치러 감. 2. 물건을 다루어서 치움. 3. 행해야 하는 것.
15:39	放 놓을방	縱 놓을(늘어질)종	1. 거리낌 없이 함부로 놀아남. 2. 성신앙의 정조를 버리고 우상을 숭배하는 신앙의 간음 행위.

16장

16:1	黨 무리당	1. 무리. 2. 마을. 3. 일가.
16:2	總 會 다총 모을회	1. 그 단체의 전원의 모임. 2. 셍하나님께서 특별히 선택하여 모인 집단 곧 이스라엘을 가리킨다.
16:3	分 數 나눌분 셀수	경제적 지위. 학식 등의 정도. 주어진 위치와 형세.
16:35	燒 滅 불사를소 멸할멸	태워 없앰. 불타서 없어짐.
16:38	片 鐵 조각편 쇠철	1. 쇳조각. 2. 가락지. 3. 셍불법으로 사용되었던 향로는 쳐서 제단을 싸는 판을 만들었다. 이렇게 해서 고라의 예를 따르려는 자들에 대한 경고로 삼았다. 곧 하나님께서 아론의 아들 엘르아살로 하여금 그 250인의 향로들(250개)의 불을 다른 곳에 쏟으라고 하신 것이다. 그리고 그 향로는 쳐서 제단 싸는 편철을 만들게 하셨다. 이 편철로 제단을 입혔으므로 후대 이스라엘에게 고라당의 사건을 교훈으로 삼게 하셨음.

18장

18:21	十 열십	一 한일	條 가지조	'條'는 법률용어이며 '租'(세금, 세낼 조)로 표기해야 옳다. 히브리어 '마아저'. 땅의 소산이나 가축의 10분의 1을 하나님께 헌납하는 것의 근본적인 원리는 인간의 모든 소유는 하나님께

속한 것임을 나타내는 신앙적 표현이다. 또한 10분의 1을 하나님께 드림으로써 그들의 소유 전체가 하나님께 바쳐짐을 상징하고 있는 것이다. 십일조에 관한 모세의 규정이 세 군데서 발견된다. ① 레27:30~33. ② 민18:21~32. ③ 신12:5~18. 가축의 십일조에 관해서는 레위기 이외의 곳에는 나타나 있지 않다. 레위기27:30~33에 의하면, 곡물과 과일 그리고 가축의 10분의 1이 바쳐져야 했다. 곡물이나 과일의 십일조는 그에 상당하는 시장 가격의 5분의 1에 해당되는 양을 더해서 속할 수 있었다. 가축의 십일조는 막대기 아래로 통과하는 것 중의 열 번째 되는 것이 온전하든 결함이 있든 십일조 예물로 택해졌다. 민수기18:21~32에서는 땅의 소산물의 십일조에 대해 보다 상세히 언급하고 있고, 레위 지파에게 돌아가는 십일조에 대해서도 말하고 있다. 신명기12:5~18은 매해 축제가 있을 때에 십일조를 하나님이 명하신 성소에 가서 드릴 것을 말하고 있다. 만약 거리가 너무 멀어서 풍성히 거둔 곡물의 십일조를 가지고 올 수 없으면 돈으로 환산하여 가지고 와서 하나님이 택하신 곳에서 물건을 구입하고 권속이 함께 먹으며 즐거워할 것을 말하고 있다. 또한 매 3년의 십일조는 성읍에 저축하여 기업이 없는 레위인이나 성중의 객과 고아, 과부 등이 먹게 하였다[신14:28~29]. 십일조를 드린 후에는 성소에 가서 그들의 정직함에 대한 맹세와 그들의 예물에 대한 하나님의 축복을 빌었다[신26:12~15]. 십일조에 대해서는 창14:20, 28:22, 말3:8에도 기록되어 있음. 율법 이전의 십일조는 순수한 감사의 표시였고, 율법시대는 강제성을 띤 법률적인 것이고, 예수시대 이후는 청지기적인 것이다.

20장

20:2	攻 칠공	駁 논박할박	1. 남의 잘못을 논란하고 공격함. 2. 대항하다. 따지다. 3. 성 모세와 아론에게 불평하여 따진 것.
20:16	邊 가변	方 모방	가장자리가 되는 방면. 변경.
20:17	大 큰대	路 길로	폭이 넓은 큰 길.
20:19	徒 걸을도	步 걸음보	걸어감.
20:23	邊 가변	境 지경경	나라의 경계가 되는 곳.

21장

21:5	薄 엷을박		1. 엷다. 2. 적다. 3. 가볍다. 4. 보잘 것 없는 음식. 5. 성 하나님의 은혜의 징표인 '만나'에 대한 불평.
21:13	境 지경경	界 지경계	일이나 물건이 어떤 표준 밑에 맞닿는 자리.
21:14	戰 싸움전	爭 記 다툴쟁 기록할기	1. 싸움에 있었던 모든 사실을 기록함. 2. 성 없어진 고대의 두 책 중의 하나이다. 수10:13과 삼하1:18에는 야살의 책이 언급되어 있다. 여기에 인용된 것으로 볼 때 그것들은 분명히 이스라엘이 그 대

174

적과 싸우는 가운데 거둔 승리를 축하
하는 노래를 모아 놓은 책으로 보인다.

21:18	貴 귀할귀	人 사람인	존귀한 사람.
21:22	通 통할통	行 행할행	1. 길로 통하여 다님. 2. 물화가 돌아서 통함.
21:24	占 차지할점	領 거느릴령	1. 한 국가가 병력으로써 나라 밖의 일정한 지역을 점유함. 2. 일정한 곳을 찾이하여 남의 침입을 허락지 않음.
21:26	奪 빼앗을탈	取 가질취	빼앗아 가짐.
21:28	火 불화	焰 불꽃염	1. 불꽃. 2. 성 여기서 화염은 무소부재하신 하나님께서 특별히 임재하셨다는 사실에 대한 상징일 뿐이지 그 화염 의 형상이 하나님과 동일시되지는 않았다.

22장

22:5	本 밑본	鄕 시골(고을)향	본디의 고향. 시조가 난 땅.
22:5	江 강(물)강	邊 가변	강가. 강물이 흐르는 강.
22:8	貴 귀할귀	族 겨레족	1. 남의 가족. 2. 귀족 계급에 속한 사람들(귀족 계급: 문벌과 신분 으로 특권을 가진 지배층).
22:30	行 행할행	習 익힐습	1. 몸에 밴 버릇. 2. 풍습.

23장

23:3	沙 모래사	汰 미끄러질태	1. 언덕이나 산비탈이 비로 인해 한목에 무너지는 일. 2. 성 당시 점술가나 사술가들은 점을 치고 이상을 보기 위한 장소로 전망이 트인 산이나 벌거숭이 산을 택하는 관습이 있었다.
23:9	處 곳처		1. 곳. 장소. 2. 살다. 자리잡다.
23:10	終 마칠종	末 끝말	끝판. 나중의 끝.
23:19	食 속일식	言 말씀언	1. 언약한 말대로 시행하지 아니함. 2. 거짓말을 함.
23:19	人 사람인	子 아들자	1. 사람의 아들. 2. 성 예수가 자기를 일컫는 말.
23:19	後 뒤후	悔 뉘우칠회	이전의 잘못을 깨닫고 뉘우침.
23:19	實 열매실	行 행할행	실제로 행함.
23:23	邪 간사할사	術 꾀술	1. 요사스럽고 못된 술법. 2. 마술을 걸어 신의 뜻을 나타내게 하는 행위. 3. 귀신의 힘을 빌어 실제로 초자연적인 사건을 일으키는 마법.
23:23	論 의논할론(논)		1. 의논하다. 2. 글 뜻을 풀다.

24장

절	한자	뜻
24:6	沉 香 木 잠길침 향기향 나무목	향료로 이름난 나무. (동인도 지방이 원산임.) 3~3.7m 정도 되는 매우 값진 나무로서 수지가 많아 향료로 사용되었음[시45:8].
24:7	振 興 떨칠진 일흥	1. 떨쳐 일으킴. 정신을 가다듬어서 일어남. 2. 전진하다. 번영하다.
24:8	敵 國 대적할적 나라국	상대가 되어 싸우는 나라.
24:13	假 令 거짓가 명령할령	가사. 설혹.
24:17	騷 動 시끄러울소 움직일동	1. 큰 변. 2. 여럿이 싸우거나 떠들어 댐. 3. 성이 말은 ① '전쟁 소동의 자식들'이라고 번역하기도 하고, ② '교만의 자식들'이라고도 하며, ③ '전쟁 소동의 친구들'이라고도 한다. 이것은 천국의 시민과 반대되는 모든 국가를 가리킴.
24:19	主 權 者 주인주 권세권 놈자	가장 중요한 권리를 가진 자.
24:20	列 國 中 벌릴렬 나라국 가운데중	1. 여러 나라 가운데. 2. 성기독교 국가를 압제하는 나라의 대표격인 아말렉.
24:20	衰 微 쇠할쇠 작을미	1. 기운이 쇠진하고 미약함. 2. 멸망.
24:22	捕 虜 잡을포 사로잡을로	사로잡힌 적군이나 볼모로 잡힌 사람.

177

25장

25:1	淫 음란할음	行 행할행	1. 음란한 행위. 2. 🈯잡신이나 이방신에게 제사하는 행위[호4:14].
25:3	附 붙을부	屬 붙을속	주되는 일이나 물건에 딸려서 붙음.
25:5	士 선비사	師 스승사	구약시대 선지직 · 제사장직 · 왕직을 겸한 사람.
25:5	管 맡을관	轄 다스릴할	1. 사람을 거느리어 다스림. 2. 권리에 의하여 다스림.

25:11	嫉 미워할질	妬 강새암투	心 마음심	1. 시기하여 미워하는 마음. 2. 강새암의 마음. 3. 🈯하나님은 자기 백성이 우상을 섬길 때에 질투하신다. 우리는 여기서 역으로 이스라엘을 향한 하나님의 사랑의 강도를 알 수 있다. 하나님께서는 그의 영광을 위하여 이스라엘 백성을 세우셨다. 그런데도 불구하고 그 백성이 다른 신을 섬길 때에 그는 정당하게 질투하신다. 이때에 이스라엘 백성이 이방 여자들과 음행한 것은 곧 그들의 우상을 섬긴 일과 관계된 것이었다. 그러므로 하나님께서는 그 사건으로 인하여 질투심을 가지셨음[레20:6].

※투기 ─ 妬忌: 강새암(강새암 투, 꺼릴 기), 시기(猜忌).
 ─ 投機: 기회를 엿보아 큰 이익을 보려는 것(던질 투, 기미 기).

25:14	宗 마루종	族 겨레족	中 가운데중	동종(同宗)의 겨레붙이 가운데.
25:17	迫 핍박할박	害 해할해		못 견디게 굴어서 해롭게 함.

25:18	詭 속일궤	計 셈할계	간사하게 남을 속이는 꾀.
25:18	誘 꾀일유	惑 미혹할혹	1. 남을 꾀어서 정신을 어지럽게 함. 2. 그릇된 길로 꾀임. 3. 성 죄나 악의 유혹은 매우 큰 것이다. 타락은 순간적인 쾌락을 가지고 인간을 유혹한다. 그 유혹에 넘어간 사람은 문자 그대로 급속하게 악에 물들기 마련이다. 인간의 영적 성장과 인격의 고양이 매우 완만하고 긴 수련과 고통의 과정을 거쳐 이루어지는 반면, 타락은 매우 쉽게 순식간에 이루어진다는 사실을 언제나 기억할 필요가 있다.

26장

| 26:2 | 總
다(모두)총 | 數
셀수 | 1. 전체를 합한 수효.
2. 성 38년 전 시내 광야에서 출애굽한 지 1년 뒤에 내려진 명령과는 상황이 조금 다르다. 그간의 이스라엘 백성의 죄로 가나안 진입이 38년 동안 지연되었으며 많은 사람이 죽었고, 세대 교체가 일어났음. |
| 26:10 | 懲
징계할징 | 戒
경계할계 | 1. 허물을 뉘우치도록 경계함.
2. 부정 또는 부당한 행위에 대하여 제재를 가함. |

27장

| 27:1 | 玄
검을(하늘)현 | 孫
손자손 | 손자의 손자. |

179

27:4	削 削을삭	除 덜제	1. 깎아서 없앰. 2. 지워버림.

| 27:5 | 事 일사 | 緣 인연연 | 1. 일의 사정과 까닭.
2. 성 일설에 여기 '평화의 언약'이란 말은, 비느하스가 사람을 죽였음에도 불구하고 그를 보호해 주시겠다는 언약이라고 한다. 그러나 이 해석보다는 13절에 말씀한 대로 비느하스와 그 후손이 대를 이어 대제사장이 될 것을 보장하시는 언약이라고 함이 옳다. 물론 그가 아론의 손자이므로 자연적으로 대제사장이 되는 것이 명백하지만 그의 자손들이 대대토록 아무 분쟁 없이 대제사장이 되는 것은 하나님의 은혜이다. 13절을 요약하면, 죄를 미워했기 때문에[7~8절] 비느하스 가족은 이스라엘의 대제사장직을 약속받았다. |

| 27:5 | 稟 줄(받을)품 | | 주다. 받다. 여기서 우리는 신정(神政)정치의 위대한 원형(原型)을 볼 수 있다. 사회의 기본법의 하나인 상속법에 관하여 인간적인 토론이나 유권 해석 없이 오직 하나님께 의지하는 것을 볼 수 있다. |

| 27:14 | 紛 어지러울분 | 爭 다툴쟁 | 1. 말썽을 일으키어 시끄럽게 다툼.
2. 성 교회의 일치를 파괴하는 것[고전1:10]. |

| 27:19 | 委 맡을위 | 托 받칠(의지할)탁 | 사물을 남에게 맡김. |

| 27:21 | 判 판단할판 | 決 결단할결 | 法 법법 | 1. 시비 곡직을 가리어 결정하는 법.
2. 성 모세의 직분을 여호수아에게 주라는 말씀. |

28장

28:3 常 燔 祭
항상상 구울번 제사제

제단에서 계속적으로 태우는 제사. 아침과 저녁으로 매일 번제가 드려졌다[출29:38~42, 민28:3~8]. 또한 안식일과 월삭(月朔) 그리고 종교적 축제[민28:9~29, 40] 때에도 번제가 드려진다. 이스라엘 백성이 광야에서 행진하지 않고 머무는 동안에는 번제단 위의 불이 주야로 계속 타고 있었다. 이런 상번제는 전(全) 이스라엘의 하나님께 대한 충성과 헌신을 상징하는 것이다. 번제의 제물에는 꼭 지켜야 할 규칙이 있는데 제단 위의 불은 꺼뜨리지 말아야 한다. 이 불이 처음에는 하늘에서 내려온 여호와의 불이었다[9:24]. 이 불을 보존하기 위하여 제사장은 계속해서 연료를 공급해야 했다. 이것은 인간의 영혼을 구원하는 속죄가 오직 하나님의 권위에 의해서만 성립된다는 것을 보여줌.

28:17 節 日
마디절 날일

1. 명일(名日).
2. 거룩한 절기.

30장

30:2 制 馭
법제 말부릴어

1. 통제하여 조종함.
2. **성** 이것은 어떤 남자가 하나님께 재산을 바치기로 약속하였거나 혹은 하나님께 헌신하기 위하여 금식을 하기로(마음을 제어하기로) 서원하였다면, 그는 그 약속을 반드시 지켜야 된다는 것이다. 하나님의 백성은 하나님의 자녀이기 때문에 하나님을 본받아야 된다[벧전1:15~16]. 민23:19에 말하기를 "하나님은 인생이 아니시니 식언치 않으시

고"라고 하였다. 시15:4에는 "그 마음에 서원한 것은 해로울지라도 변치 아니하며"라고 하였다. 그러나 사람이 어떤 때에 진리를 모르고 옳지 않은 것을 하기로 약속하였다면, 말할 필요도 없이 그것을 지키지 않는 것이 하나님께 합당하다.

30:2	誓 맹세할서	約 약속할약	맹세하고 약속함.

30:2	破 깨뜨릴파	約 약속할약	약속을 깨뜨림. 계약을 해소함.

30:6	輕 가벼울경	率 거느릴솔	1. 언행이 가벼움. 2. 성여기서는 여자가 결혼하기 전에 하나님 앞에서 어떤 서원을 했을 경우 결혼 후에 그것에 대한 실행 여부를 말해 준다. 물론 그가 지금은 남편의 말을 순종해야 할 처지에 있으므로 남편이 그 서원에 동의하지 않는 경우, 그는 그것을 실행할 수 없다. 그가 그것을 실행치 않는 경우에도 하나님의 용서를 받을 수 있다. 여기서 우리가 주목해야 하는 것은 남편에 대한 아내의 순종이 어떠해야 하는가를 아는 것임.

30:14	一 한일	向 향할향	1. 한결같이. 꾸준히. 2. 하루 종일.

30:16	幼 어릴유	年 해년	어린 나이. 어린 사람.

31장

31:5	武 호반무	裝 꾸밀장	1. 전쟁 때에 하는 군인의 몸차림. 2. 전쟁 준비로 하는 장비.

3. **성** 여기서는 이스라엘이 미디안을 치기 위하여 출전을 준비하는 사실을 진술한다. 이때에 이스라엘이 전쟁을 대비함에 있어서 승전에 필요한 두 가지 중요한 일을 한 바 있었다.
① 매 지파에서 1,000명씩 출병케 한 일인데 그것은 평등을 유지하기 위한 것이다.
② 제사장 비느하스에게 성소의 기구와 신호 나팔을 함께 가지고 가도록 하였는데, 그것은 전쟁에 있어서 하나님만 신뢰하는 행위이다.

31:6	信 믿을신	號 이름호		일정한 부호를 써서 떨어져 있는 곳에서 서로 의사를 통하는 방법.
31:19	駐 머무를주	屯 모을둔		군대가 어느 지방에 머물러 있음.
31:22	上 위상	鑞 백랍랍(납)		주석(朱錫). 은백색 광택이 나며 도금 및 합금에 쓰임.
31:38	二 두이	頭 머리두		두 마리.
31:49	縮 오그라질축			1. 오그라지다. 2. 축나다. 3. 여기서는 전장에서 전사한 사람을 두고 한 말.
31:50	金 쇠금	佩 찰패	物 만물물	사람의 몸에 차는 금으로 만든 장식품.
31:50	印 도장인	章 글장	斑 얼룩질반 指 손가락지	인장으로 상용하던 반지.

32장

32:7	落 떨어질락	心 마음심	1. 바라는 일이 이루어지지 않아 마음이 풀어짐. 낙망. 2. 📖모세는 이 두 지파의 제안이 다른 지파에게 영향을 미쳐서 그들이 요단 서쪽의 정복 전쟁을 기피하지 않을까 우려했다. 그렇게 되면 가데스에서의 반역[14:1~10]이 그대로 반복되는 것이다. 곧, 그들의 이와 같은 이기적 요구는 이스라엘 민족으로 하여금 낙심케 한다는 것이다. 모세는 이 점에 있어서 일찍이 있었던 가나안 정탐 사건을 실례로 들고 있다. 그때에도 신앙이 없었던 정탐군들이 이스라엘로 하여금 낙심케 하여 그 결과로 출애굽 당시 계수된 20세 이상된 자들은 여호수아와 갈렙 이외에 모두 광야에서 죽었다. 하나님의 백성을 낙심케 하는 행동은 무서운 결과를 초래하는 죄악이었다. 그러므로 예수님께서 말씀하시기를 "… 작은 자 중에 하나를 실족게 할진대 차라리 연자맷돌을 그 목에 매이고 바다에 던지우는 것이 나으리라"고 하셨음[눅17:2].
32:14	繼 이을계	代 대신대	1. 대를 이음. 2. 📖조상들의 범죄를 그대로 따라 행함.
32:29	降 항복할항	服 옷(복종할)복	1. 힘에 눌려서 적에게 굴복함. 2. 자아를 굽혀서 복종함.
32:42	鄕 시골향	村 마을촌	시골의 마을. 시골.

33장

| 33:1 | 管 맡을관 | 轄 다스릴할 | 下 아래하 | 관할하는 아래. |

33:37	國 나라국	境 지경경	나라 영토의 경계.
33:52	破 깨뜨릴파	滅 멸할멸	깨어져 멸망함.

34장

34:13	半 반반	支 가지지	派 물갈래파	한 지파의 절반.

35장

35:3	物 만물물	産 낳을산	1. 생기어 나는 물건. 2. 성가축[창31:18], 양식[단11:13], 약탈품[대하20:25], 일용품[단11:24] 등 사유 재산.
35:5	測 측량할측	量 분량량	물건의 크기, 위치, 방향을 재어서 헤아림.
35:6	殺 죽일살	人 사람인	者 놈자	사람을 죽인 사람.
35:6	逃 달아날도	避 피할피	城 재성	구약시대에 실수로 살인한 사람을 「피는 피로」라는 복수(죽임을 당한 자의 가장 가까운 친척)에서 보호하기 위하여 특별히 설치한 여섯 성. 요단강 동쪽에 셋, 서쪽 가나안 땅에 셋이 있었는데 살인한 사람이 재판을 받기 전에 맞아 죽지 않도록 이 성에 피해 들어가면 무리하게 죽이지 못하고, 재판에 의하여 집행하도록 되어 있었음. 오늘날 「도피성」이라 함은 곧 죄지은 사람에게 있어서 예

수의 십자가 밑을 일컫는 말임.

| 35:12 | 報 갚을(알릴) 보 | 讐 (讎) 원수 수 | |

1. 앙갚음.
2. 🈂고대 이스라엘에서는 가까운 친척끼리는 서로 네 가지 정도의 의무가 있었다.
   ① 만일 친척이 그의 재산을 팔아야만 하는 처지라면 그는 그것을 대속해야 한다[25절].
   ② 만일 친척이 종이 되었다면 그의 자유를 대속해야 한다[47~49절].
   ③ 만일 친척이 상속자가 없이 죽으면 그는 그 과부와 결혼하여 그 아들을 양육함으로써 그의 이름을 대속해야 한다[신25:5~10, 마22:24, 막12:19, 눅20:28].
   ④ 만일 친척이 살해되면 그 피를 보복하는 자로서 행하는 신성한 의무가 있다[민35:9~28].

이 네 가지 경우의 공통점은 '친척으로 기업 무를 자'(the kinsman-redeemer)는 친척이 스스로 할 수 없는 것을 대신해서 해준다는 사실이다. 이것은 성경에서 '기업 무를 자'는 바로 예수 그리스도의 모형이라는 사실 때문에 의미심장하다[욥19:25, 사41:14, 59:20, 요일2:1].

| 35:12 | 逃 달아날 도 | 避 피할 피 | |

도망하여 피함.

| 35:16 | 故 연고 고 | 殺 죽일 살 | |

1. 일부러 사람을 죽임.
2. 격노한 끝에 심사와 숙려를 하지 않고 사람을 죽임.

| 35:16 | 故 연고 고 | 殺 죽일 살 | 者 놈 자 |

고의로 사람을 죽인 사람. 고의적인 것과 과실에 의한 것의 구별.

| 35:20 | 機 기계 기 | 會 모을 회 | |

1. 어떤 일을 하여 나가는 데 가장 알맞은 고비.
2. 기대하던 그때.

35:22	怨 원망할원	恨 한할한			원통한 생각.
35:22	偶 우연(짝)우	然 그럴연			1. 뜻하지 않은 일. 2. 원인을 모르는 일.
35:25	大 큰대	祭 제사제	司 맡을사	長 어른장	구약시대 신에게 제사하는 일을 맡은 신직의 우두머리.

36장

36:3	添 더할첨	加 더할가	더함. 더하여 붙이다.
36:3	減 덜감	削 깎을삭	1. 삭감. 2. 수량이 줄어든다는 의미.

申命記

구약 성서 중의 하나. 「모세 5경」 중 끝 권으로서, 모세의 최후의 언행과 시와 축복이 기록되어 있음. 기원전 623년에 예루살렘 성전 수리 중에 발견했음. 신명기의 히브리어 이름은 신1:1에서 따온 엘레 하데바림(!yrbdh jla; 이는 …말씀이니라)이다. 모세는 자신의 지상 생애의 마지막에 이르러 이스라엘의 총회를 소집하고 이스라엘 백성에게 여호와의 '언약의 백성'으로서의 그들의 의무와 자세에 대하여 가르친 설교 양식의 문서가 신명기인 것이다. 한글로 번역된 신명(神明)이란 말은 '마음에 새기다'라는 뜻으로서 신6:6의 "오늘날 내가 네게 명하는 이 말씀을 너는 마음에 새기고"라는 말씀 가운데서 찾아볼 수 있다. 신명기는 광야에서 진멸해 버린 옛 세대에게 주어진 율례를 새롭게 탄생된 새 세대에게 주기 위하여 모세가 가나안에 입국하기 전 모든 새 이스라엘 백성들 앞에서 강론한 율법의 기록이다[신29:10~13].

신명기의 저작자는 모세이다. 이를 증거하는 내증과 외증이 있다. 내증으로서는 성경 자체가 증거하고 있으며[신1:5, 신31:9, 24, 삼하2:4, 삼하8:53, 왕하14:6, 왕하18:12], 예수님도 신명기가 모세의 저작임을 인정하셨다[막10:3~5, 요5:46~47]. 34장에 있는 모세의 죽음에 대한 기사는 자신이 아닌 누가(아마도 여호수아일 듯) 첨가했다고 보는 것이 자연스럽다.

申 납신	申=重(거듭, 두 번째) 십계명을 두 번째 자세히 풀어서 기록한 것.
命 목숨명	목숨, 명령, 부림, 운수, 이름, 이르다.
記 기록할기	글, 뜻, 기록함, 적음, 표기함, 주석을 닮.

1장

1:1	宣 布	널리 세상에 알림.
	베풀선 펼포	

1:7	近 地	가까운 곳에 있는 땅.
	가가울근 땅지	

1:16	兩 方 間	이쪽과 저쪽 사이.
	두양 모방 사이간	

1:16	公 正	공평하고 올바름.
	공평할공 바를정	

1:17	外 貌	겉으로의 모습.
	밖외 모양모	

1:17	貴 賤	1. 부귀와 빈천.
	귀할귀 천할천	2. 귀한 사람과 천한 사람.
		3. 성 원문은 사람의 아들(미천한 계급)과 남자의 아들(존귀한 자)로 구분됨.

1:21	躊 躇	망설여 머뭇거리고 나아가지 못함.
	머뭇거릴주 머뭇거릴저	

1:28	城 廓	1. 성의 둘레.
	재성 넓을곽	2. 內성과 外성의 전부.
		3. 성 모세시대 이전에 성곽으로 쌓았던 많은 도시들이 계속해서 발굴되고 있다. 힉소스(Hyksos)의 전형적인 성벽은 내부의 가옥보다 더 높아 외부에서는 들여다 볼 수 없었다. 드나드는 통로도 단 하나의 입구밖에 없었다.

1:31	行 路	1. 사람이 걸어 다니는 길.
	행할행 길로	2. 세상에서 살아가는 길.

1:39	分 나눌분	辨 분별할변	1. 사물의 종류에 따라 나눔. 2. 일이나 물건을 제 분수대로 각각 나누어서 가름. 3. 세상의 경험을 쌓아 사물에 적당한 판단을 가짐.
1:41	兵 병사병	器 그릇기	전쟁에 쓰는 기구의 총칭.
1:43	擅 천단할천	恣 방자할자	1. 꺼림이 없이 제 마음대로 하여 기탄 없음. 2. 화가 끓어 오를 정도로 태도가 거만하고 오만함.
1:45	痛 아플통	哭 울곡	1. 소리 높여 슬피 욺. 2. 성그들은 하나님의 명령을 어기고 아모리 족속과 더불어 전쟁을 일으켰다. 이스라엘 백성이 패전하고 돌아와서는 하나님 앞에서 통곡하였다. 그러나 그것은 진정한 회개가 아니었다.

2장

| 2:30 | 性
성품성 | 稟
줄품 | 1. 성정(性情). 타고난 본성.
2. 성구약성경은 하나님의 절대주권과 인간의 자유 의지가 충돌되는 것으로 보지 않는다. 하나님이 어떤 선한 사람의 **성품을 강팍케** 하신 것으로 서술된 적이 결코 없다[출6~10장]. 이 표현은 이미 강팍해진 인간을 하나님께서 본성 그대로 버려두신 것을 의미하는 것이다. 만약 타락한 인간을 위하여 선지자, 율법 그리고 마침내 예수 그리스도를 보내시지 않았다면 모든 성도들도 이 헤스본 왕처럼 자신의 죄로 스스로 자멸할 수밖에 없었을 것임. |

3장

| 3:17 | 山
뫼산 | 麓
산줄기록 | 산기슭. |

| 3:18 | 先
먼저선 | 鋒
칼날(뾰족할)봉 | 맨 앞장을 서는 군대. |

| 3:28 | 強
굳셀(힘쓸)강 | 硬
굳을경 | 굳세게 버티어 굽히지 않음. |

4장

| 4:2 | 加
더할가 | 減
감할감 | 1. 보탬과 뺌.
2. 더하거나 덜하여 알맞게 함. |

| 4:11 | 衝
찌를충 | 天
하늘천 | 1. 하늘을 찌를 듯이 높이 솟음.
2. 외롭거나 분한 생각이 복받쳐 오름. |

| 4:11 | 幽
그윽할유 | 闇
어두울암 | 1. 그윽하고 어둠침침함.
2. 먹구름이 가득하여 어두운 상태. |

| 4:13 | 十
열십 | 誡
경계할계 | 命
목숨명 | 모세가 시내산에서 하나님께 받은 열 가지 계명.
십계명은 이스라엘 백성이 시내산에 도착하여 3일 후에 선포되었다. 유대교의 전승에 의하면, 이때는 오순절의 시기와 같다고 한다. 모세가 이스라엘 백성의 우상숭배를 보고 돌판을 깨뜨려 버렸지만[출32:19], 하나님은 다시 모세가 준비한 새로운 돌판에 친히 십계명을 써 주셨다 [출34:1, 신10:4]. 십계명의 제1계명에서 제4계명은 하나님에 |

191

관한 것이고, 제5계명에서 제10계명은 인간을 향한 것이다. 십계명은 제4계명과 제5계명을 제외하면 모두 '하지 말라'는 금령으로 되어 있음.

4:14	教 가르칠교	訓 가르칠훈	가르치고 타이름.
4:18	魚 물고기어	族 겨레족	물고기의 종족. 어류.
4:19	群 무리군	衆 무리중	모인 무리.
4:19	分 나눌분	定 정할정	나누어 정함.
4:19	迷 미혹할미	惑 미혹할혹	1. 마음이 어둡고 흐려서 무엇에 홀림. 2. 정신이 헷갈려 헤맴.
4:25	激 과격할격	發 필발	1. 심하게 일어남. 또는 일으킴. 2. 성 모세는 이미 우상에게 돌아서는 것을 엄격히 금한 바 있다. 이제 그는 이 교훈이 그들의 손자 세대와 민족 전체에게 계승될 것을 요청하고 있음.
4:32	詳 상세할상	考 상고할고	1. 상세하게 참고함. 자세히 검토함. 2. 가려내다. 탐색하다.
4:39	上 위상	天 하늘천	1. 하늘. 2. 하나님. 3. 겨울하늘.
4:39	下 아래하	地 땅지	1. 땅위. 2. 메마른 땅. 3. 낮은 지위.

4:39	銘 새길명	心 마음심	마음에 새겨 둠.
4:42	過 지낼과	去 갈거	지나간 때.
4:42	怨 원망할원	嫌 싫어할혐	1. 원망스러움과 혐의. 2. 원망하고 미워함.
4:42	誤 그릇오	殺 죽일살	1. 잘못하여 사람을 죽임. 2. 원한 없이 우연히 사람을 죽임[민35:22~23].

6장

6:7	講 익힐강	論 의논할론	1. 학술을 풀이하고 토론함. 2. 교리를 설명하여 신자를 훈계함. 3. 성 부모는 하나님의 말씀으로 자녀들을 부지런히 가르쳐야 한다. 신앙 교육의 중요성은 아무리 강조해도 지나치지 않다는 것이 교회사의 교훈임.
6:12	操 잡을조	心 마음심	삼가 주의함.
6:18	善 착할선	良 어질량	착하고 어짊.

7장

7:3	婚 姻 혼인할(며느리집)혼 혼인할(사위집)인	1. 장가 들고 시집 가는 일. 곧 남녀가 부부가 되는 일. 2. 성의 결합을 기초로 하는 계속적인 남녀관계. 연혁상 원시시대의 난혼(亂婚)·군혼에서 일부다처·일처다부의 형태를 거쳐 일부일처의 단혼으로 옮겨왔고, 그 형식상 친족혼·비친족혼·약탈혼·매매혼·증여혼·이상혼 등이 있음. 3. 성 이방 민족과의 친밀한 관계는 이스라엘의 신앙에 대한 치명적인 위협이라고 생각했음.
7:6	聖 民 거룩할성 백성민	거룩한 백성.
7:14	優 勝 넉넉할우 이길승	1. 가장 뛰어남. 2. 첫째로 이김. 3. ~보다 더 많이.
7:23	搖 亂 어지러울요 어지러울란	시끄럽고 떠들썩함.
7:26	極 다할극	1. 다하다. 심하다. 2. 끝.

8장

8:7	噴 泉 뿜을분 샘천	1. 솟구쳐 오르는 샘. 2. 지하수나 광천이 특별한 지질의 구조에 의해서 힘차게 솟는 것.
8:8	所 産 地 바소 낳을산 땅지	생겨나는 바의 땅. 생산되는 땅.

8:10	沃 기름질옥	土 흙토	기름진 땅.
8:13	增 더할증	殖 번식할식	1. 더하여 늘림. 2. 더욱 늘어남.
8:15	危 위태할위	險 험할험	1. 위태함. 2. 안전하지 못함.
8:15	全 온전전	蝎 빈대갈	1. 8개의 발과 꼬리에 독이 있고 길이는 6cm인 전갈 과의 곤충. 2. 성가시 돋은 채찍을 비유로 학대 압박을 의미 [대하10:11].
8:15	乾 하늘건	燥 마를조	습기나 물기가 없음.

9장

9:4	實 실제(참될)실	狀 모양상	1. 실제의 형편. 2. 있는 그대로의 상황. 3. 마음으로 굳게 믿고 그대로 행하는 확신[히11:1].
9:7	激 과격할격	怒 노할노	몹시 성냄. 격분.
9:10	親 친할친	手 손수	친히 자기 손으로. 손수.
9:16	急 급할급	速 빠를속	1. 몹시 급함. 2. 몹시 빠름.

10장

10:8	伸 펼신	冤 원통할원	가슴에 맺힌 원통한 일을 풀어 버림.
10:20	親 친할친	近 가까울근	정의가 매우 가까움.

11장

11:11	吸 빨아들일흡	收 받을수	1. 빨아들임. 2. 물건을 모아들임.
11:12	歲 해세	初 처음초	설. 새해의 처음.
11:12	歲 해세	末 끝말	세밑. 한 해의 마지막 때.
11:22	附 붙을부	從 따를종	1. 의지하고 따름. 함께하여 순종함. 권리와 운명을 같이 함. 2. 성 하나님과 전인격적으로 연합하여 폭넓은 교제를 나누는 것.

12장

12:30	探 찾을탐	求 구할구		더듬어 찾아 구함. 탐색.
12:31	甚 심할심	至 이를지	於 늘어	심하면, 심하게는.

13장

13:6	同 한가지동	腹 배복	한어머니의 배에서 난 동기.
13:8	哀 슬플애	惜 아낄석	슬프고 아깝게 여김.
13:13	雜 섞을잡	類 같을류	1. 점잖지 않은 사람들. 잡배. 잡된 무리들. 2. 성무가치한 악의 자식들[삿19:22].

14장

14:5	山 뫼산	羊 양양	염소. 영양.

15장

15:1	免 면할면	除 덜제		1. 책임을 면함. 2. 채무를 면함.
15:2	免 면할면	除 덜제	年 해년	1. 면제하는 해. 2. 성면제년이 되면 동족에게 종(노예)이 되었던 유대인들이 해방되고, 빚 때문에 잠정적으로 넘어갔던 재산이 본래의 소유주나 그의 가족들에게 되돌려진다. 이러한 빚의 면제와 채무의 면제 기능에 근거하여 면제년(Year of Release)이란 이름이 붙여졌음.

15:9	惡 악할악	念 생각념		1. 악한 생각. 나쁜 생각. 2. 정도에서 벗어난 망령된 생각[잠23:33].
15:9	窮 다할궁	乏 모자랄핍		가난하여 아무것도 없음.
15:10	救 구원할구	濟 건널제		(불행이나 재해 등으로) 어려운 지경에 빠진 사람을 구하여 줌.
15:11	困 곤할곤	難 어려울난		1. 처리하기가 어려움. 2. 살림살이가 어려움.

16장

16:4	四 넉사	境 지경경	內 안내	1. 사방의 경계 안. 2. 천하에. 3. 너의 영역 모든 곳의 안.
16:6	時 때시	刻 새길각		1. 때. 시간. 2. 짧은 시간.
16:13	收 거둘수	藏 감출장		거두어들여 깊이 간직함. 갈무리.
16:14	宴 잔치연	樂 즐길락		잔치를 베풀고 즐김.
16:19	智 지혜지	慧 지혜혜	者 놈자	슬기로운 사람.

17장

17:3	日 날일	月 달월	星 별성	辰 별신	해와 달과 별.
17:4	查 조사할사	實 사실실			1. 사실을 조사함. 2. 성 어떤 소송에서나 재판하기 전에 반드시 상대편의 증거를 들어봄.
17:8	毆 쥐어박을구	打 칠타			몹시 때리고 두들김. 구박.
17:18	保 보호할보	管 맡을관			기탁을 받은 남의 물건을 점유하여 그 현상을 유지함.
17:18	律 법중률	法 법법	書 글서		법률을 기록한 글(책).
17:18	謄 베낄등	寫 베낄(그릴)사			1. 등사판으로 박음. 2. 성 율법서의 원본은 제사장이 성전에 두고 보관하게 되어 있어, 왕이 보기 위해 만든 사본.

18장

18:1	基 터기	業 업업	1. 기초가 되는 사업. 2. 성 하나님이나 조상으로부터 물려받은 유산(遺産)이나 유업(遺業).
18:2	企 바랄기	業 업업	1. 어떤 사업을 계획함. 2. 영리를 목적으로 생산요소를 종합하여 계속적으로 경영하는 경제적 사업.

18:6	懇 간절할간	切 끊을절		지성스럽고 절실함.
18:8	相 서로상	續 이을속		1. 다음 차례를 이어 받음. 2. 일정한 친족적 관계가 있는 사람 사이에서 그 한 쪽이 사망하거나 또는 법률상의 원인이 발생하였을 때 가독(家督) 또는 유산을 계승하는 일.
18:10	卜 점칠복	術 꾀술	者 놈자	점을 치는 술법을 가진 사람.
18:10	吉 길할길	凶 흉할흉		좋은 일과 나쁜 일.
18:10	妖 요망할요	術 꾀술		사람의 눈을 어리게 하는 야릇한 술법. 마법.
18:11	嗔 성낼진	言 말씀언	者 놈자	1. 성을 내어 꾸짖는 사람. 2. 주문을 외며 마법을 거는 사람.
18:11	神 귀신신	接 댈접	者 놈자	1. 귀신이 몸에 접한 사람. 2. 죽은 자의 영과 교제를 가짐으로써 점을 치는 사람.
18:11	招 부를초	魂 넋혼	者 놈자	1. 죽은 사람의 넋을 돌아오도록 부르는 사람. 2. 발상(發喪)하기 전에 죽은 이의 혼을 부르는 사람. 고복의식(皐復儀式)의 하나로 살아있는 동안에 입던 저고리를 왼손에 들고 오른손은 허리에 대고 지붕이나 마당에서 북쪽을 향해 "아무 동네 아무개 복(復)"하고 세 번 부르는 사람.
18:22	證 증거할증	驗 시험할험		1. 실지로 사실을 경험함. 증거를 시험함. 2. 예언한 말이 사실로 일어나는 것.

| 18:22 | 成就 이룰성 나아갈취 | 일을 목적대로 이룸. |

19장

19:4	經緯 날경 씨위	1. 피륙의 날과 씨. 2. 경도와 위도. 3. 경우, 규칙, 규정으로도 변역됨.
19:4	嫌怨 싫어할혐 원망할원	1. 싫어하고 원망함. 2. 원수에 대한 증오.
19:5	伐木 칠벌 나무목	나무를 벰.
19:5	森林 수풀삼 수풀림	나무가 많이 우거져 있는 곳.
19:6	報讎者 갚을보 원수수 놈자	1. 앙갚음 하는 사람. 2. 성① 가난한 친족의 땅을 도로 사주고[레25:25] ② 부당한 피해를 입은 친족을 위해 복수하며[민35:12] ③ 그 미망인과 결혼할[룻2:20] 뿐만 아니라 ④ 그 친족의 죄값을 대신 받아야 할 책임을 가졌다[민5:8].
19:14	境界標 지경경 지경계 표표	돌로 경계표를 세워 재산이나 땅의 경계를 삼았다[신27:17, 잠22:28, 23:10]. 그런 돌로 만들어진 경계 표지들이 바빌로니아에서 많이 발굴되었음.
19:14	移動 옮길이 움직일동	옮겨 움직임. 옮기어 다님.

19:16	僞 거짓 위	證 증명할 증	1. 거짓 증거. 2. **성**율법에는 거짓 증거하는 것이 금지되어 있으며, 잠언서에도 그것은 응징을 받는 것으로 나타나 있다[잠6:19, 14:25, 19:5, 25:18]. 조사하여 위증자로 밝혀진 자는 그가 기소한 자에게 행하려고 꾀하던 그 형벌을 받아야 함.
19:17	論 의논할 론	爭 다툴 쟁	말 또는 글로써 다툼.
19:17	兩 두 양	方 모 방	이쪽과 저쪽. 쌍방.
19:18	判 판단할 판	明 밝을 명	명백히 드러남. 분명하게 앎.

20장

20:5	落 떨어질 락	成 이룰 성	式 법 식	건물을 완공하여 식을 올림. 준공식 [왕상8:63, 느12:27].
20:5	戰 싸움 전	死 죽을 사		싸움터에서 싸우다 죽음.
20:11	貢 바칠 공			1. 공물. 바치다. 2. 화친 조약에 따라 약소국이 강대국에게 바치는 각종 보화 및 물품.
20:19	斫 깎을 작	伐 칠 벌		나무를 찍어서 벰. 참벌. 벌목.
20:20	陷 빠질 함	落 떨어질 락		1. 적진을 쳐서 빼앗음. 2. 땅이 무너져 떨어짐.

21장

| 21:1 | 被 殺 입을피 죽일살 | 죽임을 당함. |

| 21:17 | 權 利 권세권 이할리 | 권세와 이익. |

| 21:18 | 頑 惡 완고할완 악할악 | 1. 멍에 메기를 거절하는 수소에서 따온 말로 성질이 완만하고 모짊.
2. ⬛성완악하고 패역한 아들의 부모는 지방 법정과 성읍의 장로들에게 그 아들을 고소할 수 있었다. 그 성읍의 모든 남자들은 그를 돌로 쳐죽여서, 그 젊은 이의 악한 행위가 다른 사람에게 나쁜 영향을 끼치지 못하게 했다. 사람들은 이 철저한 징계 조처를 자주 사용하지는 않았다. 그러나 이것이 사형에 해당하는 범죄에 포함되었다는 사실만으로도 이스라엘 사회의 모든 정당한 권위에 대한 존기심과 부모의 권위에 대한 존경심을 유지하는 데 도움을 주었음. |

| 21:20 | 放 蕩 놓을방 방탕할탕
(질펀할, 클 탕) | 주색에 빠져 난봉을 부림. |

22장

| 22:8 | 欄 干 난간란 방패간 | 1. 충계나 다리 등의 가장자리를 둘러 막는 물건.
2. ⬛성팔레스타인 지역의 가옥은 슬라브 형식의 평평한 지붕이었다. 이 지붕은 휴식이나 취침의 장소로도 쓰였는데 여기 난간은 평평한 지붕에 사람이 떨어지지 않도록 둘러있는 낮은 담장을 말함. |

22:14	陋 名	1. 억울하게 뒤집어 쓴 불명예.
	더러울루 이름명	2. 더러운 평판이 오르내리는 이름.

22:15	表	1. 겉. 밖.
	겉표	2. 밝히다.
		3. 대표.
		4. 성 이 표는 결혼 첫날밤에 침구에 남아 있는 표적을 가리킨다[17절]. 이것은 처녀성의 증명 수단이었다. 그러므로 처녀의 부모는 결혼 첫날밤의 담요를 잘 보관해 두는 풍습이 있었음.

22:21	娼 妓	1. 창녀. 천하게 노는 기생. 창기는 돈을 벌기 위해 불법적인 성행위를 직업으로 삼는 여자이다.
	창기창 기생기	2. 성 히브리어 '조나'는 보통 자리를 옮기며 윤락행위를 하는 창녀를 가리키는데, 이스라엘에서는 이런 여자들이 허용되지 않았다[레19:29]. 창기들은 분명히 그들의 신분을 나타내는 옷을 입거나 그들의 몸에 표시를 했다. 기행 라합도 이 부류의 여인이었다. 잠언은 젊은이들에게 음녀의 간계를 주의하라고 계속 경고한다[잠7:16~27].

22:30	後 室	두 번째 얻은 부인.
	뒤후 집실	

23장

23:1	腎 囊	음낭. 불알을 싸고 있는 주머니. 불알.
	콩팥신 주머니낭	

23:1	腎	콩팥. 신장.
	콩팥신	

23:2	私 사사사	生 날생	者 놈자	1. 법률상 부부가 아닌 남녀 사이에 난 자식. 아버지의 인지를 얻으면 서자가 됨. 2. 성 히브리어는 '맘제르'이다. 이 말은 아버지가 불확실한 사생자를 의미한다. 사생자는 음란의 자식이기 때문에 십대까지 총회에 참석하지 못하도록 되어 있었다. 이것은 매우 과중한 것으로 생각되지만 음란의 죄에 대한 율법 전체의 엄격한 처벌을 고려해야 한다. 그러나 사실상 이스라엘에는 사생아가 거의 없었다. 유대인 랍비들은 이 사생아(맘제르)가 부부생활 이외에서 생긴 자녀들이라기보다는 근친상간이나 이교사원에 정주하고 있던 창녀들에게서 난 자녀를 가리킨다고 봄.
23:9	出 날출	陣 진칠진		싸움터로 나아감.
23:10	夢 꿈몽	泄 샐설		자다가 저절로 정액을 싸는 일. 몽색. 몽정.
23:13	鍤 가래삽			땅을 파고 흙을 뜨는 데 쓰는 연장의 하나.
23:13	排 물리칠배	泄 샐설	物 만물물	안에서 밖으로 새게 하여 내보낸 물질. 똥·오줌·땀 같은 것.
23:14	敵 대적할적	軍 군사군		적국의 군사.
23:14	不 아니불	合 합할합		1. 뜻에 맞지 않음. 2. 불결. 추잡.
23:17	美 아름다울미	童 아이동		1. 얼굴이 예쁘게 생긴 사내아이. 2. 남자끼리 성교하듯이 할 때 밑에서 당하는 아이. 3. 성 '남색(男色)하는 자'로 번역되기도 한다. 성경의

기록으로 미루어 보아 고대 근동지방에서는 남색
(男色)이 널리 행해졌음이 분명하다. 소돔 백성들
이 롯의 손님들에게 남색 강간을 하려 했던 것으
로 악명이 높다[창19:4~5]. 남색은 사형에 해당
하는 추행으로 금지되어 있다[레18:22, 20:13].
이교 제사와 관련되어 이런 행위들이 성행했던 것
은 성경에서 남색을 금지시킨 원인이 되었다. 요
시야 왕은 여호와의 전 가운데 있던 미동(美童)의
집을 헐어 버렸음[왕하23:7].

24장

24:1	證 증명할증	書 글서	1. 증거가 되는 서류. 어떠한 사실을 인정하여 주는 문서. 2. 이혼 증서는 여자에게 재혼할 수 있는 법적 권리와 자유를 보장해 주는 성문서.
24:3	後 뒤후	夫 지아비부	1. 후살이의 남편. 계부. 후서방. 2. 이혼 당한 여자의 두 번째 남편.
24:4	前 앞전	夫 지아비부	전 남편.
24:5	閒 한가로울한	暇 한가할(겨를)가	1. 편안한 겨를. 한가로운 시간. 2. 성새로 맺어진 가정이 견고하고 아름답게 발전할 수 있도록 하는 배려임. 결혼은 하나님이 허락하신 신성한 행위이다. 남편은 아내를 아끼고 사랑해야 하며[엡5:28~29]. 국가도 가정의 신성함을 보장해 주어야 한다는 뜻.
24:6	典 법전	執 잡을집	1. 전당을 잡히거나 잡음. 2. 담보물로 물건을 취한다는 뜻.

| 24:14 | 困 곤할곤 | 窮 다할궁 | 어렵고 궁하여[욥4:4, 사66:2] 괴로운 것을 의미[시 25:16]. |

25장

25:1	是 옳을시	非 그릇비	옳으니 그르니 하고 다투는 일. 옳고 그름.
25:1	定 정할정	罪 허물죄	1. 죄로 정함. 죄인으로 정함. 2. 심판의 결과에서 나오는 유죄 판결.
25:2	笞 볼기칠태	刑 형벌형	1. 매로 볼기를 치던 형벌. 2. 성 탈무드 미쉬나에 의하면 쇠가죽 채찍으로 어깨에 26회, 가슴에 13회 정도의 매질을 했다.
25:2	輕 가벼울경	重 무거울중	1. 가벼움과 무거움. 2. 무게. 3. 큰 일과 작은 일.
25:3	過 지낼과	多 많을다	1. 너무 많음. 2. 성 여기서 강조하고 있는 것은 중용과 인정이다. 어떤 사람이 마땅히 태형을 받을 일이 있더라도 과도하게 때리지 말라는 것이다. 매를 맞은 몸이 불구가 되어서는 안 된다. 하나님께서는 죄인이 너무 가혹한 벌을 받지 않도록 배려하신다. 따라서 무고한 피에 대해서는 더욱 더 관심을 가지실 것임.
25:4	網 그물망		그물.

25:5	義 옳을의	務 힘쓸무	1. 맡은 직분. 2. 응당 해야 할 본분. 3. 성 죽은 형(혹은 동생)의 아내와 혼인하는 것은 고대 이스라엘 관습의 하나였다. 모세의 율법은 이러한 혼인의 가능성과 필요성을 규정하였다. 이러한 결합에 의해서 태어난 장남은 죽은 형제의 아들로 간주되었다. 계대 결혼의 목적은 ① 죽은 형제의 이름이 이스라엘 중에서 끊어지지 않게 하기 위하여, ② 죽은 자의 기업을 잇게 하기 위하여, ③ 가문의 재산을 보존하기 위하여 등으로 볼 수 있다. 이 계대 결혼의 규정은 원래 고대 근동의 일반적인 풍습이었으며, 모세에 의하여 율법으로 성문화 되었음.
25:11	陰 그늘음	囊 주머니낭	신낭. 불알을 싸고 있는 주머니.

<h1 style="text-align:center">26장</h1>

26:6	重 무거울중	役 역사역	1. 책임이 무거운 역할. 2. 이사. 감사역 따위. (은행 · 회사 따위)
26:7	下 아래하	鑑 거울감	1. 아랫사람이 올린 글을 웃어른께서 봄. 2. 드러내지 않고 은밀히 모든 것을 지켜보는 것.
26:17	確 확실할확	言 말씀언	확실한 말. 정확한 말.
26:19	名 이름명	譽 기릴예	1. 자랑. 2. 이름이 높은 평판.

27장

27:2	石 돌석	灰 재회	횟돌. 백악.
27:5	鐵 쇠철	器 그릇기	쇠로 만든 그릇.
27:15	匠 장인장	色 빛색	여러 가지 물건을 만드는 것을 업으로 삼는 사람.
27:17	地 땅지	界 지경계	表 표표	1. 땅과 땅 사이에 경계를 하는 표. 2. 성 고대 근동 지방에서는 전답의 경계를 표시하기 위해 돌(지계석)을 세워 놓았다[참조 창31:51~52]. 이 지계석을 없애 버리는 것은 엄청난 범법 행위였다. 바빌로니아의 법도 이러한 지계석의 손상을 범죄로 간주하고 있음[신19:14].
27:20	苟 진실로구	合 합할합	1. 성교(性交). 2. 겨우 합치함. 3. 아부함.
27:24	暗 어두울암	殺 죽일살	사람을 남몰래 죽임.

28장

28:12	寶 보배보	庫 창고고	1. 재물을 쌓아 두는 창고. 2. 훌륭한 재화(財貨)가 나는 곳.
28:20	恐 두려울공	懼 두려울구	1. 몹시 두려워 함. 2. 원통, 혼동.

28:20	譴 꾸짖을견	責 꾸짖을책	잘못을 꾸짖고 나무람.
28:22	傷 상할상	寒 찰한	1. 추워서 생긴 병. 감기·폐렴 같은 것. 2. 방사가 지나치거나 성욕을 너무 억누름으로 생긴 병.
28:22	虐 학질학	疾 병질	일정한 시간이 되면 오한이 나고 발열하는 병. 말라리아. 하루거리.
28:22	旱 가물한	災 재앙재	가물로 생기는 곡식에 미치는 재앙.
28:22	風 바람풍	災 재앙재	농작물이 받는 바람의 재해. 풍해. 풍손.
28:27	痔 치질치	疾 병질	항문의 안팎에 나는 병의 총칭.
28:27	疥 옴개	瘡 부스럼창	1. 옴. 습진과 비슷한 종류의 피부병. 2. 성 하나님을 불순종하는 자들에게 엄습했던 재난 가운데 포함되어 있는 질병이다.
28:28	驚 놀랠경	心 마음심	症 병증세증 이유 없이 자주 놀라는 병.
28:29	白 흰백	晝 낮주	대낮.
28:46	鑑 거울감	戒 경계할계	1. 본받을 만한 계훈. 2. 증표.
28:47	豊 풍년풍	足 발족	부족함이 없이 넉넉함.
28:48	乏 모자랄핍	絶 끊을절	1. 절핍. 계속하여 생기지 않고 아주 없어짐. 2. 모자람.

28:50	幼 어릴유	稚 어릴치	1. 나이가 어림. 2. 정도가 낮음.
28:54	柔 부드러울유	順 순할순	성질이 온화하고 공손함.
28:54	軟 연할연	弱 약할약	1. 연하고 약함. 2. 불구자로 만들다. 곧 환난과 하나님의 징계로 인해 기력이 완전히 쇠잔한 상태.
28:54	嫉 미워할질	視 볼시	흘겨봄. 밉게 봄.
28:59	劇 심할극	烈 매울렬	1. 맹렬함. 2. 지극히 심함.
28:65	散 흩을산	亂 어지러울란	1. 흩어져 어지러움. 2. 정신이 어수선함.

29장

29:23	結 맺을결	實 열매실	1. 일이 잘 맺어짐. 2. 열매를 맺음.
29:23	憤 분할분	恨 한할한	1. 매우 분한 원한. 2. 분하고 한되는 것.
29:23	毁 헐훼	滅 멸할멸	1. 헐고 깨뜨려 없앰. 2. 상을 당하여 몸이 쇠약해지고 마음이 약해짐. 3. 더러운 것들을 일순간에 파괴해 버림.
29:24	熱 더울열	烈 매울렬	몹시 정열을 내어 열성스러움.

211

29:28	痛 아플통	恨 원한한	가슴 아프게 몹시 한탄함.
29:29	奧 속오	妙 묘할묘	심오하고 미묘함.

30장

30:7	逼 가까울핍	迫 핍박할박	1. 형세가 매우 절박하도록 바싹 닥쳐옴. 2. 바싹 조리어 괴롭게 굶. 3. 성 예수를 믿음으로 인해 외부로부터 주어지는 고통[데후1:4].
30:18	宣 베풀선	言 말씀언	1. 의견을 말하여 널리 알림. 2. 성 하나님 말씀에 불순종할 때 따르게 되는 사망과 저주에 대해 알림.

31장

31:16	異 다를이	邦 나라방	神 귀신신	1. 다른 나라 신. 2. 하나님 외의 다른 신. 3. 성 바알(男性, 돈, 재물, 풍요)과 아셀라·아스탈테·아낫(女性, 음란, 향락, sex)을 우상으로 섬기며 이들을 흥분시켜 交合하여 물이 뚝뚝 떨어지면 그 해에 풍년이 든다고 믿었다. 급기야는 신전 안에 聖娼(娼女)과 美童(男娼)을 두어 각종 음행과 매음과 저속한 광적 행위가 자행되었다. 이것은 신들을 무마하고 신의 힘을 이용해 자신들의 물질적 목적을 이루기 위하여 꾸민 외형적 의식이었다[왕하23:4~7].

| 31:29 | 末 世
끝말 인간세 | 1. 쇠퇴하고 망해 가는 세상.
2. 주님 출생 후부터 재림 시까지의 세상.
3. 여기서는 이스라엘 멸망이 임박했던 기원전 6세기 경을 가리키는 듯. |

32장

32:5	邪 曲 간사할사 굽을곡	1. 마음이 올바르지 못한 모양. 요사스럽고 편곡함. 2. 성 모세가 그 백성의 배반한 행위를 가리킨 말.
32:6	愚 昧 無 知 어리석을우 어두울매 없을무 알지	어리석고 몽매하며 지혜가 없음.
32:6	報 答 갚을보 대답할답	남의 두터운 뜻을 갚음.
32:10	荒 蕪 地 거칠황 거칠무 땅지	가꾸지 않고 제대로 버려 두어 몹시 거칠어진 땅.
32:10	護 衛 보호할호 호위할(지킬)위	따라 다니며 지켜 보호함.
32:10	瞳 子 눈동자동 아들자	눈동자.
32:15	富 大 가멸부 큰대	살이 쪄서 몸집이 뚱뚱하고 큼.
32:15	潤 澤 불을윤 못택	1. 윤기 있는 광택. 2. 넉넉함. 3. 물건이 풍부함.

213

32:17	魔 마귀마	鬼 귀신귀	1. 요사스런 귀신. 악마. 사탄. 2. 성그들은 하나님께만 드려야 할 예배를 마귀에게 드렸다. 하나님께로부터 존귀를 빼앗아 이를 마귀에게 주는 것보다 더 가증스러운 일은 없다. 하나님은 자신의 거룩한 이름이 가치없이 모독을 당하는 그 모든 혼합된 신앙을 거부한다.
32:20	無 없을무	信 믿을신	1. 신앙이 없음. 2. 소식이 없음. 3. 신의가 없음.
32:21	虛 빌허	無 없을무	1. 아무것도 없고 텅빔. 2. 마음 속이 비고 아무것도 없음. 3. 거짓 종교. 죄로 오염된 만물의 불안정성.
32:21	愚 어리석을우	蠢 꿈틀거릴준	어리석고 재빠르지 못함.
32:27	激 격동할격	動 움직일동	1. 급격하게 움직임. 2. 깊이 감동함. 3. 성우상숭배를 함으로써 하나님을 분노케 하여 재앙을 받게 됨.
32:27	誤 그릇오	解 풀해	1. 그릇 해석함. 2. 뜻을 잘못 앎.
32:27	手 손수	段 조각단	일을 꾸미거나 처리해 나가는 꾀와 솜씨.
32:28	謀 꾀모	略 간략할략	묘한 계략.
32:33	惡 악할악	毒 독할독	1. 흉악하고 독살스러움. 2. 성악을 행하는 데에 수고와 노력을 기울이는 것 [마12:39, 눅11:29].

214

32:34	庫 창고(곳집)고	間 사이간	1. 물건을 간직하여 두는 곳. 곳집. 2. 처음 익은 소산, 십일조, 자원하는 제물을 쌓아 두는 3가지 종류가 있었음. 3. 〔성〕죄악이 가득하여 멀지 않은 장래에 하나님의 진노가 임할 것을 암시하는 말.
32:35	失 잃을실	足 발족	1. 발을 잘못 디딤. 2. 행동을 잘못함. 3. 사람을 죄에 빠지게 하고 멸망으로 이끄는 원인. 4. 〔원〕짐승을 잡을 때 쓰는 덫.
32:42	被 당할피	殺 죽일살	者 놈자 죽임을 당한 사람.

33장

33:2	聖 거룩할성	徒 무리도	1. 기독교 신자의 존칭. 2. 〔천주교〕천주교에서 특히 공덕이 높은 신자. 이들에게는 축일(祝日)이 제정되어 있음. 세인트(Saint). 3. 하나님이 사랑하는 자.
33:8	敬 공경경	虔 정성건	1. 공경하는 마음으로 삼가 조심함. 2. 〔성〕하나님의 성품을 향한 성도의 헌신으로 생활의 모든 면에서 실천적으로 하나님을 아는 행위임.
33:14	太 클태	陰 그늘음	달을 지구의 위성으로 일컫는 말.
33:15	上 위상	品 물건품	物 만물물 제일 좋은 물품.
33:24	多 많을다	子 아들자	1. 많은 아들. 2. 많은 남자.

여호수아

기원전 12세기 이전 모세의 후계자인 여호수아가 이스라엘인을 거느리고 가나안 땅으로 들어간 이스라엘의 역사를 기록한 책이다. 여호수아서~에스더서까지 12권의 성경은 가나안에 정착한 후부터 바벨론에 포로로 잡혀갔다가 다시 돌아오기까지의 역사를 기록하고 있다. 하나님께서 족장들에게 하신 약속을 어떻게 이루어 가시는지에 초점을 맞추고 있다. 여호수아는 진리를 계승하고[신34:9] 법궤를 앞세우고[수3:3] 성결에 열심을 냈다. 이것은 하나님 나라 건설과 확장을 보여주는 데 의미가 있다. 말씀에 믿음으로 순종할 때 이스라엘에 약속이 이루어지는 사실을 보여주는 것이다. 본서가 여호수아가 기록하지 않고 후대의 편집인의 상상물이라고 주장하는 이유 중 한 가지가 바로 여호수아의 사후(死後)에 일어난 사건이 기록되어 있기 때문이다. 한 예로 갈렙의 헤브론 지경의 정복은 수15:13~14, 삿1:10, 20에 일어난 일이요, 그 외에 옷니엘의 드빌 정복이나 단지파의 레센 성 정복 기사도 마찬가지이다[수15:15~19, 삿1:11~15]. 그러나 모세오경의 마지막 부분인 신명기 34장처럼 여호수아의 죽음이나 그 이후의 사건들은 그 후계자들이 추가로 기록하여 삽입한 것임을 의심할 필요가 없는 것이다. 즉 제사장 엘르아살과 그 아들 비느하스가 추가 기록자로 지목되고 있다[수24:33].

1장

1:1 侍 從
모실시 따를종

1. 임금을 모시고 있던 시종원(侍從院)의 한 벼슬.
2. 시종신(侍從臣).
3. 천주교 주교로부터 품(品)을 받은 전도사로 차부제(差副祭)의 다음 가는 사람.

2장

| 2:3 | 奇
부칠기 | 別
다를별 | 1. 소식을 전함.
2. 승정원에서 처리한 일을 날마다 아침에 적어서 반포하는 일. |

| 2:9 | 肝
간간 | 膽
쓸개담 | 1. 간과 쓸개.
2. 속마음. |

| 2:10 | 全
온전전 | 滅
멸할멸 | 1. 죄다 없어짐. 모조리 망해 버림.
2. 성 라합이 약속을 지켰는데도 이스라엘 민족이 그녀와 친척의 생명을 구하지 않는다면 하나님이 죽음으로 우리를 벌하실 것이다. 비록 하나님의 성호가 표현되지 않았지만 그 말이 여호와께 맹세한 '진실한 표'[13절]라는 언급에서 알 수 있음. |

| 2:14 | 漏
샐루 | 洩
샐(퍼질예)설 | 1. 비밀이 새어 밖에 알려짐. 또는 비밀이 새어 나가게 함.
2. 나가게 함. |

3장

| 3:15 | 牟
보리모 | 麥
보리맥 | 1. 밀과 보리.
2. 성 여리고 지역에서는 태양력 4~5월경이 모맥의 수확기. |

5장

5:3	割 나눌할	禮 예도례	山 뫼산	여호수아가 할례를 행하여 포피(양피)를 묻은 산.

*할례. 하나님께서 아브라함과 더불어 맺은 언약의 상징[참조 창12:1~3, 17:10]이며, 종족적이고 문화적인 우월감이나 특성의 표시를 암시해 준다. 블레셋인들과 후기 헬라인들은 할례받지 못한 자로 비난을 받았다[삿14:3, 15:18, 삼상14:6, 17:26, 삼하1:20, 고전10:4, 행15:1, 갈5:1~12]. 광야생활을 할 때에는 할례 의식이 수행되지 않았기 때문에 가나안을 소유하기 이전에 58세 이하의 모든 남자에게 할례를 행하였는데 이들은 38년 전에 가데스에서 할례를 행할 때 20세 이하의 사람들이었음[참조 민14:29~35, 신2:14].

6장

6:4	羊 양양	角 뿔각	1. 숫양의 뿔로 만든 만곡형 나팔. 2. 성전쟁 시의 신호[렘6:1]. 회중의 소집과 해산, 행군, 왕의 등극 선포 등에 사용. 종교적으로는 하나님의 임재 선포[출19:16], 안식일, 금식 선포 절기 등에 사용되었다.
6:9	後 뒤후	軍 군사군	뒤에 있는 군대. 전군(殿軍).
6:13	繼 이을계	續 이을속	이어서. 연달아.

6:26	基 터기	礎 주춧돌초	사물의 밑바닥. 토대. 본초.

| 6:26 | 季
끝(막내)계 | 子
아들자 | 1. 막내아들.
2. 성이 저주는 여리고 성에 거주하는 일과 관련이 있지 않고, 여리고 성을 재건하는 일과 관련되는 것이다. 이 예언은 아합왕 시절인 기원전 870년경에 벧엘 사람 히엘에게 이루어졌다. 그는 여리고 성을 건축하다가 그의 두 아들을 잃었음[왕상16:34]. |

7장

7:11	詐 속일사	欺 속일기			남을 꾀로 속여 해침.

7:20	如 같을여	此 이차	如 같을여	此 이차	이러이러함.

7:21	産 낳을산	1. 낳다. 2. 나다.

7:21	外 밖외	套 전례투	1. 겨울에 양복 위에 입는 겉옷. 오바. 2. 성바벨론에서 생산되는 금실과 은실을 섞어 짠 긴 옷.

8장

8:2	伏 엎드릴복	兵 병사병	요긴한 목에 숨어 있다가 적군을 불의에 내치는 군사. 또는 군사를 숨겨 두는 일.

8:4	埋 묻을매	伏 엎드릴복	1. 상대편을 불시에 해치려고 일정한 곳에 숨어 있음. 2. 복병을 둠.
8:6	誘 꾀일유	引 끌인	남을 꾀어냄.
8:10	點 점점	考 상고할고	명부에다가 일일이 점을 찍어가면서 사람의 수효를 조사하는 일.
8:18	短 짧을단	槍 창창	1. 짧은 창. 2. 📘여호수아는 햇빛에 단창의 평평한 부분을 반사시켜 복병들에게 공격 개시를 알리는 신호로 사용되었다. 우리는 여호수아가 복병전술로 아이성을 무난히 정복한 사건을 통하여 한 가지 교훈을 얻을 수 있다. 곧 영전(靈戰)에서도 전략이 필요하다는 것이다.
8:19	瞬 눈깜짝할순	間 사이간	잠깐 동안. 눈 깜짝할 사이.

9장

9:4	使 심부름군사	臣 신하신	임금이나 국가의 명령으로 외국에 심부름 가는 신하.
9:4	纏 돌릴전	袋 전대대	돈이나 물건을 넣어 몸에 지니게 된 양쪽 끝이 터진 자루.
9:6	約 약속할약	條 가지조	조건을 붙여 약속함.
9:15	和 화목할화	親 친할친	1. 나라와 나라 사이의 좋은 교분. 2. 서로 의좋게 지내는 정분.

| 9:16 | 近
가까울근 | 隣
이웃린 | 1. 가까운 이웃.
2. 성 실제로 기브온은 길갈에서 반나절 거리. |

| 9:20 | 盟
맹세할맹 | 約
약속할약 | 1. 맹세하여 맺은 굳은 약속.
2. 동맹국 사이의 조약.
3. 성 기브온 백성들은 그 맹세로 인하여 그들과 더불어 살도록 허락되었는데[민30:2], 그것은 여호와의 이름을 존귀히 여기는 이스라엘 자손들의 신실성 때문임. |

| 9:25 | 意
뜻의 | 向
향할향 | 1. 생각.
2. 마음. |

10장

| 10:2 | 王
임금왕 | 都
도읍도 | 1. 임금의 도성. 왕성(王城).
2. 성 여리고와 아이성의 멸망은 가나안의 중심부가 점령되기 쉽도록 만들었다. 팔레스타인의 중부에서[1~28절], 남부에서[28~43절], 북부에서[11:1~15] 일련의 결정적인 승리를 통하여 성취되었다. 여호수아는 강력한 진군을 계속했고[9~10절] 또 초자연적인 하나님의 도움을 받아 아모리 족속과 여부스 족속 그리고 다른 가나안 족속들의[5절] 연합전선을 괴멸시켰음. |

| 10:5 | 對
대할대 | 陣
진칠진 | 마주 진을 침. |

| 10:6 | 救
구원할구 | 助
도울조 | 구원하고 도와줌. |

10:24	軍 군사군	長 어른장		1. 군대의 우두머리. 2. 병사들의 지휘관.
10:40	傾 기울어질경	斜 비낄사	地 땅지	비스듬히 기울어진 땅.
10:42	單 홑단	番 차례번		단 한 번. 이것은 여러 번, 또는 어렵게 전쟁하여서 정복한 것이 아니고 쉽게 승리를 거둔 것에 대한 표현임.

11장

11:3	數 셀수	多 많을다		1. 수가 많음. 2. 말이 많음.
11:6	沒 빠질몰	殺 죽일살		죄다 죽임.
11:7	猝 갑자기졸	地 땅지		1. 느닷없고 갑작스러운 판. 2. 성 이것은 하나님으로부터 승리를 보장받는 여호수아가 적은 수효의 병력을 가지고 많은 수효의 군대를 무찌르는 방법이었음.
11:7	襲 덮을습	擊 칠격		갑자기 적을 덮치어 공격함.
11:8	擊 칠격	破 깨뜨릴파		쳐서 부숨.
11:22	若 같을약	干 방패간		1. 얼마 안 됨. 2. 얼마쯤.

12장

12:5	接 댈접		대다. 잇다.
12:10	都 도읍도	邑 고을읍	1. 서울. 2. 좀 작은 도회지.
12:22	術 꾀술	士 선비사	1. 술책을 잘 꾸미는 사람. 2. 점술에 정통한 사람. 술객.

14장

14:11	強 굳셀(힘쓸)강	健 굳셀건	기력과 몸이 굳세고 튼튼함.

15장

15:2	海 바다해	灣 물구비만	1. 바닷가의 후미진 곳. 만. 2. 성 유나 지파 분깃의 사방 경계를 자세하게 말해 줌. 요단 물이 사해로 흘러드는 어귀.
15:45	鄕 고을향	里 마을리	'울로 둘러싸인 구내'라는 뜻으로 예루살렘과 같은 성읍이 아닌 작은 촌락. 마을을 의미.
15:62	鹽 소금염	城 재성	1. 지명. 곳 이름. 2. 성 소금성은 사해 남단임.

16장

| 16:10 | 使
부릴사 | 役
역사역 | 1. 부려 일을 시킴. 어떤 작업을 시킴을 당해서 일을 함.
2. 사환. |

17장

| 17:15 | 開
열개 | 拓
열척 | 거친 땅을 일구어 논·밭을 만듦. |
| 17:16 | 鐵
쇠철 | 兵
병사병 | 車
수레거(차) | 군사를 싣는 쇠로 만든 창이나 칼이 돌출되어 나온 수레. |

18장

| 18:4 | 選
가릴선 | 定
정할정 | 가려서 정함. |
| 18:10 | 分
나눌분 | 派
물갈래파 | 나누어진 지파. |

19장

| 19:47 | 擴
넓힐확 | 張
베풀장 | 세력을 늘리어서 넓힘. 확대. |
| 19:50 | 重
무거울중 | 建
세울건 | 건물 특히 성전·왕궁 등을 보수 또는 개축하는 일. |

20장

| 20:2 | 擇
가릴택 | 定
정할정 | 선정. |

22장

22:18	背 등(어길)배	逆 거스릴역	은혜를 배반하고 거스름.
22:23	和 화목할화	睦 화목할목	祭 제사제	物 만물물	화목제사에 드리는 물건. 제물.
22:25	分 나눌분	誼 바른길의	서로 사귀어 친해진 정을 나눔.
22:28	後 뒤후	代 대신대	뒤의 세대.
22:28	模 모범모	形 형상형	1. 똑같은 모양의 물건을 만들기 위한 틀. 2. 물건의 원형대로 줄여 만든 본.

24장

| 24:3 | 蕃
무성할번 | 盛
성할(담을)성 | 1. 자손들이 늘어서 많이 퍼짐. 번연(蕃衍).
2. 초목들이 잘 퍼져서 무성함. 번무. |
| 24:14 | 敬
공경할경 | 畏
두려워할외 | 공경하고 두려워함. |

225

24:24	聽 들을청	從 좇을종	이르는 대로 잘 들어 좇음.
24:30	基 터기	業 업업	1. 기초가 되는 사업. 2. 대대로 전하여 오는 사업과 재산.

士師記

「사사기」는 가나안 정복과 왕정확립 사이인 대략 기원전 1200~1050년경 곧 이스라엘이 역사적으로 불안정했던 시기가 배경인 이야기로 이루어졌다. 그 시기에는 중앙에서 다스리는 왕이 없었다. 대신 전통적으로 '사사'라고 불리는 족장이나 지도자 등이 백성을 지배하였다[2:18~19]. 일부 사사들은 분쟁을 해결하는 재판장 역할을 하였다. 그러나 대부분의 사사들은 주로 주변 나라나 사막으로부터 침입해 오는 유목민과 같은 대적과 싸워 이스라엘을 구하는 군사 지도자 역할을 담당하였다. 잘 알려진 삼손이 바로 그런 사람이었다. 훗날 이스라엘 왕들이 그랬던 것과는 달리 사사들은 그들의 지위를 세습하지 않았다. 「집회서」는 사사들이 "우상숭배에 빠져들지 않았고 주를 배반하지도 않은[집회46:11~12] 사람들이었다."고 찬양한다. 「히브리서」의 저자는 믿음의 영웅들에 '기드온, 바락, 삼손, 입다'와 같은 사사를 포함시키고 있다[히11:32].

사사 13인을 중심으로 썼는데, 대개 이스라엘의 배신·형벌에 의한 압박·이스라엘의 회개·사사에 의한 구제를 내용으로 하고 있다. 저자는 사무엘로 추정한다.

士 선비사	1. 선비. 2. 벼슬. 3. 일. 4. 군사. 5. 재판관.
師 스승사	1. 스승. 2. 선생님. 3. 어른. 4. 군사. 5. 장군. 6. 무리. 7. 본받음.
記 기록할기	1. 글. 2. 뜻. 3. 기록. 4. 표기.

2장

2:16	士 선비사	師 스승사	히브리어 쇼페티(shophet). '재판하는 자, 다스리는 자'라는 뜻이다. 이들 영웅은 위기가 닥쳐오면 여호와의 영이 급히 임한 인물로 일어난다. 승리를 얻어 명성을 얻지만 결코 왕이 아니며, 절대적 영구적 권위나 세습적 지위를 갖지 않는 하나님이 세운 카리스마(=은혜)적 대표자. 士(재판하다) 師(장군)의 뜻도 있다.
2:19	悖 거스를패	乖 어그러질괴	1. 거스려 어그러짐. 2. 도덕, 종교, 사회, 영혼 등 모든 분야에 생명력을 잃고 부패하여 타락한 것.

3장

3:9	救 구원할(도울)구	援 도울원	者 놈자	1. 도와서 건져준 사람. 2. 🔴성 인류를 죄악과 고통과 죽음에서 건져낸 사람. 사탄의 마력에서 건져내어 천국에 가게 한 사람.
3:11	泰 클태	平 평평할평		나라나 집안이 잘 다스려져 험한 일이 없이 평안함.
3:15	依 의지할의	托 받칠탁		남에게 의뢰하여 부탁함. 남에게 의뢰함.
3:15	貢 바칠공	物 만물물		1. 국민이 조정에 바치던 물건. 2. 조공을 위한 예물이나 금전.
3:17	肥 살찔비	腯 살찔둔		살이 많이 찜.

4장

4:3	九 아홉구	百 일백백	乘 탈승	구백 대. (대: 단위)
4:4	女 여자녀	先 먼저선	知 알지	여자 선지자.
4:17	和 화목할화	平 평평할평		1. 온화하고 태평함. 2. 성 하나님과 화목케 되었다고 느끼는 데서 오는 양심의 평정성.
4:21	氣 기운기	絶 끊을절		1. 병든 사람이 숨이 끊어져 죽음. 2. 한때 정신을 잃음. 3. 깜짝 놀라 숨이 막힐 지경이 됨.

5장

5:7	官 벼슬관	員 사람원		1. 공무원. 2. 성 이방의 압제 아래서 무기력한 이스라엘의 지도자.
5:10	花 꽃화	紋 무늬문	席 자리석	꽃자리. 꽃무늬를 넣은 돗자리.
5:10	宣 베풀선	播 씨뿌릴파		1. 널리 세상에 뿌림. 또는 알림. 전파함. 2. 성 온 땅에 여호와의 이름을 충만하게 전함.
5:11	稱 일컬을칭	述 지을술		1. 칭찬하여 말함. 2. 청중 앞에서 낭송함.
5:15	心 마음심	思 생각사		남이 하는 일을 방해하려는 좋지 않은 마음보.

| 5:17 | 海 바다해 | 濱 물가빈 | 해변. 바닷가. 또는 바닷가의 지방. |

| 5:21 | 漂 떠다닐표 | 流 흐를류 | 1. 물 위에 둥둥 떠서 흘러감.
2. 정처 없이 돌아다님. |

| 5:21 | 靈 신령령 | 魂 넋혼 | 1. 넋. 심령. 혼령.
2. 성 생명의 원리, 근원적 활력이란 뜻으로 구약에서는 인간 존재를 생령[창2:7]과 육체의 결합체라 간주했고, 후대 유대주의에서는 영·육·혼의 3분설을 받아들였다. |

| 5:26 | 匠 장인장 | 人 사람인 | 물건을 만드는 일을 업으로 삼는 사람. |

| 5:30 | 爐 노략질할노 | 掠 노략질할략 | 物 만물물 | 떼를 지어 약탈한 물건. |

6장

| 6:32 | 爭 다툴쟁 | 論 의논할론 | 1. 서로 다투어 토론함.
2. 서로 다투는 이론. |

7장

| 7:2 | 自 스스로자 | 矜 자랑할긍 | '떠벌리다, 아첨하다'의 의미로 타인에게 잘 보이기 위해 입에 발린 말로 사람들을 속이는 행위. 호언장담하는 것. |

7:2	敵 맞을적	陳 진칠진	적군의 진영.
7:15	解 풀해	夢 꿈몽	1. 꿈에 나타난 일을 풀어서 길흉을 판단함. 2. 성 기드온이 하나님께 경배한 것은 미디안 군인의 꿈 내용과 같이 하나님께서 이스라엘로 하여금 승 리하도록 해 주실 것을 믿는 신앙의 태도임.
7:16	隊 떼대		떼. 무리.
7:19	二 둘이	更 지날경(갱)	1. 밤 10시(밤 9~11시 사이). 해시(亥時). 을야(乙夜). 2. 성 밤에 항아리를 깨뜨려서 시끄러운 소리를 낼 뿐 만 아니라 그 속의 불을 갑자기 볼 수 있도록 만들 었음.
7:19	番 차례번	兵 군사병	파수 당번이 되어 근무하는 병사.
7:19	替 대신할체	番 차례번	1. 번병과 교대함. 2. 보초가 근무 교대함.
7:21	當 마땅당	處 곳처	일이 생긴 그곳.

8장

8:7	蒺 납가새질	藜 명아주려	납가새(1년 혹은 2년생의 풀). 찔레.
8:11	晏 늦을안	然 그러할연	1. 마음이 평안하고 침착함. 2. 성 미디안 군대는 그들이 기드온의 공격으로부터 안전하다고 생각했다. 그러나 기드온은 300명의

정병을 거느리고 갈골에 이르러 미디안의 두 왕 세바와 살문나를 끝까지 추격하여 그들을 사로잡고 그 군대를 격파하였음.

8:14	訊 물을신	問 물을문	1. 캐어 물음. 따져서 물음. 2. 증인 감정인 또는 피고에 대하여 구두로 사건을 조사하는 일.
8:15	譏 나무랄기	弄 희롱할롱	1. 희롱함. 실없는 말로 농락함. 2. 낄낄대면서 농담하다. 3. 성 생명의 복음을 한갓 농담으로 여기는 교만스런 모습.
8:16	懲 징계할징	罰 벌줄벌	1. 뒷일을 경계하는 뜻으로 벌을 줌. 2. 공무원 등의 부정 또는 부당한 행위에 대하여 제재를 가함. 3. 성 미디안 군을 완전히 격파하고 돌아오던 길에 숙곳 사람들의 방백과 장로들을 들가시와 찔레로 징벌하였다.
8:21	粧 단장할장	飾 꾸밀식	1. 겉모습을 꾸밈. 2. 성 미디안 사람들이 월신(月神) 숭배를 위해 만들어 지닌 패물들.

9장

9:4	廟 사당(묘당)묘		1. 조상의 신주를 모시는 곳. 2. 나라의 정무(政務)를 청단(聽斷)하는 곳. 3. 성 집이란 뜻으로 바알 신당.
9:4	輕 가벼울경	薄 엷을박	1. 언행이 경솔하고 천박함. 2. 건달패.

9:4	類 같을(종류)류		1. 무리. 2. 닮다. 같다.
9:9	搖 흔들요	動 움직일동	흔들리어 움직임.
9:24	暴 사나울포	虐 사나울학	1. 횡포하고 사나움. 2. 성 기드온의 아들 70인의 피에 대한 하나님의 심판적 보응은 아비멜렉 자신에게와 그의 악을 도와준 세겜 사람들에게 다같이 임하였다.
9:25	劫 겁탈할겁	奪 빼앗을탈	1. 남의 것을 억지로 빼앗음. 2. 힘으로 억눌러 간음함.
9:27	宴 잔치연	會 모을회	축하·위로·환영·석별 따위를 위하여 여러 사람이 모여 베푸는 잔치.
9:27	神 귀신신	堂 집당	1. 신을 모신 집. 2. 성 예배나 제사를 위하여 언덕 또는 인공적으로 쌓은 단 위에 위치한 장소나 건물. 본래 가나안 족속의 풍습이었지만[신12:2~5], 이스라엘은 성전 건축 이전에 이런 곳을 사용하였다[왕상3:2 참조].
9:31	衝 찌를충	動 움직일동	1. 들쑤셔서 움직여 일으킴. 2. 목적을 의식하지 않고 일어나는 마음.
9:35	城 재성	邑 고을읍 門 문문	1. 성읍을 드나드는 문. 2. 성 스불이 자기 의도를 속이고 사자를 보낸 문.

11장

11:26	沿 물따라내려갈연	岸 언덕안	1. 강물이나 호수 또는 바닷가를 따라서 있는 지방. 2. 육지와 접한 강·호수·바다.

| 11:35 | 慘
참혹할참 | 澹
담박할담 | 1. 괴롭고 슬픈 모양.
2. 근심 걱정이 얼굴에 보임.
3. 얼굴에 독기가 있음.
4. 성 입다는 자기 딸이 죽게 될 불행을 염두에 두었음. |

| 11:38 | 爲
할위 | 限
한정한 | 1. 기한이나 한도를 정하는 일.
2. 성 입다의 딸이 평생 결혼하지 못하고 성막에서 수종드는 여인이 되는 준비 기간. |

13장

| 13:17 | 尊
높을존 | 崇
높을숭 | 1. 높이 받들어 숭배함.
2. 성 마노아는 장차 자기에게 아들이 있을 것이라는 말씀이 성취될 때 말씀을 주신 여호와의 사자를 받들고자 했음. |

14장

| 14:17 | 強
굳셀강 | 迫
핍박할박 | 1. 강제로 핍박함.
2. 협박하여 강제로 자기의 의사를 따르게 함.
3. 성 삼손이 여자의 강박에 사로잡혀 초지를 관철하지 못하는 약자가 됨. |

234

16장

16:13 緯 씨위 線 줄선
1. 씨줄. 씨금.
2. 성 히브리어에서 '날'이란 뜻으로 베틀에 걸은 '날실'을 말한다. 삼손이 머리를 들릴라의 무릎 위에 놓고 누웠기 때문에 그녀는 그의 머리를 위선에 섞어 짜기가 쉬웠을 것이다. 그런데 들릴라의 세 번째 요구에 삼손은 거의 넘어지는 방향으로 끌려간다. 그는 자기의 머리털에 관하여 말하기 시작함.

16:16 煩 번거로울번 惱 괴로워할뇌
1. 마음이 시달려 괴로움.
2. 성 삼손이 번뇌하는 것으로 보아 성령이 인도하시는 음성을 양심으로 듣고 있었음.

16:31 葬 장사장 地 땅지
장사할 땅. 매장할 땅.

17장

17:4 銀 은은 匠 장인장 色 빛색
은으로 물건을 만드는 일을 업으로 삼는 사람.

18장

18:2 勇 날랠용 猛 사나울맹
1. 날래고 사나움.
2. 성 장정이 요단강을 건너기 전 영토를 확장하기 위해 5명의 용맹한 정탐꾼을 파견.

235

18:4	雇 품팔고	聘 부를빙	1. 학식이나 기술이 높은 이를 예를 갖추어 모시어 옴. 2. 성소년은 자기가 삯군 제사장으로 고용되었음을 말함.
18:7	權 권세 권	勢 권세세	권력과 세력.
18:28	相 서로상	從 따를종	1. 서로 따르며 친하게 교제함. 과종. 2. 상업상 교류하다.

19장

19:3	多 많을다	情 뜻정	1. 인정이 많음. 2. 사귄 정이 두터움.
19:3	歡 기쁠환	迎 영접할영	기쁜 마음으로 맞음.
19:4	姜 첩첩	丈 어른장	人 사람인	1. 첩의 친정 아버지. 2. 성이 레위 사람의 타락은, ① 그의 축첩(蓄妾) 생활로 증명되고, ② 그가 위기에 이르러 그 첩을 비류들에게 내어 준 것으로 증명되고, 그리고 ③ 자기 첩의 시체를 열두 덩이로 찍어 이스라엘 사방에 보낸 것으로 증명됨.
19:17	行 행할(다닐) 행	客 손객	나그네. 길가는 사람.
19:20	擔 멜담	責 꾸짖을(맡을) 책	1. 담임의 책임. 2. 모든 비용과 책임을 떠맡는 것.

19:22	匪 도둑비	類 같을류	1. 도둑의 무리. 건달. 깡패. 2. 성 히브리어는 악한 배교자들을 가리킨다. 그들은 폭행자들이요[22절], 남색하는 자들이요[22~24절], 행음하는 자들이었다[25절]. 그 때에 기브아에 거주했던 베냐민 족속은 이와 같이 극도로 타락하였음.
19:25	未 아닐미	明 밝을명	날 샐 무렵.
19:30	相 서로상	議 의논할의	1. 서로 의논함. 2. 모사.

20장

20:3	情 뜻정	形 형상형	1. 심정이 밖에 드러난 형편. 2. 그냥 볼 수 없는 어렵고 딱한 형편. 3. 성 사건의 당사자인 레위 사람. 곧 죽임을 당한 여인의 남편은 자기의 당한 일을 모인 회중에게 말하기는 하였으나 가장 악한 부분, 즉 비류들이 그에게 남색하기를 강요한 것은 말하지 않았음.
20:7	方 모방	策 꾀책	1. 방법과 꾀. 2. 조언. 3. 충고.
20:11	合 합할합	心 마음심	많은 사람이 마음을 모음.
20:15	居 살거	民 백성민	中 가운데중	그 땅에 사는 국민들 가운데.

20:16	毫 털호	釐 다스릴리	1. 자의 눈 또는 저울의 눈. 2. 몹시 작은 것을 가리키는 말. 3. 성 로마의 화폐 단위로 가장 낮은 동전으로 유대의 렙돈 두 개에 해당. 1/4앗사리온.
20:36	暫 잠깐잠	間 사이간	아주 짧은 동안.
20:37	突 부딪칠돌	入 들입	마구 뛰어들거나 갑자기 뛰어듦.
20:38	相 서로상	約 약속할약	서로 약속함.
20:38	軍 군사군	號 이름호	1. 군중에서 쓰는 암호. 2. 서로 눈치나 말로써 가만히 내통하는 것. 3. 협동 작전. 서로 믿고 약속함.

21장

| 21:2 | 大
큰대 | 聲
소리성 | 痛
아플통 | 哭
울곡 | 크게 소리 내어 슬피 우는 것. |

| 21:15 | 闕
대궐(빠질)궐 | 1. 대궐.
2. 빠지다.
3. 성 야베스 길르앗에서 얻은 처녀들 수가 부족하기 때문에 베냐민 지파가 이지러지지 아니하게 하려고 다시 장로들의 회의가 열린 곳. |

21:21 **舞 蹈**
춤출무 밟을도

1. 춤을 춤.
2. 경쾌한 음악의 박자에 맞추어 율동적으로 사지 및 신체를 약동시켜 감정이나 의사를 표현하는 예술.
3. 성 야베스 길르앗에서 끌어온 처녀 400명을 주었음에도 처녀가 부족하여 포도원에 숨어서 무도하러 나오는 실로의 여자들을 아내로 붙들어 갔음.

룻記

구약 중에서 8번째 책, 8은 새로운 시작의 수이다. 사사기의 폭력과 불법 대신에 부드러움과 사랑의 희망을 본다. 룻은 유대인과 결혼한 이방여인이고, 에스더는 이방인과 결혼한 유대인이다. 하나님은 민족을 구원하시는 일에 둘을 다 사용하셨다. 사사기는 유대민족의 쇠퇴를 사무엘서는 유대 왕국의 건립을 보여준다. 그 중간에 끼어있는 룻기는 그리스도와 그의 신부를 상징한다.

과부가 된 후 시어머니 나오미에게 효도를 다 하다가 뒤에 보아스와 결혼한 모압의 여인 룻(Ruth)에 관한 것으로 고대의 문학적 전원시로서 인정미 · 효성 · 이방인에 대한 관용성이 그 내용으로 되었다. 기원전 11세기경 저자 미상이다.

1장

1:12	所 望 바소 바랄망	바라는 바. 바람.
1:14	媤 母 시집시 어미모	시어머니. 이제는 아들을 더 가질 소망이 없다고 한 나오미의 언급은 자녀없이 죽은 남편의 형제가 그 과부를 맞아 죽은 형제에게 후손이 있게 하는 계대 결혼(繼代結婚)의 관습을 말함이 분명함[신25:5~10].
1:15	同 婿 한가지동 사위서	1. 형제의 아내끼리 서로 일컫는 말. 2. 자매의 남편끼리 서로 일컫는 말.

2장

| 2:1 | 有 力
있을유 힘력 | 1. 힘세고 용감함.
2. 성 부유함. 하나님의 복을 받아 증대되는 번영과 명예. |

3장

3:7	露 드러날로	積 쌓을적	한데에 쌓아둔 곡식.

| 3:11 | 賢 어질현 | 淑 맑을숙 | 1. 여자의 마음이 어질고 깨끗함. 현명하고 정숙함.
2. 성덕성(德性)이 있는 여자로서 남을 위하여 유익하게 행하는 능력 있는 여자를 가리킨다. 잠언31장에도 "현숙한 여자"가 두 번 나오는 데, 이는 부지런히 생업에 힘써서[13~19, 24절] 빈민을 구제하며[20절], 가족을 도우며[21절], 특별히 언사에 있어서 늘 착하고[26절], 여호와를 경외하는 여자를 가리킴[30절]. |

4장

4:7	交 사귈교	換 바꿀환	서로 바꿈.
4:7	證 증명할증	明 밝을명	증거로서 사물을 밝힘.

4:15	回 돌아올회	復 돌아올복	者 놈자	이전 상태로 다시 갖게 한 사람.
4:15	奉 받들봉	養 기를양	者 놈자	부모나 조부모를 받들어 모시는 사람.
4:16	養 기를양	育 기를육	者 놈자	부양하여 기르는 사람. 육양자.

241

사무엘 上

기원전 1000년경 히브리 성경에서 한 권으로 이루어져 있던 사무엘서는 개역성
경에서 上·下로 구분된다. 마지막 사사 사무엘로 시작하여 사울의 죽음으로 끝
을 맺는 「사무엘 上」은 사무엘과 사울의 알력, 사울과 다윗 사이의 갈등의 연속이
다. 다른 역대왕들과는 달리 한 번도 이방신을 섬긴다거나 우상을 만들어 본 적이
없는 사울은 사무엘의 눈 밖에 나서 어려움을 겪는다. 설상가상으로 왕권이 확립
되기도 전에 다윗이라는 인물이 나타나 자신의 위치를 위협하자 번민에 쌓이게
되고 급기야는 정신질환자처럼 행동하게 된다. 집요하게 다윗을 죽이고자 하는
사울의 모습에서 「비운의 사나이 사울」이란 제목으로 잡아도 될 정도로 사울은
열등의식에 사로잡혀 본인이 의도하지 않은 행동을 하게 된다. 사울은 사무엘과
다윗으로 이어지는 정치집단에 의해 패배한 왕이 된다.

1장

1:3	萬 일만만	軍 군사군		1. 일만의 군사. 많은 군사. 2. 하늘과 지상의 만물.
1:6	煩 번거로울번	憫 불쌍히여길민		마음이 답답하여 괴로워 함.
1:16	冤 원통할원	痛 아플통		1. 분하고 억울함. 2. 몹시 원망스러움.
1:18	愁 근심수	色 빛색		근심스러운 얼굴빛.
1:21	每 매양매	年 해년	祭 제사제	해마다 드리는 제사.

2장

2:3	傲 거만할오	慢 교만할만	태도가 거만함. 또는 그 태도.
2:5	裕 넉넉할유	足 발족	넉넉함. 쓰고도 남음이 있음. 살림살이가 넉넉함.
2:8	塵 티끌진	土 흙토	1. 먼지와 흙. 2. 세상의 모든 무가치한 것들. 3. 성 구원을 받지 못한 인간들이 취한 상태를 묘사.
2:8	散 흩을산	散 흩을산	여지없이 깨지거나 흩어짐.
2:12	不 아니불	良 어질량	者 사람자	문자적으로 벨리알의 아들(sons of Belial). 이 말은 비류의 자식들, 즉 배교자, 무가치한 존재, 불량배들을 가리킨다. 이들은 하나님을 인정하지 않았고 또한 하나님을 두려워하지도 않았다는 것임[참조 호5:4, 렘4:22].
2:30	尊 높을존	重 무거울중	높이고 중하게 여김[살전2:6].
2:30	輕 가벼울경	蔑 업신여길멸	깔보고 업신여김.
2:35	忠 충성충	實 열매실	1. 속이 올차서 단단하고 여묾. 2. 몸이 굳세고 튼튼함. 3. 성 이른바 '충실한 제사장'은 누구인가? 이와 같은 대제사장을 사무엘이라고 주장하는 학설이 있다. 사무엘이 대제사장은 아니었으나 대제사장의 사역에 해당되는 일들을 행하였다[7:9, 10:8, 16:5]. 그리고 어떤 학자들은 사독을 이와 같은 대제사장이라 칭함.

3장

| 3:1 | 稀
드물희 | 貴
귀할귀 | 드물어서 매우 귀함. |

4장

| 4:10 | 殺
죽일살 | 戮
죽일륙 | 1. 무엇을 빙자하고 사람을 마구 죽임.
2. 선지자의 예언과 같이[2:34] "홉니와 비느하스"는 죽임을 당하였고, "하나님의 궤"는 블레셋 사람들에게 빼앗겼다. 이리하여 높으신 하나님의 성호는 회개하지 않은 이스라엘로 말미암아 일시나마 모독을 당하였음[롬2:24]. |
| 4:19 | 産
낳을산 | 期
기약할기 | 밴 아이를 낳는 시기. |

5장

| 5:2 | 堂
집(당당할)당 | | 1. 집.
2. 번듯하다. |
| 5:6 | 嚴
엄할엄 | 重
무거울중 | 엄격하고 진중함. |

6장

| 6:4 | 金
쇠금 | 毒
독할독 | 腫
부스럼종 | 1. 금으로 독종 형상을 만든 것.
2. 블레셋 사람들을 많이 죽인 종처의 모양을 금으로 만든 것. |

| 6:5 | 輕
가벼울경 | | 1. 가볍다.
2. 깔보다.
3. 경솔하다. |

7장

| 7:16 | 巡
순행할순 | 廻
돌회 | 1. 여러 곳으로 돌아다님.
2. 성사무엘은 순회 사사였다. 그는 공민적[7:16], 종교적[7:6, 17], 그리고 군사적[12:11] 의무를 가졌음. |

8장

| 8:12 | 諸
모든(말할)제 | 具
갖출구 | 여러 가지의 기구. 도구. |

9장

| 9:9 | 先
먼저선 | 見
볼견 | 者
놈자 | 1. 선견지명이 있는 사람. 훗날의 일을 미리 짐작하여 아는 사람.
2. 선지자.
3. 성이스라엘 통일 왕국 시대에 사무엘, 갓, 헤만, 잇도, 하나니, 아삽, 여두둔 등. |

| 9:13 | 祝
빌축 | 謝
사례할사 | | 1. 축하하며 사례함.
2. 성제물을 축사하는 것은 일종의 식사 기도임. 하나님의 강복에 대한 감사의 찬양. |

| 9:13 | 今 이제금 | 時 때시 | 이제. |

9:16 指 가리킬지 導 인도할도 者 놈자

1. 가리키어 이끌어 주는 사람.
2. 단체 등의 조직·방침·정책 등을 결정하고, 성원을 본래의 목적을 향하여 통솔 인도하는 사람.
3. 성 '지도자'는 일반적으로 왕이란 말보다 특수한 명칭으로서 신정국가의 성격과 관련되어 있으며, 실제적으로 국민 생활과 영적 사항에 관한 지도자를 가리킴. 이 명칭은 하나님이 그를 보내신 사실을 배경으로 한 것임.

10장

10:5 營 경영할영 門 문문

1. 군문. 군영의 문. 아문.
2. 수비대(공동 번역).

10:5 琵 비파비 琶 비파파

현이 열 개인 하프 모양의 현악기 중 하나.

10:14 叔 아제비숙 父 아비부

1. 아버지의 동생.
2. 성 사울이 체험한 성령의 은사를 말하려던 대상.

10:22 行 행할(다닐)행 具 갖출구

1. 행장. 여행할 때 쓰는 모든 기구.
2. 성 쌓아 놓은 수하물 혹은 행군하는 군대의 짐. 포로된 자의 소지품.

10:24 萬 일만만 歲 해세

1. 오랜 세상. 영원한 세월.
2. 영원히 번영함.

11장

11:2	侮 辱	깔보아 욕되게 함.
	업신여길모 욕될욕	

11:3	猶 豫	1. 일이나 날짜를 미루어 감. 일을 할까 말까 망설임.
	오히려유 미리예	2. 망설여 결행하지 않음.

12장

12:7	談 論	담화하여 의론함.
	말씀담 의논할론	

13장

13:3	守 備 隊	1. 지키고 막는 부대.
	지킬수 갖출비 떼대	2. 성사령관으로도 번역.

13:6	切 迫	1. 기한이 급하여 여유가 없음.
	끊을절 핍박할박	2. 일이 급하여 긴장하게 됨.

13:17	擄 掠 軍	1. 떼를 지어 재물을 약탈하는 무리(군).
	노략할로 노략할략 군사군	2. 성북, 서, 동으로 이스라엘에 징벌 원정을 수행할 블레셋 증원군들을 말한다. 이들은 전쟁에 필요한 군량을 공급하기 위하여 이스라엘 영토 안에서 약탈하는 자들이었다. 이렇게 블레셋 군대들은 맹렬히 전투태세를 취한 것이다. 이와 반대로 사울의 지휘 아래 있는 군인들은 무력하였는데 그 원인은 사울의 죄악 때

문이었다. 그는 블레셋 족속의 침략을 당하면서 먼저 하나님의 지시를 받기를 원치 않았음[14:16~20, 36~37절].

| 13:19 | 鐵 쇠철 | 工 장인공 | 1. 쇠의 제련이나 쇠그릇 따위를 만드는 사람.
2. 성 블레셋은 다윗의 때까지 철 금속 제조 장신을 독점하고 있었음. |

14장

14:4	險 험할험		1. 심험하다. 2. 증험하다. 3. 효험. 4. 성 험준한 요새를 2인이 돌진해 들어간 것은 신앙의 용단임.
14:14	半 반반	日 날일 耕 밭갈경	한 쌍의 소가 한나절에 논이나 밭을 가는 일, 또는 그 넓이의 땅으로 약 612평에 해당.
14:14	地 땅지	段 조각단	1. 땅을 나누어서 가른 조각. 2. 일정한 넓이의 땅.
14:16	把 잡을파	守 지킬수 軍 군사군	1. 보초. 파수병. 경계하여 지키는 군인. 2. 성 요나단의 습격을 당한 블레셋의 군대.
14:20	混 흐릴혼	亂 어지러울란	1. 이것저것 뒤섞여 뒤숭숭함. 2. 뒤섞여서 질서를 잃음.
14:45	同 한가지동	事 일사	1. 같은 일. 2. 성 하나님의 동역자.
14:48	掠 노략할략	奪 빼앗을탈	폭력을 써서 억지로 빼앗음. 겁략.

15장

15:23	頑 완고할완	固 우길고	1. 성질이 검질기게 굳고, 보고 들은 것이 적고 고집이 셈. 2. 성 거만하고 무례함. 즉, 하나님께 의식적으로 불순종하는 것은 우상 숭배와 같은 죄이다. 그 이유는 그런 불순종은 인간 자신의 의지를 우상화함이고, 자아(自我)를 우상화하는 것이기 때문임.
15:23	邪 간사할사	神 귀신신	재앙을 내리는 못된 귀신.
15:29	至 지극할지	尊 높을존 者 놈자	1. 지극히 존귀한 사람. 임금을 공경하는 말. 2. 성 하나님에 대한 독특한 명칭으로 하나님의 영원한 성품을 강조한다. 이 명칭은 하나님의 불변성을 강조하는 것으로 봄이 이 문맥에서 적절함.

16장

16:1	豫 미리예	選 가릴선	정식으로 뽑기 전에 미리 뽑음.
16:14	惡 악할악	神 귀신신	1. 악한 귀신. 2. 성 사울을 미친 상태와 같은 정신적 혼란을 초래하게 한 악령.
16:18	豪 호걸호	氣 기운기	1. 씩씩하고 장한 기상. 2. 호화롭고 뽐내는 기운.
16:18	武 호반무	勇 날랠용	무예와 용맹.

16:18	口 입구	辯 말잘할변	언변. 말솜씨.
16:23	爽 시원할상	快 쾌활할쾌	1. 마음이 가볍고 시원하고 유쾌함. 2. 회복됨.

17장

17:5	魚 물고기어	鱗 비늘린	甲 갑옷갑	철로 물고기의 비늘같이 만들어 옷에다 매 단 갑옷.
17:6	脛 정강이경	甲 갑옷갑		정강이를 보호하기 위해 만든 갑옷.
17:18	證 증명할증	表 표표		1. 증거가 될 만한 표. 2. 성 전쟁에 나가 있는 아들들의 살아있는 증거.
17:20	陣 진칠진	營 경영할영		1. 진. 군대가 집결된 곳. 2. 성 둥글게 하다'라는 의미의 단어로 고대 수비진의 일반적 형태.
17:20	高 높을고	喊 고함지를함		크게 부르짖는 목소리.
17:26	恥 부끄러울치	辱 욕될욕		부끄럼과 욕됨.
17:28	長 어른장	兄 맏형		맏형.
17:39	試 시험할시	驗 시험할험	的 적실할적	시험 삼아 하는 것.

| 17:54 | 甲 갑옷갑 | 冑 투구주 | 갑옷과 투구. |

18장

18:1	聯 잇닿을연	絡 이을락	영원히 변하지 않는 마음의 띠로 단단히 동여매는 것. 정신적 쇠사슬로 굳게 묶는 것[신6:8, 잠3:3].
18:7	唱 노래부를창	和 화할화	한쪽에서 부르고 한쪽에서 화답함.
18:10	惹 어지러울야	鬧 들랙로	1. 생트집 잡으며 마구 떠들어 대는 짓. 2. 성 예언함을 의미하는데 이때 사울의 경우는 예언자의 흉내를 내면서 발광적으로 거칠게 말함.
18:18	親 친할친	屬 붙을속	친족.
18:22	祕 숨길비	密 빽빽할밀	1. 남몰래 알고 알리지 않는 일. 2. 남몰래 함.
18:25	幣 폐백폐	帛 비단백	1. 신부가 처음으로 시부모를 뵐 때 큰 절을 하고 올리는 대추나 포 같은 것. 2. 혼인 때 신랑이 신부에게 주는 청단 홍단 같은 것. 3. 제자가 처음 뵙는 스승께 올리는 예물. 4. 점잖은 사람을 만나러 갈 때 가지고 가는 물건. 5. 성 유대 풍속에는 만일 딸이 과부가 되었을 때의 생활유지를 보장하기 위해 친가에게 준 기금.
18:25	報 갚을보	復 회복할복	앙갚음.

| 18:26 | 滿
찰만 | 期
기약할기 | 기한이 참. |

19장

| 19:4 | 褒
기릴포 | 獎
권면할장 | 1. 칭찬하여 장려함.
2. 포상하여 주는 휘장.
3. 두둔함.
4. 공동 번역은 '표창'으로 번역. |
| 19:5 | 無
없을무 | 故
연고고 | 별다른 연고가 없음. |

| 19:13 | 偶
허수아비우 | 像
형상상 | 여기서 우상은 히브리어 '드라빔'을 번역한 말이다. 이것은 고대 근동지역에서 일반적으로 가정의 수호신으로 받들어진 우상으로 사람의 형상을 갖고 있으며, 그 크기는 대부분 소형이었으나 등신상 정도의 것도 있었다. 이 기록으로 볼 때 심지어 이스라엘의 왕인 사울의 집안에서도 우상숭배의 잔재가 남아 있었다는 사실을 알 수 있다[창31:19]. |

| 19:20 | 首
머리수 | 領
거느릴령 | 1. 한 당파의 우두머리.
2. 지배자.
3. 통솔자. |

20장

| 20:30 | 悖
거스를패 | 逆
거스릴역 | 不
아니불(부) | 道
길도 | 1. 패악하고 불순하여 도덕에 어긋남. |

2. 성 히브리어는 "패역하고 반역하는"이라는 의미이다. 사울은 다윗을 죽이려는 자기 계획에 요나단이 협력하지 않기 때문에 자기 아들이 아니고 사생아(私生兒)란 뜻으로 말한 것임.

21장

21:2	約 약속할약	定 정할정	계약.

21:4	恒 항상항	用 쓸용	1. 늘. 항상. 2. 성 '항용 떡'은 보통 떡을 의미하고, '거룩한 떡'은 진설병을 가리킨다[출25:30]. 이것은 12개로서 [레24:5~8] 교회의 영적 양식을 비유한다. 이 떡은 본래 제사장들만 먹을 수 있는데, 이때에 다윗과 함께한 자들이 이것을 먹도록 허락된 것은 예외로 긍휼의 법에 의한 것이었다. 이때에 다윗이 거룩한 떡을 먹은 것을 예수님도 정당시하셨음 [마12:3~4, 7].

21:7	牧 기를목	者 놈자	長 어른장	1. 양을 치는 사람의 머리되는 사람. 2. 왕의 가축을 사육하던 관리. 3. 성 예수님.

22장

22:4	要 구할(원할)요	塞 변방새	국방상 중요한 곳에 쌓아둔 성이나 방어물.

22:8	共 한가지공	謀 꾀모	둘 이상이 같이 일을 꾀함.
22:8	煽 부추길선	動 움직일동	1. 주로 감정에 호소하여 대중을 일정한 행동으로 몰아 넣음. 2. 남을 꾀어서 부추김.
22:14	謀 꾀모	臣 신하신	1. 모사를 잘 하는 신하. 2. 성다윗이 국정 전반에 걸쳐 사울에게 조언해 주었던 충신이었음을 암시.
22:17	侍 모실시	衞 호위할(지킬)위	者 놈자	임금을 모시어 보호하는 사람.

23장

23:9	計 셈할계	巧 공교교	요리조리 빈틈없이 생각해 낸 꾀.
23:22	隱 숨을은	跡 발자취적	1. 자취를 감춤. 2. 성사울은 사람들의 정보망을 의지할 뿐 다윗을 숨겨 보호하시는 이가 여호와이신 줄 몰랐음.
23:27	侵 침노할(범할)침	擄 노략질할로	1. 남의 나라로 쳐들어감. 2. 남의 나라나 땅을 개개서 빼앗음. 3. 성약탈을 목적으로 한 침략 행위.

24장

| 24:10 | 勸 권할권 | | 1. 권하다.
2. 가르치다. |

24:11	罪 허물죄	過 지날(허물)과	히브리어 '폐솨'(거역하다)의 명사형으로 '반역죄'를 의미하는데, 하나님의 율법과 언약에 대한 반역을 가리킨다.

25장

25:10	近 가까울근	日 날일	요사이. 근자.
25:17	決 결단할결	定 정할정	결단하여 정함.
25:20	幽 그윽할유	僻 궁벽할벽	깊숙하고 궁벽함.
25:21	損 덜손	失 잃을실	1. 축나서 없어짐. 2. 밑짐. 손해.
25:24	介 끼일개	意 뜻의	마음에 둠.
25:36	大 큰대	醉 취할취	크게 취함.
25:36	多 많을다	少 적을소	間 사이간	많으나 적으나. 얼마큼.
25:39	伸 펼신	雪 눈설	1. 가슴에 맺힌 원한과 부끄러움을 풀어서 씻어 버리는 일. 신원설치(伸寃雪恥). 2. 성 하나님께서 복수해 주심을 의미함.

255

26장

| 26:4 | 探
찾을탐 | 偵
정탐할정 | 1. 비밀한 사정을 몰래 살핌.
2. 비밀히 죄인의 죄상을 살핌.
3. 성다윗을 죽이려고 보낸 사울의 군대를 정찰함. |
| 26:20 | 搜
찾을수 | 索
찾을색 | 더듬어 찾음. |

27장

27:1	上 위상	策 꾀책	1. 상계(上計). 2. 상수.
27:12	絶 끊을절	望 바랄망	1. 소망이 끊어짐. 2. 소망을 버리고 체념하는 일.
27:12	使 부릴사	役 역사역	者 놈자	1. 사환. 2. 어떤 일에 시킴을 당한 자. 3. 성아기스는 다윗의 거짓말을 믿고 신임 하게 됨.

28장

| 28:1 | 募
모집할모 | 集
모을집 | 1. 희망자를 널리 모음.
2. 기부 따위를 널리 모음. |
| 28:3 | 本
밑본 | 城
재성 | 1. 자기가 거주하는 성.
2. 처음부터 거주하는 성. |

28:8	變 변할변	裝 꾸밀장	1. 옷차림이나 모양을 달리 고쳐 꾸밈. 2. 성 사울이 접신녀를 밤에 찾아간 비겁한 행위.
28:15	紛 어지러울분	擾 요란할요	1. 분잡하고 떠들썩함. 분란(紛亂). 분나(紛拏). 2. 성가시게 굶. 3. 생존을 위해 분주히 돌아다님.
28:15	窘 군색할군	急 급할급	1. 일이 뜻대로 되지 않아서 어렵고 급함. 2. 성 적의 맹렬한 공격으로 당하는 큰 고통[삼하24:13].

30장

30:26	膳 선물선	賜 줄사	남에게 선물을 줌.

사무엘 下

「사무엘 上」에 이어 계속되는 「사무엘 下」는 사울왕의 죽음으로 시작되어 다윗의 즉위와 40년 통치 대부분을 취급하는데 다윗의 즉위와 왕국의 부흥을 기술하는 전반부[삼하1~10장]. 그리고 다윗의 실패와 역경을 기술한 후반부[삼하 11~20장]로 크게 나뉜다.

1장

1:6	促 재촉할촉	急 급할급	기한이 가까워서 매우 급함.
1:10	冕 면류관면	旒 면류관류	冠 갓관	1. 임금이 정복에 갖추는 관. 2. 예식을 위한 정복에 갖추는 관. 3. 성 사울의 왕권의 표시.
1:17	吊 조상할조	喪 잃을상	1. 사람의 죽음에 대하여 슬픈 뜻을 표함. 2. 성 다윗이 사울과 그의 아들 요나단의 죽음을 슬퍼하는 애가.
1:19	嗚 탄식할오	呼 부를호	'슬프다, 애달프다'의 감탄사.
1:20	凱 이길개	歌 노래가	개선가. 승리를 축하하는 노래.
1:21	雨 비우	露 이슬로	비와 이슬.

| 1:24 | 華
빛날화 | 麗
고울려 | | 1. 빛나고 아름다움.
2. 🟦성사울이 생전에 전쟁에서 승리하고 돌아올 때 군인들이 여인들에게 준 전리품의 아름다운 모습. |

2장

2:15	臣 신하신	僕 종복	中 가운데중	신하 가운데.
2:26	慘 참혹할참	酷 혹독할혹		비참하고 끔찍함. 끔찍하게 불쌍함.
2:27	釁 피칠할흔	端 끝단		1. 서로 사이가 벌어지거나 다르게 되는 시초나 단서. 2. 🟦성아브넬이 도전을 제의하여 싸움이 시작됨.

3장

3:29	白 흰백	濁 흐릴탁	病 병들병	者 놈자	1. 오줌이 뿌옇고 걸쭉한 병에 감염된 자. 2. 유출병자. 성병환자.
3:31	喪 복입을상	輿 가마여			시체를 싣고 묘지까지 나르는 제구. 영여. 온량거. 행상(行喪).
3:34	着 붙을착	錮 가둘고			형구의 하나. 기다란 두 개의 나무틈에 가로 구멍을 파서 죄인의 발을 넣고 자물쇠로 채우게 됨[시105:18, 눅8:29].

5장

5:8	水 물수	口 입구		물이 흘러 나가는 아가리.

5:17	要 구할요	害 해할해	處 곳처

1. 지세가 적의 편에는 불리하고 자기 편에 는 긴요한 지점. 요충지.
2. 신체의 중요한 부분.
3. 아둘람 굴[23:13~14] 혹은 예루살렘 [5:7].

6장

6:2	座 앉을좌	定 정할정	자리를 정하여 앉음.

6:5	樂 풍류악	器 그릇기	음악의 기구.

6:5	洋 큰바다양	琴 거문고금

1. 피아노.
2. 청악(淸樂)에 쓰이는 금. 몸체는 오동나무로 만들 고, 놋쇠로 만든 현이 13, 16현의 두 종류. 대나무 로 만든 채로 침.

6:5	提 끌제	琴 거문고금

1. 바이올린.
2. 현악기의 하나. 울림통은 야자나무의 열매로 박쪽 과 같이 파서 만들되 절단면을 뱀껍질이나 오동나 무 판으로 덮고 줄은 두 줄임.

6:5	奏 연주할주	樂 풍류악	연주하는 음악. 음악을 연주함.

| 6:8 | 衝
찌를충 | 突
부딪칠돌 | 1. 서로 부딪침.
2. 서로 의견이 맞지 않음.
3. 성 하나님께서 진노하심으로 내리신 재앙으로 처결함. |
| 6:20 | 廉
청렴할렴 | 恥
부끄러울치 | 1. 청렴하고 깨끗하여 부끄러움을 아는 마음. 염우.
2. 성 미갈이 다윗이 왕으로서 적합하지 않은 행동으로 백성과 즐기는 것을 책망한 말. |

7장

7:2	柏 잣백	香 향기향	木 나무목	宮 집궁	백향목으로 지은 궁궐.
7:8	牧 기를목	場 마당장			1. 말·소·양 등을 놓아 기르는 넓은 들이나 산 같은 초지. 2. 성 하나님께서 다윗의 이름을 존귀케 만들어 주시겠다는 약속의 땅.
7:12	壽 목숨수	限 한정한			하늘에서 받은 수명의 한정.
7:17	默 잠잠할묵	示 보일시			1. 말 없는 중에 나타나 보임. 2. 하나님이 성령으로 일러 줌. 3. 성 히브리어 '히차욘'. 이 말은 지인(知人), 선견자와 같은 어근에서 나왔는데[삼상9:9] 계시의 방편으로 꿈과 구별하기 위해서 사용되었다.

8장

8:2	朝 아침조	貢 바칠공		종주국에게 속국이 때맞추어 예물을 바치는 일.
8:3	恢 넓을회	復 회복할복		이전의 상태로 돌이킴.
8:7	金 쇠금	防 막을방	牌 패패	금으로 만든 방패.
8:13	鹽 소금염	谷 골곡		지명. 브엘세바에서 남동쪽으로 뻗어 있는 사해 남단의 유명한 전쟁터.
8:15	公 공평할공			1. 공평하다. 2. 관청. 3. 귀인.
8:16	史 역사사	官 벼슬관		1. 관리의 하나. 사초를 쓰는 신하. 2. 국정일지 같은 것을 관리하는 직분.
8:17	書 글서	記 기록할기	官 벼슬관	1. 관청의 한 벼슬. 2. 성 다윗왕 이후 히브리 궁정에서 중요한 사건의 기록이나 왕에의 조언 등을 담당한 고위 관리. 신약시대는 율법학자를 가리킴.

10장

10:3	吊 조상할조	客 손객	조상하는 사람.

10:6	雇 품팔고	用 쓸용	품삯을 주고 부림.

11장

11:11	營 경영할영	寨 나무우리채	1. 진영 울타리. 2. 🈯우리아는 자기 사람들과 그의 사명에 헌신하는 모본을 보였다. 11절의 우리아의 말은 그의 충성심을 그대로 드러내는 말.

11:14	便 편할편	紙 종이지	1. 소식을 서로 알리는 글. 2. 🈯우리아를 죽일 수단으로 쓴 편지.

11:26	號 이름호	哭 울곡	1. 소리내어 슬피 우는 울음. 2. 🈯죽은 사람을 위하는 애도는 7일이 보통이요 [창50:10, 삼상31:13], 특별한 경우에 30일이었다 [민20:29, 신34:8]. 또한 과부의 애도 기간은 특별히 정해져 있지 않은 것 같다. 더구나 밧세바의 애도는 의식에 불과했던 것으로 보인다.

12장

12:11	災 재앙재	禍 재화(재앙)화	재앙과 환란.

| 12:18 | 毁
헐훼 | 傷
상할상 | 1. 몸을 다침.
2. 🅢다윗왕이 아이의 죽음으로 괴로워하는 것보다 자신의 건강을 해치는 어떤 행동까지도 하는 것. |

13장

13:2	心 마음심	火 불화	1. 마음 속에서 일어나는 울화. 2. 마음이 답답하고 화가 나는 병. 3. 🅢다말의 강간과 암논의 피살 비극의 계기가 된 원인으로 암논의 욕정을 못 이기는 상사병.
13:13	怪 괴이할괴	惡 악할악	1. 언행이 험하고 이상함. 2. 🅢히브리어 '나발'. 이는 '바보', '미련한 놈'의 뜻인데 어리석을 뿐 아니라 하나님을 경외하지 않고 도덕률을 무시하는 자[3:33, 시14:1].
13:20	凄 찰처	涼 서늘할량	1. 거칠고 쓸쓸함 2. 초라하고 구슬픔. 량(凉)의 속자. 3. 🅢폐인이 된 다말의 비참한 삶.
13:22	是 옳을시	非 그를비	間 사이간	1. 옳다거나 그르다거나. 2. 따지거나 변론함.
13:25	累 누끼칠루		1. 누끼치다. 2. 여러. 더하다.
13:28	吩 분부할분	咐 분부할부	아랫사람에게 내린 명령. 또는 명령을 내림.
13:33	掛 걸괘	念 생각념	마음에 두고 잊지 아니함.

13:34	把 守
잡을파 지킬수	경계하여 지킴.

14장

| 14:2 | 喪 主 | 주장이 되는 상제. |
| 복입을상 주인주 | |

14:7	嗣 子	1. 대를 이을 아들.
이을사 아들자	2. 맏아들.
	3. 성 죽은 자를 위하여 복수하려는 무리가 그 살인자와 그의 후계자('사자된 것')도 멸절시키겠다고 위협한다는 것.

| 14:13 | 圖 謀 | 일을 이루려고 꾀함. |
| 그림도 꾀모 | |

| 14:17 | 分 揀 | 1. 사물의 선악·대소·경중·시비 등을 가려서 앎. |
| 나눌분 가릴간 | 2. 죄상을 보아 용서하여 처결함. |

| 14:20 | 形 便 | 1. 일이 되어가는 경로. 상황. |
| 형상형 편할(소식)편 | 2. 성 다윗과 압살롬 간의 관계. 요압은 이것이 전혀 다른 새로운 사건인 것처럼 말하게 하였다는 뜻. |

14:25	頂	1. 이마.
꼭대기(이마)정	2. 아주. 가장.
	3. 꼭대기.

15장

| 15:1 | 前
앞전 | 陪
따를배 | 1. 관원을 인도하던 관청 하료.
2. 상관의 행차 시 앞을 인도하는 호위병. |

| 15:4 | 裁
마를재 | 判
판단할판 | 官
벼슬관 | 1. 재판에 관한 사무를 맡아보는 법관. 검찰관.
2. 성 당시 왕들은 재판관 역할도 수행. |

| 15:11 | 事
일사 | 機
기틀기 | 일이 되어 가는 중요한 기틀. |

| 15:12 | 謀
꾀모 | 士
선비사 | 온갖 꾀를 잘 내는 사람. |

| 15:12 | 叛
모반할반 | 逆
거스릴역 | 배반하고 모역함. |

| 15:16 | 後
뒤후 | 宮
집궁 | 1. 왕의 첩.
2. 주되는 궁전 뒤에 있는 궁전.
3. 성 이렇게 '후궁들'을 남겨 두게 된 것도 12:11의 예언이 성취되도록 하기 위한 하나님의 섭리였다. 압살롬은 이들과 동침하게 됨[참조 삼하16:20~22]. |

| 15:20 | 定
정할정 | 處
곳처 | 정한 곳. 일정한 곳. |

| 15:21 | 無
없을무 | 論
의논할론 | 死
죽을사 | 生
날생 | 죽고 사는 것을 가리지 않음. |

| 15:30 | 橄
감람나무감 | 欖
감람나무람 | 山
뫼산 | 기드론을 사이에 둔 예루살렘 동편 산인데 성과 유대 광야 사이에 병풍같이 서 있다. 그 위에는 성소가 있었던 것 같고[32절], 후에 솔로몬이 그의 이방인 아내들을 위해 산당을 지었으나[왕상11:7~8] 요시야가 없애 |

버렸다[왕하23:13~14]. 구약에서는 이외에
도 감람산의 나무들[느8:15]과 두 가지 계
시에 [겔11:23, 슥14:4] 언급되었다. 신약
에서는 감람산의 영광으로 나타남.

| 15:31 | 謀
꾀모 | 叛
모반할반 | 1. 반역을 꾀함.
2. 배반하기를 꾀함. |

16장

| 16:1 | 鄙
더러울비 | 陋
더러울루 | 1. 마음이 고상하지 못하고 하는 짓이 더러움.
2. 무가치하고 쓸모 없는. |
| 16:8 | 自
스스로자 | 取
가질취 | 잘잘못간에 제 스스로 만들어서 됨. |

17장

17:2	困 곤할곤		1. 곤하다. 2. 어렵다.
17:8	激 과격할격	忿 분낼분	벌컥 치미는 분.
17:10	沮 막을저	喪 잃을상	1. 기운을 잃음. 2. 공포, 슬픔, 실망 등으로 마음의 용기와 의지가 눈 녹듯이 녹아버림.
17:14	作 지을작	定 정할정	일을 결정함.

17:16	沒 빠질 몰	死 죽을 사		죄다 죽음.
17:28	綠 푸른빛 록	豆 콩 두		콩과의 일년생 재배 식물. 열매는 녹색이며 식용.
17:29	嘶 울 시	腸 창자 장		배가 고픔.

18장

18:24	城 재 성	門 문 문	樓 다락 루	1. 성문 위에 지은 누각. 2. '성문 지붕'을 가리키는 말로 파수꾼이 감시하기 위한 곳.
18:26	門 문 문	直 곧을 직		문을 지키는 것.
18:28	讚 기릴 찬	揚 날릴 양		아름다움을 기리고, 착한 것을 드러냄.
18:31	報 갚을 보			1. 알리다. 여쭈다. 2. 갚다. 3. 대답하다.
18:33	門 문 문	樓 다락 루		초루. 궁문. 성문 위에 세운 다락집.

19장

19:9	辯論 말잘할변 의논할론	옳고 그른 것을 갈라서 따짐.
19:27	讒訴 헐뜯을참 아뢸소	터무니 없는 사실로 남을 헐뜯어 없는 죄를 있는 것처럼 꾸며서 윗사람에게 일러 바치는 일.
19:27	讖言 예언참 말씀언	앞일의 길흉에 대한 예언.
19:40	扈行 따를호 행할(다닐)행	길을 가는데 보호하여 따름.
19:42	至親 이를지 친할친	1. 부자간이나 형제간을 일컬음. 2. 성유대 지파 사람들이 자신들을 일컬어 가리킨 말.
19:43	議論 의논할의 의논할론	1. 어떠한 일을 서로 문의함. 2. 서로 어떠한 일을 꾀함. 3. 성이스라엘과 유대의 논쟁.

20장

20:1	亂類 어지러울난 같을(무리)류	1. 불법한 행동을 마구하는 무리. 2. 성하나님을 두려워하지 않고 그 뜻을 거스려 반역죄를 범한 자 ⇨ 비류. 배교자.
20:3	本宮 근본본 집궁	1. 본래의 궁. 처음 거하던 궁. 2. 성압살롬과 동침한 후궁들을 가두도록 한 곳.
20:3	別室 다를별 집실	1. 딴 방. 2. 작은 집. 3. 특별히 따로 된 방.

| 20:3 | 生
날생 | 寡
적을과 | 婦
지어미부 | 남편이 살아 있으면서도 멀리 떨어져 있거나 소박을 맞은 여자. |

| 20:15 | 垓
지경해 | 子
아들자 | 1. 능·원이나 묘의 경계.
2. 성밖으로 둘러판 호.
3. 성 성 주위를 두루 파서 물이 고여 성이 물 위에 세워진 것처럼 됨. |

| 20:15 | 土
흙토 | 城
재성 | 흙으로 쌓아 올린 성. |

| 20:24 | 監
볼감 | 役
역사역 | 官
벼슬관 | 1. 강제 사역을 맡아 감독하는 관리[대하10:18].
2. 성 '감역'은 세금을 의미하므로 세관장일 것임[왕상4:6]. |

21장

| 21:1 | 年
해년 | 復
다시(또)부 | 年
해년 | 해를 거듭하여. |

| 21:5 | 虐
사나울학 | 殺
죽일살 | 참혹하게 마구 무찔러 죽임. |

| 21:5 | 謀
꾀모 | 害
해칠해 | 꾀로써 남을 해롭게 함. |

| 21:21 | 凌
능가할(범할)릉 | 辱
욕될욕 | 1. 업신여겨 욕보임.
2. 여자를 강간하여 욕보임.
3. 문자적으로 '혼돈', '혼란'이나 '수치', '슬픔' 등으로 번역. 공개적이고 공적으로 굴욕감과 창피를 주는 경멸적인 행동. |

22장

22:3	避 피할피	難 어지러울난	處 곳처	1. 재난을 피한 곳. 또는 피할 곳. 2. 성'하나님의 능력에 의한 보호'를 비유한 말.
22:5	漲 넘칠창	水 물수		강물이 불어서 넘치는 물.
22:14	至 지극할지	尊 높을존		임금을 공경하는 말.
22:27	邪 간사할사	慝 사특할특		1. 몹시 간사스럽고 못됨. 2. 패역함. 3. 성혼동되고 참된 지혜대로 생각하지 못함. 악인의 영적 상태.
22:31	精 정할정	微 작을미		1. 정밀하고 자세함. 2. 성하나님의 말씀은 완전 무결하여 거짓이 없고, 순금처럼 흠도 없이 순전함.
22:45	風 바람풍	聲 소리성		1. 바람소리. 2. 들리는 명예와 성망.
22:45	順 순할순	服 옷(입을)복		순순히 복종함.

23장

23:6	邪 간사할사	惡 악할악		1. 간사하고 악독함. 2. 성하나님의 구속 사업을 거부하는 불경건함.
22:13	頭 머리두	目 눈목	中 가운데중	우두머리 가운데.

23:20	驍 군셀효	勇 날랠용		1. 사납고 날쌤. 2. 성많은 위대한 일들'이란 뜻.
23:23	侍 모실시	衛 호위할(지킬)위	隊 떼대	1. 임금을 호위하던 군대. 2. 성신약 빌2:13은 당시 로마의 약 9,000여 명의 감시 병력.

24장

24:2	都 도읍도	數 셀수	1. 도합. 2. 백성의 수.
24:10	自 스스로자	責 꾸짖을책	1. 제 잘못을 스스로 꾸짖음. 2. 성인구조사의 동기가 교만과 자신의 세력 과시였 음에 대한 꾸짖음.
24:14	困 곤할곤	境 지경경	곤란한 처지. 역경.

列王記 上

「열왕기 上」에서는 통일왕조 2대 왕인 다윗의 시대가 지나고(기원전 1000년) 통일왕국의 최고의 왕 '솔로몬'이 전반부의 주인공이고, 분열된 왕국 중 북이스라엘 왕국의 아합왕과 선지자 엘리아가 후반부의 주인공으로 등장한다. 열왕기란 "모든 왕들 기록"이라는 말로, 3대 솔로몬왕을 지내면서 그 아들 때부터 왕국이 2개로 분열하여 남쪽의 "남유대왕국"이 솔로몬의 대를 이어 정통으로서 20명의 왕들이 계속 이어져, "북이스라엘왕국"은 유대가문과 베냐민가문을 제외한 모든 이스라엘 가문들이 포함되어 유지된다. 따라서 남유대왕국과 북이스라엘왕국의 왕들의 족보가 따로따로 이어진다. 기원전 722년 북이스라엘왕국이 앗시리아에게 멸망하고, 남유대왕국이 바벨론(이라크)의 느부갓네살왕에게 망하는 해는 1차: 기원전 597년, 2차: 기원전 586, 3차: 기원전 582년으로 세 번에 걸쳐 바벨론으로 끌려갔다. 1차 때는 유식한 사람들(왕과 어린 다니엘 등)이 잡혀가고, 2차 침공 때에는 예루살렘이 초토화되었다. 여호야긴왕이 기원전 526년 바벨론의 유수(幽囚)에서 해방되기까지의 이스라엘 역사를 수록하였다.

列 벌일렬	베풀다, 벌리다, 항오, 반렬.
王 임금왕	임금, 인군, 임금 노릇함, 성함.
記 기록할기	글, 뜻, 적음, 기록함, 표기함.

1장

1:3	童 아이동	女 여자녀	1. 여자아이. 2. 유년기에서 청년기 사이의 여자로 소녀[창24:28], 시녀[룻3:2], 젊은 처녀[왕상1:2]로 번역.
1:6	體 몸체	容 얼굴용	1. 몸의 생긴 모습과 얼굴. 2. 성 아로니야의 외모
1:12	計 셈할계	較 비교(밝을)교	1. 서로 견주어 대어 봄. 교계. 2. 여기서는 상담(counseling)을 의미함.
1:31	萬 일만만	歲 해세	壽 목숨수	오래오래 삶.

2장

2:16	恝 소홀히할괄	視 볼시	1. 푸대접함. 괄대. 업신여김. 2. 얼굴을 돌림. 거절.
2:27	罷 파할파	免 면할면	직무를 면제시킴.

3장

3:1	姻 혼인할인	緣 인연연	1. 내력. 2. 연분. 3. 성 솔로몬이 애굽왕과 동맹을 맺고 그 표시로 바로의 딸과 혼인함.

| 3:1 | 畢
마칠필 | 役
역사역 | | 1. 역사를 마침.
2. 건축 공사를 마침. |

| 3:15 | 酬
술권할(갚을)수 | 恩
은혜은 | 祭
제사제 | 구약시대 모세가 이스라엘의 백성이 지켜야 할 율법으로서 정해 놓은 제사.
수은제는 제물의 일부는 제사장에게, 또 일부는 제사에 참여한 사람들에게 나누어 주고 먹고 즐기게 하는 "감사제"이다[참조 레7:15]. 또한 여기에는 평안, 행복, 건강, 번영 등을 받아 누린다는 의미가 포함되어 있음. |

| 3:28 | 審
살필심 | 理
다스릴리 | | 1. 사실이나 조리를 자세히 조사하여 처리함.
2. 성 두 창기가 한 집에 사는데 동시에 해산했으나 한 여인의 아이가 죽자 살아 있는 아이를 놓고 서로 자기 아이라고 주장한 것에 대한 솔로몬의 심리. |

4장

| 4:7 | 官
벼슬관 | 長
어른장 | | 1. 백성이 수령을 높여 부르던 말.
2. 분할된 각 지방을 다스리는 자로, 주로 세금 공출을 책임진다. |

| 4:26 | 喂
기를외
부르는 소리위 | 養
기를양 | 間
사이간 | 마소를 먹여 기르는 곳. |

| 4:28 | 駿
준마(클)준 | 馬
말마 | | 잘 달리는 썩 좋은 말. 양마[아1:9]. |

| 4:32 | 箴
경계잠 | 言
말씀언 | | 1. 가르쳐 경계가 되는 말.
2. 성 구약 성서의 한 권. 솔로몬왕의 훈언을 내용으로 함. |

5장

| 5:9 | 輸
보낼수 | 運
움직일운 | 1. 물건을 운반함.
2. 성 재목들이 바다의 표류를 따라서 레바논으로부터 팔레스타인까지 운송됨. |

| 5:9 | 宮
집궁 | 庭
뜰정 | 궐내. 궁안의 뜰. |

| 5:13 | 役
역사역 | 軍
군사군 | 1. 토목, 건축 따위의 공사터에서 삯일을 하는 사람. 役夫. 役丁.
2. 일꾼. |

| 5:15 | 擔
멜담 | 軍
군사군 | 1. 무거운 물건을 틀가락에 메어서 운반하는 품팔이꾼.
2. 짐꾼. |

| 5:16 | 董
바로잡을동 | 督
감독할독 | 감시하여 독촉함. |

| 5:17 | 基
터기 | 礎
주춧돌초 | 石
돌석 | 기둥 밑에 괴는 돌. 주춧돌. |

6장

| 6:3 | 廊
행랑랑 | 室
집실 | 1. 대문 양쪽에 있는 방. 곁채. 사랑방.
2. 대기실 같은 방. |

| 6:4 | 交
사귈교 | 窓
창창 | 창살을 '井'처럼 짜서 분합문 위에 끼우는 창으로 빛과 공기를 유통시킴. |

| 6:5 | 連
이을연 | 接
댈접 | 서로 잇닿음. |

6:7	治 다스릴치	石 돌석		돌을 다듬음.
6:8	螺 소라라	糸 실사		소라처럼 비틀리고 고랑진 물건. 수나사와 암나사.
6:16	內 안내	所 바소		안에 있는 장소. 곧 지성소.
6:23	橄 감람나무감	欖 감람나무람	木 나무목	감람나무.
6:25	尺 자척	數 셀수		자수. 자로 측정한 수.

7장

7:14	店 가게점	匠 장인장		물건을 만들어 팔거나 또는 파는 사람.
7:14	工 장인공	役 역사역		1. 공사. 2. 공사를 이룩하는 일.
7:19	百 일백백	合 합할합	花 꽃화	나리꽃.
7:23	直 곧을직	徑 지름길경		지름. 반경.
7:29	花 꽃화	環 고리환		화륜, 가화 또는 생화로 고리 모양으로 만들어 환영 혹은 경조의 뜻으로 쓰는 다발.

| 7:30 | 軸
굴대축 | | 굴대. 회전의 중심. |
| 7:33 | 筒
대통통 | | 통. 대통. |

8장

8:6	內 안내	殿 대궐전	1. 왕비의 존칭. 2. 안전(궁궐 안의 임금이 거처하는 집). 3. 성하나님의 임재를 상징하는 법궤가 있는 지성소.
8:15	頌 칭송할송	祝 빌축	경사를 기리고 축하함.
8:24	許 허락할허		1. 허락하다. 2. 가량.
8:32	鞠 문초할국	問 물을문	중죄인을 국청에서 신문함.
8:37	蝗 누리(황충)황	虫 벌레충	1. 누리. 메뚜기과의 곤충. 풀무치와 비슷하나 군생하면서 큰 떼를 지어 하늘을 날아 이동함. 이동할 때는 해가 가리어지고 떼가 앉는 곳은 순식간에 폐허가 됨. 2. 성성경에서 메뚜기는 재앙의 원인으로 나타나며 또한 파괴자를 상징하기도 한다. 욜2:25의 '메뚜기가 먹은 햇수'는 오늘날 하나의 속담이 되었다. 팔레스타인과 근동지방에 사는 주민들에게 있어서 메뚜기는 손을 쓸 수 없는 가뭄과 역병과 같은 천재지변으로 생각되었다. 한편, 메뚜기는 히브리인들에게 식품으로 허용되었다. "오직 날개가 있고

네 발로 기어다니는 모든 곤충 중에 그 발에 뛰는 다리가 있어서 땅에서 뛰는 것은 너희가 먹을지니"[레11:21]로 되어 있다. 또 신약 성경에는 세례 요한이 "메뚜기 석청"[마3:4]을 먹고 살았다고 기록되어 있음.

8:39	赦 용서할사	宥 죄사할(너그러움)유		죄를 용서해 줌.

8:64	感 느낄감	謝 사례할사	祭 제사제	1. 유대인이 하나님에게 받은 은혜를 감사하는 뜻으로 지내던 제사. 2. 하나님과의 화목 또는 그 은혜에 대한 감사를 위한 제사로서 동물을 드리되 그 기름만을 드려 불 사르고 나머지는 드린 사람들이 먹는다. 수많은 사람들이 일주일 이상 그 제물로 식사를 대신했을 것이므로 희생 제물의 수가 많았을 것은 사실임.

9장

9:11	支 지탱할지	供 받들공		음식을 이바지함.

9:19	兵 병사병	車 수레거	城 재성	병거를 갈무리해 둔 성.

9:27	沙 모래사	工 장인공		뱃사공.

10장

| 10:2 | 隨
따를수 | 員
사람원 | 1. 외교 사절이나 벼슬이 높은 사람을 따라 다니며
　　수종하는 사람.
2. 종자. |

| 10:3 | 隱
숨을은 | 微
작을미 | 1. 작아서 알기 어려움.
2. 숨겨짐. 가리워짐. |

| 10:5 | 侍
모실시 | 立
설립 | 1. 웃어른을 모시고 섬.
2. 신하들이 상관을 보좌하며 양 옆으로 늘어섬. |

| 10:5 | 公
공평할공 | 服
옷복 | 관리의 제복. 조복(朝服). |

| 10:5 | 眩
아찔할현 | 恍
황홀할황 | 1. 빛이 밝음.
2. 정신이 어지럽고 황홀함. |

| 10:11 | 歲
해세 | 入
들입 | 金
쇠금 | 1. 일년 동안 또는 한 회계연도 사이의 총
　　수입금.
2. 성 솔로몬의 부의 원천. |

| 10:15 | 客
손객 | 商
장사상 | 1. 객지에서 하는 장사.
2. 외국 상인. |

11장

| 11:3 | 后
왕후후 | 妃
왕비비 | 1. 임금의 아내.
2. '후궁'들과는 구별되는 '왕비'의 지위.
3. 성 700명의 솔로몬 왕비. |

11:3	嬪 궁녀빈	嬙 여자벼슬장	1. 여자 벼슬의 한 가지. 2. 성300명의 솔로몬 첩. 3. 삼하16:21~22에서는 '후궁'으로 번역.
11:8	異 다를이	族 겨레족	1. 다른 혈족. 2. 이성. 3. 다른 민족.
11:19	妻 아내처	弟 아우제	아내의 여동생.
11:24	魁 우두머리괴	首 머리수	악당의 두목. 괴수.
11:24	雄 수컷웅	據 의지할거	땅에 자리 잡고 굳세게 막아 지킴.
11:27	修 닦을수	築 쌓을축	1. 방축 따위의 헐어진 데를 고쳐 쌓음. 2. 집을 고쳐 지음.
11:41	行 행할(다닐)행	狀 문서장	사람이 죽은 뒤에 그 평생의 행적을 적은 글.

12장

12:6	敎 가르칠교	導 인도할도	1. 가르쳐서 이끌어 줌. 2. '충고하다'라는 뜻으로 특히 아랫사람이 윗사람에게 겸손하게 제시하는 의견.
12:16	關 상관할관	係 걸릴계	1. 둘 이상이 서로 걸림. 2. 남녀가 서로 정을 통함. 3. 어떠한 사물에 상관함. 4. 성유대 지파를 제외한 열 지파가 다윗 왕가를 배반하고 떠나감.

12:20 **公** **會**
공평할공　모을회

1. 공사를 토의하기 위한 모임.
2. 공중의 모임.
3. 성 로마시대 유대 사람의 의회. 예루살렘과 각 지 방에 있었는데 예루살렘에는 71인의 공회원으로 구성되고 의장은 대제사장이 맡음.

13장

13:13 **豫** **兆**
미리예　징조조

1. 미리 보인 징조.
2. 성 그의 말이 진실이라는 표적.

14장

14:19 **行** **蹟**
행할(다닐)행　자취적

행위의 실적. 평생의 한 일.

14:19 **歷** **代** **志** **略**
지날력　대신대　뜻지　간략할략

지난 여러 대를 간략하게 적은 기 록으로 지금은 분실된 궁중실록.

14:24 **男** **色**
사내남　빛색

1. 비역. 남자끼리 행하는 성행위. 계간. 면수.
2. 성 당시 널리 퍼져있던 근친 상간, 동성 연애 및 비 정상적인 성행위로 하나님께서 소돔과 고모라를 멸망시킨 주요 동기.

14:28 **侍** **衛**
모실시　호위할(지킬)위

임금을 모시어 호위함.

14:28 **侍** **衛** **所**
모실시　호위할(지킬)위　바소

시위병이 근무하는 장소.

15장

| 15:13 | 太 클태 | 后 왕후후 | 황태후. 생존한 황제의 모후. |
| 15:22 | 謀 꾀모 | 免 면할면 | 꾀를 내어 벗어남. 어려운 고비에서 겨우 벗어남. |

16장

16:9	統 거느릴통	率 거느릴솔	온통 몰아서 거느림.
16:18	衛 호위할(지킬)위	所 바소	1. 시위소. 2. '높다'라는 뜻에서 온 말로 왕궁 내에서도 높은 곳에 있는 요새와 같은 처소.
16:32	祠 사당사	堂 집당	신주를 모셔 놓은 집. 가묘.

17장

17:17	主 주인주	母 어미모	1. 주부. 집안의 살림을 주장하여 다스리는 부인. 2. 그 집 주인 여자.
17:17	症 병증세증	勢 권세세	병으로 앓는 여러 모양. 증후. 증정. 증형.
17:17	危 위태할위	重 무거울중	병세가 대단함.

18장

| 18:29 | 嗔
성낼진 | 言
말씀언 | 1. 성을 내어서 꾸짖는 말.
2. 성 종교적으로 송(誦)이나 주문을 황홀경 중에서
반복하는 말. |

19장

| 19:10 | 特
특별할특 | 甚
매우심 | 1. 특히 심함.
2. 매우 열중함. |

20장

| 20:17 | 探
찾을탐 | 知
알지 | 軍
군사군 | 1. 더듬어 살펴 알아내는 군인.
2. 성 벤하닷이 보낸 탐지군. |

| 20:25 | 充
가득할충 | 數
셀수 | 1. 정한 수효를 채움.
2. 이전에 유지했던 군대의 숫자만큼 보충함. |

| 20:38 | 變
변할변 | 形
형상형 | 단순한 외모의 변화가 아니라 육의 몸에서 부활로
변화하는 일. 즉 본질의 변화를 의미. |

22장

| 22:9 | 內
안내 | 侍
모실시 | 1. 옛날 불알이 없는 사람을 쓰던 내시부의 관원. 본래 의미는 '거세된 사람'이나, 신하로도 번역될 수 있다.
2. 성모세의 율법은 거세된 사람인 내시를 공적 제사의 자리에서 제외시켰는데 그것은 자기 몸의 일부를 절단하는 관습은 흔히 이교의 신을 위해 행해졌다는 데도 있었고, 또한 불구의 것, 즉 흠이 있는 것은 종류 여하를 막론하고 여호와께 드리기에 적합하지 않은 것으로 간주된 까닭이었다[레21:16, 22:24]. 한편 이스라엘과 유대의 왕들은 이웃 왕들의 본을 따라 내시를 후궁 경비병[왕하9:32, 렘41:16], 군대 등의 관직[삼상8:15, 왕하8:6, 23:11, 24:12~13, 25:19 등]에 등용했음. |

| 22:13 | 如
같을여 | 出
날출 | 一
한일 | 口
입구 | 이구 동성. |

| 22:26 | 府
마을부 | 尹
맏윤 | 1. 관직의 하나.
2. 부의 행정 사무를 관장하던 우두머리.
3. 조선시대 정2품의 외관직.
4. 성읍의 영주. |

| 22:34 | 負
질부 | 傷
상할상 | 상처를 입음. |

| 22:35 | 傷
상할상 | 處
곳처 | 다친 자리. |

| 22:47 | 攝
끌어잡을섭 | 政
정사정 | 王
임금왕 | 왕의 궐위 시 임금을 대신하여 그 일을 처리하는 사람. |

285

| 22:48 | 船
배선 | 隻
외짝척 | 배. 선박. |
| 22:48 | 破
깨뜨릴파 | 船
배선 | 배가 풍파로 인하여 깨어짐. 또는 그 배. |

列王記 下

「열왕기 上」에서 시작된 유대와 이스라엘의 역사가 이어진다. 불충실로 말미암아 사마리아가 멸망되고, 그다음 예루살렘이 멸망될 때까지 이르는 역사다. 바벨론이 예루살렘을 멸망시킨 지 27년 뒤에 이 기록이 이집트에서 완료되었을 것이다. 엘리야에 이어 엘리사가 요호아의 예언자로 봉사한다. 이스라엘이 여호아를 업신여긴 결과 앗시리아로 유배당한다. 유대에서 여러 차례 행해진 종교개혁으로도 지속적인 변화가 없다. 바벨론이 예루살렘을 멸망시키고 하느님의 백성을 유배시킨다.

1장

1:14	前 앞전	番 차례번	지난 번.

2장

2:3	生 날생	徒 무리도	1. 중등학교 이하의 학생. 2. 군의 사관학교 같은 데서 교육을 받는 사람. 3. 성선지자의 아들. 제자.
2:9	靈 신령령	感 느낄감	1. 영묘한 감응. 2. 신의 계시를 받은 것 같은 느낌. 3. 성예언자적 영감이란 의미보다 초인간적 능력을 의미.
2:11	昇 오를승	天 하늘천	1. 하늘에 오름. 2. 천당에 오름. 3. 성그리스도의 재림 때 모든 신자들이 경험하게 될 일.

| 2:17 | 強 굳셀(힘쓸)강 | 請 청할청 | 무리하게 청함[눅11:8]. |

| 2:19 | 土 흙토 | 産 낳을산 | 1. 그 땅에서 나는 산물.
2. 그 땅에서 생산함. |

3장

| 3:26 | 極 다할극 | 烈 매울렬 | 1. 극심하게 치열함.
2. 성 모압왕은 자기의 운명을 역전시키려는 소망으로 맏아들을 모압의 신 '그모스'에게 번제로 드림. |

| 3:27 | 痛 아플통 | 憤 분할분 | 1. 원통하고 분함.
2. 성 그모스의 격한 분노가 아니라 하나님의 진노가 이스라엘에게 닥쳐왔다는 뜻. |

4장

| 4:8 | 懇 간절할간 | 勸 권할권 | 1. 간절히 권함.
2. 성 귀한 여인 즉 부자 여인에게 간절히 권유했음. |

| 4:13 | 周 두루주 | 密 빽빽할밀 | 무슨 일에든지 허술한 구석이 없고 자세함. |

| 4:39 | 野 들야 | 藤 등나무등 | 들 오이. 박과에 속하는 식물로 하제(下劑)로 쓴다. 열매는 오렌지 비슷한 누런 빛의 둥근 모양. |

5장

5:12	憤 분할분		분하다. 성내다.
5:16	固 굳이고	辭 말씀사	굳이 사양함.
5:26	心 마음심	靈 신령령	1. 마음 속의 영혼·정신 과학으로 설명할 수 없는 신비하고 불가사의한 심적 현상. 2. 성하나님과 교통하는 영성의 최고 부분.
5:26	感 느낄감	覺 깨달을각	1. 느끼어 깨달음. 2. 내부, 외부 자극에 의해 일어나는 느낌. 3. 성내 영혼이 너와 함께 있었던 것을 느끼지 못했느냐[고전5:3]로 풀이된다.

6장

6:10	防 막을방	備 갖출비		미리 막아서 지킴.
6:11	內 안내	應 응할응		1. 몰래 서로 응함. 2. 한편이 됨.
6:25	鴿 집비둘기합	糞 똥분	太 클태	1. 비둘기콩. 2. 성여기서는 '여물지 않은 콩'과 같은 영양가 없는 음식물 찌꺼기를 말함.

10장

10:1	教 가르칠교	育 기를육		1. 가르치어 지능을 가지게 하는 일. 2. 教 ⇨ 父 - 頭(pedagogy), 育 ⇨ 母 - 胸(education).
10:25	護 보호할호	衞 호위할(지킬)위	兵 병사병	1. 호위하기 위하여 딸린 졸병. 2. 성예후가 번제를 다 드린 뒤에 말한 대상.

11장

11:5	入 들입	番 차례번	1. 번드는 일. 숙직하는 일. 入直. 2. 성사역을 하기 위하여 새로 들어오는 제사장 반 [대상24:1~19].
11:6	防 막을방	禦 막을어	침입을 막아냄.
11:7	出 날출	番 차례번	1. 교대하는 일직 또는 당직 등의 번이 나가는 차례. 2. 숙직을 하고 나감.
11:8	班 나눌반	列 벌릴렬	1. 신분 등급 및 품계의 차례. 반차. 2. 성왕을 호위하기 위해 형성된 경호 대열.
11:8	侵 침노할침	犯 범할범	남의 권리, 영토 따위를 침노하여 범함.
11:20	平 평평할평	穩 평온할온	고요하고 안온함.

12장

12:5	頹 무너질퇴	落 떨어질락		1. 무너지고 떨어짐. 2. 갈라진 틈.
12:5	修 닦을수	理 도리리		1. 고장난 데나 허름한 데를 손보아 고침. 2. 성예루살렘 성전이 오랫동안 방치되었음을 입증한다.
12:8	應 응할응	諾 승낙할락		승낙함.
12:9	殿 대궐전	門 문문		성전문.
12:10	封 봉할봉			1. 봉하다. 2. 토지, 벼슬 따위를 주다.
12:13	銀 은은	大 큰대	楪 널평상접	1. 은으로 만든 대접. 2. 성우선은 성전 수리비로 사용되었고 수리가 끝난 뒤에 그릇들을 만들었음.

13장

13:16	按 어루만질안	察 살필찰	목사나 장로가 기도를 원하는 사람의 몸의 어느 부위를 어루만지는 일.
13:20	賊 도둑적	黨 무리당	1. 도둑의 떼. 2. 성사막에 거주하는 모압 민족으로 약탈을 주업으로 일삼았던 무리.
13:21	回 돌아올회	生 날생	1. 소생. 2. 성이 이적은 요아스가 시리아와 싸워 승리할 것을 말한 엘리사의 예언을 확증시켜 주었다. 이 이적

의 목적은 ① 하나님께서 산 자의 하나님임을 확
증하고 ② 엘리사의 증언 자체는 하나님께서 허락
하신 것임을 증명하는 것이었다. 엘리사는 엘리야
의 받은 은혜를 사모하여 끝까지 따라갔고, 그의
소원은 엘리야의 영감을 갑절이나 받는 것이었다
[2:1-9]. 그는 그 때부터 많은 이적을 행하였다.
즉 ① 요단강물을 갈라지게 함[2:14]. ② 여리고의
나쁜 물을 고쳐 줌[2:19~22]. ③ 곰 두 마리가 자
기를 저주한 아이들 42명을 죽이게 함[2:23~25].
④ 이스라엘 왕 여호람이 모압을 징벌할 때에 행
군 중 음료수가 떨어졌는데 물이 많이 날 것을 알
려 줌[3:4~20]. ⑤ 선지자의 생도가 죽었는데 그
아내로 하여금 부채를 갚을 수 있도록 많은 기름
을 받게 함[4:1~7]. ⑥ 수넴 여자에게 아들이 있
으리라고 예언했는데 그대로 이루어짐[4:12~17].
⑦ 그 아이가 병들어 죽었을 때에 다시 살림
[4:18~37]. ⑧ 독(毒)이 있는 국에서 그 독을 제
거시킴[4:38~41]. ⑨ 보리떡 20개와 1자루의 채
소로써 100명을 먹임[4:42~44]. ⑩ 아람 장군 나
아만의 문둥병을 고쳐 줌[5:1~14]. ⑪ 게하시에게
문둥병으로 징벌함[5:26~27]. ⑫ 깊은 물 속에
빠진 도끼를 떠오르게 함[6:1~7]. ⑬ 아람 왕이 보낸
많은 군인들의 눈을 어둡게 한 것[6:8~18] 등임.

15장

15:20	討 칠토	索 찾을색		1. 금품을 억지로 달라고 함. 2. 성 므나헴은 백성에게 강제로 취한 금품으로 앗시리아 왕에게 공세를 바쳐 신복이 됨.
15:25	護 보호할호	衛 호위할(지킬)위	所 바소	1. 호위병들의 근무소. 2. 성 성과 요새에 있으며 밀실 같은 곳으로 안전한 피난 장소.

16장

16:10   **構** 얽을구   **造** 지을조
1. 꾸밈새. 짜임새.
2. 꾸며 만듦.
3. 성 우상 숭배의 제단.

17장

17:3   **臣** 신하신   **服** 옷(입을)복   신하가 되어 복종함.

18장

18:7   **排** 물리칠배   **斥** 쫓을(내칠)척   물리쳐서 내뜨림.

18:17   **大** 큰대   **軍** 군사군
1. 병사의 수효가 많음.
2. 성 다르단(군대 지도자), 랍사리스(환관장), 랍사게 (군대 장관)가 이끈 군사들.

18:17   **水** 물수   **道** 길도
1. 강물을 끌어 도시에 음료수 등을 제공하는 시설.
2. 성 히스기야가 '처녀 샘'에서 '실로암'까지 지하수로 를 만들어 급수했던 것.

18:17   **洗** 씻을세   **濯** 빨래할탁   **者** 놈자
1. 빨래하는 사람.
2. 성 아마도 '처녀 샘'(아인 씨티 미리암) 가 에서 옷을 빨던 사람들.

18:20   **勇** 날랠용   **力** 힘력
1. 날래고 굳센 힘. 씩씩한 힘.
2. 성 원수의 공격도 이길 수 있는 하나님의 능력.

293

| 18:32 | 勉
힘쓸면 | 勵
힘쓸(권장할)려 | 힘써 함. 남을 힘쓰게 함. |

19장

| 19:3 | 責
꾸짖을책 | 罰
벌줄벌 | 1. 견책과 형벌.
2. 성 유대 민족의 죄악에 대한 하나님의 징계. |
| 19:7 | 風
바람풍 | 聞
들을문 | 1. 떠도는 소문. 소식.
2. 성 산헤립이 이끄는 185,000명이 여호와의 사자로 말미암아 죽임을 당했다는 소식. |

20장

20:9	十 열십	度 법도도	1. 각도·옥도·광도 등의 도수를 나타낼 때 그 도수가 $10°$까지 이르름을 말함. 2. 성 해가 제대로 비치는데도 그림자가 물러간 것을 보고 왕은 '이적'이라고 말함.
20:11	日 날일	影 그림자영	表 겉표	1. 해 그림자 표시. 2. 해의 그림자를 이용하여 시간을 헤아리는 기구. 3. 성 아하스가 만들었다고 함. 기원전 15C 애굽에서 만든 휴대용이 발견됨.
20:13	寶 보배보	物 만물물	庫 창고(곳집)고	보배로운 물건을 쌓아둔 창고.
20:13	軍 군사군	器 그릇기	庫 창고(곳집)고	군기(무기)를 쌓아둔 창고.

| 20:13 | 內 | 帑 | 庫 | 임금의 사사 재물을 두는 곳간. |
| | 안내 | 나라곳집탕 | 창고(곳집)고 | (帑: 처자노, 손자노, 새꼬리노, 자손노) |

20:18	宦	官	1. 내시(內侍).
	벼슬(내관)환	벼슬관	2. 불알이 없는 남자.
			3. 성 동시에 일반적인 관리를 뜻하기도 함.

22장

| 22:4 | 收 | 納 | 받아들여서 바침. |
| | 거둘수 | 드릴납 | |

| 22:5 | 監 | 督 | 者 | 1. 감독하는 사람. |
| | 볼감 | 감독할독 | 놈자 | 2. 성 '장로'와 동의어로 장로는 신분을, 감독 은 직책을 나타낸 듯하다[행20:28]. |

| 22:5 | 工 | 匠 | 물건을 만드는 것을 업으로 하는 사람. |
| | 장인공 | 장인장 | |

| 22:6 | 靡 | 匠 | 집을 지을 때 벽 따위에 흙을 바르는 직업을 가진 사람. 토공. |
| | 쓰레질미 | 장인장 | |

| 22:9 | 復 | 命 | (명령을 받고) 사명을 띤 사람이 일을 마치고 돌아와 아룀. |
| | 돌아올복 | 목숨명 | |

| 22:12 | 侍 | 臣 | 임금을 가까이 모시는 신하. |
| | 모실시 | 신하신 | |

295

23장

23:2	言 말씀언	約 약속할약	冊 책책	신이 인간에게 내린 특별한 의지를 모세를 통해 내린 구약과 그리스도를 통해 내린 신약이 있으나, 여기서는 구약.
23:5	宮 집궁	星 별성		1. 별의 명칭. 2. 성'서 있는 곳'이라는 뜻.
23:13	滅 멸할멸	亡 망할망	山 뫼산	1. 망하여 버릴 산. 2. 성당시 이교 신전들이 서 있었던 예루살렘 앞에 있는 지금의 감람산.
23:35	賦 구실(거둘)부	課 과목과		세금, 기타 공법상의 부담 의무를 지우는 행정상의 행위.
23:35	額 이마액	數 셀수		돈의 머리수.

24장

24:13	金 쇠금	器 그릇기	皿 그릇명	1. 금으로 만든 그릇. 2. 성느부갓네살은 예루살렘 성에 들어왔을 때, 성전과 왕궁의 보고를 다 노략했으며 솔로몬이 여호와의 전에 만들어 둔 기명들을 훼파하여 금을 벗겨 내었다. 여호야김 4년 느부갓네살이 예루살렘을 처음 침략했을 때에도 성전의 금 기명들을 일부 가져다가 그것들을 바벨론에 있는 그의 신전에 두었다[대하36:7, 단1:2]. 후에 유대인들이 고국으로 귀환할 때 고레스는 이것들을 다시 돌려보냈다[스1:7 이하]. 이번에는 1차 침략 때보다 더 큰 기명들

(번제단, 진설병상, 언약궤)의 금을 벗겨 내어 그것을 전리품으로 가져갔고, 시드기야 시대에 이루어진 제3차 침략 때에는 소수의 금, 은 대야와 국자 외에는 [25:15] 뜰의 큰 놋 기명들만 남아 있을 정도였음[25:13~17, 렘27:18].

24:14	貧 가난빈	賤 천할천	가난하고 신분이 낮음.
24:16	強 굳셀(힘쓸)강	壯 씩씩할장	기골이 크고 혈기가 왕성함.

25장

25:15	金 쇠금	物 만물물	1. 철물. 2. 금으로 만든 물건.
25:19	招 불러올(손짓할)초	募 모을모	1. 불러서 모음. 2. 의병을 모집함. 3. 성 아마도 느브갓네살에게 반란을 일으키기 위한 준비였을 것임.
25:27	元 으뜸원	年 해년	1. 연호를 정하였을 때의 첫 해. 2. 건국된 첫 해.

歷代 上

역대기는 역사서 중에서 많은 사람이 읽기 힘들어하는 책이다. 1~9장이 끝없는 족보로 되어 있고 그 이후에도 중간중간에 다양한 명단과 제의 제도들이 나오기 때문이다. 히브리 성경에서 역대기의 이름은 '그날들의 사건들'(디브레 하야밈)인데, 우리말 성경에서는 이 말을 '역대지략'[대상27:24]으로 번역하였다. 현재 우리가 부르는 '역대기'(Chronicles)라는 명칭은 제롬이 사무엘서와 열왕기에 대한 번역본의 서문에서 이 책들이 '거룩한 역사 전체의 연대기'를 담고 있다고 말한 것에서 유래되었다. 사무엘서나 열왕기서와 동시대의 역사를 기술하고 있는 역대기는 다윗의 계보에서부터 다윗의 통치 전반의 역사를 다루고 있다.

그러나 역대기가 사무엘서나 열왕기서와 차이점이 있다면 사무엘서나 열왕기서가 선지자적 관점에서 왕을 중심으로 한 이스라엘의 정치 역사를 기술하고 있는 반면 역대기는 제사장적 관점에서 예루살렘 성전을 중심으로 한 종교적 측면을 다루고 있다는 점이다. 에스라가 기원전 450년경에 기록했다.

3장

3:19 　妹 　弟
누이 매 　아우 제

1. 누이동생의 남편.
2. 성 여기서는 '여자형제=자매'를 가리킴.

4장

4:23 　甕 　器 　匠
독 옹 　그릇 기 　장인 장

옹기를 만드는 사람. 도공.

4:33 　譜 　系
붙이(문서) 보 　이을 계

혈연 관계, 사제 관계, 종교의 전통 등의 계통을 밝혀 적은 것.

| 4:40 | 廣 넓을광 | 濶 넓을활 | 훤하게 넓음. |

| 4:40 | 安 편안안 | 靜 고요할정 | 정신과 마음이 고요하고 평안함. |

5장

| 5:1 | 族 겨레족 | 譜 붙이(문서)보 | 1. 한 족속의 세계(世系)를 적은 책.
2. 성 르우벤은 아비의 침상을 더럽힌 근친 상간으로 인해 장자권 상실. |

6장

| 6:66 | 領 거느릴령 | 地 땅지 | 1. 국토.
2. 통치권이 미치는 곳.
3. 성 그핫(레위의 둘째 아들) 자손의 몇 족속이 에브라임 지파에게 얻은 땅. |

9장

| 9:18 | 營 경영할영 | | 1. 경영하다.
2. 진.
3. 짓다.
4. 성 레위 자손들은 성막과 성전의 문 주위를 감시하는 자들임. |

9:26	緊 요긴할긴	要 구할(꼭)요	1. 꼭 필요함. 요긴. 2. 성 가장 중요한 '성전을 지키는 일'을 가리킴.
9:29	油 기름유	香 향기향	향의 일종.
9:33	汩 잠길골	沒 빠질몰	다른 일에 상념치 않고 한 가지 일에 몰두함.

10장

| 10:9 | 廣
넓을광 | 布
베포 | 1. 널리 알림.
2. 폭이 넓은 베. 세상에 널리 폄. |

11장

| 11:4 | 土
흙토 | 人
사람인 | 1. 지방에 대대로 붙박이로 사는 사람. 토착민.
2. 야만인.
3. 흑인.
4. 성 여브스'는 예루살렘의 옛 이름. |
| 11:8 | 重
무거울중 | 修
닦을수 | 낡은 것을 다시 손대어 고침. |

12장

12:18	聖 거룩할성	神 귀신신	거룩한 신. 성부·성자와 함께 삼위일체의 제3위. 성부·성자와 동격의 참신·진리의 신으로서, 신자와 영적 생활의 근본이 되며, 의지에 의하여 발출하며, 특히 성부·성자의 「사랑」을 전하는 힘과, 계시를 받을 수 있는 힘과, 감화를 받아서 진리를 깨닫고 신앙 생활에 정진할 수 있는 힘의 근원이 되는 본체임.
12:18	接 댈접	對 대할대	손을 맞아 응함. 응접.
12:19	危 위태할위	殆 위태로울태	1. 형세가 어려움. 2. 마음을 놓을 수 없음.
12:29	太 클태	半 반반	절반이 지남. 반수 이상.
12:32	時 때시	勢 권세(형세, 불알세)	1. 그때의 형세. 2. 그때의 물건 값. 3. 성 다윗을 왕으로 세우려는 시대적 여론.
12:33	軍 군사군	器 그릇기	병기.
12:33	整 가지런할정	齊 가지런할제	1. 바로잡아 가지런히 함. 2. 성 일편단심으로 다윗을 지지하는 행동.
12:40	無 없을무 花 꽃화 果 과실과 餅 떡병		무화과 떡.

15장

| 15:17 | 同 한가지동 | 宗 마루종 | 1. 같은 종파. 성과 본이 같은 일가.
 2. 성하나님을 찬양하는 봉사를 하게 한 레위 사람 24명. |

| 15:22 | 主 주인주 | 掌 손바닥장 | 목대잡아 맡음. 여러 사람의 어떤 일을 오로지 맡아봄. |

| 15:28 | 角 뿔각 | | 1. 뿔.
 2. 뿔로 만든 피리.
 3. 성당시의 주악이 놀라웠음을 알게 함. |

16장

| 16:3 | 乾 마를건 | 葡 포도포 | 萄 포도도 | 餠 떡병 | 말린 포도를 넣어 만든 떡으로 화목제물로 사용된 것. |

| 16:4 | 稱 일컬을칭 | 頌 칭송할송 | 1. 공덕을 칭송하여 기림. 칭찬하여 일컬음.
 2. 성여기서는 '기억하다', '회상하다'의 뜻. |

| 16:19 | 零 떨어질령 | 星 별성 | 1. 수효가 적어서 보잘 것 없는 모양.
 2. 얼마 되지 않는 무리. |

| 16:25 | 極 다할극 | 盡 다할진 | 힘과 마음을 다함. |

| 16:28 | 萬 일만만 | 邦 나라방 | 1. 온갖 나라.
 2. 성하나님 여호와를 찬송하는 구절의 하나. |

16:31	統 거느릴통	治 다스릴치	1. 경영하다. 2. 국토와 국민을 다스리는 일.
16:35	榮 영화영	譽 기릴예	빛나는 명예.

19장

19:3	弔 조상할조	問 물을문	使 사신사	상주된 이를 조상하여 위문하는 사신.

21장

21:25	基 터기	址 터지	1. 군대의 보급 수송 통신 항공 등의 기점이 되는 곳. 2. 성 성전을 지을 만큼 큰 지역.

22장

22:5	壯 씩씩할장	麗 고울려	1. 장엄하고 화려함. 2. 성 히브리어는 '극히 굉장하여'라는 뜻인데 성전의 구조가 하나님의 계시대로 건립되었음을 의미.
22:19	鎭 진정할(누를)진	靜 고요할정	1. 시끄럽고 요란하던 것이 가라앉음. 2. 성 신앙과 경건이 없는 종교적 사업은 형식과 과시에 불과함을 경고.

23장

| 23:27 | 遺
끼칠유 | 言
말씀언 | 1. 임종 시에 자손들에게 부탁하는 말.
2. 성 다윗은 레위 자손들이 제도적 보장하에 성전 봉사를 할 수 있도록 하는 내용의 말을 남김. |

24장

24:1	班 나눌반	次 차례차	1. 품계의 차례. 2. 신분 등급의 차례. 반열.
24:5	差 어긋날차	等 무리등	차이가 나는 등급.
24:31	宗 마루종	家 집가	1. 본종의 근본이 되는 집. 큰집. 2. 맏파의 집안.

25장

| 25:1 | 神
귀신신 | 靈
신령령 | 1. 풍속으로 섬기는 모든 신.
2. 신통하고 영묘함.
3. 성 신령한 노래 → '예언하는 노래' …그들의 노래는 성령의 감동으로 되었으므로 일종의 예언임. |

26장

| 26:12 | 班
 나눌반 | 長
 어른장 | 1. 반의 일을 보는 사람.
 2. 성성전 문지기의 반장. 왕을 섬기는 각 반열의 지휘관들. |

| 26:13 | 無
 없을무 | 論
 논할론 | 大
 큰대 | 小
 작을소 | 크고 작고를 막론하고. |

| 26:14 | 當
 마땅당 | 籤
 점대(제비)첨 | 제비에 뽑힘. |

| 26:14 | 議
 의논할의 | 士
 선비사 | 1. 의논을 잘 하는 선비.
 2. 지혜로운 모사(謀士). |

27장

| 27:32 | 陪
 다를배 | 從
 따를종 | 1. 임금을 모시고 뒤따름. 배호.
 2. 왕의 아들들의 가정교사. |

28장

| 28:2 | 凳
 걸상등 | 床
 평상상 | 1. 나무로 만든 세간의 하나. 발돋움으로도 쓰고 걸터앉기도 함.
 2. 성하나님의 발등상 → 하나님의 법궤를 가리키는 말로 하나님께서 그곳에 오셔서 백성을 만나시는 곳이라는 의미. |

| 28:2 | 奉
 받들봉 | 安
 편안안 | 조상의 신주 또는 화상을 받들어 모심. |

| 28:9 | 思 생각사 | 想 생각상 | 1. 생각.
2. 판단과 추리를 거쳐서 생긴 의식 내용. |

| 28:14 | 金 쇠금 | 燈 등잔등 | 臺 집대 | 금으로 만든 등대. |

29장

| 29:2 | 瑪 옥돌마 | 瑙 화반석노 | 차돌의 하나. 윤이 나고 빛이 고와 미술품을 만드는 데 씀. 문석(文石). |

| 29:2 | 彩 채색채 | 石 돌석 | 1. 속돌.
2. 수면에 반쯤 드러나 있어서 물 위에 뜬 것처럼 보이는 암석. |

| 29:2 | 花 꽃화 | 斑 얼룩질반 | 石 돌석 | 푸른 빛 바탕에 홍백색의 무늬가 있고 바탕이 곱고도 무른 돌. 도장·그릇 등을 만드는 데 씀. |

| 29:3 | 私 사사(나)사 | 有 있을유 | 개인의 소유 또는 개인이 사사로이 소유함. |

| 29:4 | 天 하늘천 | 銀 은은 | 품질이 좋은 은. |

| 29:6 | 事 일사 | 務 힘쓸무 | 監 볼감 | 督 감독할독 | 문서를 다루는 사람을 보살피어 단속함. |

| 29:11 | 主 주인주 | 權 권세권 | 1. 가장 중요한 권리.
2. 국가 구성의 요소. 최고·독립·절대적인 권리. |

29:19	精 정할정	誠 정성성	참되어 거짓이 없는 마음.
29:25	尊 높을존	大 큰대	벼슬이나 학식 또는 인격이 높고 큼.
29:30	時 때시	事 일사	그 시대에 생기는 여러 가지 세상 일.

歷代 下

「역대 下」는 솔로몬의 즉위와 통치, 왕국 분열 후 남유대왕국의 역사를 다루었는데 멸망한 북이스라엘왕국은 거의 언급하지 않고 개혁성향이 뛰어난 남유대왕국 선왕(善王)들의 업적에 대해서는 많은 지면을 할애하였다.

1장

1:11	尊 榮	지위가 높고 영화로움.
	높을존 영화영	

2장

2:1	權 榮	1. 권세와 영화.
	권세권 영화영	2. 자기 왕궁을 위하여'로 번역되어야 함.
2:10	舂 精	곡식을 찧어서 쌀을 만듦. 곡식을 찧음.
	찧을용 정할정	
2:11	答 狀	회답 편지. 답서.
	대답할답 편지장	
2:12	稟 賦	선천적으로 타고 남. 선천적으로 받음.
	받을품 구실(줄)부	

3장

3:3	地 땅지	(址) 터지	臺 집대

담. 집채들의 아랫도리에 돌로 쌓은 부분. 토대.

3:5	大 큰대	展 대궐전

1. 큰 성전. 임금이 거처하는 궁전.
2. 임금의 존칭.

3:5	天 하늘천	障 막힐장

1. 지붕의 안쪽. 보꾹.
2. 반자의 겉면. 천정.

4장

4:21	純 순수할순	精 정할(밝을)정

순수하고 잡것이 섞이지 않음.

4:21	火 불화	箸 젓가락저

부젓가락.

6장

6:28	蝗 누리(황충)황	蟲 벌레충

메뚜기과의 곤충. 누리. 큰 무리를 지어 하늘을 날아 이동하는 곤충. 이동할 때는 해가 가리어지고, 그 떼가 앉는 곳에서는 순식간에 땅 위의 풀이 하나도 없게 됨.

7장

| 7:3 | 礴
박석박 | 石
돌석 | 1. 돌 이름.
2. 성빛나는 돌로 만든 석판으로 솔로몬 성전 뜰에 이것을 깔았음. |

8장

| 8:14 | 定
정할정 | 規
법규 | 정해진 규약. 일정한 규약. |

| 8:15 | 國
나라국 | 庫
창고고 | 국가의 소유에 속하는 현금을 보관 출납하는 기관. |

| 8:16 | 凡
무릇범 | 百
일백백 | 1. 여러 가지의 사물.
2. 상궤에 벗어나지 않는 언행. |

9장

| 9:11 | 層
층계층 | 臺
집대 | 층층대. |

| 9:12 | 答
대답할답 | 禮
예도례 | 남에게 받은 예를 도로 갚는 일. |

| 9:18 | 足
발족 | 臺
집대 | 목기의 발밑에 대는 널. |

12장

12:2	不 아니불	可 옳을가	勝 이길승	數 셀수	하도 많아서 이루 셀 수가 없음.
12:7	大 큰대	綱 벼리강			세밀하지 아니한 정도로 대충. 대개. 대략. 잠깐 동안.

13장

13:9	將 장수장	立 설립	안수 목사가 선정된 신자에게 장로의 교직을 주는 일.
13:22	註 주낼(풀)주	釋 풀석	1. 주해. 2. 낱말이나 문장의 뜻을 알기 쉽게 풀이함.

14장

14:5	太 클태	陽 볕양	像 형상상	1. 태양의 형상. 2. 성태양신 경배를 위한 우상.
14:11	依 의지할의	託 부탁할탁		1. 남에게 의뢰함. 2. 남에게 의뢰하여 부탁함.
14:15	天 하늘천	幕 장막막		비·이슬·바람·햇볕을 가리기 위한 장막.

16장

16:5	罷 파할파			파하다. 마치다.
16:12	醫 의원의	員 사람원		의사와 의생의 총칭.
16:14	香 향기향	材 재목재	料 헤아릴료	향을 만드는 감.

17장

17:9	巡 순행할순	行 행할행	여러 곳으로 돌아 다님.
17:12	寨 나무우리채		나무우리. 요새화된 도시.

18장

18:1	連 이을련	婚 혼인할혼	혼인으로 말미암아 서로 관계가 생김.
18:26	苦 쓸고	生 날생	1. 어렵고 괴로운 가난한 생활. 2. 괴롭게 애쓰고 수고함.
18:34	扶 붙들부	持 버틸지	배겨남. 고생을 참고 어려운 일을 버티어 나감.

20장

절	한자	한자	뜻
20:9	亂 어지러울난	離 떠날리	전쟁이나 분쟁으로 세상이 어지러워 백성들이 뿔뿔이 흩어지는 사태.
20:20	信 믿을신	賴 힘입을뢰	믿고 의지함. 신용하여 의뢰함.
20:28	合 합할합	奏 연주할주	여러 가지 악기로 동시에 연주하는 일.
20:35	交 사귈교	際 사귈제	1. 서로 사귐. 2. 동맹. 단결.
20:36	結 맺을결	合 합할합	관계를 맺고 합쳐서 하나가 됨.

21장

절	한자	한자	뜻
21:9	出 날출	征 칠정	1. 군에 참가하여 싸움터로 나감. 2. 성 여호람이 에돔의 도시 '사일'까지 진격함[왕하 8:21].

23장

절	한자	한자	한자	뜻
23:5	基 터기	礎 주추초	門 문문	기초가 되는 문.
23:12	奔 달릴분	走 달릴주		일이 많아서 몹시 바쁨.

| 23:15 | 馬 말마 | 門 문문 | 1. 말이 드나드는 문.
2. 성예루살렘성전 동남의 문. |

24장

24:6	法 법법	幕 장막막	1. 법궤가 있는 막. 2. 성법궤가 안치되어 있는 성전에 대한 우회적 표현.
24:11	衙 마을아	前 앞전	지방 관청에 딸린 낮은 벼슬아치.
24:12	幹 줄기간	役 역사역	者 놈자	1. 집을 짓거나 고치는 일을 보살피는 사람. 2. 성성전 수리를 맡은 감독관.
24:12	鐵 쇠철	工 장인공	匠 장인장	쇠로 물건을 만드는 것을 업으로 하는 사람.
24:13	進 나아갈진	就 나아갈취	1. 점점 일을 이루어 감. 2. 일이 순조롭게 진행되어 나가는 모습.
24:27	警 경계할경	責 구짖을책	1. 정신을 차리도록 꾸짖음. 2. 성신복에게 피살된 요아스에게 경고한 중대한 예언들[19절].

25장

| 25:10 | 奮 떨칠분 | 然 그럴연 | 1. 힘을 내어 일어나는 모양.
2. 성아마사는 하나님의 말씀(약속)을 믿고 순종함으로써 에돔을 물리침. |

| 25:11 | 膽
쓸개담 | 力
힘력 | 1. 겁이 없고 용감스러운 기운.
2. 스스로 강하게 됨. |

26장

26:11	營 경영할영	長 어른장	1. 진의 영장. 진영의 으뜸되는 장군. 2. 병사의 일을 보는 병적관.
26:15	器 그릇기	械 기계계	1. 그릇·기구 등의 총칭. 2. 짜임새가 단단한 기계. 3. 성 웃시야는 통치기간 중에 무기(투석기) 개발에 힘씀.
26:15	創 비로소(다칠)창	作 지을작	처음으로 만들어 내는 일.

27장

| 27:6 | 正
바를정 | 道
길도 | 1. 올바른 길. 바른 도리.
2. 성 요담이 여호와 앞에서 행한 올바른 도리. |

28장

| 28:7 | 總
다총 | 理
다스릴리 | 大
큰대 | 臣
신하신 | 1. 국무위원의 우두머리가 되는 관직.
2. 성 아하스왕의 악행으로 인하여 잃은 신하. |

28:9	怒 성낼(세찰)노	氣 기운기	분하여 생긴 기운.

30장

30:6	步 걸음보	發 필발	軍 군사군	1. 급한 공문을 걸어서 전송하던 군인. 2. 성뛰는 자들'이란 의미로, 히스기야의 메시지를 북이스라엘에 전했던 자들.

30:8	歸 돌아올귀	順 순할순	반항심을 버리고 순종함.

30:22	通 통할통	達 통달할달	1. 막힘이 없이 환히 통함. 2. 통하여 알려 줌.

30:23	決 정할결	議 의논할의	1. 의안의 가부를 결정함. 2. 성무교절을 다시 7일간 즐거이 지킴으로써 성전의 재봉헌을 기념할 것을 의결.

31장

31:14	東 동녘동	門 문문	直 곧을직	동쪽의 문을 수직하는 사람. 또는 수직함.

32장

| 32:5 | 外
밖 외 | 城
재 성 | 1. 밖에 있는 성.
2. 성'밖에 다른 성'이라고 번역됨. 성 안으로 물이 흘러 들어오는 쪽에 쌓은 또 다른 하나의 성벽. |

33장

| 33:14 | 生
날 생 | 鮮
고울 선
(생선·드묾) 선 | 門
문 문 | 1. 문 이름.(확장된 예루살렘 신시가의 북편문)
2. 성갈릴리에서 오는 생선장수들이 출입한 데서 붙여진 이름. |

| 33:19 | 愆
허물 건 | 過
지낼(허물) 과 | 1. 과실. 허물.
2. 성므낫세가 저지른 불신앙의 행위. |

34장

| 34:9 | 捐
기부 연 | 補
기울(도울) 보 | 1. 교회사업을 돕기 위하여 돈이나 물건을 내는 일.
2. 자기의 재물을 내어서 다른 사람을 도와줌.
3. '교제, 구제, 봉사를 위해 모은다'란 뜻. |

| 34:13 | 擔
멜 담 | 負
질 부 | 등에 지고 어깨에 멤. |

35장

| 35:25 | 哀
슬플애 | 歌
노래가 | 1. 슬픈 노래. 슬픈 심정을 나타낸 시가.
2. 사람의 죽음을 슬퍼하는 노래.
3. 원래 옛 희랍 노래의 가곡의 일종.
4. 성 요시아의 죽음을 슬퍼하는 예레미야의 노래. |
| 35:25 | 歌
노래가 | 詞
말사 | 1. 노래의 내용이 되는 글. 노랫말.
2. 노래하는 남녀의 애가의 가사. |

36장

36:8	心 마음심	術 꾀술	온당하지 않고 고집스럽고 남을 시기하는 마음.
36:16	挽 당길만	回 돌아올회	바로잡아 회복함.
36:17	老 늙을로	翁 늙은이(할아비)옹	늙은 남자를 높여 일컫는 말. 할아범. 노수. 노구.
36:22	詔 조서조	書 글서	임금의 말씀을 국민에게 알릴 목적으로 적은 문서. 제서. 조명. 조칙.

<표 참고사항>

弔 조상할조	書 글서	조문(弔問)하는 뜻을 적은 편지.
兆 조짐조	庶 여러서	많은 백성, 만민(萬民), 조민(兆民).
早 새벽(이를)조	逝 갈서	일찍 죽음, 요절(夭折)
徂 갈조	暑 더울서	음 6月의 별칭.
調 고를조	書 글서	1. 조사한 내용을 기록한 문서. 2. 법소송 절차의 경과 내용을 공증하기 위하여 법원이나 기타의 기관에서 작성한 문서.

에스라

「에스라」는 유대의 바벨론 포로 이후에 쓰인 성전 재건에 관한 책이다. 에스라서는 유대의 바벨론 포로 70년이 지난 후 메데를 정복한 바사(페르시아) 왕 고레스의 해방령에 의해 예루살렘으로 귀환하는 것부터 시작된다.

스룹바벨의 주도로 예루살렘에 도착한 1차 귀환자들은 성전 재건에 착수하고 반대 세력에 의해 어려움을 당하기도 하였으나 성전 건축을 마치고 봉헌식을 올렸다. 또한 바사의 아닥사스다왕 때 두 번째로 예루살렘에 귀환한 에스라는 이스라엘 백성의 지도자들이 이방 여인을 아내와 며느리로 맞아 죄를 짓자 에스라는 하나님에게 중보적 참회기도를 올렸고, 백성들도 같이 참회하고 흥의 큰 걸림돌이 되어 있던 이방 혼인을 한 사람들을 정리하는 내용이 나온다.

그리고 진정한 말씀 중심의 부흥은 한동안 정체 상태에 있다가 14년 후에 느헤미야가 예루살렘에 와서 성벽을 쌓은 후에 본격적으로 이루어지게 된다.

1장

1:6	黃 누를황	金 쇠금	1. 순금. 2. 누런 금. 3. 금전. 화폐. 누렁이.
1:8	庫 창고고	直 곧을직	관청의 창고를 지키고 보살피던 사람. 고지기.
1:9	金 쇠금	盤 소반반	금으로 만든 쟁반.

3장

3:11	讚 頌 歌	하나님의 덕을 찬송하는 노래. 찬미가.
	기릴찬 칭송할송 노래가	
3:11	至 善	지극히 선함.
	지극할지 착할선	

4장

4:4	妨 害	1. 남의 일에 훼살을 놓아 못하게 함.
	거리낄방 해할해	2. 🅢포로에서 돌아온 유대인들의 대적인 사마리아 사람들이 성전 재건을 방해한 일.
4:5	沮 戲	남을 지근덕거려 방해함.
	막을저 희롱할희	
4:6	告 訴	범죄의 피해자가 그 사실을 수사기관에 신고함.
	알릴고 하소연할소	
4:7	同 僚	같은 일자리에 있는 사람.
	한가지동 동료료	
4:11	抄 本	원본의 일부를 베끼거나 발췌한 문서.
	베낄초 밑본	
4:13	雜 稅	잡종세. 무명 잡세.
	섞을잡 세금세	
4:13	賦 稅	1. 세금액을 매기어서 물림.
	구실(거둘)부 세금세	2. 토지 소유자에게 부과했던 세금.

5장

5:3	總 다총	督 감독할독	1. 관할 구역 안의 모든 정무 또는 군무 부원을 통할하는 벼슬. 2. 〔성〕유브라데강 서쪽 영지를 다스렸던 닷드내.
5:5	答 대답할답	詔 조서조	응답의 조서.
5:7	萬 일만만	安 편안안	매우 평안함. 만강.

6장

6:1	書 글서	籍 호적적	1. 책자. 서책. 서전. 서권. 2. 서적 곳간 …두루마리 책들을 간직해 두는 집. 공문서 보관소 혹은 왕의 도서관.
6:4	經 다스릴경	費 허비할(없앨)비	1. 사업을 경영하는 데 드는 비용. 일을 하는 데 드는 돈. 2. 정해진 평시의 비용. 3. 〔성〕하나님의 감동으로 고레스왕이 베푼 호의의 비용.
6:8	迅 빠를신	速 빠를속	1. 몹시 빠름. 신급. 질속. 2. 〔성〕다리오왕이 고레스의 조서를 처리한 행동.
6:9	需 쓸수	用 쓸용	物 만물물	꼭 써야 될 물건. 구하여 쓰는 물건.
6:9	所 바소	請 청할청	청하는 바. 청하는 일.

322

6:9	零 떨어질령	落 떨어질락	1. 조금도 틀림 없음. 2. 잎이 시들고 말라서 떨어짐.
6:14	勸 권할권	勉 힘쓸면	1. 알아 들도록 타일러서 힘쓰게 함. 용기를 내게 함. 2. 성 '예언'의 뜻.
6:16	奉 받들봉	獻 드릴헌	式 법식 성전을 건축하여 하나님께 바치는 예식.

7장

7:6	學 배울학	士 선비사	1. 학술 연구에 전념하는 사람. 2. 대학 졸업생의 칭호. 3. 성 서기관[느8:1~4].
7:11	兼 겸할겸		1. 겸하다. 아우르다. 2. 쌓다.
7:26	定 정할정	配 귀양보낼(짝)배	귀양. 유배. 도배.
7:26	家 집가	産 낳을산	한 집안의 재산.
7:26	籍 호적적	沒 빠질몰	1. 신앙적 중죄인의 재산을 몰수하고 그 가족까지 벌하던 일[수6:21]. 2. 성 성전에 모두 바친다는 뜻.

9장

9:9	服 役 옷복 역사(부릴)역	1. 공역에서 복무함. 2. 징역을 치름.
9:13	行 實 행할행 열매실	품행.

10장

10:4	主 張 주인주 베풀장	1. 자기의 의견과 주의. 2. 자기 의견을 내세움. 3. 여기서는 '문제가 당신께 달려 있다'란 의미.
10:8	訓 示 가르칠훈 보일시	1. 가르쳐 보임. 2. 집무상의 주의사항을 부하 관리에게 알림.
10:15	反 對 돌이킬반 대할대	남의 말이나 의견을 뒤집어 거스림.

느헤미야

에스라의 주도하에 이루어진 2차 귀환이 있은 지 10년이 넘는 세월이 흐른 뒤 페르시아 수산성에서 유대부족 하가랴의 아들 느헤미야는 고국의 피폐한 상황을 듣게 된다[1:1~3]. 하나님께 기도한 후 아닥사스다왕 앞에 선 느헤미야는 놀랍게도 자신이 필요한 것을 구하고 얻게 된다. 하지만 유대 공동체는 에스라가 떠난 이후 다시 불의에 빠지게 되었다. 성벽은 무너지고 성문은 다 불탄 상태로 방치되었다. 지도자가 없자 또 다시 백성들의 삶은 무너져 내리고, 예루살렘은 엉망이 되어 간다. 기원전 444년에 제3차 귀환민들이 느헤미야의 인도 아래 귀환하였다. 예루살렘에 도착한 느헤미야는 황폐한 예루살렘의 형편을 직접 목도하고 현장 답사 후 복구계획을 세운대[2:11~16]. 이후 백성들을 설득하여 성벽재건에 박차를 가한다. 시작된 성벽재건은 내부의 방해와 모함으로 어려움을 겪는다. 그러나 위기를 슬기롭게 대처하는 느헤미야의 리더십과 백성들의 수고가 어우러져 성벽재건은 밤낮으로 지속된다. 내부적으로는 귀환 이스라엘 공동체의 분열 양상이었다. 어려운 형편으로 빚을 얻었던 이들이 자식을 종으로 팔아야 하는 상황까지 발생하였대[5:1~5]. 느헤미야는 동포들을 설득하고 자신의 솔선수범을 통해 내부의 어려움을 극복한다. 느헤미야는 많은 사람이 한마음으로 공동의 목표에 헌신하도록 하는 탁월한 행정력과 리더십을 겸비한 인물이었다. 마침내 성벽은 재건되고 적재적소에 지도자를 세우고 예루살렘 백성들의 인구를 조사한다.

2장

2:6	王 임금왕	后 왕후후	임금의 아내. 왕비.
2:10	興 일흥	旺 왕성할왕	성하게 일어남. 세력이 왕성함.

2:12	感 느낄감	化 변화할(될)화	1. 영향을 주어 마음이 변하게 함. 2. 다른 사물의 영향을 받아 마음이 변함.
2:13	龍 용룡	井 우물정	예루살렘 성벽 남서쪽에 위치한 현재의 '욥의 우물'.
2:13	糞 똥분	門 문문	1. 문 이름. 2. 똥구멍. 3. 성예루살렘의 구 시가 남단의 문으로 예루살렘에서 나온 온갖 쓰레기, 성전의 희생 제사 때 나온 짐승의 똥까지 이 문을 통해 '힌놈의 골짜기'에 버려졌다.
2:20	名 이름명	錄 기록할록	1. 기록한 이름. 2. 성여기서는 '인명부' 또는 종교적 의식의 '참여권'을 말함.

3장

3:1	羊 양양	門 문문	1. 문 이름. 2. 성예루살렘 성전 북편문[요5:2]. 성전의 제물로 사용될 양이 다니는 문.
3:1	聖 거룩할성	別 다를별	신성한 용도에 충당하기 위하여 보통의 것과 구별하는 일. 성화.
3:3	魚 물고기어	門 문문	1. 문 이름. 2. 성예루살렘 성벽의 북방문으로 하나넬 망대의 정서쪽의 문.
3:8	金 쇠금	匠 장인장	色 빛색	금으로 물건을 만드는 것을 업으로 삼는 사람.

3:25	侍 모실시	衛 호위할(지킬)위	廳 관청청	1. 임금을 모시고 호위하는 관청. 2. 감옥[렘32:2].
3:26	水 물수	門 문문		예루살렘 성의 동쪽문. 오벨(성전의 정남쪽 시온산)의 동쪽 측면을 보호하는 성벽에 인접한 망대가 가까이 있다.

4장

4:7	修 닦을수	補 기울보	허름한 데를 고치고 덜 갖춘 데를 기움.
4:14	民 백성민	長 어른장	1. 백성의 우두머리. 2. 성 다스리는 자(ruler)를 지칭.

5장

5:7	取 취할취	利 이할리	1. 돈놀이. 2. 담보를 잡고 돈을 빌려 주고 이자를 강요하는 것.
5:10	亦 또역	是 이시	또한.
5:18	賦 구실(거둘)부	役 역사역	1. 국가나 공공단체가 국민에게 의무적으로 책임지우는 노역. 2. 성 페르시아 왕의 명령으로 행해짐.

6장

| 6:7 | 宣
 베풀선 | 傳
 전할전 | 1. 어떤 일이나 주의, 사상을 널리 이해시켜 공감을 얻는 일.
 2. 말하여 널리 전함. |

| 6:10 | 杜
 막을두 | 門
 문문 | 不
 아니불 | 出
 날출 | 집안에 들어 있어서 밖에 나가지 아니함. |

7장

| 7:4 | 稀
 드물희 | 少
 적을소 | 1. 드물어서 적음.
 2. 성 예루살렘 성 안의 면적에 비해서 주민의 숫자가 상대적으로 적었음. |

| 7:70 | 補
 기울보 | 助
 도울조 | 모자람을 도와줌. |

8장

| 8:4 | 講
 익힐강 | 壇
 단(터)단 | 1. 강의나 설교를 할 때 올라서는 자리.
 2. 성 에스라와 다른 13명을 지탱했던 단. |

| 8:11 | 靜
 고요할정 | 肅
 엄숙할숙 | 고요하고 엄숙함. |

| 8:15 | 花
 꽃화 | 石
 돌석 | 榴
 석류류 | 나무 이름. |

9장

9:18	褻 더러울설	慢 교만할만	1. 하는 짓이 버릇 없고 거만하고 무례함. 2. 성하나님께 대한 모독(blasphemy)[겔35:12].
9:29	固 우길(굳을)고	執 잡을집	1. 제 의견을 굳게 내세움. 2. 자신이 옳다는 것을 입증하려 하는 주장[호4:16].

10장

10:31	物 만물물	貨 재물화	물품과 재화.
10:31	蕩 방탕할탕 (질펀할)탕	減 덜감	진 빚을 전부 감하여 줌.

12장

12:27	落 떨어질락	成 이룰성	건축을 완성함. 또는 완공함.
12:31	行 행할(다닐)행	列 벌릴렬	여러 사람이 줄지어 감. 또는 그 줄.

13장

13:10	田 밭전	里 마을리	1. 자기 고향인 마을. 2. 밭.
13:13	忠 충성충	直 곧을직	성실하고 정직함.

에스더

'여호와'라는 신명(神名)도, 성전도, 제사에 관한 기록도 전무하여 하나님의 말씀이 기록된 성경으로 보기에는 합당치 않다는 논란이 끊이지 않았던 책임에도 불구하고 이방에 포로로 끌려간 유대 백성을 전멸 직전에 구원해 주신 하나님의 놀라운 섭리와 무한한 은총이 가장 잘 드러난 보석과 같은 책이 바로 에스더서이다. 연대기적으로 스룹바벨이 주도한 1차 포로귀환(기원전 537년경, [스1~6장])과 학사 에스라가 주도한 2차 포로귀환(기원전 458년경, [스7~10장]) 사이에 바사(페르시아) 제국의 수도 수산에서 발생한 유대 백성의 구원사건을 다루고 있다. 본서에는 바사 왕 아하수에로의 통치, 포로 출신인 유대 여자 에스더가 바사 왕의 왕비로 간택된 내용, 유대 민족을 전멸시키려는 하만의 음모, 사촌 오빠인 모르드개와 협력하여 유대인을 구해내는 일 등이 비교적 상세히 언급된다. 이에 비해 바사의 수도 중 하나인 수산궁이 불에 탄 사건이나, 이후 알렉산더대왕이나 헬라 제국과 관련된 문화나 풍습은 어떤 흔적도 찾아볼 수 없다. 이렇게 본다면 본서는 아하수에로왕이 죽은 후(기원전 464년경) 수산궁이 불에 타기 이전의 어떤 시점(기원전 435년경)에 기록된 것으로 보인다.

1장

1:7	御 모실어	酒 술주	임금이 내린 술.
1:8	規 법규	模 모범모	본보기가 될 만한 제도. 규범.
1:8	宮 집궁	內 안내	궐내.

1:10	酒 술주	興 일흥	1. 술을 마신 뒤의 흥취. 2. 술을 마시고 싶은 생각.
1:10	御 모실어	前 앞전	임금의 앞.

2장

2:8	詔 조서조	命 목숨명		조서.
2:9	日 날일	用 쓸용	品 물건품	매일매일 쓰는 물건.
2:9	依 의지할의	例 본보기례		의전례. 전례에 따름.
2:12	次 차례차	例 본보기례		1. 나아가는 순서. 차서. 2. 나아가는 번.
2:14	妃 왕비(짝)비	嬪 지어미빈		1. 비―왕의 아내. 황태자의 아내. 2. 비―내명부의 품계. 3. 성 왕의 첩들로 왕후로 택함이 되지 못한 처녀들은 평생 왕의 첩이 됨.
2:18	饗 잔치할향	應 응할응		특별히 우대하는 뜻으로 음식을 차려서 대접하거나 잔치를 베풂.
2:23	實 사실실	情 뜻정		실제의 사정. 실태.

3장

| 3:9 | 府
마을부 | 庫
창고고 | 1. 창고. 곳집.
2. 재물이나 보물을 넣어 두는 곳간. |
| 3:13 | 驛
역말역 | 卒
군사졸 | 역에서 부리던 심부름꾼. |

4장

4:1	金 쇠금	笏 홀홀	1. 벼슬아치가 조현(朝見)할 때 조복에 갖추어 손에 쥐던 금으로 만든 물건. 길이 한 자 가량, 넓이 두 치 가량이며 얄팍하고 길쭉함. 2. 성 왕이나 주권자가 권위의 상징으로 가지는 지휘봉[창49:10].
4:3	哭 울곡	泣 울읍	1. 소리내어 슬피 욺. 2. 성 여호와에 대한 참회개의 행위인 동시에 하만의 세력에 대한 반항의 표시.
4:5	近 가까울근	侍 모실시	1. 임금을 가까이 모시던 신하. 2. 웃어른을 가까이 모심.

5장

| 5:11 | 富
가멸부 | 盛
성할성 | 1. 넉넉하고 성함. 부하고 번성함.
2. 성 하만의 재산이 엄청나게 많았던 사실로 유대인 학살 비용으로 왕에게 은 일만 달란트를 주려고 했다[3:9]. |

6장

6:3 官 爵
벼슬관 벼슬작

1. 관직과 작위.
2. 위대함, 큰일'의 뜻으로 여기서는 크게 높이어 지위를 부여해 주는 것을 암시.

6:13 屈 辱
굽을(다할)굴 욕될욕

1. 남에게 억눌려 업신여김을 받는 수치스러움.
2. 모욕을 받아 면목이 없음.

7장

7:8 後 苑
뒤후 동산원

대궐 안에 있는 동산.

8장

8:5 取 消
가질취 끌소

글이나 말로 이야기한 사실을 말살하여 버림.

8:7 殺 害
죽일살 해할해

사람의 목숨을 해침.

8:8 名 義
이름명 옳을의

1. 명분과 의리.
2. 문서상의 이름.

8:15 朝 服
아침조 옷복

조하(朝賀) 때에 입던 예복.

8:15 金 冕 旒 冠
쇠금 면류관면 면류관류 갓관

금으로 만든 면류관[삼하1:10 참조].

| 8:17 | 慶
경사 경 | 節
마디 절 | 1. 경축하는 날. 경축일.
2. 제왕·후비·태자 등의 탄신날 및 온 나라가 경축
할 만한 날[출12:14]. |

욥記

구약 성서 가운데 지혜 문학서의 하나. 우스 땅에 욥이라고 하는 의로운 사람이 살았다. 그는 7남 3녀와 많은 가축을 가진 부자요, 독실한 신자요, 행복한 사람이었다. 그런데 사탄이 하나님의 허락을 받아 자녀들이 일시에 죽고 많은 재산을 잃어버리고 자신은 심한 종기가 나고 아내에게 멸시를 받는 큰 고난과 고통을 받게 만들었다. 그러나 그러한 고난 속에서도 욥은 믿음으로 잘 견디고 이겼다. 「불행이 닥쳐 오는 근원은 죄의 결과이다」 라는 교리로 해결하고 다시 하나님께 복종케 하는 내용으로, 끝내는 이전보다 더 많은 재사과 훌륭한 자녀들을 얻게 되는 복을 받았고 장수의 복까지 하나님께서 주셨다는 줄거리다. 기원전 400년경의 저작이다.

1장

1:8	留 머무를류	意 뜻의	마음에 둠. 유심.
1:21	赤 붉을적	身 몸신	1. 벌거벗은 몸. 알몸. 2. 아무것도 가진 것이 없음.

2장

2:7	惡 악할악	瘡 부스럼창	1. 고치기 어려운 모진 부스럼. 2. 성악성 피부병으로 중근동 지방에서 발병률이 높은 '바그다드 부스럼(Bagdad boil)'.
2:11	弔 조상할조	問 물을문	상주된 이를 조상하여 위문함.

3장

3:5	幽 暗 그윽할유 어두울암	1. 그윽하고 어둠침침함. 2. 성호렙산에서 하나님의 임재 시 나타난 현상으로 [신4:11] 부모를 저주하는 자에 대한 형벌[잠 20:20] 등에 인용되었다.
3:7	寂 寞 고요할적 쓸쓸할막	1. 고요하고 쓸쓸함. 2. 성영적으로 하나님과 단절되어 있는 상태.
3:12	乳 房 젖유 방방	포유동물의 가슴이나 배에 있는 피부의 높게 일어난 부위.
3:15	牧 伯 칠목 맏백	목사(牧使)(관리의 명칭). 통치자.
3:17	騷 擾 시끄러울소 어지러울요	1. 여러 사람이 떠들썩하게 들고 일어남. 2. 뭇사람이 들고 일어나서 폭행·협박을 함으로써 한 지방의 공공 질서를 문란케 하는 행위.
3:26	安 穩 편안안 평온할온	조용하고 평안함.

4장

4:2	厭 症 싫을염 병증세증	싫증.
4:14	骨 節 뼈골 마디절	뼈마디. 골격의 관절.

5장

5:11	興 일흥	起 일기	1. 떨쳐 일어남. 2. 세력이 왕성하게 됨.
5:12	詭 속일궤	譎 속일휼	1. 야릇하고 간사스럽게 속임. 2. 악한 계획이나 음모. 즉 목적 달성을 위해 어떤 방법이든 사용하는 악[고후4:4].

6장

6:22	供 받들공	給 줄급	요구하는 물품을 대어 줌.
6:30	味 맛미	覺 깨달을각	혀의 미신경이 달고, 시고, 짜고 쓴 맛을 느껴 아는 감각.

7장

7:12	龍 용룡		1. 용. 2. 임금. 3. 사탄. 4. 유럽·인도·중국 등지에서는 신비적·민속적 신앙의 대상이 됨. 5. 성문맥에 따라 '이리[30:29], '뱀[출7:9], '악어[41:1] 등으로 번역됨. 일반적으로 사탄을 가리키는 데 주로 사용되었다[계12:3].
7:13	愁 근심수	心 마음심	근심하는 마음. 근심하는 일.

| 7:18 | 勸
권할권 | 懲
징계할징 | 권선징악(勸善懲惡). 착한 행실을 권장하고 악한 행실을 징계함. |
| 7:18 | 分
나눌분 | 秒
초초 | 분이나 초와 같은 짧은 시간. |

8장

8:2	狂 미칠광	風 바람풍	미친 듯이 사납게 불어대는 바람.
8:8	攄 펼터	得 얻을득	스스로 생각하거나 연구하여 이치를 깨달아 알아냄.
8:9	茫 망망할망	昧 어두울매	식견이 좁아서 세상 일에 아주 어두움. 몽매.

9장

9:3	爭 다툴쟁	辯 말잘할변	1. 쟁론. 서로 다투어 토론함. 2. 논쟁, 변론 즉 시시비비를 가리는 법정 용어.
9:9	參 석삼	星 별성	이십팔 수의 스물한 번째 별. 오리온 성좌에 있음.
9:9	昴 별이름묘	星 별성	이십팔 수의 열여덟 번째의 별.
9:9	密 빽빽할밀	室 집실	남이 함부로 출입을 못하게 한 비밀한 방.

9:25	遞 갈릴체	夫 지아비부		체전부. 우편 집배원.
9:32	對 대할대	質 바탕질		무릎 맞춤. 두 사람의 말이 서로 다를 때 소송 사건의 관계자 쌍방을 맞대해서 진술시킴. 면질.
9:33	兩 두양	隻 외짝척		원고와 피고.
9:33	判 판단할판	決 결단할결	者 놈자	시비 곡직을 가리어 결정하는 사람.

10장

10:1	發 필발	說 말씀설	1. 입 밖에 말을 내어 남이 알게 함. 2. 성현재의 고통을 잊기 위하여 털어놓는 것을 의미.
10:8	百 일백백	體 몸체	1. 온몸. 2. 주위 모든 곳.

11장

11:9	度 법도도	量 분량량	1. 너그러운 마음과 깊은 생각. 2. 일을 잘 다루는 품성.
11:10	開 열개	廷 조정정	법정에서 재판을 시작함.
11:19	諂 아첨할첨		1. 아첨하다. 아첨. 2. 왕과 같은 권력자 앞에서 굽신거리며 애걸하다.

12장

| 12:11 | 辨
분별할변 | 別
다를별 | 1. 시비 선악을 분별함.
2. 분변. |

13장

13:6	辯 말잘할변	明 밝을명	1. 사리를 분별하여 똑똑히 밝힘. 변백. 2. 잘못이 아님을 사리로 따져 밝힘.
13:12	格 격식격	言 말씀언	사리에 맞아 교훈이 될 만한 짧은 말. 토막.
13:15	辨 분별할변	白 흰백	변명.
13:28	朽 썩을후	敗 패할패	1. 썩어서 못쓰게 됨. 2. 성 멸망하다. 곧 인간의 육체는 근본 된 흙으로 돌아갈 것임을 지칭.

14장

14:3	審 살필심	問 물을문	자세히 따져서 물음.
14:5	制 억제제	限 한정한	1. 일정한 한도. 2. 어느 한도를 넘지 못하게 함.
14:21	卑 낮을비	賤 천할천	1. 신분이 낮고 천함. 2. 성 '지면상 낮은 위치'를 가리켰으나[겔17:6] 후대에 와서 '상태의 낮음'을 나타냄[롬12:16].

15장

| 15:3 | 有
있을유 | 助
도울조 | | 1. 도움이 있음.
2. 쓸모 있음. |

| 15:5 | 奸
간사할간 | 詐
속일사 | | 1. 간교하게 남을 속임.
2. 진리가 아닌 잘못된 것을 가르치는 일.
3. 성 신앙에서의 이탈, 죄, 오류를 의미. |

| 15:20 | 強
굳셀(힘쓸)강 | 暴
사나울폭 | 者
놈자 | 1. 우악스럽고 사나운 사람.
2. 성 정의 대신에 폭력을 만들어 내는 법정
에 대한 언급임. |

16장

| 16:2 | 安
편안안 | 慰
위로할위 | 者
놈자 | 몸을 평안하게 하고 마음을 위로해 주는
사람. |

| 16:7 | 敗
패할패 | 壞
무너뜨릴괴 | | 부서지고 무너짐. 또는 무너뜨림. |

| 16:10 | 賤
천할천 | 待
기다릴대 | | 1. 업신여겨서 푸대접함.
2. 함부로 다룸. |

| 16:13 | 人
사람인 | 情
뜻정 | | 1. 사람이 본디 가지고 있는 애정.
2. 세상 사람의 마음. |

| 16:19 | 保
보호할보 | 人
사람인 | | 1. 보증인.
2. 성 모든 인류의 산 소망이시며 참 행복의 보증인이
신 예수 그리스도를 예표한 말[요15:24]. |

17장

17:3	保 보호할보	主 임금주	1. 보호하는 임금. 보호하는 주인. 2. 상거래가 이루어질 수 있는 담보처럼 확실한 도움과 의지가 되는 사람.
17:5	指 가리킬지	摘 딸(들추어냄)적	1. 어떠한 사물을 꼭 집어서 가리킴. 2. 잘못을 들추어 냄.
17:8	正 바를정	直 곧을직 者 놈자	마음이 바르고 곧은 사람.

19장

19:6	屈 굽을굴		1. 굽다. 굽히다. 2. 굴복. 전복.
19:17	嫌 싫어할혐	疑 의심할의	1. 의심쩍음. 꺼리어서 싫어함. 2. 범죄를 저지른 사실이 있으리라는 의심.
19:24	鐵 쇠철	筆 붓필	1. 펜. 2. 등사판용 붓.
19:24	鉛 납연		납.
19:25	救 구원할구	贖 속바꿀속 者 놈자	1. 죄악에서 인류를 건져준 사람[벧전1:18]. 2. 성메시아.
19:27	焦 그을릴초	急 급할급	1. 성미가 날카롭고 몹시 급함. 2. 몸이 달아서 허겁지겁 서두름. 3. 성압도당하다.

20장

20:8	幻 변화할(허깨비)환	像 형상상	1. 현실에 없는 것을 있는 것 같이 느끼는 생각. 망상. 2. 종잡을 수 없이 일어나는 생각.
20:11	氣 기운기기	骨 뼈골	1. 기혈과 골격. 뼈. 2. 씩씩한 의기.
20:22	困 곤할곤	厄 재앙액	1. 곤란과 재앙. 액곤. 2. 성 유대인들에게는 하나님을 떠난 것이 곧 재앙의 시작임을 의미[렘2:13].

21장

21:13	頃 잠시경	刻 새길각	間 사이간	눈 깜박할 사이.
21:16	福 복복	祿 녹록		복과 녹.
21:16	判 판단할판	異 다를이		아주 다름.
21:23	安 편안안	逸 편안할(다릴)일		썩 편하고 한가함.
21:24	骨 뼈골	髓 골수수		1. 뼈의 중심부인 골강에 가득 차 있는 결체질의 물질. 2. 마음의 속. 참정신. 3. 요점. 주안. 골자.
21:28	王 임금왕	候 제후후		임금과 제후.

| 21:31 | 面
낯면 | 駁
논박할박 | 마주보고 꾸짖어 나무람. |

22장

22:16	陷 빠질함	沒 빠질몰	1. 모두 빠져 결단나 없어짐. 2. 재난을 당하여 멸망함.
22:21	和 화할화	睦 화목할목	서로 뜻이 맞고 정다움. 돈친(敦親).
22:23	興 일흥		일다. 흥겹다.
22:29	謙 겸손할겸	遜 겸손할손	1. 남을 높이고 자기를 낮추는 태도. 2. 성 기독교의 주요한 덕목 가운데 하나로 성도들이 아무 공로 없이 구원함을 받았다는 것을 생각할 때 겸손할 수밖에 없음.

23장

| 23:7 | 審
살필심 | 判
판단할판 | 者
놈자 | 1. 사건을 헤아리고 살피어서 판결하는 사람.
2. 성 최후의 심판을 주재하는 하나님을 가리키는 말. |
| 23:10 | 鍛
쇠불릴단 | 鍊
쇠불릴련 | | 연단. 쇠붙이를 불에 달구어 두드림. |

24장

24:24	暫 잠깐잠	時 때시	間 사이간	잠깐 동안. 잠시.

24:24 暫 時 間 잠깐 동안. 잠시.
잠깐잠 때시 사이간

24:25 辯 駁 옳고 그름을 따지어 논박함.
말잘할변 논박할박

26장

26:5 陰 靈 1. 바다밑에 있는 큰 동굴.
그늘음 신령령 2. 성음부의 영.

26:5 水 族 물 속에 사는 동물.
물수 겨레족

26:7 虛 空 1. 아무것도 없는 텅빈 공간.
빌허 빌공 2. 적막한 무인지경.

26:7 空 間 1. 무한하게 퍼져 있는 빈 곳.
빌공 사이간 2. 쓰지 않는 빈 칸.
3. 성지구에 대한 과학적인 정확한 진술.

26:14 始 作 點 처음으로 한 곳.
비로소시 지을작 점점

27장

27:1 譬 詞 1. 비유로 쓰는 말.
비유할비 말(글)사 2. 격언적인 대화나 시적인 잠언.

27:12	虛 빌허	誕 낳을탄	1. 허황하고 미덥지 않고 망령됨. 허망. 2. 성우상을 지칭. 하나님의 법을 버리고 세상 것을 따라 생각하고 행함.
27:23	上 위상	直 곧을직	軍 군사군	1. 당직된 사람. 2. 안에서 부녀의 수종을 드는 노파.

27:23	拍 손뼉칠박	掌 손바닥장	1. 손바닥을 침. 2. 성분개의 표시[민24:10].
27:23	誹 비방할비	笑 웃음소	비웃음. 비웃는 웃음.

28장

28:1	鑛 쇳돌광		쇳돌. 쇳덩이.
28:1	鍊 쇠불릴련	鍛 쇠불릴(단련함)단	1. 단련. 쇠붙이를 달구어 두드림. 2. 몸과 마음을 닦아 익숙하게 함. 3. 성환난과 핍박을 잘 견뎌 낸 신자의 상태.
28:3	窮 다할궁	究 궁구할구	속속들이 파고 들어 연구함.
28:3	陰 그늘음	翳 그늘예	1. 구름이 하늘을 덮어 어두움. 2. 땅속 깊은 곳.
28:4	隔 막힐격	絕 끊을절	사이가 떨어져 연락이 끊어짐.
28:16	水 물수	瑪 옥돌마	瑙 화반석노	광택이 아름다운 석영의 하나로 백·홍·흑 의 세 가지 색이 있다.

28:17	琉 유리류	璃 유리리	황금 빛의 작은 점이 군데군데 있고 야청 빛이 나는 광물.
28:18	珊 산호산	瑚 산호호	산호충의 석회질이 가라앉아서 된 빛이 고운 돌. (분홍빛, 장밋빛 등)
28:18	水 물수	晶 수정정	무색 투명한 석영의 한 가지.

29장

29:14	道 길도	袍 도포포	옛날 보통 때의 예복으로 입던 웃옷.
29:16	生 날생	疎 성길소	1. 친하지 못함. 2. 서투름. 익숙하지 못함.
29:18	善 착할선	終 마칠종	1. 유종의 미를 거둠. 2. 천수(天壽)를 함. 3. 오래 살다가 평안히 죽음.
29:24	含 머금을함	笑 웃음소	1. 웃음을 머금음. 웃는 빛을 띰. 2. 꽃이 피기 시작함.
29:24	無 없을무	色 빛색	1. 부끄러워 대할 낯이 없음. 2. 아무 빛깔이 없음.

30장

| 30:6 | 霑 침침할침 | 霑 침침할침 | 1. 어둡거나 흐리다.
2. 눈이 어두워서 무엇이 뚜렷이 보이지 않음. |

30:8	故 옛고	土 흙토		고향. 고향 땅.
30:21	殘 해할(남을)잔	酷 혹독할혹		잔학. 잔인하고 포악함.
30:21	腕 팔뚝(팔목)완	力 힘력		1. 뚝심. 주먹심. 2. 육체적으로 억누르는 힘.
30:31	哀 슬플애	哭 울곡	聲 소리성	슬퍼하며 흐느껴 우는 소리.
30:31	哀 슬플애	痛 아플통	聲 소리성	매우 슬퍼하는 소리.

31장

31:3	不 아니불	義 옳을의	者 놈자	1. 의리에 어긋난 사람. 2. 당연히 지켜야 할 올바른 기준이나 바른 행동을 의도적으로 거부하는 사람.
31:3	行 행할행	惡 악할악	者 놈자	모질고 나쁜 짓을 하는 사람.
31:35	署 관청서	名 이름명		서류 따위에 책임자가 손수 이름을 씀.
31:35	訴 하소연할소	訟 송사할송	狀 문서장	법률상의 판결을 법원에 요구하는 서류.
31:39	所 바소	産 낳을산	物 만물물	생겨나는 물건.

32장

| 32:22 | 阿
아첨할아 | 諂
아첨할첨 | 남에게 환심을 사기 위해 알랑거림. 아부. 아종. |

33장

| 33:11 | 監
볼감 | 視
볼시 | 잘못되는 일이 없도록 늘 보살핌. |

| 33:13 | 辯
말잘할변 | 爭
다툴쟁 | 말로 서로 싸움. |

| 33:15 | 異
다를이 | 像
형상상 | 中
가운데중 | 보통과 다른 상태에서. |

| 33:23 | 解
풀해 | 釋
풀석 | 者
놈자 | 1. 알기 쉽게 설명하고 풀이해 주는 사람.
2. 성 '중보자'라는 뜻. 사람들에게 하나님의 섭리를 깨닫게 하여 바른 길을 걷게 하는 천사. |

| 33:24 | 代
대신할대 | 贖
바꿀속 | 物
만물물 | 1. '몸값', '속전'의 뜻.
2. 성 인류의 죄를 대신하여 죽으신 예수님의 몸. |

34장

| 34:18 | 卑
낮을비 | 陋
더러울루 | 1. 낮고 좁음. 더러움.
2. 비천한 지위.
3. 불량자.
4. 무가치한 인간 폐물(공동 번역). |

34:30	陷 빠질함	害 해할해	1. 남을 못된 재해에 빠뜨림. 2. 남을 모해하여 해를 입힘.
34:35	無 없을무	識 알식	지식이 없음. 식견이 없음.

35장

35:2	合 합할합	理 이치리	1. 떳떳한 도리에 합당함. 2. 논리적 필연성에 의하여 지배되는 일. 3. 판결을 받은 것 같이 정당함.
35:6	影 그림자영	響 울릴향	그림자가 형상을 쫓고 울림이 소리에 응하는 것 같이 한 가지 사물로 인하여 다른 사물에 미치는 결과.
35:15	橫 가로횡	暴 사나울포	제멋대로 굴며 몹시 난폭함.

36장

36:8	縲 묶을류	紲 줄설	1. 포승으로 죄인을 옥중에 묶어 둠. 2. 구속된 몸. 3. 사슬(공동 번역).
36:9	所 바소	行 행할행	행한 일. 또는 행하는 일.
36:13	束 묶을속	縛 얽을박	몸을 자유롭지 못하게 얽어 맴.

36:14 **男** **娼**
사내남 창기창

1. 남색(男色)을 파는 일. 또는 그런 남자.
2. 성 아세라 여신을 섬기는 데 바쳐진 남자. 바알과 아셀라 숭배는 성적인 문란 행위가 수반되어 이를 섬기는 여사제들은 공적으로 매음 행위를 했다. 특히 이러한 성도덕의 극심한 타락은 '미동의 집'[왕하23:7]이라는 남창이 생긴 원인이 되기도 했다. 특히 가나안과 페니키아의 농경 신전에서 행해졌던 중요의식 절차의 매춘.

36:18 **忿** **激**
분할분 과격할격

몹시 분하여 격동함. 매우 분하여 몹시 성냄.

36:31 **豐** **備**
풍년풍 갖출비

풍부하도록 갖춤.

38장

38:2 **理** **致**
이치리(이) 이를치

사리에 정당한 조리와 도의.

38:5 **準** **繩**
법도준 오라승

1. 평면을 헤아리기 위하여 치는 먹줄.
2. 일정한 방식.

38:6 **柱** **礎**
기둥주 주춧돌초

기둥 밑에 괴는 돌. 주추.

38:9 **襁** **褓**
포대기강 포대기보

1. 포대기.
2. 성 신약시대에 근동 지역에서 어린 아기를 싸던 천. 아기의 계급이 이 천의 품질과 가치로 표현되었음. 이 천은 붕대와 비슷했는데 이것에 쌓인 아기는 팔과 다리가 없는 미이라처럼 보였음[참조 욥 38:9, 애2:22, 겔16:4].

38:10	界 지경계	限 한정한	땅의 경계. 한계.
38:13	驅 몰구	逐 쫓을축	몰아서 내쫓음.

39장

39:7	馭 말부릴어	拒 막을거	1. 말이나 소를 몰다. 2. 거느리어서 바른 길로 나가게 하다. 3. 몰아가다.
39:16	劬 수고할구	勞 수고로울(지칠)로	1. 자식을 낳아서 기르는 수고. 2. 병들어 수고함. 3. 해산의 고통. 몹시 고통스럽게 몸을 뒤트는 모양.
39:23	箭 화살전	筒 사통대통	전동. 화살을 넣는 통.
39:23	錚 쇳소리쟁	錚 쇳소리쟁	1. 쇳소리가 맑게 쟁그렁 울리다. 2. 여럿 가운데서 매우 뛰어나다. 3. 창과 칼이 부딪쳐 나는 소리.
39:25	蕭 쓸쓸할소	蕭 쓸쓸할소	1. 쓸쓸한 모양. 2. 힝힝 울고(공동 번역).
39:25	將 장수장	官 벼슬관	장관 자리의 사람을 일컬음.

40장

40:4	微 賤 작을미 천할천	1. 신분이 미약하고 비천함. 2. 성전능하신 하나님과 비교된 인간의 연약한 모습을 묘사.
40:10	華 美 빛날화 아름다울미	빛나고 아름다움. 번화하고 고움.
40:15	河 馬 물하 말마	하마과의 짐승.
40:18	管 관(주관할)관	1. 대롱. 2. 주관하다. 3. 관리하다.
40:18	鐵 杖 쇠철 지팡이장	쇠로 만든 지팡이.
40:23	自 若 스스로자 같을약	1. 큰일을 당해도 당황하지 않고 기색이 평상시와 같이 침착함. 자여(自如). 2. 전과 같음. 3. 확신을 갖다.

41장

| 41:25 | 警 怯
놀랠경 겁낼겁 | 놀라서 두려워함. |
| 41:25 | 蒼 黃
푸를창 누를황 | 1. 어찌할 겨를이 없이 매우 급함.
2. 순식간에 박살이 나서 완전히 파멸됨. |

| 41:30 | 瓦
기와와 | 礫
자갈력 | 1. 기와와 조약돌.
2. 깨진 기와 조각.
3. 가치 없는 물건.
4. 사람됨이 아무 가치도 없는 사람. |

42장

| 42:2 | 無
없을무 | 所
바소 | 不
아니불 | 能
능할능 | 무엇에든지 다 능통함. |

| 42:6 | 悔
뉘우칠회 | 改
고칠개 | 1. 잘못을 뉘우치고 고침.
2. 성 신앙생활로 들어가는 요건의 하나. 이전의 잘못을 자각하여 죄인임을 반성하고, 그로부터 이탈하려는 뜻을 세워 새로운 생활로 들어가는 일. |

| 42:12 | 暮
저물모 | 年
해년 | 1. 노년.
2. 늘그막 때. |

詩篇

유대인들이 처음에 시편을 부른 이름은 '기도(트필롯)'였다. 그러다 후대에 가서는 '찬양(트힐림)' 또는 '찬양의 책'이라 불렀다. 구약 성서에서 찬양하라는 동사(hll)의 2/3 이상이 시편에서 나오기 때문이다. 아무튼 기도와 찬양은 시편의 두 측면이다. 그리스어 성서는 시편이 "현악기의 반주에 맞추어 노래하는(그리스어 psallo)" 것이라 하여 '프살모이(psalmoi, 찬미가)'라 불렀다. 시편의 영어 이름(psalms)도 여기서 연유하였다. 우리말 성서 이름 '시편'은 시모음집이라는 뜻의 중국어 성서 이름 '시편(詩篇)'을 딴 것이다.

시편 이외에도 성서에 나오는 노래는 적지 않다. 이런 노래는 오랜 세월에 걸쳐 많은 사람에 의해 애송되었기 때문에, 원작가를 밝히기가 쉽지 않고, 시편에도 첫머리에 다윗, 아삽[50편, 73~83편], 고라의 후손[42편, 44~49편, 84~85편, 87~88편], 모세 등의 작품이라고 나와 있으나 확인할 수는 없다. 시편은 사실상 하나님 백성 전체의 작품이라고 할 수 있는데 다만, 다윗은 음악을 즐기고 시와 노래로 하나님께 찬양과 기도를 드린 대표적인 인물[막12:35~37]이기에, 자연스럽게 시편의 대부분을 그의 작품으로 여기게 된 것이다.

하나님의 백성은 언제 어디서나 하나님께 찬미와 감사를 드렸고 어려운 처지에서는 구원을 탄원해 왔기 때문이다. 비단 개인적으로뿐 아니라 하나님 백성 전체가 드리는 전례에서도 시편은 중요하다. 시편을 한마디로 규정하면 '응답의 성서'라고 할 수 있고, 오경 전체가 하나님이 하신 큰일을 전하고 예언서는 하나님의 말씀을 전해주고 있다면, 시편은 하나님의 그 일과 말씀에 대한 하나님 백성의 응답이 담겨 있다고 볼 수 있겠다. 하나님이 하신 큰일들을 체험한 이들은 하나님을 찬양하지 않을 수 없고, 당신 백성을 지켜주시고 돌보아 주시는 하나님께 감사를 아니 드릴 수가 없었던 것이다. 그렇기에 주님의 말씀을 늘 묵상하며 사는 하나님의 백성은 언제 어느 상황에서든 우리와 함께 해주시며 구원해 주시는 하나님을 "나의 바위, 나의 구원자"[시편 19:14]라고 고백해 왔던 것이다.

詩 글시		1. 귀글시. 2. 풍류가락시. 받들시.
篇 책편		1. 글. 2. 책. ※ 책이나 시문을 세는 단위.

 1편

1:5	會 모을회	中 가운데중	모임을 갖는 도중.

 4편

4:0	伶 영리할영	長 길장	1. 악장(樂長). 2. 성 성전에서 음악을 담당하는 우두머리.
4:0	絃 줄현	樂 음악악	줄로 타는 악기.

 5편

5:0	管 관관	樂 음악악	부는 악기.
5:1	洞 꿰뚫을통	燭 촛불촉	1. 아랫사람의 형편 등을 깊이 헤아려서 살핌. 2. 쪼개듯 날카롭게 꿰뚫어 봄.
5:7	聖 거룩할성	殿 대궐전	1. 예배당. 교회. 2. 신성한 전당. 신을 모신 전당.

6편

6:2	瘦 여윌수	脊 등성마루척	여윔. 몹시 마르고 파리함.
6:6	困 곤할곤	乏 모자랄핍	고달파서 기운이 없음.
6:6	褥 요요(욕)		요. 누울 때 까는 침구. 깃저고리.
6:8	行 행할행	惡 악할악	모질고 나쁜 짓을 행함.

7편

7:9	心 마음심	腸 창자장	1. 마음의 속내. 감정이 우러나는 속 자리. 2. 내적 자아인 속마음.
7:13	火 불화	箭 화살전	폭발물을 장치한 화기. 불을 달고 쏘는 화살.

9편

9:4	辯 말잘할변	護 보호할호	남에게 이롭도록 변명함.
9:5	責 꾸짖을책		1. 꾸짖다. 2. 임무.

10편

| 10:2 | 可 옳을가 | 憐 불쌍히여길련 | 불쌍하다. 가엾다. |

| 10:3 | 所 바소 | 欲 하고자할욕 | 하고 싶은 바. 하고 싶은 일. |

| 10:3 | 貪 탐낼탐 | 利 이할리 | 이익을 탐냄. |

| 10:9 | 窟 굴굴 | 穴 구멍혈 | 1. 소굴. 도적·비도·악한들의 근거지.
2. 굴 속. |

| 10:18 | 威 위험위 | 脅 위협할협 | (脇) 으르고 협박함. |

12편

| 12:8 | 橫 가로횡 | 行 행할행 | 1. 거리낌 없이 돌아다님.
2. 모로 감.
3. 가로로 된 줄. |

14편

| 14:2 | 知 알지 | 覺 깨달을각 | 1. 알아 깨달음.
2. 사물을 이해하는 감각. |

| 14:6 | 避 피할피 | 難 어려울난 | 處 곳처 | 재난을 피하는 곳. 피난소. |

15편

15:1	聖 성스러울성	山 뫼산	성 하나님께서 임재하신다고 생각한 장소로, 즉 시온 산을 가리킨다.
15:4	尊 높을존	待 기다릴대	받들어 대접함.
15:5	代 빌릴대	金 쇠금	1. 빌려준 돈. 2. 돈놀이 함.

16편

| 16:7 | 訓
가르칠훈 | 戒
경계할계 | 1. 타일러 경계함.
2. 성 말씀이나 회초리로 훈련시킴. |

17편

| 17:14 | 今
이제금 | 生
날생 | 이승. 이 세상. 현세. |

18편

| 18:30 | 精
정할정 | 美
아름다울미 | 정묘하고 아름다움. |

19편

19:7	蘇 깨어날소	醒 술깰성	잃었던 정신이 다시 깨어남.
19:7	愚 어리석을우	鈍 둔할둔	어리석고 둔함.
19:13	故 연고고	犯 범할범	罪 허물죄	자신이 알면서도 일부러 범한 죄[민15:30].

22편

22:14	燭 밝을촉(촛)	蜜 꿀밀	밀로 만든 초.

23편

23:4	陰 그늘음	沈 잠길(성심)침	날씨가 흐리고 밝지 아니함.

25편

25:9	指 가리킬지	導 인도할도	가리키어 이끌어 줌.
25:14	親 친할친	密 빽빽할밀	친근. 친의.

25:15	仰 우러러볼앙	望 바랄망	1. 우러러 봄. 2. 우러러 바람.

26편

26:10	惡 악할악	慝 사특할특	악하고 더러움. 악하고 간사함.

30편

30:0	落 떨어질락	成 이룰성	歌 노래가	건축을 완성하고 불렀던 노래.
30:5	寄 부칠기	宿 잘숙		남의 집에 몸을 붙여 있음.

31편

31:6	崇 높을숭	尙 오히려상	높이어 소중하게 여김.
31:12	破 깨뜨릴파	器 그릇기	깨어진 그릇.
31:22	驚 놀랄경	怯 겁낼겁	1. 놀라서 두려워 함. 또는 겁을 냄. 2. 갑작스러운 공포로 인하여 놀라서 불안함.

32편

32:3	吐 토할토	說 말씀설	1. 숨겼던 사실을 비로소 밝히어 말함. 2. 성다윗이 자신의 죄를 즉각 회개하지 않았을 때의 징계 방법.
32:6	汎 뜰(넓을)범	濫 넘칠람	1. 물이 넘쳐 흐름. 2. 제 분수에 넘침.
32:7	隱 숨을은	身 몸신	處 곳처 몸을 숨길 장소.

33편

33:3	演 넓힐연	奏 연주할(아뢸)주	여러 사람 앞에서 악기를 써서 음악을 들려줌.
33:6	萬 일만만	象 코끼리상	1. 형상이 있는 온갖 물건. 2. 세상에 있는 것이나 일어나는 일 전부.
33:19	飢 주릴기	饉 흉년들근	時 때시 1. 먹을 양식이 없어서 백성이 굶주릴 때. 2. 흉년으로 인하여 곡식이 부족할 때.

34편

34:13	詭 속일궤	詐 속일사	간사한 거짓.
34:18	痛 아플통	悔 뉘우칠회	1. 매우 뉘우침. 2. 성죄를 범한 사람이 사함을 얻고자 통곡하며 자복하는 뉘우침.

35편

35:4	傷 상할상	害 해할해	남의 몸에 상처를 내어 해롭게 함.
35:4	狼 이리랑	狽 이리패	일이 실패로 돌아가 매우 딱하게 됨.
35:19	公 공평할공	判 판단할판	형사 사건에 있어서 공소 제기로부터 소송종결에 이르기까지의 모든 재판 절차.
35:19	無 없을무	理 이치리	1. 억지로 우겨댐. 2. 사리에 맞지 않음. 3. 정당한 이유가 없음.

36편

36:1	罪 허물죄	蘗 움돋을(싹)얼	1. 죄악에 대한 재앙. 2. 죄의 씨. 즉 범죄하려는 성향.

37편

37:9	企 꾀할기	待 기다릴대	1. 기망. 성취하기를 바람. 2. 참을성 있게 기다림.
37:19	飢 주릴기	饉 흉년들근	흉년으로 인하여 곡식이 부족함.
37:25	乞 빌걸	食 밥식	남에게 빌어서 얻어 먹음. 음식을 남에게 구걸함.

38편

| 38:11 | 傷
상할상 | 處
곳처 | | | 성히브리어 '네가'. 다윗이 받은 하나님의 진노의 손자취. |

| 38:14 | 辯
분별할변 | 駁
논박할박 | | | 1. 옳거나 그름을 따지어 대듦.
2. 변호를 위한 변론. |

| 38:16 | 妄
망령될망 | 自
스스로자 | 尊
높을존 | 大
큰대 | 종작 없이 스스로 잘난체 함. |

| 38:19 | 活
살활 | 潑
활발할발 | | | 생기가 있음. 원기가 좋음. |

39편

| 39:10 | 衰
쇠할쇠 | 亡
망할망 | | 쇠퇴하여 멸망함. |

| 39:12 | 居
살거 | 留
머무를류 | 者
놈자 | 1. 일시적으로 머물러 사는 사람. 여행자.
2. 성세상에서의 나그네. |

40편

| 40:5 | 奇
기이할기 | 蹟
자취적 | 사람의 힘으로나 생각으로는 할 수 없는 신기한 일. |

| 40:10 | 隱
숨을은 | 諱
꺼릴(숨길)휘 | 꺼리어 숨기고 피함.
※ 돌아가신 높은 어른의 생전 이름(諱字) |

41편

41:5	惡 악할악	談 말씀담	남이 못되도록 저주하는 나쁜 말.
41:6	奸 간사할간	惡 악할악	간사하고 악독함.

42편

42:1	渴 목마를갈	急 급할급	1. 목 마르듯이 몹시 조급함. 2. 부르짖으며 찾음.
42:5	落 떨어질락	望 바랄망	1. 바라던 일이 안 됨. 2. 바라던 마음이 풀어짐. 3. 성여호와를 신뢰함으로써 당하는 고통으로 인한 실망.
42:7	淹 담글엄	沒 빠질몰	물에 빠져 가라앉음. 침몰.

43편

43:4	極 다할극	樂 즐길락	1. 극히 안락함. 2. 극락 세계. 3. 성내가 기뻐하는 기쁨의 하나님.

44편

44:13	嘲 비웃을조	笑 웃음소	조롱하는 태도로 비웃는 웃음.
44:16	詬 꾸짖을후	辱 욕될욕	사람에 대해서 욕설이나 비방을 서슴지 않고 행함 [마5:22].
44:18	退 물러갈퇴	縮 오그라질축	1. 움츠리고 물러남. 2. 배반한 일도 없고(공동 번역).
44:19	豺 승량이시	狼 이리랑	승냥이와 이리(승냥이: 이리 비슷한 짐승)[렘9:11, 사13:22].
44:22	屠 죽일도	殺 죽일살	1. 마구 죽임. 도륙. 2. 성 고난은 때때로 하나님의 자녀들을 위하시는 그분의 계획 중 한 부분.

45편

45:1	筆 붓필	客 손객		글을 잘 쓰는 사람. 문학가.
45:8	沈 잠길침	香 향기향		1. 팥꽃나무과의 상록 교목. 2. 동인도 지방이 원산. 향료로 쓰임.
45:8	象 코끼리상	牙 어금니아	宮 집궁	상아로 지은 궁.
45:9	貴 귀할귀	妃 왕비(짝)비		1. 내명부의 가장 높은 자리. 2. 성 그리스도의 교리를 비유하며 신자들은 그리스도의 신부와 같음.

47편

| 47:2 | 嚴
엄할엄 | 威
위엄위 | 1. 엄격하여 위력이 있음. 엄숙한 위풍.
2. 성 히브리어로는 '노라'이며 두려움이란 의미로 모든 열방이 하나님께 복종할 만큼 큰 힘. 하나님을 거절하는 자에 대한 공의로운 반응. |

48편

| 48:12 | 遍
두루편 | 踏
밟을답 | 이곳 저곳 두루 돌아다니며 확인함. |

49편

49:4	譬 비유할비	喩 비유할유	1. 어떠한 사물이나 관념을 그와 비슷한 것을 끌어내어 설명하는 일. 2. 일상적인 경험으로부터 끌어낸 유사한 이야기를 사용하여 도덕적, 영적인 진리를 밝히는 것.
49:9	永 길영	存 있을존	영구히 존재함.
49:13	後 뒤후	世 인간세	1. 뒤의 세상. 2. 죽은 뒤에 오는 세상.

51편

51:18	恩 은혜은	擇 가릴택	은혜와 덕택.

55편

55:5	惶 두려울황	恐 두려울공	1. 높은 자리에 눌리어 두려움. 2. 성 다윗에게 있었던 이중적인 마음의 고통(우수와 공포).

56편

56:5	曲 굽을곡	解 풀해	1. 곱새김. 2. 그릇되게 꼬아 생각함. 잘못 생각함.
56:6	踪 자취종	(蹤) 跡 발자취적	1. 뒤에 드러난 흔적과 형상. 2. 사람이 간 곳. 3. 발자취.

57편

57:6	障 막힐장	碍 막을애	거리껴 거치적거림.

58편

| 58:5 | 方
모방 | 術
꾀술 | 1. 방법과 기술.
2. 신선의 술법.
3. 성 뱀을 길들여 재주를 부리게 만드는 것. |

60편

| 60:6 | 尺
자척 | 量
분량량 | 물건을 잼. |
| 60:8 | 沐
머리감을목 | 浴
몸씻을욕 | 桶
통통 | 1. 머리를 감고 몸을 씻을 수 있는 큰 통.
2. 성 모압은 발을 씻기 위해 예비된 종의 지위를 상징. |

62편

| 62:10 | 置
둘치 | 心
마음심 | 마음에 둠. |

64편

64:3	鍊 쇠불릴련	磨 갈마	1. 갈고 닦음. 2. 정신이나 기술을 닦음.
64:5	獎 권면할장	勵 힘쓸려	권하여 힘쓰게 함.
64:6	妙 묘할묘	策 꾀책	아주 묘한 꾀.

65편

65:11	年 해년	事 일사	농사가 잘 되어 가는 형편. 농형(農形).

68편

68:6	孤 외로울고	獨 홀로독	1. 외로움. 2. 짝 없는 홀몸.
68:6	囚 가둘수	禁 금할금	죄인을 가두어 둠.
68:9	洽 젖을흡	足 발족	1. 넉넉하고 조금도 모자람이 없음. 2. 성 흡족한 비 → 만나와 메추라기의 비를 의미.
68:18	悖 거스를패	逆 거스릴역	者 놈자	1. 패악하여 불순한 사람. 2. 인륜에 어긋나고 나라에 반역함. 3. 성 유대인 중 종교적으로 타락한 사람.
68:24	行 행할행	次 차례차	웃어른이 길을 가는 것을 공경하여 일컬음.
68:25	歌 노래가	客 손객	노래를 잘 하는 사람. 노래를 업으로 하는 사람.
68:25	樂 음악악	師 스승사	주악에 종사하던 장례원의 한 사람.
68:27	主 주인주	管 주관할관	者 놈자	일을 맡아 주장하여 관리하는 사람.

| 68:33 | 雄
수컷웅 | 壯
씩씩할장 | 으리으리하고도 굉장함. |

69편

| 69:28 | 生
날생 | 命
목숨명 | 册
책책 | 성하늘에 있는 책으로 여기에 기록된 영혼은 생명의 부활을 받음[출32:33]. |

70편

| 70:2 | 無
없을무 | 顔
얼굴안 | 면목이 없음. 부끄러워서 볼 낯이 없음. |

71편

| 71:4 | 掌
손바닥장 | 中
가운데중 | 1. 주먹 안.
2. 자기가 권력을 부릴 수 있는 범위. 수중(手中).
3. 성하나님의 섭리 안에. |
| 71:18 | 白
흰백 | 首
머리수 | 허옇게 센 머리. 나이가 많음. |

72편

72:10	貢 바칠공	稅 세금세	1. 조세. 2. 성많은 민족들이 그리스도에게로 돌아오게 될 것을 간접적으로 예언.
72:11	萬 일만만	王 임금왕	수많은 왕.
72:11	俯 숙일부	伏 엎드릴복	고개를 숙이고 엎드림.
72:16	禾 벼화	穀 곡식곡	벼.

73편

73:8	倨 거만할거	慢 교만할만	1. 잘난 체하고 뽐냄. 2. 성악인들의 언행에 나타나는 교만과 포학. 참람함. 넘치게 행동함.
73:20	無 없을무	視 볼시	존재를 알아 주지 않음. 업신여김.

74편

74:4	標 표표	的 적실할(과녁)적	1. 목표로 삼는 물건. 2. 성정숙해야 할 성소에서 떠들며 자신들의 깃발을 참람스러이 세운 소유의 표.

74:6	鐵 쇠철	椎 몽치(둔할)추	1. 쇠망치. 2. 성 하나님의 징계.

74:14	破 깨뜨릴파	碎 부술쇄	1. 깨어져 부스러짐. 깨뜨리어 부스러뜨림. 2. 성 악어를 깨뜨리신다는 것은 출애굽 시 애굽인을 치신 승리에 대한 시적 표현.

74:23	抗 대할할항	拒 막을거	순종하지 않고 맞서서 겨누어 반항함. 대항함.

75편

75:2	期 기약할기	約 약속할약	때를 정하고 약속함.

76편

76:8	宣 베풀선	告 알릴고	1. 공포하여 널리 알림. 2. 형사소송법상 공판정에서 재판장이 판결을 고지 하는 방법.

77편

77:11	記 기록할기	事 일사	1. 사실을 적음. 2. 기록한 사실.

78편

78:6	後 뒤후	生 날생	1. 뒤에 남 또는 그 사람. 2. 내생. 3. 제자.
78:15	水 물수	源 근원원	물의 근원. 수원.
78:25	充 가득할충	足 발족	분량에 차서 부족함이 없음.
78:50	治 다스릴치	道 길도	1. 길을 닦는 일. 2. 다스리는 길.

80편

80:16	面 낯면	責 꾸짖을책	1. 마주 대하여 책망함. 면자(面刺). 면척(面斥). 2. 얼굴을 마주하여 반박하다.

81편

81:3	月 달월	望 바랄(보름)망	1. 보름. 2. 성 초막절이 시작되는 제15일.
81:7	殷 성할(많을)은	殷 우뢰소리은	큰 소리가 멀리서 잇달아 들려옴. 대포·우뢰·차 등의 소리가 요란하고 꿍꿍함.

82편

82:5 | 無 없을무 | 知 알지 | 無 없을무 | 覺 깨달을각 | 아는 것과 깨달음이 없음.

82:7 | 凡 무릇범 | 人 사람인 | 평범한 사람.

83편

83:1 | 沈 잠길(성심)침 | 默 잠잠할묵 | 아무 말이 없이 잠잠함.

83:3 | 奸 간사할간 | 計 셈할계 | 간사한 꾀. 간모.

85편

85:5 | 發 필발 | 忿 분할분 | 가라앉았던 마음과 힘을 돋우어 일으킴.

86편

86:17 | 表 겉표 | 證 증거할증 | 표가 되는 증명.

88편

88:10	幽 그윽할유	魂 넋혼	1. 영혼. 죽은 사람의 넋. 저승 혼. 2. 〔성〕시인이 죽은 몸으로는 하나님을 섬길 기회가 없다는 뜻.
88:15	惶 두려울황	忙 바쁠망	황황하고 바쁨.(황황: 마음이 몹시 급하여 허둥지둥함)

89편

89:9	平 평평할평	靜 고요할정	평안하고 고요함.
89:22	強 굳셀(힘쓸)강	奪 빼앗을탈	억지로 빼앗음. 강취.
89:23	撲 칠박	滅 멸할멸	짓두드려 없애 버림.
89:45	短 짧을단	促 재촉할촉	1. 시일이나 음성 따위가 짧고 급함. 2. 〔성〕이스라엘의 왕이 포로가 되어 그 통치의 수명이 짧아진 것.

90편

90:2	造 지을조	成 이룰성	1. 만들어서 이루어 냄. 2. 〔성〕하나님의 크신 권능으로 영생의 소망을 알게 만듦.

| 90:4 | 更
지날 경 | 點
점 점 | 1. 하룻밤을 오경, 일경을 오점으로 나누어 경에는 북, 점에는 징을 쳐서 알리던 그 경과 점.
2. 불교 1~5경을 맞추어 치는 종. |
| 90:9 | 一
한 일 | 息
쉴 식 | 間
사이 간 | 한 번 쉬는 사이. |

92편

92:1	十 열 십	絃 줄 현	琴 거문고 금	악기의 일종.
92:10	新 새 신	鮮 고울 선	생생하고 깨끗함. 새롭고 산뜻함. 성 신선한 기름부음 → 봉사함.
92:12	發 필 발	育 기를 육	1. 발달되어 자람. 2. 나서 성숙기에 달하는 과정을 밟음.

97편

| 97:9 | 超
뛰어넘을 초 | 越
넘을 월 | 1. 어느 한도나 기준을 넘음.
2. 인식이나 경험의 범위 밖에 뛰어나 있음. |

98편

| 98:6 | 號
이름 호 | 角
뿔 각 | 불어서 소리를 내는 신호용으로 쓰는 물건(옛날에는 뿔로, 지금은 쇠나 셀룰로이드로 만듦). 호루라기. |

101편

101:3 背 道 者
등배 길도 놈자
1. 도리에 어긋난 사람.
2. 배교자(背教者).
3. 빗나간 곳에 있는 자.

102편

102:14 憐 恤
불쌍히여길련 구제할휼
불쌍히 여겨 물품을 내어 도와줌.

102:23 中 途
가운데중 길도
1. 일이 되어 가는 동안.
2. 중로.

103편

103:19 萬 有
일만만 있을유
만상. 우주간에 있는 온갖 물건.

103:21 天 軍
하늘천 군사군
하늘의 군병.

104편

104:3 樓 閣
다락누 누각각
사방을 바라볼 수 있게 높이 지은 다락방.

104:11	解 풀해	渴 목마를갈	목마름을 풀어버림.

104:16	雨 비우	澤 못택	1. 비의 혜택. 패택(沛澤). 2. 성죄수를 대사(大赦)하는 은전(恩典)을 비유.

104:34	嘉 아름다울가	尙 오히려상	착하고 귀엽게 여기어 칭찬함.

105편

105:20	放 놓을방	釋 풀석	1. 석방(재감자의 신체의 구속을 해제하는 일). 2. 해방.

105:20	統 거느릴통	治 다스릴치	者 놈자	도맡아 다스리는 사람.

105:22	百 일백백	官 벼슬관	모든 벼슬.

105:24	繁 번성할(많을)번	盛 성할성	형세가 불고 늘어서 잘 됨.

105:25	狡 교활할교	猾 교활할활	간사한 꾀가 많음.

106편

106:13	未 아닐미　久 오래구	1. 오래지 않는 동안. 2. 짧은 시간.
106:23	決 결단할결　裂 찢을렬	1. 갈갈이 찢어짐. 2. 의견이 맞지 않아 각각 헤어져 떨어짐.
106:24	樂 즐길락　土 흙토	1. 살기 좋은 땅. 2. 복 받은 땅.
106:32	蘖 움돋을(싹)얼	1. 움돋다. 싹. 새움. 2. 밖에 드러난 흠.
106:39	淫 음란할음　蕩 방탕할탕	1. 행동이 음란하고 방탕함. 2. 성 영적 배교 행위.

107편

107:20	危 위태할위　境 지경경	1. 위태로운 고비. 2. 죽음에 가까이 있는 상태.
107:23	營 경영할영　業 업업	영리를 목적으로 하는 사업.
107:29	潺 물흐르는소리잔　潺	바람이나 물결 따위가 가라앉아 조용함.
107:34	鹽 소금염	1. 소금. 소금 절이다. 2. 소금기가 많은 습지.
107:37	栽 심을재　培 복돋울배	초목을 심어서 기름. 배재.

107:39	憂 근심우	患 근심환		근심이나 걱정이 되는 일.
107:39	卑 낮을비	屈 굽을굴		용기가 없고 비겁하며 품성이 천함.
107:40	荒 거칠황	野 들야		거두거나 손질하지 아니하여 거칠게 된 들. 광야.

109편

109:10	求 구할구	乞 빌걸		남에게 돈이나 곡식 등을 거저 달라고 청하는 일.
109:11	高 높을고	利 이할리	貸 빌릴대	金 쇠금	비싼 이자로 돈을 빌려줌.
109:18	內 안내	腑 장부부		장부안(장부: 체내의 내장기관, 육부: 담, 위, 소장, 대장, 방광, 삼초(음식의 흡수·소화·배설을 맡은 곳)).

115편

| 115:4 | 手 손수 | 工 장인공 | 物 만물물 | 손으로 만든 공예품. |
| 115:14 | 繁 많을번 | 昌 창성할창 | | 한창 잘되어 성함. |

116편

| 116:19 | 庭
뜰정 | 1. 뜰.
2. 관청.
3. 집안. |

119편

119:4	勤 부지런할근	實 열매실	1. 부지런하고 착실함. 2. 전심 전력하여 목표한 것을 행하게 하는 것.
119:31	密 빽빽할밀	接 댈접	1. 아주 가까이 지내는 관계에 놓임. 2. 사이가 뜨지 않고 가깝게 맞닿음.
119:107	莫 말막	甚 매우심	더할 나위 없이 몹시 심함.
119:121	壓 누를압	迫 핍박할박	者 놈자 세력으로 누르고 구박하는 사람.
119:148	夜 밤야	更 지날경	저녁 7시부터 다음날 새벽 5시까지.
119:160	綱 벼리강	領 거느릴령	일의 으뜸이 되는 줄거리.

122편

| 122:3 | 稠
빽빽할조 | 密
빽빽할밀 | 1. 빽빽하게 들어섬. 촘촘하고 빽빽함.
2. 성예루살렘의 전성기 때의 모습. |

| 122:4 | 傳
전할전 | 例
본보기례 | 전하여 오는 법식. 전해 오는 본보기. |

127편

| 127:1 | 警
경계할경 | 醒
술깰성 | 1. 정신을 차려 깨닫게 함.
2. 성 하나님이 자신의 약속에 대해서 반드시 이루
신다는 성취의 확언. |

135편

| 135:2 | 殿
대궐전 | 庭
뜰정 | 궁전의 뜰. |

139편

| 139:4 | 神
귀신신 | 妙
묘할묘 | 莫
말막 | 測
측량할측 | 1. 신통하고 묘하여 측량할 수
없음.
2. 성 인간의 능력과 분리된 하나
님의 탁월하신 능력. |

| 139:15 | 形
형상형 | 體
몸체 | 물건의 생김새와 바탕되는 몸. |

143편

| 143:4 | 惨
참혹할참 | 憺
평안할담 | 1. 괴롭고 슬픈 모양.
2. 근심이나 걱정이 가득해 보임.
3. 얼굴에 독기가 있음. |

149편

| 149:2 | 子
아들자 | 民
백성민 | 아들과 백성. |

箴言

잠언(proverb)은 '비교'라는 뜻을 가진 히브리어 '마샬'을 번역한 말로 '비교나 비유로 보편적인 경험과 진리를 표현하는 진술'이라고 할 수 있다. 속담과 결언이란 의미도 함께 가지며 사람의 행동을 다스리는 말로 가르쳐서 훈계가 되는 짧은 말들이다. 인간의 품성과 행위에 관심을 두고, 지혜로운 삶(경건한 삶)을 강조한다. 사람은 누구든지 하나님을 경외하고 신뢰할 때에만 경건하고 지혜로운 삶을 살 수 있게 된다는 것이다. 인간의 정서와 태도, 인간관계, 도시의 삶과 시골의 생활, 사업윤리, 사교, 사회정의, 가족관계, 도덕적 표준 등 다양한 주제를 다루고 있다. 내용은 지혜에 대한 찬미(1~9장), 솔로몬의 잠언(10:1~22:16), 지혜 있는 자의 말(22:17~24:22), 그리고 이하는 보유편(補遺篇)으로 히스기아왕의 말이다. 잠언은 솔로몬왕의 훈언(訓言: The Proverbs Solomon)을 내용으로 하는 교육서로 기원전 950~700년경에 정리된 것으로 추정하고 있다.

箴
경계할(돌침, 바늘)잠

1. 「문심조룡(文心雕龍)」에 '잠은 질병을 물리치는 것, 침(針)과 같은 뜻'이라 하였고, 「說文」에는 '잠은 침(鍼)과 같다'라 하였는데 결국 경계와 풍자의 글임.
2. 가르쳐 경계하는 뜻을 붙인 글의 한 체(體).
3. 사람이 살아가는 데 훈계가 되는 짧은 말(The book of proverbs (略 prov)).

言
말씀언

1. 말하다.
2. 어조사.

1장

1:3	智 슬기지	慧 지혜혜	1. 슬기. 2. 성 여기의 지혜는 히브리어 '하스겔'로 현명한 처신, 즉 실생활에서의 판단력을 의미하는데 의와 공평과 정직이 병행되어야 함.
1:4	勤 삼가할근	愼 삼가할신	1. 언행을 삼가고 조심함. 2. 잘못에 대하여 반성하고 들어앉아 행동을 삼감.
1:6	比 견줄비	喻 비유유	어떠한 사물이나 관념을 그와 비슷한 다른 사물을 빌려 표현하는 일.
1:13	寶 보배보	貨 재물화	보물.
1:14	纏 얽을전	帶 띠대	돈이나 물건을 넣어 몸에 지니게 된 양쪽 끝이 터진 자루.

2장

2:16	淫 음란할음	女 여자녀	1. 색욕이 센 여자. 음부. 음탕한 여자. 2. 성 이방 여인.

3장

3:25	倉 곳집창	猝 갑자기졸	間 사이간	갑작스러운 동안.
3:35	顯 나타날현	達 통달할달		벼슬과 명망이 높아서 세상에 드러남.

4장

4:18	圓 둥글원	滿 찰만	1. 모난 데가 없이 둥글둥글하고 복스러움. 2. 서로 의좋게 지냄.
4:24	詭 속일궤	譎 속일휼	1. 교묘하고 간사한 속임. 2. 참된 것을 왜곡 또는 곡해하여 거짓되게 전하는 것.

5장

5:5	死 죽을사	地 땅지		1. 죽을 곳. 2. 살아나올 길이 없는 곳.
5:9	殘 해할잔	暴 사나울포	者 놈자	잔학한 사람. 잔인하고 포악한 사람.
5:11	衰 쇠할쇠	敗 패할패		1. 늙어서 기력이 여려짐. 2. 쇠하여 패망함. 3. 성죄가 인간에게 미치는 영향력의 심각성을 표현.
5:19	戀 사모할련	慕 사모모		사랑하여 그리워함.
5:23	昏 어두울혼	迷 미혹할미		사리에 어둡고 마음이 흐리멍텅함.

6장

6:12	不 아니불	良 어질량	1. 언행이 어질지 못함. 2. 성 하나님을 멀리 떠나서 회개할 소망이 없는 배교자(적그리스도).
6:19	離 떠날리	間 사이간	두 사람 사이를 서로 멀어지게 만듦.
6:25	色 빛색		1. 빛. 2. 기색. 낯빛. 3. 남녀 간의 욕정. 4. 경치.

7장

7:10	奸 간사할간	狡 교활할교	간사하고 교활함.
7:11	頑 완고할완	悖 거스를패	1. 성질이 완악하고 행동이 패악함. 2. 성 일반적인 훈계나 충고로는 다루기 어려운 상태 [호4:16].
7:16	花 꽃화	紋 무늬문	褥 요요(욕) 꽃무늬로 수놓은 아름다운 요.
7:16	紋 무늬문	彩 채색채	1. 무늬. 2. 아름다운 광채. 3. 성 음녀의 침상 단장은 이스라엘 전통에 맞지 않고 구약시대에는 불허된 것.
7:17	沈 잠길침	香 향기향	1. 팥꽃나무과의 상록 교목. 인도·동남아의 원산으로 생목이나 고목을 땅에 묻어 수지가 적은 부분을 썩히고 많은 부분을 쓰는데 줄기의 상처나

단면에 흐르는 수지를 예부터 향료로 극히 진중
(珍重)됨.
2. 성질이 온화하여 곽란 · 심복통을 일컬으며 숙취
등의 약재로 씀.

8장

8:14	韜 칼집도	略 간략할략	1. 6도 3략(중국 병서의 고전인 주나라 강태공이 지었다는 육도와 황석공이 지은 삼략). 2. 병법. 3. 묘한 꾀. 4. 계획과 대안, 방침 등을 조언해 줌.
8:16	宰 재상재	相 서로(도울, 정승)상	1. 2품 이상의 벼슬. 2. 왕 또는 방백[에1:3], 장관[창21:22] 등을 의미.
8:22	造 지을조	化 화할(될)화	1. 모든 물건을 만들어 기른다는 자연의 힘과 재주. 2. 신통하게 된 사물. 3. 성하나님께 창조 사역을 의도하시고 계획하신 때.

11장

11:4	義 옳을의	理 도리리	1. 사람으로서 지켜야 할 바른 길. 2. 서로 사귀는 도리.
11:11	祝 빌축	願 원할원	1. 하나님에게 기도할 때에 잘 되게 해 달라고 바라며 비는 일. 2. 성기도.

11:13	閒 한가할한	談 말씀담	1. 심심풀이로 하는 이야기. 한가하게 서로 주고받는 이야기. 한화(閒話). 2. 성각처로 돌아다니면서 남을 비방하고 중상하는 자[레19:16].
11:16	勤 부지런할근	勉 힘쓸면	부지런히 힘씀.
11:17	殘 해할잔	忍 참을인	인정이 없고 몹시 모짊.
11:20	悖 거스를패	戾 어그러질(죄)려	1. 성질이 거칠고 사나움. 또는 순진하지 못하고 비꼬임. 2. 성거짓말하는.
11:24	過 지낼과	度 법도도	정도에 지나침.

12장

12:5	公 공평할공	直 곧을직	사사롭고 치우침이 없이 정직함.
12:15	勸 권할권	告 알릴고	1. 하도록 권하여 말함. 2. 성자기 의사를 버리고 하나님의 말씀만을 따르도록 말함.
12:21	殃 재앙앙	禍 재화화	1. 죄악의 과보로 받는 재앙. 2. 성멸망.

13장

13:8	脅 위협할협	迫 핍박할박	어르고 대듦.

13:23	蕩 방탕할탕	敗 패할패	1. 탕진. 재물을 다 써서 없앰. 2. 완전히 없애버려 끝을 냄.

13:24	楚 종아리칠초	撻 종아리칠달	1. 잘못을 저질렀을 때 어버이나 스승이 징계한다고 회초리로 종아리를 때림. 달초. 2. 성 단련.

13:25	飽 배부를포	食 먹을식	배부르게 먹음.

14장

14:9	尋 찾을심	常 항상상	1. 대수롭지 않고 예사로움. 2. 성 죄나 악을 가볍게 여기고 무시하며 넘어가는 행동.

14:21	貧 가난빈	困 곤할곤	가난하여 살기가 어려움.

14:29	躁 조급할조	急 급할급	참을성 없이 썩 급함.

15장

15:1	過 지낼과	激 과격할(급할)격	지나치게 세참.

15:4 溫 따뜻할온 良 어질량
1. 성질이 온화하고 착함.
2. 성 온량한 혀 → 치료하는 혀를 의미. 아픈 상처, 낙심한 마음 등을 치료해 주거나 감싸주는 것.

15:11 幽 그윽할유 冥 어두울명
1. 깊숙하고 어두움.
2. 저승.
3. 성 히브리어 '아바돈'으로 죽은 자의 장소인 무덤. 지옥 또는 무저갱[계9:2].

15:17 如 같을여 干 방패간
1. 보통으로. 어지간하게. 조금.
2. 오죽.

15:25 地 땅지 界 지경계
1. 땅의 경계.
2. 각 사람의 기업이 된 땅의 한계를 따라 그은 경계선 또는 그 밖의 경계를 표시하는 것.

16장

16:11 桿 줄기(몽둥이)간 稱 일컬을칭
1. 저울의 한 종류.
2. 추(weight).

16:11 皿 그릇명 稱 일컬을칭
저울의 한 종류로 가운데 줏대를 중심으로 양 끝에 무게를 싣는 저울판이 달림.

16:15 喜 기쁠희 色 빛색
1. 기뻐하는 얼굴빛. 기쁜 듯이 보이는 얼굴빛.
2. 성 생명의 상징.

17장

17:1	肉 고기육	饍 반찬선	1. 쇠고기 등으로 만든 반찬. 육찬(肉饌). 2. 성화목제를 드린 후 가족들과 나누어 먹는 희생의 제물.
17:7	分 나눌분	外 밖외	분수에 지나친 일.
17:27	安 편안안	存 있을존	1. 사람됨이 얌전하고 조용함. 2. 평안하게 있음. 3. 자제력이 있어 조용하고 침착함.

18장

18:9	敗 패할패	家 집가	가산을 다 없앰.
18:17	原 근본원	告 알릴고	재판을 먼저 청구한 자.
18:17	被 당할피	告 알릴고	민사 소송에 있어서 소송을 당한 사람.

19장

19:10	奢 사치할사	侈 사치할치	1. 필요 이상으로 치장함. 2. 지나치게 향락적인 소비를 함.
19:15	懈 게으를해	怠 게으를태	1. 게으름. 태만함. 2. 선행(善行)에 있어서의 게으름. 어떤 법률행위

를 하여야 할 기일을 이유 없이 넘기어 책임을 다
하지 아니하는 일.

3. 성혼수상태[창2:21].

| 19:26 | 驅
몰구 | 迫
핍박할박 | 못 견디게 굶. 학대함. |

21장

21:1	洑 보(돌아흐를, 스며들)보	1. 보. 돌아흐르다. 2. 성농부가 저수지의 물을 원하는 대로 끌어 갈 수 있듯이 하나님은 임의대로 주장하실 수 있음.
21:25	情 뜻정	慾 욕심낼욕	1. 색정의 욕심. 성욕. 2. 마음에 일어나는 온갖 욕망. 3. 성금지된 것에 대한 지독한 욕심[딤후2:22].
21:26	施 베풀시	濟 건널(구제할)제	1. 구제를 시행함. 2. 가난한 또는 불쌍한 자에게 자신의 물품을 베풀어 구제함.

22장

22:24	鬱 답답할울	憤 분할분		가슴에 가득히 쌓인 분함.
22:28	地 땅지	界 지경계	石 돌석	땅이나 행정구역, 또는 국가들 사이의 경계를 표하는 돌[신19:14].
22:29	事 일사	業 업업		1. 일. 2. 어떤 목적을 가지고 계획적으로 운영되는 일.

23장

23:2	貪 탐할탐	食 밥식	者 놈자	1. 음식을 탐내는 사람. 2. 탐내어 먹는 사람. 3. 성 대접받는 자는 음식보다 초청자에게 주의를 기울여야 함.
23:3	珍 보배진	饌 음식찬		진수. 썩 맛이 좋은 음식.
23:4	私 사사사	事 일사		사사로운 일.
23:12	着 이를착	心 마음심		1. 어떠한 일에 마음을 둠. 2. 주의하여 마음을 기울임.
23:16	愉 즐거울유	快 쾌활할쾌		1. 마음이 상쾌하고 즐거움. 2. 성 히브리인들은 속(신장)을 감정의 근원지로 생각.
23:19	正 바를정	路 길로		1. 바른 길. 2. 성 방탕한 길로 가지 말아야 함을 가르치기 위한 전제.
23:33	怪 괴이할괴	異 다를이		1. 이상야릇함. 2. 알 수 없음. 3. 성 음녀, 음욕.

24장

24:12	洞 꿰뚫을통	察 살필찰	1. 온통 밝혀서 살핌. 2. 성 하나님 앞에서 모른다는 변명은 받아들여지지 않음.

| 24:30 | 曾 일찍증 | 往 갈왕 | 1. 일찍이. 이미 지나간 그때.
 2. 증전. 재전. |

25장

25:1	編 엮을편	輯 모을집	1. 여러 가지 재료를 모아서 신문이나 책을 만듦. 2. 기존의 것을 다시 새롭게 복사하거나 재편함.
25:8	急 급할급	遽 바쁠(급할)거	급거히. 갑자기.
25:11	境 지경경	遇 만날우	어떤 조건이 붙는 때.

26장

| 26:24 | 憾 한할(섭섭할)감 | 情 뜻정 | 마음에 언짢게 여기어 원망하거나 성나는 마음. |

27장

| 27:6 | 痛 아플통 | 責 꾸짖을책 | 1. 엄하게 꾸짖음.
 2. 성 선한 길로 이끌기 위한 책망.
 충고와 아부를 구별하는 참 지혜의 길. |
| 27:21 | 試 시험할시 | 鍊 쇠불릴련 | 시험하고 단련함. |

29장

29:8	悔 업신여길모	慢 교만할만	1. 남을 업신여기고 저만 잘난 체함. 2. 성모만한 자 → 조롱하는 사람. 하나님의 말씀을 조롱하며 진리를 무시하는 자.
29:12	信 믿을신	聽 들을청	남의 말이나 충고 등을 자신의 가치 기준 없이 믿고 곧이 들음.
29:13	暴 사나울포	惡 악할악	성질이 사납고 악함.
29:24	直 곧을직	告 알릴고	1. 바른대로 알리어 바침. 2. 성장부에 적힌 대로 세밀히 회계한다는 의미로 심판의 철저성을 표현.

30장

30:10	罪 허물죄	責 꾸짖을책	1. 죄를 저지른 책임. 2. 죄벌.
30:14	長 길장	劍 칼검	허리에 차는 긴 칼.
30:14	軍 군사군	刀 칼도	군인이 차는 긴 칼.
30:29	威 위엄위	風 바람풍	위엄이 서리는 풍채.

31장

31:5	艱 어려울간	困 곤할곤	경제적이나 신분상으로도 비천하여 억울한 일을 당하며 구차하고 곤궁함.
31:16	看 볼간	品 물건품	1. 물건의 품질이 좋고 나쁨을 자세히 봄. 2. 성깊이 생각함. 신중히 결정함.

傳道書

지혜 문학의 하나로, 히브리어 '코헤레트' 기원전 935년경에 쓰여진 것이며, 작자는 다윗의 아들이며, 이스라엘의 왕인 전도자(코헬렛)라 밝히고 있다. 책의 제목도 여기서 나온 것이며, 내용은 "만물은 허무하고 인생의 향락·욕심·수고·육선·재물도 무상한 것이므로, 유일한 길은 하나님을 경외하고 그 계명을 지킬 것이며, 하나님이 주는 지혜만이 최선이다"라고 하였다.

傳 전할전	1. 전하다. 2. 주다. 3. 옮기다. 4. 잇다.
道 길도	1. 길. 2. 이치. 3. 말하다. 4. 말미암다. 5. 순하다.
書 글서	1. 글. 2. 쓰다. 3. 글짓다. 4. 책. 5. 편지.

2장

2:5	果 과실과	園 동산원		과수원. 여기서는 '뜰', '정원' 등으로 볼 수 있다.
2:10	分 나눌분	福 복복		1. 타고난 복. 2. 수고나 일을 행한 결과 얻어지는 몫.
2:14	愚 어리석을우	昧 어두울매	者 놈자	어리석고 몽매한 사람.

3장

| 3:22 | 身
몸신 | 後
뒤후 | 事
일사 | 죽은 뒤의 일. |

4장

4:1	慰 위로할위	勞 수고로울로	者 놈자	수고함을 어루만져 치사하는 사람.
4:4	巧 공교교	妙 묘할묘		1. 썩 잘됨. 2. 썩 묘함. 3. 긍정적 의미로서 사업적 '성취'를 뜻함.
4:13	諫 간할간			간하다. 충고하다.

5장

| 5:6 | 使
부릴사 | 者
놈자 | 레위인인 제사장. |
| 5:13 | 弊
폐단폐 | 端
끝단 | 1. 해롭고 번거로운 일.
2. 좋지 못하고 해로운 점. |

6장

6:3	埋 묻을매	葬 장사장	1. 죽은 사람을 땅에 묻음. 2. 못된 짓을 한 사람을 용납되지 못하게 함.
6:9	空 빌공	想 생각상	1. 이루어질 수 없는 헛된 생각. 2. 외계에 상응하는 객관적 사실이 없는 생각.
6:12	身 몸신	後 뒤후	죽은 뒤.

7장

7:2	初 처음초	喪 복입을상	1. 사람이 죽은 것. 2. 사람이 죽어서 장사지내기까지의 일.
7:2	留 머무를류	心 마음심	마음에 둠.
7:7	貪 탐낼탐	虐 사나울학	1. 욕심이 많고 포악함. 2. 성 권력의 남용으로 인간 사회를 타락시킴.
7:14	並 나란할병	行 행할행	1. 나란히 같이 감. 2. 두 가지 일을 한꺼번에 아울러서 행함.
7:26	捕 잡을포	繩 노(줄)승	죄인을 결박하는 노끈. 오라.

8장

8:5	時 期 때시 기약할기	일을 도모하기에 적절한 때.
8:5	判 斷 판단할판 끊을단	여기서는 재판의 판결과 같은 권위 있는 결정.

9장

9:11	明 哲 者 밝을명 밝을철 놈자	1. 재주 있고 사리에 밝은 사람. 2. 지혜로운 자[잠16:21].
9:11	技 能 者 재주기 능할능 놈자	1. 기술에 관한 재주와 능력이 있는 사람. 2. 여기서는 지식적으로 많이 아는 사람.
9:14	胸 壁 가슴흉 벽벽	성곽이나 포대 등 중요한 곳에 따로 쌓는 사람의 가슴 높이만 한 담. 흉장[삼하20:15].

10장

10:4	恭 順 공손할공 순할순	1. 고분고분함. 공손하고 온순함. 2. 성 히브리어 '말패'로 치료, 양보, 유순을 의미.
10:13	狂 悖 미칠광 거스를패	1. 하는 짓이 막되고 예절이 없음. 미친 사람처럼 도의에 벗어나는 언행을 가짐. 2. 멸망을 초래하는 미친 행위.
10:16	連 絡 이을연 이을락	1. 서로 연고를 맺음. 2. 서로 사정을 알림.

			3. 이어 댐.
			4. 성 아침에 연락할 일이 있는 데도 방종함.
10:17	補 기울보		1. 깁다. 돕다. 2. 관직에 임명함.
10:19	應 응할응	用 쓸용	어떠한 원리를 실제로 이끌어 씀.

11장

11:4	風 바람풍	勢 기세(형세)세	바람의 세력. 바람의 강약의 도수. 풍력.
11:5	願 원할원	欲 하고자할욕	히브리어 '아비요나'는 어원상 '소원과 욕망'이나, 여기서는 특히 성욕을 가리킨다.

雅歌

구약 성서의 편명. 노래 중의 노래라는 뜻인데 이스라엘 민족이 유월절에 낭독하는 두루마리이다. 바벨론 유수(幽囚) 이후인 기원전 5세기에 작성되었지만 내용들은 10세기 다윗 왕조 때 쓰여졌다. 남자와 여자가 번갈아가며 말하는 연애시 모음으로 책 전체를 일관하며 줄거리는 없다. 유대인들은 하나님과 거룩한 계약을 맺은 이스라엘 민족에 대한 하나님의 사랑의 알레고리로 이 책을 해석하며, 중세 신비주의는 이 책을 그리스도와 인간영혼 간의 사랑에 적용해 해석했다. 기원전 965년경의 솔로몬의 작품으로 추정된다.

雅 맑을아	1. 맑다. 바르다. 2. 항상. 거동.
歌 노래가	1. 노래. 2. 읊조리다. 3. 장단 맞추다.

1장

1:1	雅 맑을아	歌 노래가	노래 중의 노래. 우아한 노래. 고상한 노래. 최고의 노래.
1:4	寢 잠잘침	宮 집궁	1. 내실. 2. 성 왕궁 주변의 젊은 여인(후궁)들이 동경하던 곳.
1:9	駿 클준	馬 말마	1. 썩 좋은 말. 2. 성 고대 근동에서 말은 운송수단의 가축이 아니라 주인의 영광과 부귀를 드러내는 데 쓰였으며 특히

바로는 자신의 전차(戰車)를 위하여 좋은 말을 수입하므로 그 명성이 자자했다.

1:13	香 향기향	囊 주머니낭	향을 넣어 차는 주머니.
1:14	花 꽃화		1. 꽃. 꽃피다. 2. 갈보. 3. 기녀(妓女).
1:16	和 화목할화	暢 화창할창	날씨나 마음이 온화하고 맑음.

2장

| 2:12 | 斑 얼룩질반 | 鳩 비둘기구 | 팔레스타인 지방의 철새로서, 산비둘기[창15:9]. |

3장

3:7	擁 안을옹	圍 둘레위	부축하여 좌우로 호위함.
3:7	輦 손수레(끌)련		임금이 타는 가마의 하나. 난가. 난여.
3:10	毯 담요담		담요.

4장

4:4	望 바랄망	臺 집대	1. 적의 동태를 살피는 높은 대. 2. 성다윗의 망대 → 술람미 여인의 곧고 우아한 품위를 비유.
4:6	沒 빠질몰	藥 약약	山 뫼산	몰약이 있는 산.
4:8	豹 표범표			표범.
4:14	番 차례번	紅 붉을홍	花 꽃화	꽃 이름. 노란색 사프란 식물.
4:14	桂 계수나무계	樹 나무수		나무 이름.
4:14	乳 젖유	香 향기향	木 나무목	1. 감람과의 유향수. 2. 성복음의 영적 향기를 예표[고후2:14~16].
4:15	生 날생	水 물수		1. 샘구멍에서 나오는 맑은 물. 2. 생명수(生命水).

5장

5:7	行 행할행	巡 순행할순	살피며 돌아다님.

6장

6:4	旗 기 기	幟 기 치	1. 군중에서 쓰는 온갖 기. 2. 태도나 행동을 구별하는 표.
6:11	胡 어찌(오랑캐) 호	桃 복숭아 도	호두나무 열매. 성질이 따스하며 피부를 윤택하게 함.

이사야

유대의 선지자 이사야가 기원전 734~680년경 기록한 예언서로, 이스라엘 및 여러 국민에게 예언과 여호와의 궁극의 승리를 선포하고 있다. 예언자는 모든 것이 다 끝나고 사라진 것만 같은 순간이 실은 끝이 아닌 새로운 시작이라고 말한다. 철저한 실패와 멸망을 통해 자신의 무능함과 하나님의 전능하심을 깨닫고, 희망의 끈을 놓지 말라는 메시지이다. "너희가 굳게 믿지 않으면 결코 굳게 서지 못하리라[사7:9]".

1장

1:4	犯 罪 범할범 허물죄	1. 죄를 범함. 2. 성'과녁을 맞추지 못하다'라는 뜻의 동사에서 유래했으며, 이스라엘은 하나님의 뜻을 맞추지 못한 북왕국뿐만 아니라 선택받지 못한 민족 전체를 말함.
1:4	慢 忽 교만할만 문득홀	1. 되어 가는 대로 내버려 두고 등한히 하고 소홀히 함. 2. 성유대 백성이 하나님께 드린 형식적인 예배 [대하27:2].
1:6	柔 부드러울유	1. 부드럽다. 2. 약하다. 3. 순하다.
1:8	上 直 幕 윗상 곧을직 천막막	1. 하인들이 숙직을 하는 막. 2. 과수원에 도둑이나 들짐승이 침입하는 것을 감시하는 오두막.

1:16	惡 악할 악	業 업 업	악행. 나쁜 직업.
1:23	謝 사례할 사	禮 예도 례	物 만물 물	고마운 뜻을 나타내는(물건) 선물.
1:23	受 받을 수	理 이치 리	소장 · 원서 같은 것을 받아서 처리함.
1:25	混 흐릴 혼	雜 섞을 잡	物 만물 물	뒤섞이어 분잡해진 물건.
1:27	歸 돌아갈 귀	正 바를 정	1. 사물이 옳은 길로 돌아옴. 2. 잘못되어 가던 일이 바른 길로 돌아옴.

2장

2:7	馬 말 마	匹 짝 필	말.
2:12	驕 교만할 교	慢 교만할 만	者 놈 자	1. 건방지고 방자한 사람. 2. 성 하나님께서는 인간이 스스로 높이는 것을 매우 싫어하심.
2:12	倨 거만할 거	慢 교만할 만	者 놈 자	잘난 체하고 뽐내는 자.
2:16	彫 새길 조	刻 새길 각	物 만물 물	조각한 물건.
2:19	巖 바위 암	穴 구멍 혈	바위 굴. 석굴.

2:19	土 흙토	窟 굴굴	1. 땅속으로 뚫린 큰 굴. 2. 흙을 파낸 큰 구덩이.
2:21	岩 바위암	穴 구멍혈	석굴.

3장

3:3	能 능할능	爛 빛날란		능하고 익숙함.
3:3	妖 요망할요	術 꾀술	者 놈자	사람의 눈을 어리게 하는 야릇한 술법을 하는 사람.
3:4	赤 붉을적	子 아들자		1. 갓난아이. 2. 임금이 백성을 「갓난아이」로 여기어 사랑한다는 뜻으로 일컫는 말. 3. 신체적으로나 지적으로 성숙하지 못한 자.
3:8	觸 닿을촉	犯 범할범		1. 꺼려서 피할 일을 저지름. 2. 거룩한 것을 건드려 범함.
3:20	花 꽃화	冠 갓관		1. 여자 예장에나 또는 잔치 때 기녀 동기 무동들이 쓰던 관. 2. 칠보로 꾸민 여자의 관. 3. 꽃을 보호하는 화피의 내륜(內輪).
3:20	香 향기향	盒 합합		1. 제사 때에 피우는 향을 담는 합. 2. 성 옛 애굽의 무덤이나 앗시리아 궁전에서 발견되었음. 부인들의 장신구.

411

3:20	護 보호할호	身 몸신	符 부신(들어맞을)부	악귀로부터 몸을 보호하기 위하여 가지는 신불의 부찰, 또는 부적. 장신구의 일종.
3:21	指 손가락지	環 고리환		가락지.
3:24	刺 찌를자	字 글자자		야만적인 대적에 의하여 얼굴이나 팔뚝에 흠을 내어 죄명을 먹칠하여 넣던 일. 삽면. 삽자.

4장

4:2	避 피할피	難 어려울난	1. 재난을 피함. 2. 재난을 피하여 있는 곳을 옮김.

5장

5:2	極 다할극	上 윗상	品 품건품	최고품.
5:6	荊 가시형	棘 가시나무극		1. 나무의 가시. 2. 괴로움과 어려움.
5:10	艱 어려울간	辛 매울신		힘들고 몹시 고생스러움.
5:12	關 관계할관	心 마음심		마음에 두고 늘 잊지 못함.
5:14	欲 하고자할욕	望 바랄망		1. 하고자 하는 마음. 2. 부족한 것을 채우고자 하는 마음.

| 5:25 | 糞
똥분 | 土
흙토 | 썩은 흙. |

6장

| 6:4 | 煙
연기(안개)연 | 氣
기운기 | 1. 물건이 탈 때 나는 검고 부연 기체.
2. [성]하나님이 임재하시는 징조를 의하지만 특히 진
노를 나타내시는 하나님의 심판의 시위(示威)를
말함[왕상8:10]. |
| 6:11 | 全
온전전 | 廢
폐할폐 | 아주 없애 버림. |

7장

| 7:4 | 不
아니불 | 過
지낼과 | 어떤 수량에 차지 못함을 나타내는 말. |
| 7:23 | 株
그루주 | | 그루. 나무를 세는 단위. |

8장

| 8:1 | 書
글서 | 板
널판 | 글씨를 쓰는 판자. |
| 8:16 | 封
봉할봉 | 緘
봉할함 | 편지를 봉지에 넣고 부리를 붙임. |

8:18	豫 미리예	表 겉표	1. 미리 알려 주는 표징. 2. 성히2:12에 의하면 이사야는 자신과 자신의 아들들이 그리스도와 그의 피로 사신 자녀의 예표라 하였음.
8:19	魔 마귀마	術 꾀술	師 스승사	요술쟁이.
8:21	煩 번거로울번	燥 마를조	1. 번거로워 속이 타는 것. 2. 신열이 나서 손과 발을 가만히 두지 못하는 짓.

9장

9:4	壓 누를압	制 억제제	者 놈자	압박하고 억제하는 사람.
9:6	政 정사정	事 일사	1. 정치상의 일. 행정에 관한 사무. 2. 벼슬아치의 임면(任免)과 출척(黜陟: 못된 사람을 내쫓고 착한 사람을 올리어 씀)에 관한 일.
9:6	奇 기이할기	妙 묘할묘	者 놈자	1. 기이하고 묘한 사람. 2. 성처음 오실 때는 영생의 말씀으로 오신 것을, 두 번째는 완전한 지혜로써 다스릴 초자연적인 모사로서의 메시아를 가리키는 말.
9:7	自 스스로(부터)자	今 이제금	이제부터.

10장

10:2	剝 벗길박	奪 빼앗을탈		남의 재물이나 권리를 빼앗음.
10:5	忿 분할분	恨 원한한		아주 분한 원한.
10:6	街 거리가	路 길로	上 윗상	도시의 넓은 길 위.
10:25	不 아니불	久 오래구		오래 되지 않음. 오래지 않음. 짧은 시간.
10:28	輜 짐수레치	重 무거울중		1. 말에 실은 짐. 2. 육군에서 옮겨 나르는 온갖 군수품.
10:29	嶺 재령			1. 재. 고개. 산길. 2. 성 믹마스와 게바 사이에 있는 오늘날의 와디 슈바니트.

11장

11:12	離 떠날리	散 흩을산	떨어져 흩어짐. 헤어짐.
11:15	海 바다해	股 다리고	1. 바다 다리. 2. 성 혀(舌)처럼 생긴 홍해를 의미.

13장

13:2	赭 붉은빛자	山 뫼산	1. 나무가 없는 민둥산. 붉은 산. 2. **성** 한때는 이교적인 예배가 행해지던 우상 숭배의 장소[렘3:2].
13:18	可 옳을가	惜 아낄석	가련히 여겨 아낌. 측은히 여김. 즉 너그럽게 대하는 것.
13:22	宮 집궁	城 재성	궁궐을 둘러싼 성벽.

14장

14:5	霸 으뜸패	權 권세권	者 놈자	수령이나 승자가 가지는 권력을 가진 자.
14:6	抑 누를억	壓 누를압		힘으로 억누름.
14:7	靜 고요할정	穩 평온할온		풍파가 없이 고요하고 평온함.
14:12	啓 열(인도할)계	明 밝을명	星 별성	1. 금성. 샛별. 2. **성** 왕을 가리키는 동시에 군주의 '치명적 야망'을 의미. 바벨론 왕을 상징.
14:16	驚 놀랠경	動 움직일동		몹시 놀라 움직임.
14:20	安 편안안	葬 장사장		편안하게 장사 지냄.

14:23	掃 쓸소	除 덜제	깨끗이 쓸고 닦아서 먼지 따위가 없게 함.

16장

16:6	誇 자랑과	張 베풀장	1. 실제보다 더하게 나타냄. 2. 자랑하여 떠벌림.

17장

17:10	移 옮길이	種 심을(씨)종	1. 모종을 옮기어 심음. 2. 이식.

18장

18:2	輕 가벼울경	捷 빠를첩	1. 가뿐하고 민첩함. 2. 성 경첩한 사자 → 통신사.
18:4	雲 구름운	霧 안개무	구름과 안개.
18:6	過 지낼과	夏 여름하	여름을 지냄.
18:6	過 지낼과	冬 겨울동	겨울을 지냄.

417

19장

절	한자	뜻
19:3	妖 요망할요 術 꾀술 客 손객	마술하러 온 손님.
19:9	白 흰백 木 나무목	무명. 대중적으로 널리 보급된 흰 모직물.
19:18	將 장차장 亡 망할망 城 재성	1. 고대 사본에는 '파멸의 도시'와 '태양의 도시'로 쓰임. 장차 망할 성. 2. 성다섯 성읍 중의 하나가 저주받아 파괴될 성.
19:20	表 겉표 跡 발자취적	1. 겉으로 나타난 형적. 2. 성기도의 열심.

21장

절	한자	뜻
21:3	腰 허리요 痛 아플통	허리가 아픈 병. 허리앓이.
21:4	希 바랄희 望 바랄망	어떤 일을 이루고자 또는 그것을 바람.
21:4	瑞 경사스러울서 光 빛광	길한 일의 조짐. 상광(祥光). 상서로운 징조.
21:7	馬 말마 兵 병사병 隊 떼대	1. 기병대. 말을 타고 싸우는 부대. 2. 성메대, 바사(페르시아)에서 가장 강한 군대.
21:7	有 있을유 心 마음심	1. 주의를 기울임. 2. 뜻이 있음.

| 21:13 | 隊 떼대 | 商 장사상 | 사막 지방에서 볼 수 있는 약대를 끌고 다니며 하는 원시적인 상업 단체. |
| 21:16 | 衰 쇠잔할쇠 | 滅 멸할멸 | 쇠퇴하여 멸망함. |

22장

22:7	整 정돈할정	列 벌릴렬	가지런히 줄을 지어 섬.
22:12	哀 슬플애	呼 부를호	슬피 하소연 함. 애소.
22:18	廣 넓을광	漠 아득할막	넓고 아득함. 한없이 넓음.
22:24	鍾 술잔종	子 아들자	1. 간장, 고추장 등을 담아 상에 올려 놓는 작은 그릇. 2. 성엘리아김은 높은 지위에 있는 가문 사람들은 작은 벼슬을 갖게 된다는 뜻. ※ 鐘 - 쇠북종

23장

| 23:5 | 痛 아플통 | 悼 슬퍼할도 | 1. 마음이 몹시 아프고 슬픔. 상도(傷悼).
 2. 성히브리어 '아히루'인데 '아파함'이란 뜻. |

419

24장

24:2	家 집가	母 어미모		1. 남 앞에서 자기 어머니를 일컫는 말. 2. 한 집안의 주부. 주모.
24:2	債 빚채	給 줄급		빚으로 꾸어 줌.
24:2	債 빚채	用 쓸용		물건을 빌리거나, 돈을 꾸어서 씀(차용).
24:16	詭 속일궤	譎 속일휼	者 놈자	1. 야릇하고 교묘하고 간사하게 속이는 사람. 2. 성 성도들을 핍박할 사람들.
24:20	寢 잠잘침	網 그물망		1. 침대를 얽은 그물. 2. 달아맨 그물 침대.

25장

25:4	暴 사나울포	虐 사나울학	者 놈자	1. 횡포하고 사나운 사람. 2. 성 하나님의 백성을 압제하는 원수들의 명칭.
25:4	暴 쬘폭	陽 빛양		1. 뜨겁게 내리쬐는 볕. 2. 성 일시적으로 하나님의 백성을 압제하는 세상 세력.

26장

26:1	廓 둘레(클, 넓을)곽		1. 둘레. 2. 큼. 3. 넓음.
26:3	心 마음심	志 뜻지	1. 마음에 지니는 뜻. 마음에 형성되는 계획이나 의도. 2. 성 여호와를 의뢰하는 신앙.
26:10	恩 은혜은	寵 사랑할총	1. 높은 이로부터 받는 특별한 은혜와 사랑. 2. 성 하나님의 인류에 대한 사랑.

27장

27:4	蒺 찔레질	藜 명아주려	1. 한의약재. 질려자. 찔레. 2. 성 질려와 형극 → 택한 백성의 원수들을 비유.
27:8	譴 꾸짖을견	責 꾸짖을책	1. 잘못을 꾸짖고 나무람. 2. 공무원 징계의 한 가지.
27:12	漲 물많을창	溢 넘칠일	물이 넘침. 창만(漲滿).

28장

28:11	生 날생	疎 성길(소통할)소	1. 친하지 아니함. 2. 서투름. 익숙하지 못함. 疏와 동자. 3. 성 생소한 입술 → 앗시리아의 언어.
28:14	輕 가벼울경	慢 교만할만	1. 업신여겨 모욕함. 2. 성 스스로 교만하여 하나님의 말씀을 조롱함.

28:16	急 급할급	切 끊을절	1. 절박. 시기나 형편이 매우 급하게 바싹 닥침. 2. 당황함.
28:17	掃 쓸소	蕩 방탕할탕	휩쓸어 죄다 없애 버림.
28:21	非 아닐비	常 항상상	1. 심상치 않음. 2. 보통과 다름.
28:22	尤 더욱우	甚 심할(매우)심	더욱 심함. 강해지고, 단단해지고, 확고해짐.
28:24	開 열개	墾 개간할간	손대지 아니한 거친 땅을 개척하여 처음으로 논밭을 만듦.
28:25	小 작을소	茴 회향회	香 향기향	회향의 하나. 산중·요통·복통·위한 등에 약으로 씀. 씨가 검고 꽃이 푸르고 키가 5cm쯤 되는 미나리과 식물.
28:25	小 작을소	麥 보리맥	참밀.
28:25	大 큰대	麥 보리맥	보리.

29장

29:6	霹 벼락벽	靂 벼락력	벼락.
29:8	渴 목마를갈	症 병증세증	목이 몹시 마른 증세.

| 29:16 | 悖
거스를패 | 理
이치리 | | 1. 도리에 어그러짐.
2. 가치가 전도됨. 상하가 뒤바뀜. |

| 29:16 | 土
흙토 | 器
그릇기 | 匠
장인장 | 1. 진흙으로 그릇, 기와 등을 만드는 것을 업으로 하는 사람.
2. 성 유대의 정치적 구조. |

| 29:22 | 失
잃을실 | 色
빛색 | | 놀라서 얼굴빛이 변함. |

30장

| 30:10 | 先
먼저선 | 見
볼견 | | 일이 일어나기 전에 미리 앞을 내다봄. 일에 앞서 미리 알아차림. |

| 30:24 | 六
여섯육 | 枝
가지지 | 槍
창창 | 쇠스랑과 같은 것으로 가축의 사료를 키질하여 정미롭게 하는 도구. |

| 30:25 | 峻
높을준 | 嶺
재령 | | 1. 높고 험한 고개.
2. 성 하나님의 은혜가 풍성히 임할 것에 대한 예고. |

| 30:30 | 壯
씩씩할장 | 嚴
엄할엄 | | 규모가 크고 엄숙함. |

| 30:32 | 豫
미리예 | 定
정할정 | | 일에 앞서 미리 정함. |

31장

| 31:7 | 銀
은은 | 偶
허수아비우 | 像
형상상 | 은으로 만든 우상. |

32장

| 32:4 | 語
말씀어 | 訥
말더듬을눌 | 말을 더듬어 부드럽지 못함. |

| 32:4 | 敏
민첩할민 | 捷
빠를첩 | 활동하는 힘이 빠르고 능란함. |

| 32:5 | 正
바를정 | 大
큰대 | 바르고 사사로움이 없음. |

| 32:6 | 奸
간사할간 | 邪
간사할사 | 성질이 간교하고 행실이 바르지 못함. |

| 32:8 | 高
높을고 | 明
밝을명 | 1. 고상하고 현명함.
2. 식견이 높고 두뇌가 명석함. 전공한 학문이나 기술에 아주 밝음.
3. 성 남에게 봉사하기 좋아하는 정신을 가진 자를 가리킴. 고명한 자 → 성령을 받은 그리스도인[롬8:15]. |

| 32:10 | 唐
당황할당 | 慌
황홀할황 | 다급하여 정신이 어리둥절함. |

| 32:17 | 功
공공 | 效
본받을효 | 1. 보람.
2. 효험. 효력.
3. 사물이 유리하게 되는 힘. |

33장

| 33:9 | 木 나무목 | 葉 잎엽 | 나뭇잎. |

| 33:12 | 灰 재회 | | 재. 잿빛. |

| 33:21 | 櫓 노노 | | 배를 젓는 기구. |

| 33:24 | 赦 용서할사 | 罪 허물죄 | 1. 죄를 용서함.
2. 성 겸손해지며 회개하여 하나님 안에서 강해져서 죄의 사함을 받게 되는 것. |

36장

| 36:2 | 洗 씻을세 | 濯 빨래할탁 | 業 업업 | 者 놈자 | 빨래하는 것을 업으로 하는 사람. |

| 36:2 | 水 물수 | 道 길도 | 口 입구 | 1. 강물 따위를 끌어들인 어귀.
2. 성 이사야가 아하스를 만나도록 명령받은 장소로 예루살렘 북쪽에 위치함. |

38장

| 38:10 | 餘 남을여 | 年 해년 | 죽을 때까지의 나머지 세월. 여생. |

38:14	中 가운데중	保 보호할보	1. 두 쪽 사이에 서서 일을 주선하는 사람. 2. **성**사람과 신과 사이에 있는 예수의 본직[딤전2:5].
38:15	恪 삼갈(조심할)각	勤 부지런할근	1. 조심하여 부지런히 힘씀. 2. **성**죽을 병에서 고침을 받았기 때문에 여생을 하나님께 바치며 생활함.

40장

40:22	遮 가릴차	日 날일	햇볕을 가리려고 치는 장막이나 휘장.

41장

41:4	命 목숨명	定 정할정	1. 목숨을 정함. 2. **성**히브리어 '아사코레'는 '아사'(지정, 다스림)와 '카라'(선언하다)의 합성어로 만물의 근원자이신 하나님께서 자신의 일을 수행하기 위해 사람을 부르시고 일하게 하심.
41:19	黃 누를황	楊 버들양	木 나무목	1. 회양목과의 교목. 2. **성**이 나무로 큰 배를 건조했다[겔27:6].
41:22	將 장차장	來 올래	事 일사	앞날의 일.
41:25	灰 재회	三 셋삼	物 만물물	1. 석회·세사·황토를 한데 섞은 반죽. 2. **성**이것을 발로 밟듯이 하나님께서 바벨론의 교민을 깨시겠다는 뜻.

42장

| 42:13 | 奮 떨칠분 | 發 필발 | 가라앉았던 마음과 힘을 돋우어 일으킴. |

43장

| 43:3 | 贖 속바꿀속 | 良 어질량 | 物 만물물 | 1. 남의 환란을 대신하여 받는 물건.
2. 종을 풀어주어 양민이 되게 하는 물건.
3. 성 구원받은 자의 생명 대신으로 내어주는 보상. |

| 43:6 | 拘 거리낄(잡을)구 | 留 머무를류 | 잡아서 가두어 둠. |

44장

| 44:26 | 復 회복할복 | 舊 옛구 | 1. 그 전의 상태로 회복함.
2. 손실을 회복함. |

47장

| 47:15 | 所 바소 | 向 향할향 | 향하여 가는 곳. 가고자 하는 방향. |

48장

48:6	隱 숨을은	秘 비밀(숨길)비	남모르게 숨겨둔 것.

49장

49:2	磨 갈마	光 빛광	본래 의미는 '깨끗하다', '밝게 하다'인데 옥이나 돌 등을 갈아서 광을 내거나, 예리하고 날렵하게 하는 것을 의미.
49:23	養 기를양	父 아비부	양아버지.

51장

51:2	孑 외로울혈	孑 외로울혈	單 홀단　身 몸신	어디에나 의지할 곳 없는 홀몸.
51:13	虐 사나울학	待 기다릴대	者 놈자	가혹한 대우를 하는 사람.
51:20	羚 영양령	羊 양양		염소와 비슷하며 깊은 산에 사는 큰 뿔을 가진 양. 사슴. 그물에 걸린 영양 → 지쳐서 저항하지 못하는 상태.

52장

52:12	遑 다급할황	急 급할급

1. 허둥지둥하도록 급박함. 아주 다급함.
2. 매우 놀람.

53장

53:2	風 바람풍	彩 채색채

빛이 나고 남보다 드러나 보이는 사람의 겉모양. 풍신.

53:2	欽 공경할흠	慕 사모할모

기쁜 마음으로 사모함. 흠모.

53:3	艱 어려울간	苦 쓸고

1. 가난하여 고생스러움.
2. 고생.

53:3	疾 병질	苦 쓸고

병고. 질병으로 인한 괴로움.

53:7	困 곤할곤	辱 욕될욕

심한 모욕. 군욕(窘辱).

53:7	屠 죽일도	獸 짐승수	場 마당장

도살장. 소, 돼지 등을 잡는 곳.

54장

54:12	城 재성	堞 성가퀴첩

1. 성 위에 낮게 쌓은 담. 몸을 숨기고 적을 치는 곳. 성가퀴.
2. 성 창문을 의미. 보석으로 지은 성 건물의 일부.

| 54:14 | 恐
두려울공 | 怖
두려워할포 | | 무서움과 두려움. |

56장

| 56:3 | 皷
북고 | 子
아들자 | | 1. 생식기가 불완전한 남자. 화자(火者).
내관(內官).
2. 성바벨론에 포로되어 이방궁전이나 외국 영주 밑
에서 봉사하도록 강제로 거세된 환관. |

| 56:4 | 選
가릴선 | 擇
가릴택 | | 골라서 뽑음. |

| 56:11 | 沒
빠질몰 | 覺
깨달을각 | | 깨달음이 없음. 지각이 없음. |

57장

| 57:1 | 禍
재앙화 | 厄
재앙액 | | 1. 재앙과 환난.
2. 성산산조각 나 파멸되어 무용지물이 되게 하는 하
나님의 철저한 심판. |

| 57:3 | 巫
무당무 | 女
계집녀 | | 1. 무당.
2. 성여호와를 섬기지 않고 우상을 숭배하는 사람. |

| 57:3 | 姦
간음할간 | 淫
음란할음 | 者
놈자 | 1. 부부가 아닌 남녀가 성적 관계를 하는 사람.
2. 성우상 숭배자를 표현. |

57:6	容 얼굴용	認 인정할인			용납하여 인정함. 인용.
57:8	記 기록할기	念 생각념	標 표표		1. 기념이 되는 표. 2. 성일종의 부적의 성격을 지닌 것으로 남근(男根) 모양을 한 숭배물.
57:15	至 이를지	尊 높을존	無 없을무	上 윗상	더없이 존귀하고 더할 수 없이 높음. 여호와.

59장

59:16	仲 버금중	裁 마를재	者 놈자	1. 다툼질에 화해를 붙이는 사람. 2. 중재 판단을 내리는 사람. 3. 성인간 중에는 중보자의 자격을 갖춘 자가 없으므로 하나님께서 보내신 예수를 일컬음.
59:17	護 보호할호	心 마음심	鏡 거울경	1. 갑옷의 가슴 쪽에 호신의 하나로 붙이는 구리 조각. 2. 성하나님께서 의로 이기신다는 뜻.

61장

61:6	奉 받들봉	事 일사	者 놈자	1. 웃어른을 받들어 섬기는 사람. 2. 성집사로 번역되는 용어이며[딤전3:8] 말씀 전파와 물질적 공궤에도 적용됨.

<참고사항>

奉 받들봉	仕 벼슬할사	1. 남의 뜻을 받들어 섬김. 2. 남을 위하여 자기를 돌보지 않고 노력함. 3. 국가나 사회를 위하여 헌신적으로 일함. 4. 상인이 손님에게 헐값으로 물건을 팖.
奉 받들봉	事 일사	1. 웃어른을 받들어 섬김. 2. 소경. 3. 고제 이조 때 종8품의 한 벼슬.
奉 받들봉	祀 제사사	1. 조상의 제사를 받듦. 봉제사.
封 봉할봉	事 일사	1. 임금에게 상주(上奏)하는 일.

61:10 **紗** 깁사 **帽** 모자모

1. 관복을 입을 때 쓰던 사(紗)로 짠 벼슬아치의 모자. 지금은 구식 혼례 때 신랑이 씀. 오사모.
2. 성 기쁨을 표시[3:10].

62장

62:4 **結** 맺을결 **婚** 혼인할(며느리집)혼

1. 장가들고 시집가는 일, 곧 남녀가 부부가 되는 일.
2. 성의 결합을 기초로 하는 계속적인 남녀관계.

*결혼이라는 단어는 잘못된 말이다. 일본의 언어 말살정책으로 만들어진 단어로 남자 위주로만 된 일본어식 단어이다. 옛날 혼인풍속에는 남편이 먼저 아내(며느리)의 집으로 가서 3~4일간 머물고(婚), 뒤에 아내를 데리고 자신의 집(사위)으로 돌아와서(姻) 생활하였다. 따라서 혼인(婚姻)이라는 단어를 사용해야 어법상 옳고 맞는 말이다.

63장

63:3	鮮 고울선 血 피혈	상하지 않은 피. 선지피.
63:9	同 한가지동 參 참가할참	1. 같이 참례함. 2. 승려와 신도가 한 법회에 참례하여 같이 정업을 닦는 일.
63:18	蹂 밟을유 躪 짓밟을린	1. 폭력으로 남의 권리를 침해함. 2. 짓밟음.

66장

66:1	凳 걸상등 牀 평상상	1. 발돋움이나 걸상으로 쓰게 된 나무로 만든 세간 [대하9:18]. 2. 성 비유적으로 땅[마5:35], 언약궤[대상28:2], 성전 [시99:5] 등으로 인용.
66:15	擁 안을옹 衞 호위할(지킬)위	부축하여 좌우로 호위함.
66:15	威 위험위 勢 권세(기세)세	1. 위엄있는 기세. 2. 맹렬한 세력. 3. 사람을 두렵게 여기게 하고 복종시키는 힘.
66:18	列 벌릴렬 族 겨레족	여러 족속.
66:20	轎 가마교 子 아들자	가마. 높은 벼슬아치가 타는 남여(藍輿). 앞뒤로 두 사람씩 어깨에 메고 천천히 가도록 되어 있음.

예레미야

유대에 대한 경고, 예레미야의 언행, 바벨론군에 의한 예루살렘 침략으로 몰락한 후에 쓰여진 것으로 추정된다. 이런 와중에 동족들로부터 멸시와 박해를 받으면서도 예레미야는 자신의 설교와 표적들을 통해 하나님의 뜻에 복종하는 것만이 심판을 피할 수 있는 유일한 길임을 선포한다.

예레미야는 스바냐, 하박국, 다니엘, 에스겔 등과 동시대 인물로 그의 예언활동은 기원전 627~585년까지 걸쳐 나타났다.

1장

1:13	面 낯면	1. 낯. 얼굴. 방위. 방면. 2. 성 유대를 비유(북에서 바벨론이 유대를 침략할 것을 미리 가르치신 것).

2장

2:2	友　誼 벗우　옳을(도타울)의	우정. 친구 사이의 정의.

3장

3:1	本　夫 밑본　지아비부	1. 본 남편. 2. 본 사내.

434

3. 성아내에게 수치스러운 일이 발견되었을 때 남편은 이혼 증서를 써 주어 내보내고 다른 사람의 아내가 되게 함이 마땅.

4장

4:9	失 잃을실	心 마음심	1. 근심 걱정으로 인해 마음이 산란하고 맥이 빠짐. 2. 성예레미야가 자기 예언이 실현될 때 일어날 현상 묘사.
4:19	警 경계할경	報 갚을보	경계하라고 미리 알림.
4:20	裂 찢을렬	破 깨뜨릴파	파열. 찢어져 쪼개짐.
4:31	初 처음초	産 낳을산	1. 첫 해산. 2. 성하나님의 진노의 심판으로 인하여 유대 민족에게 임할 참상으로 인한 신음과 고통.

5장

5:27	鳥 새조	籠 새장롱	1. 새장. 2. 성남을 속여 부당하게 빼앗은 재물 비유.
5:30	奇 기이할기	怪 괴이할괴	1. 이상 야릇함. 2. 성히브리어 '쇠마'인데 '무서움'의 뜻.

6장

6:5 殿 閣
대궐전 누각각

1. 궁전과 누각.
2. 임금이 거처하는 궁전.
3. 성 바벨론 사람들을 염두에 두고 한 말.

6:13 貪 婪
탐낼탐 탐할람

1. 재물이나 음식을 탐냄.
2. 칠죄종(七罪宗)의 하나. 먹고 마시기를 지나치게 함. 남을 해치고 소유를 약탈함.

7장

7:18 皇 后
임금황 왕후후

1. 황제의 정실.
2. 성 앗시리아와 바벨론에서 경배한 사랑과 전쟁의 신으로 숭배된 우상. 므낫세王 전래 → 요시야王 금지 → 여호야김王 다시 성행.

8장

8:9 驚 恍
놀랠경 두려울황

1. 놀라고 두려워 당황함.
2. 성 하나님의 심판으로 혼비백산하게 될 상황을 가리킨다.

10장

10:9 銀 箔
은은 금박박

은을 종이와 같이 아주 얇게 만든 물건.

10:16	造 지을조	成 이룰성	者 놈자	만들어 이루어낸 사람.

10:16 造成者 지을조 이룰성 놈자 — 만들어 이루어낸 사람.

10:17 收拾 거둘수 주울습
1. 흩어진 물건을 주워 모음.
2. 산란한 정신을 가라앉히어 바로잡음.

11장

11:20 冤情 원통할원 뜻정 — 원통한 사정.

12장

12:1 安樂 편안안 즐길락 — 마음과 기운이 편안하고 즐거움.

12:5 競走 다툴경 달릴주 — 달음질을 겨룸.

13장

13:11 稱譽 일컬을칭 기릴예
1. 칭찬하여 기림.
2. 좋은 점을 일컬어 기림.

13:14 寬容 너그러울관 얼굴용 — 너그럽게 용서하거나 받아들임.

13:17	慇 은근할은	懃 은근할근	서로 통하는 마음이 남모르게 살뜰함.
13:19	封 봉할봉	鎖 쇠사슬쇄	1. 굳게 잠가서 드나들지 못하게 함. 2. 외부와의 연락을 끊음.
13:25	應 응할응	得 얻을득	1. 응답으로 얻는 것. 2. 몫.

14장

| 14:7 | 墮 떨어질타 | 落 떨어질락 | 1. 죄를 범하여 불신의 생활에 떨어짐.
2. 품행이 나빠서 못된 구렁에 빠짐. |
| 14:14 | 啓 열(인도할)계 | 示 보일시 | 1. 사람의 지혜로 알지 못하는 신비로운 일을 신이 가르쳐 알게 함.
2. 가르치어 보임. |

16장

16:16	捕 잡을포	手 손수	1. 총으로 짐승을 잡는 사냥꾼. 2. 성유대 백성들을 남김 없이 잡아서 멸망시키겠다는 의미.
16:17	隱 숨을은	蔽 가릴폐	가리어 숨김. 덮어 감춤.
16:19	妄 망령될망	誕 낳을탄	터무니없는 거짓말.

17장

17:10	肺 허파폐	腑 장부부	1. 깊은 마음 속. 2. 폐장. 3. 일의 요긴한 점. 4. 성당시 유대인들은 모든 인간의 감정이 이곳에 있다고 생각.
17:11	鷓 자고새자	鴣 자고새고	꿩과에 속하는 새. 메추라기와 비슷함.
17:12	元 으뜸원	始 비로소시	1. 시작되는 처음. 2. 문화가 피어나지 않고 자연 그대로 있음.

18장

18:3	轆 수레소리록(녹)	轤 두레박틀로	1. 두레박틀. 2. 오지 그릇 만들 때, 발로 돌리며 모형과 균형을 잡는 데 쓰는 물건. 3. 우산이나 양산대의 중앙에 있으며 살을 펴고 오므리는 데 쓰임.
18:11	計 셈할계	策 꾀책	꾀와 방책.
18:16	嗤 비웃음치	笑 웃음소	1. 빈정거려 웃음. 2. 성유산으로 물려받은 땅이 황폐화되는 수모를 겪게 될 것을 가리킨다[암4:6~10].
18:23	計 셈할계	略 간략할략	크고 깊은 꾀. 계책과 모략.

19장

19:7	謀 꾀모	計 셈할계	1. 계략. 2. **성** 유대인들의 계획.

20장

20:1	有 있을유	司 맡을사	長 길장	1. 교회의 제반 사무를 맡아 보는 사람의 우두머리. 2. **성** 성전과 성전 뜰을 관리·감독하던 자로서 성전 내의 모든 규례와 질서를 책임진 사람.
20:5	貴 귀할귀	物 만물물		1. 얻기 어려운 드문 물건. 2. 썩 귀한 물건.
20:7	勸 권할권	誘 꾈(당길)유		권하여 하도록 함.

22장

22:13	雇 품팔고	價 값가	품삯.
22:14	漆 옻칠할칠		옻. 옻칠하다.

23장

23:25	夢 꿈몽	事 일사

1. 꿈에 나타난 일.
2. 성 당시의 거짓 선지자들이 어리석은 백성들을 속이던 말과 일.

25장

25:32	大 큰대	風 바람풍

1. 큰 바람.
2. 성 바벨론의 침략으로 일어나게 될 재앙의 상징.

25:33	殮 염할렴	襲 덮을습

1. 죽은 이의 몸을 씻긴 후에 옷을 입히고 염포로 묶는 일.
2. 성 하나님을 저버린 자의 비참한 최후 예언.

25:38	巢 보금자리소	穴 구멍혈

1. 소굴. 도둑·악한들의 무리가 자리잡고 사는 곳.
2. 성 하나님을 '사자'로 비유. 심판을 위한 높은 거처.

25:38	殘 남을(상잔)잔	滅 멸할멸

쇠잔하여 다 없어짐.

29장

29:2	國 나라국	母 어미모

1. 임금의 아내의 딴 이름.
2. 성 여호야긴의 어머니 느후스다를 가리킨다.

29:3	委 맡길위	託 부탁할탁

1. 남에게 맡김.
2. 다른 기관이나 사람에게 어떤 법률상의 행위를 행할 것을 의뢰하는 일.

| 29:23 | 證 증명할증 | 據 의거할거 | 人 사람인 | 1. 어떠한 사실을 증명할 만한 근거가 되는 사람.
 2. 성아합과 시드기야는 거짓 선지자로 하나님께 두 가지 죄악을 저질러 느브갓네살의 손에 죽게 함. |

30장

| 30:11 | 公 공평할공 | 道 길도 | | 1. 공평하고 바른 도리.
 2. 떳떳하고 당연한 이치.
 3. 국가가 공중의 통행로를 정해 놓은 길.
 4. 성판단. |
| 30:14 | 殘 남을(잔인할)잔 | 虐 사나울학 | | 잔인하고 포악함. 잔포. |

31장

31:12	恩 은혜은	賜 줄사		1. 임금이 내려 주는 물건. 2. 하나님이 거저 주시는 선물. 3. 성영적인 여러 가지 강복.
31:20	惻 슬퍼할측	隱 숨을은		불쌍하고 가엾음.
31:21	標 표표	木 나무목		1. 푯말. 표를 하기 위해 세운 나무. 2. 길 안내판인 이정표.
31:21	着 붙을착	念 생각념		1. 주의 깊게 생각에 듦. 2. 성바른 생활을 지속적으로 유지. 곧 올바른 신앙 생활을 지속하는 경건한 행실.

442

| 31:28 | 轉 구를전 | 覆 뒤집을복 | 뒤집어 엎어짐. |

32장

| 32:8 | 相 서로상 | 續 이을속 | 權 권세권 | 유산을 계승하는 권리. |
| 32:11 | 印 도장인 | 封 봉할봉 | | 1. 봉한 물건에 도장을 찍어 함부로 떼지 못하게 함.
2. 누구든지 그 내용에 손대지 못하도록 보존하기 위한 것. |

35장

| 35:5 | 沙 모래사 | 鉢 바리때발 | 사기로 만든 밥이나 국을 담는 그릇. |
| 35:18 | 遵 좇을준 | 從 따를종 | 순종하여 따라감. |

36장

| 36:4 | 口 입구 | 傳 전할전 | | 말로 전함. 입으로 전함. |
| 36:6 | 禁 금할금 | 食 밥식 | 日 날일 | 성 해마다 정기적으로 계율로 지켰던 음식을 먹지 않는 날로 매년 7월에 지켰음[레16:29]. 여기서의 의미는 '어떤 금식일'로 이해됨. |

443

36:22	火 불화	爐 화로로	숯불을 담아 두는 그릇. 방의 온도를 높이기 위해 흙으로 구워 만든 큰 물병 모양의 그릇으로 방 중앙에 쌓았다.
36:23	三 셋(석) 삼	篇 책 편	세 권.

37장

37:16	陰 그늘음	室 집실	햇볕이 들지 않는 음침한 방. 우물과 흡사한 구덩이로 그 바닥은 작은 방처럼 움푹 패인 형태의 장소.
37:20	嘆 탄식할탄	願 원할원	사정을 진술하여 도와주기를 바람.

38장

38:14	一 한일	毫 털호	1. 몹시 가는 털처럼 작다는 뜻. 2. 성 시드기야가 하나님의 말씀에 순종하지 않으면서 예레미야에게 질문만 남발하여 대답을 강조.

39장

39:3	博 넓을박	士 선비사	長 어른장	1. 박사 중의 머리되는 사람. 2. 성 박사란 '지혜로운 사람'이란 뜻[창41:8]이나 대개는 점성술, 마술 등의 기술을 행하는 사람을 의미[에1:13].

| 39:13 | 宦
벼슬환 | 官
벼슬관 | 長
어른장 | 내시의 우두머리(내시: 옛날에 불알이 없는 사람으로 채용되던 내시부의 관리). |

41장

| 41:1 | 宗
마루종 | 親
친할친 | | 1. 임금의 살붙이. 친족.
2. 🅢이스마엘이 유대의 왕손이었으므로 당시 집권자 그다랴를 제거하려 했음. |

46장

46:10	報 갚을보	讎 원수수	日 날일	1. 앙갚음하는 날. 2. 🅢바로느고가 유대를 침공하여 어진 임금 요시야를 죽인 일에 대한 앙갚음.
46:21	行 행할행	李 오얏리		행장. 행구. 여행할 때 쓰는 제구.
46:21	雇 품팔고	傭 품팔이할용	軍 군사군	삯을 받고 일하는 사람.

47장

| 47:5 | 削
깎을삭 | 髮
터럭발 | | 1. 머리털을 깎음.
2. 나무나 풀을 함부로 베어 버리는 것을 비유한 말.
3. 🅢부끄러움을 당했다는 표현. |

445

48장

48:5	慘 참혹할참	敗 패할패	참혹한 실패. 여지 없이 패배함.
48:10	怠 게으를태	慢 교만할만	게으르고 느림. 태홀.
48:14	猛 사나울맹	士 군사사	힘이 세고 용감한 무사.
48:37	頭 머리두	髮 터럭발	머리털.
48:45	氣 기운기	盡 다할진	기력이 다하여 없어짐.

50장

50:9	聯 이을연	合 합할합	國 나라국	1. 사상을 같이 하며 동일한 행동을 취하기로 연합한 나라. 2. 성 하나님께서 '연합국' 즉 페르시아를 도구로 사용하셔서 바벨론을 멸하실 것을 예언.
50:9	練 익힐련	熟 익을숙		단련이 잘 되어 썩 익숙함.
50:34	冤 원통할원			원통함.

51장

51:20	鐵 쇠철	鎚 옥다듬을퇴 쇠망치추	병장기의 하나. 쇠몽둥이.

51:31	步 걸음보	撥 다스릴발	軍 군사군	1. 급한 공문을 걸어서 전송하던 사람. 2. 성 육지와 바다로 다니며 편지를 전하는 왕실의 사자.

51:46	怯 겁낼겁	弱 약할약	1. 겁이 많고 마음이 약함. 2. 목표를 위해 품었던 용기가 다른 요인에 의해 상실되는 것.

51:59	侍 모실시	從 따를종	長 길장	임금을 모시고 있던 벼슬. 시종원의 머리 되는 사람.

51:64	沈 잠길(성심)침	淪 빠질륜	1. 침몰. 2. 재산, 권세 등이 줄어들어서 떨치지 못함. 3. 성 육체와 영혼이 활동할 수 없는 상태로 패망하여 죽음에 이름.

52장

52:19	燭 밝을촉	臺 집대	촛대.

52:21	四 넷(넉)사	指 손가락지	네 손가락.

447

예레미야哀歌

바벨론 포로 이후의 예루살렘의 황폐를 애통히 여겨 읊은 노래로서, 긍휼을 간구하고 여호와의 심판에 복종할 것을 전하고 있음. 모두 5장(앞의 4편은 비탄시이고 마지막 한 편은 기도시임)인데 각각 딴 사람에 의해서 지어진 것으로 생각됨. 기원전 586년경에 기록되었다.

1장

1:1	列 벌릴열	邦 나라방	中 가운데중	여러 나라 가운데.

1:3	狹 좁을협	窄 좁을착	1. 공간이 몹시 좁음. 2. 성곤경에 처하게 된 고통스런 상황을 암시.

1:4	荒 거칠황	寂 고요할적	거칠고 적막함.

1:6	牧 칠목	伯 맏백	1. 관리의 명칭. 2. 성여기서는 예루살렘이 몹시 곤경에 빠졌을 때 올바로 통치하지 못한 시드기야와 그 방백들을 일컬음.

1:13	孤 외로울고	寂 고요할적	외롭고 쓸쓸함.

2장

2:7	宮 집궁	墙 담장	궁성. 궁을 싸고 있는 성벽.
2:19	初 처음초	更 경경	1. 저녁 7~9시. 술시(戌時). 갑야(甲夜). 2. 성 일몰부터 밤 10시까지가 1경, 그 후부터 새벽 2시까지가 2경, 그 후부터 일출까지가 3경.

3장

3:5	膽 쓸개담	汁 진액즙	1. 간장에서 분비되는 몹시 쓴 맛이 나는 소화액. 2. 혹독한 시련을 상징.
3:19	苦 쓸고	楚 아플(싸리)초	괴로움과 어려움.
3:43	窘 군색할군	逐 쫓을축	남김없이 몰아냄. 샅샅이 쫓아 버림.
3:45	塵 티끌진	芥 겨자개	1. 먼지와 쓰레기. 2. 사용하기에 적당치 않아 버려진 물건[고전4:13].
3:45	廢 폐할폐	物 만물물	못 쓰는 물건.

4장

4:11	址 터지	垈 터대	토대. 성터.

5장

5:6	握 잡을악	手 손수	두 사람이 서로 손을 마주 잡음.

에스겔

기원전 6세기경의 유대 4대 선지자 중의 한 사람인 에스겔(Ezekiel)이 쓴 예언서로 예루살렘의 함락과 회복에 대한 내용을 담고 있다. 기원전 597년에 바벨론에 납치되어 20여 년간 예언을 하고 의식적이고 형식적인 방면에 관심을 두면서 종신하였다.

3장

3:9	火 불화	石 돌석	1. 부싯돌. 2. 성단단함을 비유한 보조물.
3:15	悶 번민할민	畓 논답	1. 민망스러운 걱정으로 가슴이 답답함. 2. 성하나님의 말씀을 명심하고, 사역을 위해 준비하고, 성결케 할 각오의 계기.
3:26	責 꾸짖을책	望 바랄망	者 놈자	허물을 꾸짖는 사람.

4장

4:1	礴 박석박	石 돌석	고대 근동 지방에서 집을 지을 때 사용했던 벽돌.
4:2	雲 구름운	梯 사닥다리제	1. 높은 사닥다리. 2. 성바벨론 군대가 두로성 밖에서 포위하고 있을 때 성안 사람들의 화살을 막으려 쌓은 방패 시설.

4:2	土 흙토	屯 모을둔		그리 높지 않고 크지 않은 언덕.
4:2	攻 칠공	城 재성	鎚 옥다듬을퇴	성을 공격하여 쳐부수는 데 사용되는 기둥 같은 큰 나무로, 기둥 머리를 금속으로 씌운 무기.
4:3	煎 지질전	鐵 쇠철		지짐질하는 데 쓰는 솥뚜껑 모양의 기구.
4:3	鐵 쇠철	城 재성		쇠로 만든 성벽.
4:12	人 사람인	糞 똥분		사람의 똥.

6장

6:8	異 다를이	邦 나라방	中 가운데중	다른 나라 가운데.
6:12	瘟 병온	疫 염병역		유행성 전염병[출5:3, 왕상8:37]. 구약에서는 전쟁, 천재, 병충해 등과 함께 죄에 대한 하나님의 심판으로 사용된 형벌[출9:3].

7장

7:19	汚 더러울오	穢 잡초예	物 만물물	지저분하고 퍽 더러운 물건.

8장

| 8:5 | 祭 壇 門
제사제 제단(터)단 문문 | 1. 제사를 지내는 제단의 문.
2. 성북문'이 '제단문'으로 호칭된 것은 제사용 짐승들이 이 문으로 끌려갔기 때문. |

12장

| 12:16 | 自 白
스스로자 흰백 | 스스로 죄를 고백함. |
| 12:22 | 應 驗
응할응 시험할험 | 징조가 나타나 맞음. |

13장

13:9	戶 籍 집호 호적적	호수나 식구별로 기록한 장부.
13:11	灰 漆 재회 옻칠할칠	1. 회를 벽 따위에 칠함. 2. 성항상 평강을 외치는 거짓 선지자들을 회칠한 자로 칭함[마23:27].
13:18	方 席 모방 자리석	1. 깔고 앉는 네모난 작은 자리. 2. 여성에게 요구되는 내·외적 요소로서 가구. 3. 성마술하는 여인의 기를 상대자에게 전가시키는 '마법의 띠'[겔13:18].
13:23	占 卜 점칠점 점복	1. 점치다. 점치는 일. 2. 성하나님에 대한 신앙을 약화시키는 일로 이스라엘에서는 율법으로 엄금[신18:10].

453

16장

16:10	明 밝을명	紬 명주주	누에고치에서 뽑아낸 실로 무늬 없이 짠 피륙.
16:17	裝 단장할장	飾 꾸밀식	品 물건품 — 치장하는 물품.
16:24	樓 다락루		다락. 층집.
16:32	私 사사사	通 통할통	1. 내통. 2. 공사에 관하여 사사로이 주고 받는 편지.
16:36	陋 더러울루	醜 추할추	지저분하고 더러움.
16:55	恢 클(돌이킬)회	復 회복할복	이전의 상태와 같이 됨.
16:61	接 댈접	待 기다릴대	손님을 맞아 응함.

17장

| 17:5 | 垂 늘어질수 | 楊 버들양 | 1. 수양버들.
2. 성 백향목과 달라서 크게 자라지 않고 낮게 퍼짐
(시드기야왕 때 바벨론의 속국이 된 유대의 운명을 비유). |

18장

| 18:6 | 月
 달월 | 經
 월경경 | 성숙한 여자에게 28일 간격으로 규칙적으로 일어나는 자궁 출혈. |

| 18:7 | 抑
 누를억 | 奪
 빼앗을탈 | 1. 억지로 빼앗음.
 2. 성탐심 때문에 자비를 모르는 죄악을 범함.
 3. 철저하게 약탈해 감[레19:13]. |

19장

| 19:9 | 鐵
 쇠철 | 籠
 농롱 | 쇠로 만든 바구니. 둥우리. |

| 19:11 | 薦
 드릴천 | 新
 새신 | 1. 가을이나 봄에 신에게 하는 굿.
 2. 성새로 나온 곡식이나 과일을 먼저 하나님께 올리는 일. |

21장

| 21:19 | 指
 가릴킬지 | 示
 보일시 | 標
 표표 | 1. 가리켜 보이는 표.
 2. 성바벨론에서 유대와 암몬으로 이르는 두 길을 제시. |

| 21:25 | 極
 다할극 | 惡
 악할악 | 최악. 몹시 악함. |

22장

22:10	媾 겹혼인할구	合 합할합	성교. 두 육체가 성적으로 관계함.
22:12	邊 가변	錢 돈전	1. 변리의 돈. 2. 성율법에는 동족에게 돈을 꾸어 주되 이식이나 변리를 받지 말라고 했음.
22:25	錢 돈전	財 재물재	돈.

23장

23:24	審 살필심	問 물을문	權 권세권	1. 자세히 따져 묻는 권리. 2. 성법적인 판결. 바벨론 제국이 하나님의 심판 도구가 되어 유대를 재판하게 됨을 가리킨다.
23:32	鼻 코비	笑 웃음소		코웃음.

24장

24:2	逼 가까울핍	近 가까울근	1. 매우 가까이 닥침. 2. 옆에 기댈 정도의 가까운 거리와 임박한 시간.
24:6	綠 푸를록		1. 초록빛. 푸르다. 2. 성죄악.

24:17	賻 부의(부조할)부	儀 법도(모양)의	초상난 집에 부조로 보내는 돈이나 물건.

27장

27:3	通 통할통	商 장사상	외국과의 무역. 외국과의 거래.
27:6	甲 갑옷갑	板 널판	큰 배 위의 평평하고 넓은 바닥.
27:14	戰 싸울전	馬 말마	전쟁에 쓰는 말.
27:15	烏 까마귀오	木 나무목	1. 나무 이름. 순흑색으로 단단하여 젓가락·문갑· 담배 설대 등의 재료로 씀. 2. 성 애굽 등지에서 수입되어 우상 조각에 사용.
27:19	白 흰백	鐵 쇠철	흰 쇠. 함석.

28장

28:13	蒼 푸를창	玉 구슬옥		옥의 한 가지.
28:13	靑 푸를청	寶 보배보	石 돌석	보석의 한 가지.

28:13	紅 붉을홍	玉 구슬옥		1. 붉은 빛깔의 옥. 2. 사과의 한 종류.
28:13	黃 누를황	寶 보배보	石 돌석	보석의 한 가지.
28:14	火 불화	光 빛광	石 돌석	1. 돌의 한 가지. 2. 성두로왕이 보석으로 꾸며진 궁전에서 살았다는 것을 표현.

29장

29:11	居 살거	接 댈접	잠시 동안 몸을 의탁하여 머물러 삶.

33장

33:4	警 경계할경	備 갖출비		만일을 염려하여 미리 방비함.
33:15	抑 누를억	奪 빼앗을탈	物 만물물	억지로 빼앗은 물건.
33:31	利 이할이	慾 욕심낼욕		이익을 탐내는 욕심. 정상적인 과정을 거치지 않고 남의 것을 빼앗아 이득을 취하려는 탐욕.

34장

34:29	種 씨(종자)종	植 심을식	1. 씨앗을 심음. 2. 성 땅을 통한 복 주심을 재삼 강조.

37장

37:4	代 대신대	言 말씀언	1. 남 대신으로 말함. 말을 전하라(공동 번역). 2. 성 구원은 들음에서 나고 들음은 하나님의 말씀으로 말미암기 때문이다[롬10:17].
37:17	連 이을연	合 합할합	이어서 합함.

38장

38:8	末 끝말	年 해년	1. 일생의 마지막 무렵. 2. 어떤 시기의 끝장 무렵.

40장

40:7	每 매양매	房 방방	방마다.

41장

41:15	外 밖외	殿 대궐전	1. 성소. 2. 바깥에 있는 전. 內殿 = 지성소.

43장

43:12	地 땅지	點 점점	어디라고 지정한 땅의 한 곳.
43:17	半 반반	尺 자척	한 자의 절반. 약 17cm.

45장

45:6	基 터기	地 땅지	군대의 보급·수송·통신·항공 등의 기점이 되는 곳.
45:11	容 얼굴용	量 분량량	용적. 물건을 담을 수 있는 분량.

46장

46:23	設 베풀설	備 갖출비	1. 베풀어서 갖춤. 2. 건축물에 부대하는 물건. 기계·난방·전기 같은 것.

47장

47:17	極 다할극	北 북녘북	方 모방	1. 최북단 지방. 북쪽의 맨 끝 지방. 2. 성이스라엘 북쪽에 있는 나라.

다니엘

구약 성서 중의 5대 선지서의 하나. 다니엘이 기원전 6세기 후반경에 바벨론 왕에게 박해를 받는 유대 사람들을 격려하기 위하여 쓴 선지서이다. 율법의 존중과 하나님의 숭경을 가르치고, 걸출한 신앙영웅으로 활약하였던 다니엘이 포수(捕囚) 이후의 강국의 흥망성쇠와 장래에 실현될 메시아의 재림을 말한 묵시의 예언서이다.

1장

절	한자	뜻
1:4	學 問 배울학 물을문	배우고 익힘. 체계가 선 지식.
1:5	珍 味 보배진 맛미	1. 음식의 썩 좋은 맛. 새로운 요리. 2. 성 가축의 피를 흘려 만든 고기 요리.
1:10	焦 悴 그을릴(속태울)초 파리할췌	고생이나 병에 지쳐서 몸이 마르고 파리함.

2장

절	한자	뜻
2:2	占 匠 점칠점 장인장	남의 운수를 점쳐 주고 돈을 받는 일로 업을 삼는 사람. 복자(卜者). 점자(占者). 주역선생(周易先生).
2:8	遷 延 옮길천 이을연	1. 일을 더디게 하여 지체함. 2. 시일을 미루어 감. 3. 시간을 벌려고 함.

2:11	稀 드물 희	罕 드물 한	신기한. 매우 드묾. 아름답고 좋은 일에 대하여 흔히 쓰는 말.
2:12	痛 아플 통	忿 분할 분	원통하고 분함. 절통.

3장

3:1	神 귀신 신	像 형상 상	창35:2에 나오는 신상이 아니라 느브갓네살王의 권위를 과시하기 위한 상징물로, 王의 모습을 본뜬 것이기 때문에 '神'은 '身'으로 표기해야 옳다. 人像.
3:2	法 법 법	律 법률 률	士 선비 사 율법을 잘 아는 선비.
3:2	方 모 방	伯 맏 백	1. 관찰사. 각 도의 민정·군정·재정·형정 등을 통찰하여 관하의 수령을 지휘 감독함. 감사·도백·도신(道臣). 2. 성 각 지역의 지도자 및 지방장관.
3:2	守 지킬 수	令 명령할 령	도백(관찰사) 이하의 부윤·목사·부사·군수·현감 등의 총칭.
3:2	道 길 도	伯 맏 백	관찰사. 지금의 도지사.
3:2	參 참여할 참	集 모을 집	어떠한 자리에 참여하여 모임.
3:5	三 셋(석) 삼	絃 줄 현	琴 거문고 금 줄 셋을 매어 만든 삼각형의 악기로 높은 음을 냄. 고관들이 사용한 바벨론 악기.
3:5	笙 생황 생	簧 혀(피리) 황	아악에 쓰이는 관악기의 하나. 큰 대로 판 통 모양의 댓마디 위에 길고 짧은 17개의 죽관을 둥글게 세운 것. 풍적(bag-pipe)과 비슷한 악기.

4장

4:3	權 권세권	柄 자루병	1. 권력을 가진 정치상 중요한 지위나 신분. 2. 생살여탈(生殺與奪)하는 힘. 3. 권력을 남용하여 백성을 좌우하는 것. 4. 성하나님의 통치를 의미.
4:13	巡 순행할순	察 살필찰	者 놈자	1. 여러 곳으로 다니며 사정을 살피는 사람. 2. 성천사[17:23, 사62:6, 신33:2].
4:15	靑 푸를청	草 풀초	1. 푸릇푸릇한 풀. 2. 풋담배. 3. 성아랍어로 연한 풀을 의미.

5장

5:2	嬪 지어미빈	宮 집궁	왕세자의 아내.
5:5	粉 가루분	壁 벽벽	희게 꾸민 벽. 흰 벽.

6장

6:1	心 마음심	願 원할원	마음으로 바람. 또는 그 일.
6:7	禁 금할금	令 명령할령	1. 못하게 금하는 명령. 2. 성페르시아의 총리, 방백, 수령들과 모사와 권원이 모여 다니엘을 모함하여 고소할 계략.

| 6:7 | 獅
사자사 | 子
아들자 | 窟
굴굴 | 사자를 가두어 둔 굴. |

| 6:8 | 御
모실어 | 印
도장인 | 임금의 도장. 옥새. 어새. |

| 6:12 | 的
적실할적 | 實
열매실 | 틀림없이 확실함. |

| 6:18 | 妓
기생기 | 樂
풍류악 | 1. 기생과 풍류.
2. 기생의 풍류. |

| 6:18 | 寢
잠잘침 | 睡
잠잘수 | 1. 수면의 높임말.
2. 성양심의 괴로움으로 잠을 자지 않고 후회하고 안타까워 했음. |

7장

| 7:9 | 坐
앉을좌 | 定
정할정 | '앉음'의 공대말. |

8장

| 8:5 | 顯
나타날현 | 著
나타날(지을)저 | 1. 뚜렷이 드러남.
2. 성수치를 모르는 뻔뻔스러운 행동. 표저(表著).
著 = 지을 저, 붙을 착, 입을 착, 이를 착, 신을 착, 시작할 착 등. |

| 8:23 | 嚴
엄할엄 | 壯
씩씩할장 | 몸을 가지는 태도가 장대함. |

| 8:27 | 魂 넋혼 | 絕 끊을절 | 1. 정신이 아찔하여 까무러침.
 2. 성가브리엘을 만나서 말씀을 들을 때 너무 놀람. |

9장

9:2	書 글서	冊 책책	서적.
9:18	狀 모양상	況 하물며황	일이 되어 가는 형편이나 모양.
9:24	永 길영	贖 속바꿀속	영원히 속죄됨.
9:27	殘 남을(잔인할)잔	暴 사나울포	잔인하고 포학함.

10장

| 10:13 | 君 임금군 | 長 어른장 | 머리가 되는 사람. 군수. |

11장

| 11:34 | 親 친할친 | 合 합할합 | 1. 어떤 목적을 위하여 친밀하게 합함.
 2. 성안티오쿠스 에피파네스가 유대인 배교자들을 자기편으로 만듦. |

12장

12:1	大 큰대	君 임금군	1. 중전이 낳은 왕자. 2. 성 미가엘(하나님이 백성을 호위하는 천사).
12:1	患 근심환	難 어려울난	근심과 재난.
12:2	羞 부끄러워할수	辱 욕될욕	1. 부끄럽고 욕되는 일. 2. 성 앞잡이 노릇을 했던 자들은 구원을 받지 못하고 부끄러움을 당하게 됨.
12:3	穹 하늘궁	蒼 푸를창	하늘. 창천(蒼天).
12:4	封 봉할봉	緘 봉할함	1. 편지를 봉투에 넣고 부리를 붙임. 2. 성 책을 흠없이 보관하라는 뜻.
12:10	鍊 단련할련	鍛 단련할단	1. 쇠붙이를 불에 달구어 두드림. 2. 몸과 마음을 닦아 기름. 수양을 쌓음. 3. 배운 것을 익숙하게 익힘. 연마.
12:13	業 업업		1. 직업. 2. 불교 몸과 입과 뜻으로 짓는 선악의 소행. 이것이 미래에 선악의 결과를 가져 오는 원인이 된다고 함. 3. 성 선악 간의 행위로 받는 보응.

호세아

소선지서의 첫 권으로 호세아의 가정적 비극, 이스라엘 백성의 여호와에 대한 부정·죄악, 하나님의 인자와 회개한 자에 대한 속죄의 약속을 내용으로 '오로지 주님께서만 행복과 생명이 나온다'고 예언하고 있다. 주님과 그분의 백성 사이를 혼인관계로 표현하는 특징이 있다.

2장

2:11	名 이름명	節 마디절	1. 명일 때의 좋은 시절. 2. 명분과 절의. 3. 명예와 절조. 4. 성 절기, 월삭, 안식일을 포함한 모든 축제일.
2:13	時 때시	日 날일	때와 날.
2:14	開 열개	諭 깨우칠유	사리를 알아 듣도록 타일러 가르침.

4장

4:2	詐 속일사	僞 거짓위	거짓으로 꾸미어 남을 속임.
4:2	偸 훔칠투	窃 도둑절	남의 물건을 몰래 훔침. 또는 그 사람.

5장

5:2	殺 죽일살	戮 죽일륙	罪 허물죄	사람을 마구 찔러 죽인 죄.

5:7 貞 操
곧을정 잡을조
1. 여자의 깨끗한 절개.
2. 여자 또는 남자가 성적 관계의 순결을 지니는 일.

5:7 私 生 者
사사사 날생 놈자
1. 법률상 부부가 아닌 남녀 사이에 난 자식.
2. 성 여호와의 교육과 훈련을 받지 못한 세대.

9장

9:4 居 喪
살거 복입을상
1. 상중에 있음.
2. 속 상복(喪服).
3. 성 집안에 시체가 있으면 그 집은 율법적으로 부정해짐.

9:7 冤 恨
원통할원 원한한
1. 원통하고 한되는 생각.
2. 성 거짓 선지자들이 하나님과 참 선지자에 대해 원망을 품는 것.

10장

10:4 茵 蔯
사철쑥인 약쑥(사철쑥)진
1. 사철쑥.
2. 사철쑥의 어린 잎. 오줌을 통하게 하는 찬 약. 습열·황달에도 쓰임.
3. 성 거짓 회개와 우상 숭배의 모순된 일. 고난의 상징.

10:6 計 議
셈할계 의논할의
1. 계획하고 의논함.
2. 성 꾀하여 미리 작정하는 일[창6:5].

12장

12:5	稱 일컬을칭	號 이름호	어떠한 뜻으로 일컫는 이름.
12:7	詐 속일사	取 가질취	물품 따위를 속여서 가지거나 빼앗음.
12:14	極 다할극	甚 심할심	극도로 심함. 몹시 지독함.

13장

13:13	産 낳을산	門 문문	아이를 낳는 여자의 음부. 산도(産道). 포문(胞門).
13:15	積 쌓을적	蓄 쌓을축	많이 모아서 쌓아 간직함.

14장

14:3	矜 자랑할긍	恤 구휼할휼	불쌍히 여김. 가엾게 여김.
14:7	蘇 깨어날소	醒 술깰성	1. 찌부러졌던 정신이 다시 깨어남. 2. 성율법은 영혼을 소성시키는 것으로 언급[시19:7].

요엘

기원전 830년경의 유대 선지자. 예루살렘과 유대 민족을 향하여 예언을 선포했으며, 제사장들을 향해 통렬히 비판하고 「주의 날」이 임박하고 있다는 가르침을 내용으로 하고 있으며, 마음을 찢으면[2:13] 휘장이 찢어지고[마27:51] 하늘이 갈라진다[사64:1]. 즉 진정한 회개 후에는 하나님께 나아갈 수 있고 오순절의 복이 임하는 것이라고 말했다.

1장

1:3	後 뒤후	時 때시	代 대시대	앞으로 오는 오랜 기간.

1:3 後 時 代 앞으로 오는 오랜 기간.
뒤후 때시 대시대

1:18 憫 惘 답답하고 딱하여 걱정스러움. 민연. 민만.
민망할(불쌍할)민 심심할망

2장

2:6 悚 懼 1. 마음에 두렵고 미안함. 부끄럽고 죄송스러움.
두려워할송 두려울구 2. 성 메뚜기 재난을 목격한 사람들의 낯빛이 창백해진 것.

2:20 前 軍 전방의 군대. 앞장 서는 군대.
앞전 군사군

470

3장

3:3	童 아이동	男 사내남	1. 사내아이. 동자. 2. 🈂️이방인들은 포로나 어린아이들마저도 술을 마시기 위한 화대로 사용했음.
3:5	珍 보배진	奇 기이할기	보배롭고 기이함.
3:5	寶 보배보	物 만물물	1. 보배로운 귀한 물건. 2. 🈂️여호와의 성전과 그 땅 전체.
3:5	神 귀신신	宮 집궁	1. 신을 모신 집. 2. 🈂️외국에서 노획한 모든 물질들을 보관해 두는 곳 [삼상5:2, 31:10].
3:5	激 과격할격	勵 힘쓸려	몹시 장려함. 마음이나 기운을 복돋우어 힘쓰도록 함. 분기(奮起)시킴.

아모스

북이스라엘이 멸망한 이후 기원전 760년경의 유대 선지자. 본시 남방 드고야의 목자였는데 하늘의 계시를 받고 벧엘에 이르러 하나님의 심판을 부르짖었으나 용납되지 않아, 이를 문서로 기록한 것으로 추정된다. 히스기아와 요시아는 구리뱀 숭배와 바알신앙을 없애는 등 이스라엘 종교개혁을 주도하고 있었기 때문에 예언자 아모스가 전한 '하나님의 말씀'들을 수집하여 편집한 것이다. 이스라엘 범죄에 대한 하나님의 노여움과 종말에 대한 경고 등을 내용으로 하고 있다.

1장

1:3	打 (칠타) 作 (지을작) 機 (기계기)	1. 곡식 이삭을 떨어서 그 알을 거두는 기계.
		2. 아람(시리아) 왕 하사엘이 이스라엘 왕이 예후시대에 행한 죄악을 가리킨 말로 실제로 포로들을 타작기로 때리기도 했음.

3장

3:3	意 (뜻의) 合 (합할합)	1. 서로 뜻과 마음이 맞음.
		2. 의가 좋음.
3:12	緋 (비단비) 緞 (비단단) 方 (모방) 席 (자리석)	명주실로 짠 피륙으로 만든 깔고 앉는 자리.

4장

| 4:1 | 家
집가 | 長
어른장 | 1. 집안의 어른. 호주. 가구주.
2. 자기 남편.
3. 성 이스라엘의 사치하고 게으른 여자(바산의 암소: 사치와 향락에 빠진 사람들을 빗대어 하신 말씀)들의 탐욕을 충족시켜야 할 남자. |

5장

| 5:7 | 公
공평할공 | 法
법법 | 1. 국가 그 밖의 공공단체 상호 간의 관계 또는 이들과 사인과의 관계를 규율하는 법(헌법, 형법 등).
2. 성 아모스 당시 정의를 지켜야 할 지도자들이 불법을 행했음을 암시. |

6장

| 6:4 | 象
코끼리상 | 牙
어금니아 | 床
평상상 | 상아로 만든 책상이나 평상. |

7장

| 7:14 | 培
북돋울배 | 養
기를양 | 1. 식물을 북돋아 기름.
2. 인재를 가르쳐 길러 냄. |

8장

| 8:11 | 飢
주릴기 | 渴
목마를갈 | 1. 배고프고 목마름. 굶주림과 목마름.
2. 성 하나님 말씀에 대한 기근. |

오바댜

구약 성서의 가장 짧은 21절의 분량으로 구성. 12예언서의 하나로, 선지자 오바댜가 기원전 586년경 그의 예언을 기록한 것으로, 에돔 족속의 오만한 죄에 대한 형벌, 에돔이 근친자에 가한 포학과 불신 세력들의 멸망을 선포하고, 하나님은 당신의 나라와 백성을 더욱 공고하게 세우신다는 이스라엘에 대한 회복의 약속 등을 내용으로 하고 있다.

1장

1:12	傍 곁방	觀 볼관		1. 상관하지 않고 곁에서 추이를 보고만 있음. 2. 곁에서 봄. 3. 성유대의 자손이 망하는 것을 보고만 있었음.
1:14	四 넷(사)사	巨 클거	里 마을리	1. 네거리. 2. 성에돔이 예루살렘의 약탈에 동참하자 유대인들이 도망하던 길.
1:21	救 도울구	援 도울원	者 놈자	삿3:9의 의미로 볼 수도 있으나 '구원 받은 자'로 표시함이 더 좋음.

요나

구약 예언서의 하나. 요나의 하나님의 명령에 대한 불순종과 그 결과 및 큰 물고기의 뱃속에서 사흘간 있다가 결국 니느웨(앗시리아의 수도, 지금은 이라크에 있음)에 가서 심판설교를 하여 여호와의 심판을 면하게 한다. 니느웨에서 한 요나의 전도와 시민의 회개 등을 내용으로 하고 있다. 여러보암이 통치하던 기간(기원전793~753) 중에 기록된 것으로 추정된다.

1장

1:3	船 배선	價 값가	배를 타거나 배로 물건을 실어 옮긴 값.
1:4	大 큰대	作 지을작	1. 크게 일어남. 2. 남의 잘된 작품.
1:16	誓 맹서할서	願 원할원	성 구약시대의 풍습으로, 하나님께 어떤 은혜를 빌고, 그 보답으로 하나님에게 어떤 행위 곧 헌물을 바칠 것을 맹서하는 일.

2장

2:8	崇 높일숭	尙 숭상할상	높이어 소중하게 여김.

3장

| 3:7 | 詔
고할조 | 書
글서 | 1. 임금의 명령을 쓴 문서. 조칙(詔勅).
2. 성 사람뿐만 아니라 짐승들까지도 굵은 베옷을 입혀 회개하고 하나님께로 돌아서라는 내용의 문서. |

4장

| 4:8 | 昏
어두울혼 | 困
곤할곤 | 정신이 흐릿하고 맥이 빠져서 고달픔. |
| 4:11 | 餘
남을여 | 名
이름명 | 사람의 수효가 어떠한 수에 조금 남음이 있을 때 쓰는 말. |

미가

예언자 미가(Micah)가 신의 계시를 적은 것인데, 그는 여호와의 뜻을 과감하게 선포하고 전달하였던 예언자이다. 미가의 예언은 기원전 740년경부터 약 50년간에 걸친 것으로 대지주의 횡포와 탐욕을 책망하고 가난한 자들과 어울리며 백성들의 부패에 대한 회개를 권고하고 기도·구원에 대한 말세론적인 것을 기술하였는데, "여호와 같으신 이가 누구입니까?"라는 의미를 전파하고 있다.

2장

2:4	諷 욀풍	詞 말사	잠언. 혹은 비유로 말하는 것.
2:7	褊 좁을편	急 급할급	생각하는 것이 좁고 성미가 급함.

4장

4:13	大 큰대	主 주인주	宰 재상재	1. 큰 임금. 2. 성 하나님.

5장

5:1	裁 마를재	判 판단할판	者 놈자	1. 소송 사건을 법률에 따라 심판하는 사람. 2. 성 여기서는 바벨론으로 잡혀간 꼭두각시 왕 시드기야.

| 5:3 | 解
<small>풀해</small> | 産
<small>낳을산</small> | 1. 임산부가 아기를 낳음.
2. 성 임산부(마리아)가 이스라엘을 다시 모을 메시아를 낳음. |

6장

| 6:2 | 辨
<small>분별할변</small> | 論
<small>의논할론</small> | 1. 사리를 밝혀 옳고 그른 것을 갈라서 따짐.
2. 성 원고인 하나님이 범죄자인 이스라엘에 대한 우주적 심판. |

7장

| 7:3 | 私
<small>사사사</small> | 慾
<small>욕심욕</small> | 개인의 이익을 차리는 욕심. |

나훔

기원전 612년경 유대의 소선지자의 한 사람인 나훔의 예언을 기록한 것으로 이스라엘의 원수인 앗시리아의 수도 니느웨의 멸망을 예언하였다. 나훔이 활동하던 시대에 노아몬이 기원전 661년에 앗수르 왕 아슬버니팔에게 점령되고, 니느웨는 기원전 612년 바벨론 왕 나보폴라살에게 함락당하는 것을 목격하며 활동했다. 그 시적 표현 및 멋진 만가(挽歌)로서 구약 중의 걸편으로 꼽힌다.

2장

| 2:3 | 掠
노략질할략 | 奪
빼앗을탈 | 者
놈자 | 폭력을 써서 억지로 빼앗는 사람. |

| 2:7 | 定
정할정 | 命
목숨명 | 날 때부터 정해진 운명. |

| 2:13 | 派
물갈래파 | 遣
보낼견 | 者
놈자 | 1. 임무를 띠게 하여 보냄을 받은 사람.
2. 성 정복당한 나라들의 공물을 징수하기 위해 파견되는 앗시리아 관리들. |

3장

| 3:1 | 勒
억지로할륵 | 奪
빼앗을탈 | 폭력이나 위력으로 재물을 빼앗음. |

| 3:2 | 轟
뭇수레소리굉 | 轟
뭇수레소리굉 | 많은 수레가 달리는 소리. |

3:4	魔 마귀마	術 꾀술	요술. 사람의 눈을 어리게 하는 야릇한 술법.
3:8	城 재성	壘 진루	성 밖 둘레의 흙담.
3:10	結 맺을결	縛 묶을박	두 손을 앞으로 혹은 뒤로 하여 묶음.
3:16	商 장사상	賈 장사(값가)고	장사하는 사람.

하박국

기원전 612년경 선지자 하박국에 의해 기록된 선지서 중의 하나. 외로이 잔존하던 선민국가 남유대의 멸망마저 목전에 두고 있는 시대에 더 이상 돌이킬 수 없도록 타락한 선민사회 안에서 극소수로 전락한 하나님의 남은 자들이 하나님을 향해 던지는 처절한 질문과 답변을 들은 의인들의 찬양과 갈구를 하나님과의 대화 형식으로 기록하여 노래 형식으로 진행되는 예언서로, 하나님의 성취가 더 딜지라도 조용히 기다려야 한다고 했다.

1장

1:3	姦 간음할간	惡 악할악	간사하고 악독함. 간곡(奸曲).
1:4	解 풀해	弛 늦출이	마음의 긴장이나 규율이 풀리어서 느슨해짐.
1:6	性 성품성	急 급할급	성질이 몹시 급함.
1:7	威 위엄위	令 명령할령	위엄이 있는 명령.
1:12	先 먼저선	知 알지	1. 앞 일을 먼저부터 미리 알아차림. 2. 남보다 먼저 도를 깨달아 앎.
1:15	草 풀초	網 그물망	풀이나 새끼로 얽은 그물.

481

2장

2:1	城 재성	樓 다락루	성문 위에 시설되어 있는 높은 누각.
2:6	評 평론할평	論 의논할론	사물의 가치 선악을 비평하여 논함.
2:6	諷 욀풍	刺 찌를자	1. 빗대고 비유하는 뜻으로 남의 결점을 찌름. 2. 돌려서 슬며시 사회·인물의 결합·죄악 같은 것을 말함.

3장

| 3:2 | 復 다시부 | 興 일흥 | 쇠약하였던 것이 다시 일어남. |
| 3:6 | 戰 싸울전 | 慄 두려울률(율) | 몹시 두려워 몸이 떨림. |

스바냐

기원전 627년경 왕족 출신의 소선지자. 백성들의 우상 숭배와 이교적 풍습을
행함에 회개와 개혁을 외쳤다. 「주의 날」의 심판에 대한 경고와 이방 열국들의
멸망을 예언하면서 미래의 메시야 왕국의 영광스런 모습을 간결하고 사실적인
문체로 묘사하고 있다. 즉 「여호와의 날」의 심판과 구원의 양면적 성격을 자세
히 부각시키고 있다. 하나님이 진노하시는 이유는 하나님께 대한 거짓 예배와
하나님을 무시하고 더 나아가 그의 존재를 인정하지 않는 데 있다.

2장

2:2	光 陰 빛광 그늘음	흘러가는 세월. 시간.
2:8	詬 辱 꾸짖을후 욕될욕	꾸짖어 욕함. 비방하는 것.
2:11	衰 盡 쇠할쇠 다할진	점차로 쇠하여 아주 없어짐.
2:16	嗤 笑 비웃을치 웃음소	비웃음. 빈정거리며 웃음.

3장

3:4	爲 人 할위 사람인	사람된 품.

3:5	間 사이간	斷 끊을단	잠시의 끊임. 쉴 사이. 잠시 그침.
3:8	燒 불사를소	滅 멸할멸	1. 불태워 없애버림. 2. **성** 유다는 하나님이 이방인에 대한 징벌을 보고도 죄악의 길을 고집하는 것을 보시고 열국을 모아 치도록 하는 징벌.

학개

기원전 520년경의 소선지자. 바벨론 포로 이후 유대 백성들이 성전을 짓고 있다는 말을 들은 대적자(북이스라엘 멸망 후 사마리아 지역에서 살던 잔류들과 사마리아 땅으로 이주해 온 사람들)들이 동참하게 해 달라고 간청했으나 스룹바벨과 여호수아가 거절하자 방해를 시작, 아하수로 황제에게 고소장을 보낸다. 다리우스 2년까지 15년 동안 중단된다. 이때 선지자 학개와 스가랴가 활동한다. 백성들에게 15년 동안이나 지연된 성전 건축을 완성하도록 독려했으며, 예수의 임재의 영광 · 장차 세워질 나라 · 불의한 자들을 향한 여호와의 심판, 하나님께 다시 나아오는 백성들의 축복에 대한 예언도 포함되어 있다.

1장

1:4	板 널판	壁 벽벽	판자로 만든 벽. 성비싼 재목들을 수입하여 사치스럽고 호화롭게 지은 집.
1:6	收 거둘수	入 들입	소득, 금품을 거두어들임.
1:14	興 일흥	奮 떨칠분	1. 어떤 일에 감동되어 분기함. 2. 감정이 복받쳐 일어남. 3. 성성전 건축은 하나님의 능력으로 이루어짐을 의미. 백성들의 마음을 영적으로 각성시킴.

2장

2:15	疊 (畳) 거듭첩		1. 겹치다. 포개다. 2. **성** 유대인들이 귀환한 후 성전 재건을 시작하여 쌓은 기초석.
2:22	同 한가지동	伴 짝반	데리고 함께 다님. 길을 같이 감.

스가랴

기원전 520년경 제사장 가문의 출신인 예언자. 학개와 동시대의 인물로 성전 건축을 독려했는데, 학개는 직설적으로 표현했다면 스가랴는 다양한 환상과 예언, 상징적 수사법을 동원해 묘사하고 있다. 백성들의 영적 생활과 메시아의 통치와 재림에 대하여서도 하나님의 계시를 선포했다. 건물로서의 성전재건 차원이 아니라 메시아와 그분의 강림에 대한 예언으로까지 발전시킨다.

1장

1:8	紅 馬 붉을홍 말마	몸빛이 붉은 말.
1:8	紫 馬 자주빛자 말마	몸빛이 자줏빛 나는 말.

3장

3:8	豫 表 미리(기쁠)예 거죽(밝을)표	성미리 알려 주는 표징[사8:18].
3:10	招 待 불러올초 기다릴대	1. 임금의 명으로 불러서 오게 함. 2. 남을 청하여 대접함.

4장

4:3	周 두루주	鉢 바리때발	위가 약간 벌어지고 뚜껑이 있는, 놋으로 만든 밥그릇.
4:12	金 쇠금	管 대롱관	금으로 만든 대롱(파이프).

6장

6:2	紅 붉을홍	馬 말마	피흘림, 전쟁 등을 상징.
6:2	黑 검을흑	馬 말마	슬픔, 재난, 기근 등을 상징.
6:2	白 흰백	馬 말마	승리, 정복 등을 상징.

7장

7:3	齋 재계할(집)재	戒 경계할계	부정을 피하고 심신을 깨끗이 하는 일.
7:10	窮 궁할궁	乏 가난할핍	곤궁하고 가난함.

9장

9:2	接 境 댈접 지경경	1. 서로 닿은 경계. 두 지역이 서로 접한 경계. 2. 성 하맛 근처에 있는 하타리카(시리아)와의 경계로 알렉산더가 시리아를 거쳐 페니키아와 블레셋에 이르기까지 진군해 올 것을 묘사한 것이나 예루살렘은 안전할 것을 예언.
9:12	保 障 보호할보 막힐장	1. 장애가 없도록 보증함. 2. 장애가 되지 않게 보호함. 3. 조세를 가볍게 하여 백성을 편하게 하는 정치. 4. 성 요새를 의미하지만 여기서는 하나님을 비유.

10장

10:2	流 離 흐를류 떠날리	일정한 집과 직업이 없이 이리저리 떠돌아 다님.
10:11	苦 海 쓸고 바다해	1. 괴로움이 많은 인간 세상. 2. 성 하나님께서 복음으로 자기 백성을 구원하시는 능력의 위대성을 가리킨 전제의 세상.
10:12	笏 홀홀	1. 벼슬아치가 조현(朝見)할 때 조복에 갖추어 손에 쥐는 물건. 2. 성 고대 애굽, 바사 등지의 왕이 손에 쥐고 있던 것으로 권력의 상징이었다[에4:11].

12장

12:2	昏 醉 어두울혼 술취할취	전후 좌우를 분간하지 못할 정도로 정신없이 술에 취함.

13장

13:2	邪 간사할사	鬼 귀신귀	요사스러운 귀신. 사매(邪魅).
13:3	憑 의지할빙	藉 핑계할(빌릴, 도울)자	1. 남의 힘을 빌어서 의지함. 2. 말 막음으로 내세움.

말라기

구약 성서 39권 중의 마지막 편. 선지자 말라기는 최후의 히브리 선지자로 그의 예언을 적은 책으로 기원전 450년경에 쓰여짐. 문답체로 하나님의 주권을 선포하며 참된 여호와의 숭배가 소홀히 된 것과 당시 사회 도덕의 타락과 부패를 비판하고 그 회개를 촉구하는 내용이다. 여호와의 계약에 충실할 것을 요구, 올바른 예배의 필요성 강조, 이혼을 비난하며 심판의 날이 가까웠음을 선포했다.

1장

| 1:8 | 嘉 納 | 1. 바치는 물건을 달게 받아들임. |
| | 아름다울가 드릴납 | 2. 충고하는 말을 옳게 여겨 기꺼이 들음. |

| 1:13 | 煩 幣 | 1. 번거로운 폐단. |
| | 번거로울번 폐단폐 | 2. 성 이스라엘의 형식적인 제사. |

2장

| 2:10 | 詭 詐 | 1. 간사스러운 거짓이나 교묘하게 속임. |
| | 속일궤 속일사 | 2. 성 진실하지 않은 언행[욥15:35]. |

| 2:15 | 有 餘 | 넉넉함. |
| | 있을유 남을여 | |

3장

3:2	漂 뜰 표	白 흰 백		1. 탈색하여 희게 함. 2. 바래서 희게 함.
3:6	變 변할 변	易 바꿀 역		1. 변하여 바꿈. 2. 변하여 바뀜. 변개(變改).
3:16	記 기록할 기	念 생각 념	册 책 책	오래도록 사적을 전하여 잊지 않도록 기록한 책.

新約全書

마태福音

마태복음은 주로 기독교 신앙의 새로운 사람들, 선교사들, 그리고 일반적인 교회의 교훈을 위해 계획된 것으로 보인다. 그 근거로는 예수님의 가르침을 독특한 관심을 가지고 5개의 강화로 조직된 것과 교회의 설립에 대한 특별한 관심 등이다 [16:17~19, 18:15~20]. 초대교회의 풍부한 자료들은 이 제1복음서의 저자를 열두 사도의 한 사람인 마태로 전하고 있다. 주후 50~70년경에 기록된 것으로 예수의 계도로부터 시작하여 예수의 탄생·요단강에서의 세례·광야의 유혹·산상의 설교·베드로의 신앙 고백·최후의 수난과 만찬·십자가·부활 등에 관하여 기록하고 있다. 마태복음에는 구약의 인용이 많이 나오는데 그 예언이 예수의 사실로 실현되었다는 입장을 취하여 그분의 사역이 이스라엘의 소망에 대한 성취라는 사실의 증거로 제시되고 있어서 유대적 색채가 농후한 복음서이다.

1장

1:1	世 대세	系 이을계	1. 대대로 이어진 계통. 2. 성 마태복음이 요셉의 혈통을 말하고 있는 반면, 누가복음은 마리아의 계보를 말함.
1:11	移 옮길이	居 살거	1. 딴 곳으로 옮겨 삶. 2. 성 유대 왕국이 바벨론에 의해 멸망당하고 대부분의 백성이 바벨론으로 '끌려갈 무렵'.
1:23	繙 풀번	譯 통역할역	어느 나라의 말을 타국의 문장으로 옮김.

2장

| 2:11 | 盒
합합 | | 제사 때 향을 담는 둥글넙적한 작은 향합. |

| 2:16 | 標
표시표 | 準
법도준 | 정도를 정하는 목표. |

3장

| 3:4 | 石
돌석 | 淸
맑을청 | 산 속의 나무나 돌 사이에 벌이 모아둔 야생 꿀. 제일 좋은 꿀. '들꿀'(공동 번역). |

| 3:6 | 洗
씻을세 | 禮
예도례 | 1. 입교하려는 사람에게 주는 의식의 하나. 물과 하나님의 이름으로 원죄·자죄(自罪)를 모두 사하고 성신에 의한 중생, 하나님의 생명에의 참여, 천국의 세사(世嗣), 의무 이행, 영적 은혜를 위하여 행하여지는 의식. 종파에 따라 다르나 대개 안수 목사가 머리에 점수하여 의식을 행함. 천주교에서는 「성세(聖洗)」라 함.
2. 어떤 단체의 구성원이나 이념의 실행에 필요한 경험 또는 시련. |

| 3:12 | 穀
곡식곡 | 間
사이간 | 1. 곡식을 저장하는 창고.
2. 성 성도들의 최후의 안식처. |

| 3:16 | 聖
거룩할성 | 靈
영혼령 | 성부, 성자, 성신의 영[행4:31].
사도행전에는 성령의 역사에 대한 많은 기록이 있다.
① 성령은 믿는 자를 그리스도의 공동체 안으로 이끄시며 세례를 받게 하신다[1:5, 11:15~16].
② 성령은 믿는 자에게 임하셔서 중생의 증거[2:38, 5:32, 10:44, 15:8]가 된다. |

③ 성령은 믿는 자로 하여금 증거하게 하시며[4:8],
지도자로 활약하게 하시며[6:3], 강하게 하시며
[7:55], 특별한 분별력을 주신다[13:9].
④ 성령께서 믿는 자를 친히 인도하신다[13:4, 16:7]

4장

4:19	漁 고기잡을어	夫 지아비부	1. 고기 잡는 것을 업으로 삼는 사람. 2. 漁父: 취미로 고기를 잡는 사람.
4:23	福 복복	音 소리음	1. 그리스도를 통하여 하나님이 인간에게 주신 가르침. 곧 복된 말씀으로 성서에 기록된 말씀으로 회개와 의와 신앙이 강조됨. 2. 반가운 기쁜 소식.
4:24	各 각각각	色 빛색	1. 여러 가지 빛깔. 2. 각종.
4:24	鬼 귀신귀	神 귀신신	1. 사람이 죽은 영혼에 악신이 덮인 것. 2. 눈에 보이지 않으면서 사람에게 화복을 내려 준다는 정령. 3. 어떤 일에 특수하게 재주가 많은 사람.
4:24	癎 간질간	疾 병질	1. 지랄병. 전간. 2. 원어는 '달에게 침범당하다'라는 뜻인데, 고대인들은 달의 주기에 따라 발작 증세가 일어난다고 믿었다.

5장

5:15	燈 등잔등	檠 도지계경	등잔을 걸어 놓는 제구.
5:22	地 땅지	獄 감옥옥	1. 살아서 악행한 자가 벌을 받는다는 곳. 2. 구원 못 받은 영혼이 가는 괴로운 곳.
5:25	私 사사사	和 화목할화	1. 송사를 서로 화해함. 2. 서로 원한을 풀고 화평함.
5:25	官 벼슬관	隷 종례	관가에서 부리는 하인들.
5:26	毫 가는털호	釐 터럭리(이)	1. 극히 적은 것을 가리킴. 2. 자의 눈이나 저울의 눈. 3. 마지막 한 푼.
5:46	稅 세금세	吏 관리리	세금을 받는 관리.

6장

6:2	外 밖외	飾 꾸밀식		1. 겉모양을 꾸밈. 2. 위선적 행위.
6:7	重 거듭중	言 말씀언	復 다시부	言 말씀언	1. 한 말을 자꾸 되풀이함. 2. 성기도 중에 다른 잡생각으로 뜻 없는 구문의 반복이나 형식적인 기도.

498

6:14	天 하늘천	父 아비부	여호와 하나님.
6:16	氣 기운기	色 빛색	1. 마음의 온갖 작용으로 얼굴에 나타난 기분과 얼굴색. 2. 얼굴에 나타난 감정의 변화.
6:19	銅 구리동	綠 푸를록	구리에 슨 푸른 녹이나 곰팡이나 쥐로 인한 피해.

7장

| 7:1 | 批 비평할비 | 判 판단할판 | 1. 옳고 그름을 따져 가려서 판단함.
2. 성심판. 바리새인의 폄론 정죄. |

9장

9:3	僭 참람할참	濫 넘칠람	1. 분수없이 예의에 거슬림. 제 분수에 넘친 망령됨. 참월. 2. 성제 주제를 넘어서 하나님께 방자함[막2:7].
9:9	稅 세금세	關 관계할관	재무부 세관국에 속한 한 관청.
9:18	方 바야흐로(모질)방	將 장차장	1. 곧. 장자. 2. 방금.
9:20	血 피혈	漏 샐루	症 병증세증	여자의 음부에서 때 없이 피가 나오는 병. 출혈성 자궁내막염이나 자궁암들로 말미암아 생김. 만성 자궁출혈.

499

10장

10:2 使 徒
부릴사 무리도

1. 예수께서 복음을 전하기 위해서 특별히 뽑은 열두 제자.
2. 신성한 사업을 위하여 헌신적으로 일하는 사람.
3. 성사도(헬, 아포스톨로스)는 '보냄을 받은 자'라는 뜻을 가지고 있다. 즉, 주인의 메시지를 가진 사절(使節)을 의미한다. 성경에서 이 말은 특별한 경우에만 사용되었음. 즉, ① 주님을 직접 뵈었고, 그의 부활을 목격한 사람[참조 행1:22, 고전9:1]. ② 이적을 행할 수 있는 은사를 부여받은 사람[참조 행5:15~16, 히2:3~4]. ③ 주님이나 성령에 의해 선택받은 사람[참조 마10:1~2, 행1:26]만이 사도의 자격을 가짐.

10:32 是 認
옳을시 인정할인

1. 옳다고 인정함.
2. 여러 사람이 일치하며 동일한 내용을 고백하는 것.

11장

11:1 傳 道
전할전 길도

1. 미신자에게 신앙을 가지도록 전파하는 일.
2. 도리를 세상에 널리 전함.

12장

12:1 嘶 腸
울(목쉴)시 창자장

배가 고픔.

13장

13:22	財 재물재	利 이로울리	1. 재물과 이익. 2. 부귀하게 되고자 하는 욕망으로 재물에 대해 지나치게 집착함. 3. 돈놀이.
13:30	秋 가을추	收 거둘수	軍 군사군	가을에 익은 곡식을 거두어들이는 일꾼.
13:35	創 비로소창	世 인간세	1. 처음으로 세계를 만듦. 2. 신이 세계를 지음.

14장

14:1	分 나눌본	封 봉할봉	王 임금왕	한 나라를 넷으로 나누어 그 하나를 통치하는 사람. 로마인들은 반드시 넷으로 나누지 않았더라도, 분할된 한 왕국의 지배자나 혹은 왕에 버금가는 주권자에게 이를 적용하였음. 헤롯왕이 죽고 팔레스타인은 셋으로 나뉘었는데, 그 각 지배자들도 그렇게 불렀음.
14:6	宴 잔치연	席 자리석	잔치하는 자리.
14:19	祝 빌축	謝 끊을사	축복기도. 감사기도. 축사(祝辭) = 축하하는 말.
14:25	四 넉사	更 시각경	1. 새벽 1~3시 사이(축시: 丑時). 정야(丁夜). 2. 성 3~6시까지.

14:26	幽 그윽할유	靈 영혼령	1. 죽은 사람의 영혼. 2. 죽은 사람의 혼령이 나타나는 현상. 3. 이름뿐이고 실제는 없는 것.
14:35	通 통할통	知 알지	기별하여 알림.

16장

16:3	天 하늘천	氣 기운기	1. 천문에 나타난 징조. 2. 성바리새인과 사두개인들은 천기는 분별할 수 있었으나 시대의 표적들은 알지 못했음.
16:18	敎 가르칠교	會 모을회	1. 예배당. 2. 성교회의 성립은 오순절 성령 강림으로 이루어졌는데[행2], 예수께서 하신 예언이 성취된 것임.
16:28	王 임금왕	權 권세권	1. 임금의 권력. 2. 성예수의 재림하시는 모양.

17장

17:25	關 관계할관	稅 세금세	1. 국경을 통과하는 상품에 대하여 세관에서 받는 세금. 2. 성지방세나 물가세로 주로 각 지방에서 징수.
17:25	丁 고무래정	稅 세금세	규정의 조세.

18장

18:6	研 갈(연마)연	子 아들자	마소를 부리어 돌리게 하여 곡식을 찧는 큰 매. 지름은 약 45cm, 두께 8~10cm였고 당나귀가 돌림.
18:15	相 서로상	對 대할대	서로를 마주 봄. 서로 맞섬.
18:16	證 증거증	參 증여할참	1. 참고될 만한 증거. 증좌. 2. 범죄한 형제의 잘못을 일깨우는 일에 증인이 많이 참여하여 권고함.
18:28	同 한가지동	官 벼슬관	1. 같은 관청에 같은 등급의 관리. 2. 한 임금을 섬기는 '궁중 관리' 즉 '동료'(공동 번역).
18:34	獄 감옥옥	卒 마칠(병사)졸	옥에 갇히어 있는 사람을 지키는 사령. 옥사장이.

20장

20:18	決 결단할결	案 책상안		결정된 문서.
20:25	執 잡을집	權 권세권	者 놈자	정권을 잡은 자.

503

21장

| 21:16 | 讚 美 | 아름다운 덕을 기림. 기리어 칭송함. |
| 기릴찬 아름다울미 |

| 21:32 | 終 是 | 나중까지 끝이 나오도록. |
| 마칠종 이시 |

| 21:42 | 聖 經 | 1. 예수교의 신약·구약. |
| 거룩할성 글경 | 2. 종교의 최고 법전이 되는 책. |

22장

| 22:4 | 午 餐 | 1. 잘 차려서 먹는 점심. 주찬. 주식. |
| 낮오 밥찬 | 2. 성 잔치할 때 주어지는 가벼운 점심. 저녁 때 만찬이 따름. |

| 22:5 | 商 業 次 | 상품을 사고 팔아 이익을 얻을 목적으로 |
| 장사상 업업 차례차 |

| 22:12 | 有 口 無 言 | 1. 변명할 말이 없거나 변명을 못함. |
| 있을유 입구 없을무 말씀언 | 2. 성 최후의 심판대 앞에서 변병할 자가 없음을 의미[막4:39]. |

| 22:13 | 相 論 | 서로 의논함. |
| 서로상 의논할론 |

| 22:23 | 黨 員 | 당을 구성하고 있는 사람. |
| 무리당 사람원 |

22:23	復 活	1. 죽었다가 다시 살아남.
다시부 살활	2. 일단 폐지하였던 것을 다시 씀.
	3. 쇠퇴하였던 것이 다시 일어나 흥하게 됨.

4. 성사람이 죽은 뒤에 다시 생명을 회복하고 영원한 생명을 지니고 영광스럽게 변화되는 현상.

23장

23:5	經 글경	文 글문	1. 도교의 서적. 2. 성기도할 때 외는 글. 정결한 양피의 조각이나 가죽으로 덮은 상자 안에 율법의 네 구절이 기록되어 있음.
23:6	上 위상	席 자리석	윗자리. 위 되는 벼슬 자리.
23:17	愚 어리석을우	氓 백성맹	1. 어리석은 백성. 2. 백성이 통치자에 대하여 자신을 부르는 겸사말. 氓: 다른 나라나 지방에서 이주해 온 백성.
23:23	薄 엷을박	荷 연꽃하	1. 영생이. 영생이 잎. 꿀풀과에 속하는 숙조성 다년초. 땅밑 줄기를 번식하고 땅위 줄기는 직립하며 60~90cm의 방형임. 2. 성유월절 기간에 먹는 쓴 나물의 양념 중 하나로 향내 때문에 회당 안에 걸어 두기도 한다.
23:23	茴 회향회	香 향기향	회향풀의 열매. 미나리과에 속하며 약재나 조미료로 쓰임.
23:23	芹 미나리근	菜 나물채	미나리. 용도는 회향과 동일.
23:37	派 물갈래파	送 보낼송	파견.

25장

| 25:44 | 供養
받들공 기를양 | 1. 웃어른에게 음식을 드림.
2. **불교**부처 앞에 음식물을 올림. |
| 25:46 | 永罰
길영 벌줄벌 | 지옥에서 죄인이 받는 영원한 벌. |

26장

26:3	衙門 마을아 문문	1. 상급의 관청. 2. 관청의 총칭.
26:5	民擾 백성민 어지러울요	민란. 백성들이 일으킨 소요. 비조직적이고 국체 변경을 목적하지 않는 점에서 반란·내란과는 구별됨.
26:7	玉盒 구슬옥 합합	1. 옥으로 만든 뚜껑이 있는 작은 그릇. 2. **성**당시 값비싼 기름이나 최상의 향수를 담아 보관하는 용기로 사용.
26:8	虛費 빌허 허비할비	1. 쓸데없이 비용을 씀. 2. 헛되이 써 버림.
26:8	苦悶 괴로울고 번민할민	속을 태우고 괴로워함. 고뇌.
26:58	下屬 아래하 붙을속	하인배. 하속의 무리.
26:66	該當 갖출해 마땅당	무엇에 관계되는 바로 그것. 바로 들어맞음.

| 26:73 | 表
겉(밝을)표 | 明
밝을명 | | 드러내 보여서 명백히 함. |

27장

27:6	聖 거룩할성	殿 대궐전	庫 창고(곳집)고	예배당 창고.
27:24	効 본받을효	驗 시험할험		효력. 일의 좋은 보람.
27:24	民 백성민	亂 어지러울란		민요.
27:27	官 벼슬관	庭 뜰정		1. 관청의 뜰. 2. 성 예루살렘에 있는 빌라도의 청사 혹은 집무실.
27:28	紅 붉을홍	袍 도포포		1. 붉은 도포. 2. 성 장교들이 입는 짧은 모직물 외투. 예수를 조롱할 목적으로 입힘.
27:37	罪 허물죄	牌 패패		1. 죄인에게 붙이던 패. 2. 성 반역에 해당하는 죄목이 쓰여 있음.
27:48	海 바다해	絨 융융		바다 동물의 뼈 등으로 만든 스펀지 같은 물질이며 물을 잘 흡수함. 갯솜.
27:59	精 정할정			세밀하다. 순수함. 정교함. 정기.
27:62	豫 미리예	備 갖출비	日 날일	1. 미리 준비하는 날. 안식일 전날(금요일). 2. 성 니산월 15일이며 안식일인 동시에 유월절 잔치의 으뜸가는 명절.

28장

28:1	安	息	後	
	편안안	쉴식	뒤후	1. 유대교의 성일인 토요일 후.

2. 신자가 모든 일을 쉬고 종교적 헌신을 하는 거룩한 날. 즉 현재의 '주일'. 이날은 역사상 최초의 주일로서 주일 성수의 기원이 되었다. 안식일이 하나님의 창조를 기념한다면[출20:11], 주일은 그리스도의 재창조를 기념하는 말이다[요20:19].

28:11	把	守	軍	中	
	잡을파	지킬수	군사군	가운데중	1. 경계하여 지키는 군인 중에.

2. 성예수의 무덤을 지켰던 파수꾼.

마가福音

4복음서의 하나로 베드로가 순교당한 직후 주후 65~70년경 베드로의 제자로 통역관이며 동역자인 요한 마가에 의해 저술됨. 전 16장으로 주로 예수의 활동을 기술했는데, 갈릴리에 있어서의 천국의 설교, 제자의 교육, 환자에 대한 치유, 오병이어의 기적, 적과의 대항, 예수의 수난 · 죽음 · 부활 등을 기술하고 있다. 저술 목적은 하나님의 아들 그리스도에 관한 복음을 이방인 독자들에게 이해시키기 위함이고, 더 나아가 네로 황제의 박해 아래 살던 기독교인들이 신앙을 성장, 고취시키고 또한 그들의 주께 대한 순종을 강화하고 지도하기 위함이라고 볼 수 있다. 전체적으로 「하나님의 아들」로서의 예수에 관한 사실을 전하는 것으로 가장 신빙성이 큰 사서이다.

1장

1:22	權 권세권	勢 기세세	1. 권력과 세력. 2. 남을 복종시키는 세력. 3. 성 예수의 교훈은 서기관들과는 대조적으로 자신의 인격적인 권위에 근거하였음.
1:26	痙 경련경	攣 손발구부러질련	근육이 자기 의사에 반하여 오그라드는 현상.
1:35	閒 한가할한	寂 고요할적	한가하고 고요함.

2장

2:2 　容　　身
얼굴용　　몸신

1. 장소가 좁아 겨우 몸을 움직일 수 있음.
2. 세상에서 겨우 몸을 붙이고 살아감.

3장

3:9 　等　　待
무리등　　기다릴대

1. 미리 갖추어 두고 기다림.
2. 성 예수께서 무리들의 성화를 피하기 위하여 배를 가까이 두셨음을 시사한다.

4장

4:11 　秘　　密
감출비　　빽빽할밀

이방 종교에서 밖에 있는 다른 사람에게는 계시되지 않는 종교 의식의 교훈.

4:21 　平　　床
평평할평　　평상상

1. 이스라엘 가정에서 흔히 볼 수 있는 나무로 만든 침상의 하나.
2. 세상이 제공하는 평온함과 쾌락을 상징.

5장

5:22 　會　　堂　　長
모을회　　집당　　어른장

1. 회당의 우두머리.
2. 성 회당 → 바벨론 포로 이후 성전이 무너지고 이스라엘 백성이 흩어지게 되자 그들은 일정한 지역 단위로 회당을 만들었고, 그곳을 중심으로 예배를 드렸다.

5:29 血 漏
피혈 샐루
여자의 음부에서 때 없이 피가 흘러 내림. 이것은 매우 고치기 어려운 고질적인 병으로 당시 여러 치료법이 있었으나 거의 무효하거나 속이는 것이었음.

6장

6:27 侍 衞 兵
모실시 호위할(지킬)위 군사병
1. 임금을 모시어 호위하는 무장 경호원.
2. 사형 집행인. 정탐꾼.

8장

8:11 詰 難
힐난할힐 어려울난
잘못을 트집 잡아 따져 물으며 비난함.

9장

9:10 問 議
물을문 의논할의
물어보고 의논함.

9:33 討 論
칠토 의논할론
토의. 어떤 문제를 둘러싸고 여러 사람이 각각 자기의 의견을 말하여 좋은 결론을 얻으려고 하는 논의.

10장

10:6	創 비로소창	造 지을조	時 때시	조물주가 우주를 처음 만들 때.
10:37	榮 영화영	光 빛광	中 가운데중	빛나는 명예, 광영, 빛 가운데.

11장

11:19	每 매양매	樣 모양양	항상 그 모양으로.

12장

12:16	畫 그림화	像 형상상	사람의 얼굴과 똑같게 그린 현상. 사조. 회상.
12:41	捐 줄연	補 기울보	櫃 함궤	교회 사업을 돕기 위하여 돈이나 물건을 바칠 때 넣는 함. 탈무드에 의하면 연보궤는 13개의 트럼펫 모양의 장식이 붙어 있는 상자로서 헤롯 성전 구내의 '여자의 뜰'에 놓여졌다.

13장

| 13:34 | 權
권세권 | 限
한정한 | 1. 권리
2. 공법상 국가 또는 공공단체의 기관이 법령의 규정에 의하여 직권을 행사하는 범위. |

14장

| 14:62 | 權
권세권 | 能
능할능 | 者
놈자 | 1. 권세와 일을 처리하는 능력이 있는 사람.
2. 성 하나님. |

15장

15:7	捕 잡을포	縛 얽을박	잡아서 묶음.
15:18	禮 예도례		1. 예도. 예절. 인사. 절. 2. 성 예수를 향해 거짓 인사하고 조롱하였음.
15:37	殞 죽을운	命 목숨명	죽음. 사람의 명이 끊어짐.
15:43	唐 당나라당	突 부딪칠돌	올차고 다부져 어려워하는 마음이 없음.
15:43	公 공평할공	會 모을회	員 사람원	공사를 토의하기 위하여 모인 사람.

16장

16:5	靑 푸를청	年 해년	1. 젊은이. 2. **성**돌을 옮긴 천사. 여인들이 천사로부터 예수의 부활 소식을 들은 사건은 4복음서가 모두 증거하고 있다[마28:1~10, 눅24:1~12, 요20:11~18].

누가福音

공관(共觀) · 복음의 하나로 헬라인 의사였으며 바울과 선교여행을 함께 떠났던 동료 누가가 주후 58년경 저술했을 것으로 추정하고, 예수의 일생을 가장 완벽하게 묘사한 복음서이다. 예수의 활동 기사 외에 예수의 아름다운 비유와 의료에 대한 기사 등이 많이 실려 있다. 헬라게에서 개종한 그리스도인들을 대상으로 예수님이 누구신지 일러주고, 한 가정 공동체 안에서 예수님의 언행을 바탕으로 복음적인 삶을 살아갈 수 있도록 힘을 북돋워주기 위해 집필했을 것이다. 메시아 시대를 서술한 복음이다.

1장

1:2	著 지을저 述 지을술	글을 써서 책을 만듦.
1:3	閣 대궐각 下 아래하	1. 높은 지위에 있는 사람을 이르는 말. 2. 성주교와 대주교에 대한 경칭.
1:7	受 받을수 胎 아이밸태	잉태. 아이를 뱀.
1:15	燒 불사를소 酒 술주	알코올 성분이 많고 물같이 맑은 술.
1:22	形 형상형 容 얼굴용	1. 생긴 모양. 2. 사물의 어떠함을 설명함. 3. 어떤 사물을 다른 것에 비유하여 나타냄. 4. 성사가라는 말을 듣지도 못했기에 손짓, 몸짓으로 그의 뜻을 전달했다.

2장

| 2:7 | 舍
 집사 | 舘
 집관 | 1. 정부 고관의 개인 소유의 저택.
 2. 성 예수께서 주의 만찬(최후의 만찬)을 베푸신 다락방을 가리킬 때 사용되었으며, 그 의미는 '손님방'이다. |

| 2:39 | 本
 밑본 | 洞
 고을동 | 里
 마을리 | 자기가 사는 동리를 일컫는 말. |

3장

| 3:13 | 勒
 억누를륵 | 徵
 징험할징 | 관원이 까닭 없이 권력으로 강압하여 돈이나 물건을 강제로 거두어 감. |

| 3:14 | 誣
 무고할무 | 訴
 하소연할소 | 없는 일을 꾸미어 소송을 제기함. |

| 3:14 | 料
 헤아릴료 | 1. 헤아리다.
 2. 값.
 3. 봉급. |

5장

| 5:17 | 教
 가르칠교 | 法
 법법 | 師
 스승사 | 1. 교리를 강설하는 사람.
 2. 성 종교지도자. '서기관'과 같은 사람으로 율법을 연구, 해설하며 가르치는 것을 직업으로 하는 학식 있는 사람. |

6장

6:7	憑 의지할빙	據 의거할거	1. 사실의 증명이 될 만한 근거. 2. 신호. 징조.
6:11	憤 분할분	氣 기운기	분하여 성낸 기운.
6:17	海 바다해	岸 언덕안	바닷가. 바닷가의 언덕.
6:34	依 의지할의	數 셀수	1. 준수. 정한 수에 따름. 일정한 수대로 함. 2. 고스란히.
6:48	濁 흐릴탁	流 흐를류	1. 흘러가는 흐린 물. 2. 흐리고 더러운 고장이나, 불량한 무리. 3. 성유대 땅은 보통 건조하지만 비로 인하여 탁류가 흘러내림.

7장

7:30	律 법률	法 법법	師 스승사	1. 율법을 가르치는 사람. 2. 성바리새나 사두개라는 명칭은 특정인들의 사적인 모임. 즉 '당'(黨, party)을 가리킨 반면, 율법사는 공식적인 직책을 지칭하는 말이었다. 모세의 율법과 구전 율법에 통달한 그들은 태어날 때부터 죽을 때까지 율법에 따라 생활한 유대인들에게 공식적인 법 해석자 역할을 했다. 그들의 주된 임무는 학교와 회당에서 율법을 연구하고 가르치는 교사의 임무와 율법에 관한 문제를 해결하는 재판관의 역할이

었다. 율법사란 명칭은 마태복음에 1회, 누가복음에 6회 그리고 디도서에 1회 등 장함.

7:42	蕩 방탕할탕	減 덜감	진 빚을 온통 삭쳐 줌.
7:46	橄 감람나무감	欖 감람나무람	油 기름유	감람나무가 많이 자라는 유대 땅에서 나는 값싼 올리브유.

8장

8:14	逸 편할일	樂 즐길락	1. 편히 놀고 즐김. 2. 성 '호색과 사치'라는 뜻에서 파생된 말로, 방탕하며 성적 부도덕을 추구하는 생활.
8:15	忍 참을인	耐 견딜내	참고 견딤.
8:23	行 행할행	船 배선	배가 감. 배를 타고 감.
8:31	無 없을무	底 밑저	坑 구덩이갱	악마가 벌을 받아 영원히 못 나오도록 밑 없이 깊은 구렁텅이. 악마의 행위를 따르는 사람도 죽어서 그곳으로 간다 함.

10장

10:17	降 항복할항	伏 엎드릴복	힘에 눌려 적에게 굴복함.

10:30	居 살거	半 반반	거의. 거지반.
10:34	酒 술주	幕 장막막	시골의 길가에 술이나 밥을 팔거나 나그네를 재우는 집.
10:35	浮 지날(뜰)부	費 소비할(쓸)비	일을 하는 데에 드는 비용.

11장

11:7	寢 잠잘침	所 바소	1. 사람이 자는 곳. 2. 성중동 지방의 평민 가정에서는 부모, 자녀, 종들까지도 한 방에서 잠.
11:8	強 굳셀(힘쓸)강	請 청할청	성헬라어. '아나이데이안', '부끄러움이 없다', '부끄러움을 모르는 인내'의 뜻을 지녔다. 이 말은 하나님에게 억지 청원을 하라는 것이 아니라, 하나님께서 믿고 열린 자세로 담대하게 구하는 사람들에게 분명히 응답하심을 가르쳐 주는 말이다. 성경에서 찾을 수 있는 이런 강청(強請)의 기도자로는 다음의 인물들을 들 수 있다. ① 아브라함[창18:23~32], ② 야곱[창32:24~29], ③ 모세[출32:32, 신9:25], ④ 기드온[삿6:36~40], ⑤ 한나[삼상1:10~18], ⑥ 솔로몬[왕상8:22~30], ⑦ 에스라[스9:5~6], ⑧ 느헤미야[느1:4~6], ⑨ 다윗[시55:1, 16~17, 141:1~2], ⑩ 다니엘[단9:3~19, 10:1~3], ⑪ 이방인 여자[마15:22~28], ⑫ 어떤 과부[눅18:1~8].
11:37	點 점점	心 마음심	오료. 낮에 먹는 끼니.
11:42	芸 향풀운	香 향기향	궁궁이. 유자나무. 산호나무. 굴나무.

11:44   平   土   葬   1. 봉분을 만들지 않고 평평하게 하는 매장.
평평할평   흙토   장사장   2. 성평장한 무덤은 잘 보이지 않아 부지중
                                에 밟아 부정하게 되기도 하여 바리새인
                                의 외식과 죄악을 비유한 말.

12장

12:10   冒   瀆   1. 덤벼 들어 욕되게 함.
무릅쓸모   더럽힐독   2. 성성령을 모독하는 죄는 사함을 받지 못함.

12:38   三   更   1. 23시와 1시 사이, 子時(밤 12시). 병야(丙夜).
셋(석)삼   사각경   2. 성유대에서는 자정에서 새벽 3시까지.

12:56   氣   象   1. 대기 속에서 일어나는 날씨의 모양.
기운기   코끼리상   2. 타고난 성정.

12:58   和   解   1. 어수선하던 다툼질을 서로 풂.
화목할화   풀해   2. 성죄인된 인간이 속히 회개하여 하나님의 진노를
                                피할 것을 촉구한 말씀.

12:58   官   屬   1. 옛날 지방 관청의 아전과 하인.
벼슬관   붙을속   2. 여기서는 재판소의 관리를 뜻함.

13장

13:7   果   園   直   과수원지기.
과실과   동산원   곧을직

13:15   馬   廐   말을 기르는 곳.
말마   마굿간구

| 13:19 | 菜 나물채 | 田 밭전 | | 1. 남새밭(남새: 무, 배추 따위와 같이 심어서 가꾸는 나물).
2. 원어의 의미는 '정원', '동산'. |

14장

14:2	蠱 독고	脹 부를창	病 병들병	1. 복부만 땡땡 붓고 내부는 비어있는 창증의 하나. 내부가 텅 비고 복부가 땡땡 붓는 것은 일종의 벌레가 내부를 침식하는 까닭이라 하여 붙여진 이름. 2. 성 누가만이 사용한 의학용어.
14:14	復 다시부	活 살활	時 때시	죽었다 다시 살아날 때.
14:18	辭 말씀사	讓 사양양		받을 것을 사절하여 안 받거나 자리를 남에게 내어 줌.

15장

| 15:3 | 虛 헛될허 | 浪 방자할랑 | 放 놓을방 | 蕩 방탕할탕 | 언어 행동에 거짓이 많고 착실하지 못하며, 술과 계집에 빠져 난봉을 부림. |
| 15:25 | 風 바람풍 | 流 흐를류 | | | 1. 속된 일을 떠나 풍치가 있고 멋스럽게 노는 일.
2. 운치스러운 일.
3. 음악을 예스럽게 일컫는 말. |

16장

| 16:6 | 浸
침노할침 | 入
들입 | 침범하여 들어옴. 또는 들어감. |

| 16:17 | 畫
그을(그림화) 획 | | 긋다. 그림. |

| 16:23 | 陰
그늘음 | 府
마을부 | |

인간의 사후(死後)에는 두 세계가 있다. 아브라함과 하나님의 모든 자녀들이 들어갈 낙원과 구원받지 못하고 죽은 자가 거하는 고통의 장소인 음부가 그것이다. 예수의 가르침에서 사후의 세계에 대한 교훈을 찾아보면 다음과 같다.

① 죽음 후에도 의식적인 실제로 존재한다.
② 지옥은 실재하며 고통스럽다.
③ 죽음 후에는 생전의 생활을 만회할 기회가 주어지지 않는다.
④ 죽은 자와 산 자와는 의사를 교환할 수 없다[26절].

예수의 가르침은 두 가지의 상이한 삶, 즉 상이한 죽음과 상이한 운명을 보여줌[창37:35].

| 16:23 | 苦
괴로울고 | 痛
아플통 | 中
가운데중 | 괴롭고 아픈 중에. |

| 16:24 | 苦
괴로울고 | 憫
민망할민 | 속을 태우고 괴로워함. |

19장

19:2	稅 세금세	吏 아전리	長 어른장

1. 세무 행정에 종사하는 관리의 우두머리.
2. 성 세리의 장(長)이라는 말로서, 삭개오가 여리고의 모든 조세를 책임졌으며 다른 장수관이 그의 휘하에 있었다는 것을 암시한다. 세리는 로마를 위해 세금을 거뒀는데, 제도를 악용하여 착취를 일삼았으므로 '죄인'들과 같이 취급되었음.

21장

21:1	獻 드릴헌	金 쇠금	

1. 돈을 바침.
2. 성 주일이나 어떤 일을 맞이하여 하나님 앞에 바치는 돈. 십일조·월정·주정·감사·특별 헌금 등.

21:5	美 아름다울미	石 돌석	

아름다운 돌.

21:9	騷 시끄러울소	亂 어지러울란	

시끄럽고 어수선함. 소동.

21:15	口 입구	才 재주재	

1. 말재주.
2. 노래 잘 부르는 재주.
3. 성 성령께서 말씀하시는 힘.

22장

22:4	軍 군사군	官 벼슬관	

1. 장교.
2. 군사를 맡아 보는 관리.

| 22:7 | 無 없을 무 | 酵 술괼 교 | 節 마디 절 | 日 날 일 | 누룩 넣지 않은 떡을 먹던 절기. |

| 22:25 | 恩 은혜 은 | 人 사람 인 | | | 1. 자기에게 은혜를 베푼 사람. 신세 진 사람.
2. 성 애굽과 시리아를 통치하던 헬라의 왕들이 좋아했던 칭호. |

| 22:37 | 不 아니 불 | 法 법 법 | 者 놈 자 | | 1. 위법한 사람.
2. 성 '악인'을 가리키는데[막15:27] 이는 예수께서 악인과 같은 취급을 받는 것을 암시. |

| 22:59 | 壯 씩씩할 장 | 談 말씀 담 | | | 1. 확신을 가지고 자신 있게 하는 말.
2. 자기 자신을 강하게 하거나 강조적인 선언이나 주장. |

23장

| 23:24 | 言 말씀 언 | 渡 건널 도 | 재판의 결과 명령의 내용을 말로 당사자에게 내리는 선언. |

| 23:43 | 樂 즐거울 락 | 園 동산 원 | 1. 살기 좋은 즐거운 동산.
2. 성 낙원에 해당하는 헬라어 '파라데이소스'는 신약에서 세 번 사용되었다[23:43, 고후12:4, 계2:7]. 이 말은 '즐거운 동산'이란 의미를 가지며, 성도들이 죽은 후 그 영혼이 부활을 기다리는 곳을 묘사할 때 사용되었음. |

| 23:50 | 議 의논할 의 | 員 사람 원 | 의회에서 의결권을 가진 사람. |

24장

24:4	燦 빛날찬	爛 빛날란	빛이 번쩍여서 눈부시게 아름다움.

요한福音

신약성서의 제4 복음서. 세베데와 살로메의 아들 요한이 주후 85~90년경에 에베소와 소아시아에서 저술한 것으로, 예수의 공적 생활, 유대인과의 투쟁, 수난과 부활 등의 내용으로 되어 있다. 공간복음서는 주님께서 예루살렘을 한 번 방문하여 유월절을 한 번 지킨 것처럼 기록하고 있으나, 요한복음에서는 세 번 방문과 세 번 유월절을 지킨 것을 기록하고 있다[14:1, 12, 14, 16과 요 2:13~23, 6:4, 11:55, 12:1, 13:1]. 그러나 요한복음은 주님의 지리적인 이동을 매우 복잡하게 묘사하고 있다. ① 주님은 세례 요한이 일하던 곳(사해 북쪽 부근)에서 시작해서[1:28], 갈릴리로 가셨다가[1:43], 가나[2:1]와 가버나움을 거쳐서[2:12], 첫 번째 예루살렘[2:13]과 유대를 방문하셨다[3:22]. ② 그 후에 사마리아를 거쳐서[4:5] 갈릴리로 가셨다가[4:43], 가나와 가버나움에서 전도하신 후에 두 번째로 예루살렘을 방문하셨다[5:1]. ③ 그리고 다시 갈릴리 바다[6:1]와, 가버나움[6:59], 갈릴리에서 사역하신 후에[7:1], 다시 세 번째로 예루살렘을 방문하셨다[7:10]. 이때에 주님은 성전을 방문하셨으며[7:14, 10:23], 요단강 동편으로 가셨다[10:40]. 그리고 베다니[11:1] – 에브라임(예루살렘의 북쪽 24km) – 베다니[12:1]를 거쳐서 예루살렘으로 가셔서 십자가에 달려 죽으셨다. ④ 그후에 주님은 부활하셔서 갈릴리 바다로 가서 제자들을 만나셨다[21장]. 우리가 주님의 공생애 기간을 3년 반 정도로 계산하고 있는 것은 이러한 기록에 근거한 것이다.

1장

1:1	太 클태	初 처음초

헬라어 '아르케'는 '시작', '기원', '처음'의 뜻으로 시간의 출발을 가리킨다[창1:1, 잠8:22~23]. 창세기의 태초는 만유의 시초인 순간에서 그 이후의 창조 과정을 말하나 요한복음의 태초는 그 순간 이전에도 영원하신 선재(先在)의 말씀을 나타냄.

1:13	血 피혈	統 거느릴통	동성의 계통. 친족의 서로 관계가 있는 피의 계통. 골육의 관계.
1:13	肉 살육	情 뜻정	1. 육욕. 육체상의 모든 욕심. 2. 남녀 사이의 정욕. 색욕.
1:14	榮 영화영	光 빛광	구약성경에서는 이 말이 하나님 임재의 찬란함을 표현하며 하나님 임재를 입증하는 데 사용되었음. 그러나 여기서는 그리스도 안에 있는 하나님의 가시적(可視的) 임재를 의미함.
1:14	獨 홀로독	生 날생	者 놈자	하나님의 외아들이란 뜻으로「예수」를 일컫는 말. 본질적으로 성부 하나님과 동일한 신성과 영광을 지닌 존재.
1:17	恩 은혜은	惠 은혜혜	은혜란 말이 구약성경에서도 나타나지만[창6:8, 출34:6, 렘31:3], 그것은 성육신에서 그 절정을 이룸.
1:18	獨 홀로독	生 날생	1. 홀로 태어남. 2. 외아들이라는 의미보다는 유일한 존재.

2장

| 2:8 | 宴
잔치연 | 會
모을회 | 長
어른장 | 축하, 위로, 환영, 석별 따위를 위하여 여러 사람이 모여서 베푸는 잔치의 주동자. |

4장

| 4:10 | 生
날생 | 水
물수 | 이는 성령을 통한 새 생명을 말한다[렘2:13, 슥14:8, 요7:37~39]. 구원은 하나님의 아들이시요, 메시야 이신 예수 그리스도로부터 오는 선물이다. 그리스도 께서는 그 여자에게 어떤 전제조건적인 생활의 변화 없이 다만 그와 그의 선물을 받아들일 것을 요구하 셨음. |

| 4:20 | 禮
예도예 | 拜
절배 | 1. 겸손한 마음으로 신에게 경배하는 의식.
2. 종교의 종류에 따라 여러 가지 의식이 있음. |

5장

| 5:2 | 行
행할행 | 閣
대궐각 | 1. 관청의 대청 앞 또는 좌우 쪽으로 길게 지은 집. 상방. 월랑.
2. 성 병자들을 머물게 하는 회당. |

6장

| 6:22 | 隻
외짝척 | | 외짝. 배의 수를 세는 단위. |

| 6:55 | 飮
마실음 | 料
헤아릴료 | 술, 차, 물 등과 같은 마시는 물건. |

7장

| 7:26 | 當
마땅당 | 局
판국 | 者
놈자 | 그 일을 맡아 보는 곳에 근무하는 자. |

8장

8:4	現 나타날현	場 마당장	1. 사물이 지금 있는 곳. 2. 사건이 일어난 곳. 3. 토목이나 건축 등의 공사를 하고 있는 자리.
8:6	條 가지조	件 물건건	1. 무슨 일을 어떻게 규정한 항목. 2. 어떤 사물이 성립하거나 또는 발생하는 데 기본이 되는 사항 중 직접의 원인이 아닌 것.
8:9	苛 가혹할가	責 꾸짖을책	가혹한 꾸지람.
8:22	自 스스로자	決 결단할결	1. 스스로 목숨을 끊음. 2. 다른 사람의 힘이나 지도를 받음이 없이 스스로 자기 일을 해결함. 3. 성 유대인들은 스스로 목숨을 끊는 것은 지옥으로 떨어지는 길이라 생각했음.

9장

| 9:22 | 黜
내칠출 | 敎
가르칠교 | 1. 교인을 교적에서 삭제하여 내어 쫓음.
2. 예배와 친교의 모임으로부터 파문 당하는 것. 유대 종교에서는 세 가지 종류의 형벌이 있었다.
① 견책: 7일에서 30일간 징계를 받는다. |

② 근신: 10인회로부터 선고받고 최소한 40일간 공중 교제에 참석할 수 없다.

③ 출교: 그 사회에서 완전히 추방된다. 그의 곁에 2m 이내의 접근이 금지됨.

| 9:22 | 決
결단할결 | 議
의논할의 | 의안의 가부를 결정함. |

10장

| 10:1 | 窃
좀도둑질절 | 盜
도둑도 | 물건을 몰래 훔쳐가는 도둑. |

| 10:22 | 修
닦을수 | 殿
대궐전 | 節
마디절 | 1. 마카비가 성전 중수한 것을 기념하는 절인 12월 25일.
2. 예루살렘 성전이 시리아 총독인 안티오쿠스 에피파네스에 의해 기원전 168년에 더럽혀진 후[단11:31, 마카비상4:52~59], 그것을 정결케 하고 재개함을 기념하기 위해 유다 마카비에 의해 기원전 165년에 제정되었다. 이것은 '빛의 절기' 혹은 '하누카'라고도 불리운다. 이 날짜는 동지(12월 22일)와 거의 비슷함. |

| 10:24 | 疑
의심할의 | 惑
미혹할혹 | 의심하여 분별하기 어려움. 의아. |

11장

| 11:19 | 慰
위로할위 | 問
물을문 | 위로하기 위하여 문안하는 일. 곧 재난, 병 등으로 고통을 당한 사람을 방문 또는 서신으로 문안하여 위로함. |

12장

| 12:3 | 斤
근근 | | 근. 무게. |

| 12:42 | 黜
내칠출 | 會
모을회 | 1. 단체나 모임에서 쫓아냄.
2. 성유대인들의 정신적 공동체인 회당에서 쫓겨나는 것으로 쫓겨난 자들은 종교적, 사회적 모임에서도 소외되어 생계의 위협은 물론 가족과 친구들에게도 도외시되는 치욕을 당하게 된다. |

14장

| 14:16 | 保
보호할보 | 惠
은혜혜 | 師
스승사 | 1. 성신, 신자를 보호하여 돕는다는 뜻.
2. 성헬라어 '파라'(곁에)와 '클레토스'(부른다)라는 두 낱말이 합쳐진 것으로 '도움을 받기 위해 곁으로 부름 받은 자'란 뜻이다. 신약에서 요한복음[14:26, 15:26, 16:7] 외에 이 말이 쓰인 곳은 그리스도에 적용되어 '대언자'로 번역된 요일[2:1]뿐이다. 이곳과 요한복음의 다른 곳에서 그리스도는 성령이 ① 신자 안에 내주하시고[16~17절], ② 예수의 생애 동안 일어난 모든 사건들을 기억하게 해 주고[14:26], ③ 죄와 의와 심판을 깨우치시 |

며[16:7~11], ④ 신자에게 진리를 가르쳐 주실 것[15:26, 16:13~15]을 말씀하심.

16장

16:25	比 견줄비	辭 말씀사	1. 비유로 쓰는 말. 2. 불분명한 말. 3. 노출시키지 않고 하는 이야기.

17장

17:12	保 보호할보	全 온전전	주의 깊은 목양적(牧羊的) 보호를 뜻하며, '지킴'이란 외부 위험으로부터의 보호를 뜻한다. 즉 예수의 보증하시는 말씀은 그에게 주어진 자 중 한 사람도 잃지 않는다는 것이다. 가룟 유다의 실족은 목자되신 그리스도께서 실패하신 것이 아님.

21장

21:12	朝 아침조	飯 밥반		아침밥.
21:20	晩 저녁만	餐 밥찬	席 자리석	저녁식사를 베푼 자리.

532

使徒行傳

예수 그리스도에 의하여 시작된 말씀사역이 사도들을 통해 어떻게 연결되고 확산되어 갔는가를 보여주는 역사서이자 교회사의 부분을 차지한다 할 수 있다. 사도들이 방언과 관계된 성령의 역사가 일어났기 때문에 「성령 행전」이라고도 한다.

신학적 시사점은 성령의 역사와 사역을 강조하고, 예수님께서 언약하신 성령을 오순절에 제자들에게 임했다는 것이다. 그리고 3,000명이 구원받았다는 핵심 내용이다. 오순절날에 가룟 유다 대신에 맛디아가 새로운 "사도로" 보충되었다. 누가복음과 사도행전은 본래 두 권으로 된 한 책이었다. 주후 61~62년경 예루살렘 종언을 고하기 이전에 기록된 것으로 이 두 권이 분리되어 독립된 책으로 구성되면서 이 후반부의 책은 그 내용에 따라 사도행전이라 불리게 된다. 예수가 죽은 후 사도들이 예수의 영혼의 인도로 유대로부터 이방의 땅에까지 널리 복음을 전도한 행적과, 초대교회 건설 등의 발달 과정을 누가가 기록하였다. 메시아 백성 모음의 시대를 서술하고 있다.

使 부릴사	1. ~로 하여금.	2. 부리다.
	3. 사신.	
徒 무리도	1. 무리	2. 걷다.
	3. 행함.	4. 다만.
行 행할행	다니다.	
傳 전할전	전하다. 펴다. 옮기다. 잇다. 말하다.	

1장

1:16 　指　路　길을 가리켜 안내함.
　　　가리킬지　길로

1:19 　本　方　言　그 지방의 말.
　　　밑본　모방　말씀언

1:23 　薦　천거하다.
　　　천거할천

2장

2:1 　五　旬　節　유월절 후 50일째, 부활절(40일간) 후 10일째
　　　다섯오　열흘순　마디절　되는 성령 강림제. 히브리어 샤브오드. 또는
칠칠절, 맥추절. 이스라엘 최고의 농경제로서
초실절 이후 7주가 지난 날, 즉 유월절이 지
난 첫 안식일 이후 첫날인 초실절에서 7주
간이 지난 제7안식일 다음 날이다. 오늘날
의 태양력으로는 대개 5~6월경에 해당한다.
이 절일에는 번제, 소제, 전제, 속죄제, 화목
제의 제물보다 누룩이 든 떡 두 덩이를 더
바쳤는데 이것은 더 큰 의미를 갖고 있다.
누룩을 넣어 만든 떡은 오순절 이후 세워질
신약 교회를 상징한다. 그리스도의 몸인 교
회는 하나님의 은혜로 구원받은 죄인들로
구성된다[출12:15~20]. 여기서 두 개의 떡
은 각각 이스라엘과 이방을 상징한다고도
생각할 수 있다. 또 이 오순절 제사는 교회
에 대한 성령의 강림을 암시하고 있다고도
생각할 수 있다. 한편 안식일 후 첫날은 오
늘의 주일날(일요일, Sunday)이 된다. 신약

시대에 와서 일요일(주의 날)은 그리스도인들의 예배일이 되었다[행20:7, 고전16:2, 계1:10]. 이렇게 된 결정적 원인은 두 개의 커다란 사건이 주일날 발생했기 때문이다. 곧 예수 그리스도의 육체의 부활과 성령의 강림이다. 오순절에 관해서는 레23:15~22, 민28:26~31, 신16:9~12에 언급되어 있음.

2:10	教 가르칠교		종교, 가르치다. 시키다.
2:40	確 확실할확	證 증거증	1. 확실한 증거. 또는 확실히 증명함. 확거. 2. 성보이시다, 증명하시다'의 뜻.
2:42	專 오로지전		오로지.

3장

| 3:2 | 美 아름다울미 | 門 문문 | 여인들이 모이는 곳으로 이방인의 뜰에서 여인의 뜰로 통하는 예루살렘 모리아산 위에 있는 헤롯 성전 동편 문. |

4장

| 4:6 | 門 문문 | 中 가운데중 | 가까운 집안. |
| 4:13 | 忌 꺼릴기 | 憚 꺼릴탄 | 어렵게 여기어 꺼림. |

| 4:36 | 勸
권할권 | 慰
위로할위 | 者
놈자 | 권면하고 위로하는 사람. |

5장

| 5:6 | 屍
죽음시 | 身
몸신 | 1. 죽은 몸.
2. 성 아나니아의 시체. |

| 5:15 | 寢
잠잘침 | 臺
집대 | 침상. 사람이 누워 자게 만든 상. |

| 5:16 | 近
가까울근 | 邑
고을읍 | 가까운 고을. |

| 5:17 | 黨
무리당 | 派
물갈래파 | 당 안의 나누어진 갈래. |

| 5:19 | 獄
감옥옥 | 門
문문 | 옥으로 드나드는 문. |

| 5:21 | 元
으뜸원 | 老
늙을로 | 1. 오래 그 일에 종사하여 공로가 있는 연로자.
2. 관위·연령·덕망이 높은 공신.
3. 성 산헤드린 공회원. |

| 5:26 | 强
굳셀(힘쓸)강 | 制
억제할제 | 위력(威力)을 써서 남이 자유 의사를 억누르고 무리하게 행함. |

| 5:28 | 嚴
엄할엄 | 禁
금할금 | 엄하게 막음. |

6장

6:1	派 물갈래파	1. 갈라져 나온 것. 갈래. 2. 성이방에서 출생하여 헬라어를 사용하는 헬라파, 팔레스타인에서 출생하여 히브리어를 사용하는 히브리파.
6:4	專 務 오로지전 힘쓸무	전문적으로 맡아 보는 사무.
6:5	入 敎 들입 가르칠교	1. 종교 믿기를 시작함. 교문(敎門)으로 들어감. 2. 세례받은 사람에게 행하는 의식. 3. 할례를 받지 않고 회당에 출석. 예배에 참석하거나, 받고서 완전히 유대화됨.

7장

7:22	學 術 배울학 꾀술	1. 학문과 예술 또는 기술. 2. 응용 방면을 포함한 학문의 방법. 3. 성애굽의 자연과학, 천문학, 지리학, 의학, 수학 등.
7:29	逃 走 달아날도 달아날주	피하거나 쫓겨 달아남. 도망.
7:52	豫 告 미리예 알릴고	미리 알림.

8장

8:32	句 구절구	節 마디절	한 토막의 글이나 말. 구와 절.
8:39	欣 기쁠흔	然 그럴연	매우 기뻐하는 모양.

9장

9:1	殺 죽일살	氣 기운기	1. 독살스러운 기운. 무섭고 거친 기운. 2. 살벌의 기상.
9:1	騰 오를등	騰 오를등	뽐내는 의기가 아주 높고, 마음에 느낀 것을 나타내는 태도가 아주 대단함.
9:2	公 공평할공	文 글문	공무에 관계된 일체의 서류.
9:11	直 곧을직	街 거리가	1. 거리이름. 2. 성 다베섹 동문에서 서문으로 통하는 도로이며, 곧게 뻗었기 때문에 붙여진 이름.
9:43	皮 가죽피	匠 장인장	1. 짐승의 가죽을 다루어 상품을 만드는 사람. 갖바치. 2. 성 정한 짐승뿐만 아니라 부정한 짐승 가죽까지 취급했기에 천한 직업으로 여김.

10장

| 10:7 | 從
따를종 | 卒
종졸 | 1. 따라 다니며 심부름 하는 사람.
2. 딸린 병졸. |

| 10:10 | 非
아닐비 | 夢
꿈몽 | 似
닮을사 | 夢
꿈몽 | 間
사이간 | 깊이 잠들지도, 깨지도 아니한 어렴풋한 상태. 주관성에 치중된 무아의 황홀경(베드로의 환상＝엑스타시스). |

| 10:28 | 違
어길위 | 法
법법 | 법을 위반함. |

| 10:45 | 信
믿을신 | 者
놈자 | 어떤 종교를 믿는 사람. |

11장

| 11:2 | 割
나눌할 | 禮
예도례 | 者
놈자 | 할례를 받은 사람. '할례당'이라고도 하는데 유대인으로서 복음을 받아들여 기독교에 입교한 자들. |

| 11:29 | 扶
도울부 | 助
도울조 | 1. 남을 붙들어서 도와줌.
2. 잔치집이나 상가에 돈이나 물건을 보냄. 여기서는 남을 돕기 위한 '연보'임. |

12장

12:7	照 비칠조	耀 빛날요	비치어서 빛남.
12:21	曉 새벽(깨달을)효	喩 비유할유	1. 알아듣게 일러 줌. 깨닫도록 타이름. 2. 군중 앞에서 열변을 토함.
12:23	蟲 벌레충		벌레.

13장

13:2	禁 금할금	食 밥식	육신적 쾌락을 금하고 하나님의 영적 감동을 받기 위해 힘쓰는 초대 교인들의 신앙 형태.
13:43	閉 닫을폐	會 모을회	집회 또는 회의를 마침.
13:46	自 스스로자	處 곳처	1. 자결. 2. 제 스스로 어떠한 사람인 체함. 3. 스스로 처리함.

14장

14:2	惡 악할악	感 느낄감	1. 좋지 아니한 감정. 2. 분하고 원통한 감정.
14:15	性 성품성	情 뜻정	1. 타고난 본성. 2. 성질과 심정.

| 14:16 | 默 잠잠할묵 | 認 인정할인 | 모르는 척하고 말없는 가운데 넌지시 승인하여 줌. |

| 14:17 | 結 맺을결 | 實 열매실 | 期 기약할기 | 열매를 맺는 시기. |

| 14:19 | 招 불러올초 | 引 끌인 | 1. 사람을 부름.
2. 죄인이 남을 끌어 넣음.
3. 성 여기서는 '선동하다'란 의미가 강함. |

15장

| 15:22 | 可 옳을가 | 決 결단할결 | 의안이 좋다고 인정하여 결정함. |

| 15:28 | 要 요긴할요 | 緊 굳을(급할)긴 | 매우 꼭 필요함. |

16장

| 16:11 | 直 곧을직 | 行 행할행 | 중도에서 멈추지 않고 줄곧 감. |

| 16:12 | 植 심을식 | 民 백성민 | 地 땅지 | 1. 본국 밖에 있어서 본국의 특수 정치를 받는 지역.
2. 성 식민지에서 시민권을 얻은 사람은 로마에 사는 사람과 똑같은 권리를 누렸음. |

| 16:13 | 祈 빌기 | 禱 빌도 | 處 곳처 | 마음에 바라는 바가 이루어지기를 신에게 비는 장소. |

16:14	紫 자줏빛자	紬 명주주	1. 짙은 남색에 붉은색을 띤 색. 2. 성 소아시아의 두아디라는 붉은색(자줏빛) 염료.
16:20	上 윗상	官 벼슬관	윗자리의 관원.
16:37	公 공평할공	衆 무리중	사회의 여러 사람. 일반 사람들. 민중.

17장

17:6	邑 고을읍	長 어른장	1. 고을의 우두머리. 2. 성 데살로니가의 행정장관.
17:9	保 보호할보		1. 돌보다. 보석금. 보호하다. 2. 성 바울과 실라를 데살로니가에서 떠나게 하여 자신들이 재임 기간 동안 돌아오지 못하게 하려는 의도.
17:11	紳 점잖은사람신	士 선비사 的 꼭그러할적	1. 예절 바르고 남의 입장을 존중하는 모양. 2. '고귀한 마음을 갖고 있는'의 뜻.
17:18	哲 밝을철	學 배울학 者 놈자	인생·세계의 궁극의 근본에 관한 원리를 연구하는 사람.
17:22	宗 마루종	敎 가르칠교 性 성품성	1. 무한 절대의 초인간적인 신을 숭배하고 신앙하여 이로 인하여 선악을 권계하고 행복을 얻고자 하는 성품. 2. 성 아덴인들의 특성.
17:24	宇 집우	宙 집주	세계. 천지.

17:29	技 재주기	術 꾀술	1. 공예의 재주. 기예. 2. 말이나 일을 꾀 있게 다루는 솜씨. 3. 학문으로 배운 이론을 실지로 응용하는 재주.
17:29	考 상고할고	案 책상(안석)안	새로운 것을 생각해 냄.

19장

19:9	書 글서	院 집원	선비들이 모여 학문을 강론하던 곳. 학생들에게 수사학을 가르치도록 하고, 여행하는 철학자나 교사들에게 편의를 제공하던 곳.
19:24	銀 은은	龕 감실감	室 집실 ── 1. 사당 안에 신주를 모셔 두는 은으로 만든 장. 2. [천주교] 제대 위에 성체를 모시는 작은 방. 3. [성] 아데미 여신상 모신 곳.
19:24	職 맡을직	工 장인공	공장에서 일하는 노동자.
19:29	演 넓힐연	劇 심할극	場 마당장 ── 배우의 연기, 무대장치, 조명, 효과 따위를 통하여 희극을 무대 위에서 연출하는 장소.
19:32	紛 어지러울분	亂 어지러울란	1. 어수선하고 떠들썩함. 분나. 분요. 2. 한꺼번에 쏟아 붓다. 통제되지 않는 혼란 상태.
19:33	發 필발	明 밝을명	1. 전에 없던 것을 처음으로 생각해 내거나 만들어 냄. 2. 재판 용어로 '정당한 이치에 근거하여 자신 혹은 진리를 변호하다'[고전9:3].

19:35	書 글서	記 기록할기	長 어른장	1. 회의 같은 데서 기록을 맡아 보는 사람 중 우두머리가 되는 사람. 2. 성최고의 행정 관리.
19:35	殿 대궐전	閣 누각각	直 곧을직	1. 임금이 거처하는 궁전지기. 궁전과 누각. 2. 성원래는 아데미 신전의 청소부를 가리키 나 뒤에는 '신전과 신을 섬기는 의식을 담 당하는 수호자'의 의미로 쓰임.
19:39	民 백성민	會 모을회		1. 어떤 지역 안에서 주민이 자치를 목적으로 조직 한 회. 2. 성에베소 사람들은 합법적으로 민회에 참석할 권 리를 갖고 있었으며 매월 3회씩 로마 관리의 허락 하에 이루어졌다.

20장

| 20:24 | 使
부릴사 | 命
목숨명 | 1. 지워진 임무.
2. 사자로서 받은 명령. |
| 20:35 | 模
본뜰(법)모 | 本
밑본 | 1. 본보기.
2. 모형.
3. 모방.
4. 범본(範本). |

21장

| 21:8 | 執
잡을집 | 事
일사 | 1. 교회의 일을 분담하는 사람. 세례 교인으로서 임
명함.
2. 주인 옆에 있으면서 그 집일을 맡아 보는 사람.
3. 귀인에 대한 존칭. |

21:13	覺 깨달을각	悟 깨달을오	1. 앞으로 닥쳐올 일을 미리 알아 차리고 마음을 정함. 2. 도리를 깨달음.
21:15	行 행할행	裝 꾸밀장	1. 여행할 때 쓰는 모든 기구. 행구. 행리. 2. '말을 빌려 타고'라는 뜻.
21:35	暴 사나울폭	行 행할행	난폭한 행동.
21:38	亂 어지러울란		1. 난리. 어지럽다. 2. 성 주후 54년 선지자로 자처하는 애굽인 거짓 선지자가 많은 추종자를 광야로, 예루살렘의 종말을 대비 감람산으로 이끌며 발생한 반란 사건.
21:38	刺 찌를자	客 손객	사람을 몰래 찔러 죽이는 사람. 암살자.
21:39	小 작을소	邑 고을읍	작은 고을.

22장

22:3	門 문문	下 아래하	1. 스승의 집. 2. 문하생이 드나드는 권세가 있는 집. 3. 스승의 집을 드나들며 가르침을 받는 제자.
22:20	贊 도울찬	成 이룰성	1. 옳다고 동의함. 2. 도와서 성취시킴.

23장

23:9	喧 喧 시끄러울훤	譁 譁 지꺼릴화	1. 시끄럽게 떠듦. 훤조. 2. 성 히브리어 '로우'인데 '울부짖다', '모이다'라는 뜻. 소동. 무절제한 감정의 표현.
23:15	樣 모양양		모양.
23:16	甥 생질생	姪 조카질	누이의 아들.
23:23	槍 창창	軍 군사군	1. 창을 쓰는 군사. 2. 창을 들고 다니는 경무장한 보충부대.
23:32	護 보호할호	送 보낼송	보호하여 보냄.

24장

24:1	辯 말잘할변	士 선비사	1. 입담이 좋아서 연설을 잘하는 사람. 2. 연설·강연 등을 하는 사람. 3. 성 헬라의 철학자들로 세상의 상대적인 지식만 소 유한 자.
24:3	改 고칠개	良 어질량			좋게 고침.
24:3	感 느낄감	謝 사례할사	無 없을무	地 땅지	무한히 감사함.

24:5	異 다를이	端 끝단	1. 자기가 믿는 이외의 도(道). 2. 옳지 아니한 도. 3. 전통이나 권위에 반항하는 설. 4. 시류에 어긋나는 사상 및 학설. 5. 종정통(正統) 이외의 설. 또는 정통에서 벗어나 이의를 내세우는 설을 주장하는 공인되지 아니한 교파 및 교의(敎義).
24:14	告 알릴고	白 말할(사뢸)백	1. 숨기던 일을 터 놓고 말함. 2. 성신도가 하나님과 예수에 대하여 칭찬과 신앙을 드러내서 말하는 형식.
24:22	延 이을연	期 기약할기	1. 정한 기한을 물러서 늘임. 2. 성천부장 루사아에게서 진상을 듣기 위해 신문을 연기한 것.
24:22	處 곳처	決 결단할결	결정하여 조처함.
24:25	節 마디절	制 억제할제	1. 알맞게 조절함. 2. 방종하지 않도록 욕망을 이성으로써 통어함. 3. 성승리자가 되기 위해 매일 근면하게 자기를 훈련함.
24:27	所 바소	任 맡길임	맡은 바 일.

25장

25:1	到 이를도	任 맡길임	1. 지방관이 임소에 도착함. 2. 총독으로서의 임무를 수행하기 시작한 곳.

25:3	好 좋을호	意 뜻의		친절한 마음씨. 남에게 보이는 좋은 마음씨. 선의.

25:11	死 죽을사	罪 허물죄		1. 사형에 처할 범죄. 2. 죽어 마땅한 죄. 3. 천주교 살인 · 자살 · 낙태 등 영혼의 생명을 빼앗는 큰 죄.

25:11	陪 따를배	席 자리석	者 놈자	1. 어른을 모시고 자리를 같이 한 사람. 2. 성 특수한 죄목으로 바울의 상소권을 논의할 배심원들.

25:18	斟 헤아릴짐	酌 퍼낼작		1. 어림지어 헤아림. 겉가량으로 생각함. 2. 성 황제 가이사에 대한 반역 행위들.

25:18	提 던질제	出 날출		의견이나 안건 법안 등을 내어 놓음.

25:19	宗 마루종	教 가르칠교		초인간적인 숭고 · 위대한 것을 외경하는 정의(情義)에 의거, 이것을 인격화하고 신앙 · 기원 및 예배함으로써 안심입명 · 축복 · 해탈 · 구제를 얻기 위한 봉사의 생활을 영위할 때의 그 관계를 말함. 따라서 일면에는 예배 의식, 타면에는 명령의 권위가 있음. 교리나 행사의 차이에 따라 기독교 · 불교 · 회교 · 천도교 등이 있음.

25:21	皇 임금황	帝 임금제		1. [皇은 아름답고 큼, 帝는 덕이 하늘과 합침의 뜻] 제국의 군주의 존칭. 진시황이 처음으로 이 칭호를 썼음. 天子. 2. 성 가이사(로마 황제 시저).

25:22	訊 물을신	問 물을문	所 바소	증인 감정인 또는 피고에 대하여 구두로 사건을 조사하는 장소

25:23	威 위엄위	儀 거동의	1. 위엄이 있는 의용. 엄숙한 몸차림. 2. 예법에 맞는 몸가짐. 3. 성 호화찬란하고 사치스럽게 장식한 모습으로 행렬지어 입장하는 모습을 묘사.
25:24	請 청할청	願 원할원	1. 무슨 일이 이루어지도록 청하고 원함. 2. 국민이 법률에 정한 수속을 밟아서 손해의 구제, 공무원의 파면, 법률·명령·규칙의 제정 등의 일을 국회·관공서·공공단체에 청구하는 일.
25:26	上 윗상	疏 성길소	1. 임금에게 글을 올림. 또는 올리는 글. 봉장(封章). 주소(奏疏). 진소(陣疏). 2. 성 베스도는 바울의 무죄를 확신하고 있었음.
25:27	罪 허물죄	目 눈목	저지른 죄의 명목.

26장

26:4	狀 모양상	態 태도태	현재의 모양이나 되어 있는 형편.
26:10	可 옳을가	便 편할편	의안을 표결할 때 찬성하는 편.
26:10	投 던질투	票 표표	1. 선거 또는 어떤 사항을 해결할 때 유자격자가 자기의 의사를 부표로서 표시하여 일정한 장소에 넣는 일. 2. 성 고대의 재판 시 배심원들이 피고가 무죄라 판단할 때는 흰 자갈을, 유죄라 판단할 때는 검은 자갈을 던졌던 풍습에서 유래된 말.

27장

27:3	親 친할친	切 끊을절	태도가 매우 정답고 고분고분함.
27:8	美 아름다울미	港 항구항	지방명. 곳이름.
27:10	荷 짐질하	物 만물물	짐. 무슨 물건. 어떠한 물건.
27:10	打 칠타	擊 칠격	1. 때리어 침. 2. 어떤 영향을 받아서 기운이 크게 꺾임. 3. 손해. 손실.
27:11	船 배선	主 몸주	배의 주인.
27:17	船 배선	體 몸체	1. 배의 몸체. 2. 적재물과 부속물을 제외한 배 자체.
27:18	風 바람풍	浪 물결랑	바람과 물결. 불어치는 바람에 따라 일어나는 물결.
27:20	餘 남을여	望 바랄망	1. 아직 남은 희망. 2. 장래의 희망.
27:29	暗 어두울암	礁 주춧돌초	물 속에 숨기어 보이지 않는 바위. 은암.
27:29	苦 괴로울고	待 기다릴대	몹시 기다림. 애를 태우고 기다림.

| 27:39 | 傾
기울어질경 | 斜
비낄사 | 1. 비스듬히 한쪽으로 기울어짐.
2. 지층면과 수평면과의 서로 빗나간 각도. |
| 27:39 | 港
항구항 | 灣
물구비만 | 배를 대고 물건 또는 사람의 오르고 내림이 편리하도록 설비해 놓은 곳. |

28장

28:8	痢 이질리	疾 병질	이증(똥에 곱이 섞이면서 뒤가 잦고 당기는 변증). 피가 섞여 나오는 것을 적리(赤痢), 흰 곱만 나오는 것을 백리(白痢)라 함. 이점(痢漸). 하리(下痢).
28:19	訟 송사할송	事 일사	백성끼리의 분쟁을 관청에 호소하여 그 판결을 구하는 일. 지금의 소송과 같은 제도.
28:22	寓 붙여살우	居 살거	1. 정착하지 아니하고 임시로 거주함. 2. 남의 집에서 임시로 붙어 삶. 타향에서 임시로 삶.
28:27	頑 완고할(둔할)완	惡 악할악	성질이 거만하고 모짊.

로마書

이 서신은 사도 바울이 제3차 전도여행 중 주후 55~56년 고린도에 체재하면서 로마 교회에 보낸 16장의 편지로, 로마 교회가 당면하고 있는 실제 문제를 다룬 것이 아니라 구원과 그리스도인의 생활의 기본적 진리에 관하여 쓴 것이다. 갈 리디아서와 함께 기본교훈은 구원이 행함으로 얻는 것이 아니라 믿음으로 말미 암아 얻는다는 것이다. 복음에는 하나님의 의가 나타나서 믿음으로 믿음에 이르 게 하나니 기록된 바 오직 의인은 믿음으로 살리라 함과 같으니라[롬1:16~17] 하는 말씀이다. 믿음으로 얻는 의(義)의 교리를 조직적으로 밝히고, 의는 하나 님이 거져주시는 선물이며 그리스도를 믿는 것만이 만민의 구원의 길이 된다는 것을 강조하고, 그리스도교의 원죄와 신앙 체험을 명료하게 서술하여 갈라디아 서와 함께 종교개혁자들에게 큰 영향을 준 것이다.

1장

1:3	肉 고기육	身 몸신	1. 영적인 의미에서 사용된 용어로 하나님과 분리되어 있는 인간의 실존[고후12:7]. 여기서는 예수께서 연약한 인성을 입고 오셨음을 보여줄 뿐이다. 2. 성바울은 육신이란 말을 여러 가지 의미로 사용한다. ① 죄에 의해 조종되며 하나님을 섬기는 일보다는 이기적인 욕망을 추구하는 사람의 성품을 뜻함[18, 25절, 8:5~7, 갈5:17]. ② 때로는 단순히 육체적 혈통을 가리킴[1:3, 9:3]. ③ 이 말은 또한 인간의 육체적인 실존, 즉 육에 속한 존재를 뜻함[엡2:15, 몬16]. 뒤에 나오는 ②, ③의 경우에는 부정적인 의미가 들어 있지 않음.
1:14	野 들야	蠻 오랑캐만	1. 문화가 미개하고 교양이 없는 상태. 또는 종족. 2. 덕의심이 없고 교양이 없는 사람.

1:20	神 귀신신	性 성품성		1. 신의 성격. 또는 신의 속성. 2. 마음. 정진.
1:23	禽 새금	獸 짐승수		날짐승과 길짐승.
1:25	被 이불(입을)피	造 지을조	物 만물물	조물주에게 만들어짐을 받은 모든 물건. 우주의 삼라만상.
1:25	造 지을조	物 만물물	主 임금주	하늘·땅의 모든 자연을 만들고 주재하는 신. 조화의 시. 조화옹. 하나님.
1:26	順 순할순	理 이치리		도리에 순종함. 또는 순조로운 이치.
1:26	逆 거스릴역	理 이치리		1. 사리에 어그러짐. 2. 부주의에서 생기는 추리의 착오. 3. 도리에 어긋남.
1:28	喪 복입을상	失 잃을실		잃어버림.
1:29	醜 추할추	惡 악할악		더럽고 지저분하여 아주 못생김.
1:31	無 없을무	慈 사랑자	悲 슬픔비	자비스러운 마음이 없음.

2장

2:14	本 밑본	性 성품성	본디부터 가진 성질. 양심과 덕성과의 상호작용으로 이루어지는 선한 성품.

2:20	訓 가르칠훈	導 인도할도	1. 교사. 2. 제독.
2:22	神 귀신신	社 모일사	1. 신을 모신 사당. 2. 성 이교도의 신당.
2:27	儀 거동의	文 글문	1. 의장(儀仗: 의식에 쓰는 무기 또는 물건)의 표. 2. 성 기록된 것으로'란 뜻. 본문에서는 모세의 율법임.
2:28	表 겉표	面 낯면	的 적실할적	1. 겉으로만 드러난. 2. 성 육신의 할례가 참할례가 아니요, 마음과 영의 할례가 참임.
2:29	裏 속이(리)	面 낯면	的 적실할적	1. 표면에 나타나지 않는 내부의. 2. 속·안·내면의.

3장

3:21	義 옳을의	성경에서는 의가 여러 가지 뜻으로 사용되었다. ① 하나님의 속성[요17:25], ② 그리스도를 영접한 모든 사람에게 주어지는 은사[본절과 5:17], ③ 의로운 생활의 기준[6:18, 딤후2:22] 등으로 언급되고 있음.
3:22	差 어긋날차	別 다를별	등급이 지게 나누어 가름. 차등이 있게 구별함.
3:25	看 볼간	過 허물과	1. 예사로 보아 넘기다가 빠뜨림. 2. 대강 보아 넘기다. 보고도 본체만체함. 3. 죄에 대한 형벌의 면제.

5장

5:14	表	象	1. 상징.
	겉표	코끼리상	2. 감각을 요소로 하는 심적 복합체.

8장

8:6	死	亡	1. 죽음.
	죽을사	죽을망	2. 성하나님과의 분리를 뜻하고 그로 말미암아 오는 혼란, 무능, 절망을 말함.

8:15	養	子	1. 아들 없는 집에서 대를 잇기 위해서 동성, 동본의 조카 항렬되는 자를 데려다 기르는 아들, 또는 딸.
	기를양	아들자	2. 성신자들을 아들로 삼으시는 하나님의 사역.

8:28	合	力	1. 흩어진 힘을 한데 모음.
	합할합	힘력	2. 어떤 일을 하기 위한 노력의 결합.
			3. 성선과 악, 순경과 역경 등 일체의 고립된 것이 없고 서로 작용함.

8:38	權	勢	者	1. 권력과 세력을 가진 사람.
	권세권	권세(기세)세	놈자	2. 성사탄의 세력[엡2:2, 6:12].

9장

9:21	權	권세. 어떤 일을 행하거나 행하지 않을 수 있는 자격이나 능력.
	권세권	

12장

12:2	靈 신령 령	的 적실할 적	신령스러움. 정신에 관한 것.
12:8	勸 권할 권	慰 위로할 위	1. 힘써 위로함. 2. 위로하고 권면함.
12:10	友 벗 우	愛 사랑 애	1. 형제간의 정애. 2. 벗 사이의 정분. 우의.

13장

13:1	屈 굽을 굴	服 복종할 복	1. 힘에 굴하여 굽히어 복종함. 2. 성딛3:1에서는 바울에 의해, 그리고 벧전2:13에서는 베드로에 의해 동일한 헬라어 동사가 사용되고 있다. 이 두 곳에서도 이 구절과 같이 국가에 대한 개인의 자세에 있어서의 본질적인 원리가 언급되어 있음.
13:7	國 나라 국	稅 세금 세	나라에서 경비를 쓰기 위해서 백성에게 받는 일반적인 세금으로 물건에 부과되었다.
13:11	時 때 시	機 기틀 기	1. 시사 성패의 기회. 적당한 때. 2. 성주님의 재림이 언제 닥칠지 모르는 긴박한 기간.
13:13	端 끝 단	正 바를 정	얌전하고 바름.
13:13	好 좋을 호	色 빛 색	여색을 좋아함. 탐색.
13:13	爭 다툴 쟁	鬪 싸움 투	서로 다투어 가며 싸움.

14장

14:10	審 살필심	判 판단할판	臺 집대	심판관이 있는 자리.

16장

16:1	薦 천거할천	舉 들거		인재를 어떤 자리에 쓰도록 추천하는 일.
16:2	禮 예도례	節 마디절		예의 범절. 의절.
16:3	同 한가지동	役 역사(부릴)역	者 놈자	같은 일을 하는 사람.
16:11	眷 돌볼권	屬 붙을속	中 가운데중	한 집안에 딸린 식구 가운데.

16:17	紛 어지러울분	爭 다툴쟁	1. 말썽을 일으켜 시끄럽게 다툼. 2. 성 거짓 교사들이 일삼는 표적으로 ① 그리스도인을 분열시키고, ② 진리를 해치고, ③ 하나님을 섬기지 않고, ④ 그들의 배를 섬기고, ⑤ 속이기 위해 아첨하는 말을 하고, ⑥ 십자가의 원수이고, ⑦ 복음에 거슬러 행동하고, ⑧ 부끄러움을 영광으로 여기고, ⑨ 땅의 일들을 생각하고, ⑩ 이단을 끌어들임.
16:18	純 순수할순	眞 참진	마음이 꾸밈이 없이 참됨. 천진. 사욕이나 사념이 없음.
16:22	代 대신대	書 글서	1. 남을 대신하여 글씨를 씀. 2. 대필.

16:23	食 밥식	主 주인주	人 사람인	나그네를 재우고 밥을 파는 집의 주인.

16:23	財 재물재	務 일무	1. 재정에 관한 사무. 2. 성재정관 혹은 청지기.

16:25	永 길영	世 인간세	前 앞전	1. 영원한 세대. 또는 세월 전. 2. 성영원한 때. 하나님의 구원 계획은 시간의 진전에 따라 수정된 것이 아니라 그 시원을 창조 이전에 두고 있다.

고린도前書

고린도 교회는 바울이 2차 전도여행 때 세운 교회. 아덴에서 고린도로 넘어왔을 때는 몹시 두려웠으나 아굴라와 브리스길라 라는 동역자를 만나고 마케도니아에 파견됐던 실라와 디모데가 합세하여 적극적으로 나서게 된다. 유대인의 반대에 부딪혀 중단하고 디도 유스도의 이방인 집을 중심으로 1년 반 동안 전도하면서 교회를 세운다.

바울이 고린도 교회에 보낸 16장의 편지. 주후 55년경 에베소에서 쓴 것으로 고린도 교회의 분쟁 즉 고린도 교인들의 자만심, 세상적 지혜를 자랑, 도덕적 부패, 술취함에 빠진 것, 사회적 · 종교적 생활면에서 잘못, 잘못된 교리, 무질서 등에 대하여 책망하고 영적 · 도덕적인 문제들과 아울러 여러 가지 질문에 대하여 대답한다. 주로 강조점은 실천적인 데 있었다.

1장

| 1:26 | 門
문문 | 閥
문벌(지체)벌 | 대대로 내려오는 그 집안의 지체(家世, 家門). |

2장

| 2:11 | 私
사사사 | 情
뜻정 | 1. 개인으로서의 정.
2. 개인적인 감정.
3. 자기만의 편의를 얻자는 마음. 사욕을 차리는 마음. |

4장

| 4:9 | 微
작을미 | 末
끝말 | 아주 작음. |

5장

| 5:12 | 敎
가르칠교 | 中
가운데중 | 1. 교인 가운데.
2. 천주교 교우들 가운데. |

6장

6:7	宛 완연할완	然 그럴연	1. 분명하게 나타남. 2. 모양이 서로 비슷함.
6:9	貪 탐할탐	色 빛색	1. 호색. 여색을 좋아함. 2. 성 동성연애에 관련된 용어로서 성을 순리대로 쓰지 않는 자들을 가리킴. 바울은 이러한 말로서 헬라인들과 로마인들 사이에 널리 퍼져있던 근친상간, 동성연애 및 그 밖의 비정상적인 성적 부도덕을 경고함. 바울은 기독교가 그러한 무리들과 혼합되는 것을 원하지 않았음.
6:12	制 억제할(정할)제	裁 마를재	1. 국가가 법규를 위반한 사람에게 주는 고통 또는 형벌적 효과. 2. 도덕·관습 또는 규정에 어그러짐이 있을 때 사회로서 금지하기도 하고 나무라기도 하는 일.

7장

7:5 分 房
나눌분 방방

1. 여러 사람의 관원에게 일을 분담하게 함.
2. 부부의 방을 따로따로 정하여 나눔. 부부의 성생활 윤리로서 올바른 성관계를 갖지 않으면 정욕을 절제하지 못하는 틈을 타서 사탄이 음행의 죄를 범하게 할 것임을 경계한 말.

7:5 合 意 上
합할합 뜻의 위상

1. 서로의 뜻이 같음. 의견이 합치함.
2. 성결혼을 통하여 남편과 아내는 그 상대방에 대하여 상호 간에 권리와 의무를 갖게 된다. 남편이나 아내 어느 한쪽도 결혼생활의 육체적 관계를 거절할 권리를 갖지 못하는 것이 일반적인 원칙이다. 그러나 ① 상호 동의, ② 일정한 기간 동안 특별한 목적이 있을 때에는 금욕하는 것이 허용된다. 하나님은 남편과 아내 사이에 성스러운 자유를 부여하신 것임.

7:6 權 道
권세권 길도

1. 수단은 옳지 못하나 목적은 정도에 부합하는 처리 방식.
2. 목적을 달성하기 위하여 임기응변으로 취하는 방편.

7:15 拘 束
거리낄구 묶을속

1. 자유를 억제함. 체포하여 속박함.
2. 자유 행동을 제한 또는 정지시키는 일.
3. 일정한 행위를 제한 또는 강제하는 일.

7:29 短 縮
짧을단 오그라질축

짧게 줄어듦.

7:31 形 跡
형상형 자취적

1. 뒤에 남은 흔적. 형상과 자취.
2. 성유행, 세상의 것은 일시적인 것이므로 그것에 초연해야 하며, 복음의 진리를 따라 살아야 함을 교훈함.

| 7:36 | 婚
혼인할혼 | 期
기약할기 | 혼인하기에 알맞은 시기. |

9장

| 9:7 | 自
스스로자 | 備
갖출비 | 糧
양식량 | 1. 제가 먹거나 쓸 것. 제가 스스로 갖추어 지님.
2. 곡물, 육류, 과일, 소금 등을 넣어 군병들에게 지급되던 1일분의 식량. |

11장

11:16	態 태도(모양)태	度 법도도	1. 몸을 가지는 모양. 2. 행동.
11:19	偏 치우칠편	黨 무리당	원래는 '선택'이란 뜻이었으나, 뒤에 '당파', '불일치', '분쟁', '이단'의 뜻을 지니게 됨.
11:20	晚 저녁(늦을)만	餐 밥찬	저녁식사.

13장

| 13:1 | 方
모(곳)방 | 言
말씀언 | 1. 어떤 지방이나 어떤 계급층에 한하여 행하여지는 언어의 체계.
2. 한 나라의 언어 중에서 지역에 따라 발음·의미·어휘·음운·어법 등이 표준어와 서로 다른 언어 체계를 가진 말. 사투리. |

3. **성** 구약시대에 성령의 강림으로 말미암아, 제자들이 자기도 모르는 외국어를 하여 이방인을 놀라게 한 말. 또는 황홀한 상태에서 성령에 의해서만이 말할 수 있는 내용 불명의 말.

13:12	稀 드물희	微 작을미	뚜렷하지 못함.

14장

14:26	讚 기릴찬	頌 칭송할송	詩 글시	1. 신성한 대상을 찬미하는 기도의 노래. 2. 하나님을 감사하고 찬미하는 노래. 예배 의식에서 부르며 엄숙하고 장엄한 노래. 3. 원시 교회에서 성령의 감동으로 부르고 있었던 시가.
14:27	多 많을다	不 아니불	過 지낼과	많더라도 그 이상은 더 안 됨.

15장

15:8	滿 찰만	朔 초하루(달·북녘)삭	아이 낳을 달이 참. 또는 그 말. 만월(滿月).
15:31	斷 끊을단	言 말씀언	딱 잘라서 하는 말

16장

| 16:21 | 親 친할친 | 筆 붓필 | 손수 쓴 글씨. 친필. |

고린도後書

고린도전서를 쓴 1년 전후하여 고린도 교회에 보낸 편지로, 마게도냐 지방 즉 빌립보에서 쓴 것으로, 첫째, 고린도 교회의 뉘우침을 듣고 기뻐하면서 복음의 진리를 성도들에게 더 정확히 가르치는 것, 둘째, 유대인들을 위하여 그들이 약속한 헌금을 다시 기억시키는 것, 셋째, 자신의 사도직을 변호하면서 율법적 유대주의자를 비난했다. 하나님께서 너희와 함께 계실 것이니 항상 기뻐하고, 온전하게 되며, 위로를 받으며 마음을 같이 하며 평안하라고 맺는다. 이 자전적 고백이 없었다면 이 대사도의 영혼과 수난의 기록을 가질 수 없었을 것이다.

2장

2:5 | 程
 길정 | 度
 법도도
 (헤아릴탁) | 1. 알맞은 한도.
 2. 얼마의 분량.

3장

3:1 | 自
 스스로자 | 薦
 천거할천 | 1. 자기가 자기를 추천함.
 2. 성 고린도 교회 성도들의 삶을 통해 보여진 성령의 역사가 곧 바울의 사역을 충분히 천거함.

3:1 | 薦
 천거할천 | 擧
 들거 | 書
 글서 | 1. 인재를 어떤 자리에 쓰도록 추천하는 글.
 2. 성 이력서. 복음만을 증거한 바울은 이단들처럼 자신을 변호하기 위한 이력서가 필요치 않았다.

3:3	心 마음심	碑 비석비	1. 마음의 비석. 2. 성 성령에 의해 성도들의 심령 속에 새겨진 구원의 복음[렘31:33, 겔11:19].
3:14	舊 옛구	約 약속할약	1. 성 그리스도가 나기 전에 하나님이 인간에게 한 약속. 2. 옛 약속.

5장

5:18	職 맡을직	責 책임책	1. 직무상의 책임. 준말 직(職). 2. 성 바울이 그리스도의 사신으로서 또 하나님과 함 께 일하는 자로서의 직책.

6장

6:15	調 고를조	和 화목할화	1. 서로 어울리게 함. 2. 이것저것이 서로 모순되거나 어긋남이 없이 잘 어 울림. 조균(調均).

8장

8:14	裕 넉넉할(너그러울)유	(有)	餘 남을여	넉넉함. 남음이 있음.
8:20	巨 클거		額 수량액	많은 액수의 돈.

9장

| 9:7 | 吝 인색할린 | 嗇 인색할색 | 1. 예의나 염치를 돌보지 않고 재물을 체면 없이 다랍게 아낌.
2. 📗연보는 마음의 결정에 따라 즐거움으로 행해져야 함. |

11장

| 11:2 | 仲 버금중 | 媒 중매매 | 남자 쪽과 여자 쪽 사이에 들어 혼인이 되게 하는 일. 또는 그 사람. |

| 11:6 | 拙 못날졸 | | 1. 못나다. 솜씨가 없다.
2. 배우지 못하여 그에 해당하는 기능이 없는 평범한 사람. |

| 11:9 | 用 쓸용 | 度 법도도 | 1. 씀씀이.
2. 필요로 하는 비용. |

| 11:9 | 弊 폐단폐 | | 1. 폐단. (괴롭고 귀찮고 해로운 일)
2. 좋지 못하고 해로운 점. |

| 11:13 | 假 거짓가 | 裝 꾸밀장 | 1. 임시로 거짓 꾸밈.
2. 가면으로 꾸밈.
3. 악의를 감추기 위해 선한 것처럼 꾸미는 것. |

| 11:25 | 笞 볼기칠태 | 杖 지팡이장 | 1. 태형(매로 볼기를 치는 형벌. 10~100번)과, 장형(곤장으로 볼기를 치는 형벌. 60~100번).
2. 📗로마식 형벌. |

12장

12:18	步 걸음보	調 고를조	1. 여러 사람의 걸음걸이의 정도. 2. 여러 사람이 함께 행동하는 맞고 안 맞는 정도.
12:20	中 가운데중	傷 상할상	1. 사실무근의 말을 하여서 남의 명예를 헐뜯는 일. 2. 12~15살 사이의 죽음.

갈라디아書

갈라디아서(Galatians)는 사도 바울이 제3차 전도여행 중 주후 56년경 에베소에서 기록하였다. 갈라디아에 있는 여러 교회에게 보낸 6장으로 된 편지[갈 1:2~3]이다. 바울이 그곳을 떠난 뒤에 그곳 교회에 유대교인들이 침입하여 유대교적 의식의 엄수를 강요하였으므로 그 오류를 지적하고 기독교의 복음을 옹호한 것이다. 이 책은 기독교 자유의 대헌장이요, 그리스도인의 자유에 대한 선언서로 불리는 책이다. 갈라디아서는 짧은 서신이지만 유대교를 박차고 일어나는 독립선언이라고 한다면, 긴밀한 관계를 가진 로마서는 칼빈과 같이 기독교 근본교리를 조리 있게 해설한 조직신학이라고 하겠다. 이 서신은 16세기 종교개혁 당시 루터로 하여금 이신득의(以信得義)의 진리에 눈을 뜨게 해 준 책이기도 하다.

1장

1:14	同 한가지동	族 겨레족	中 가운데중	같은 겨레 가운데.

1:14	年 해년	甲 갑옷갑 (첫째, 천간, 으뜸, 껍질)	者 놈자	나이가 서로 비슷한 사람. 연배.

1:18	尋 찾을심	訪 찾을방	방문하여 찾아봄.

3장

3:24 蒙 學 先 生
어릴몽 배울학 먼저선 날생

1. 어린아이의 공부를 가르치는 사람.
2. 어린아이나 가르칠 만한 선생.
3. 성 어린아이의 등하교를 돌보는 노비.

3:28 自 主 者
스스로자 임금(주인)주 놈자

남의 보호나 간섭을 받지 아니하고 독립으로 행하는 사람.

4장

4:2 後 見 人
뒤후 볼견 사람인

1. 친권자가 없는 미성년자 또는 한정치산자·금치산자, 곧 무능력자를 보호·감독하여 그 재산을 관리하고 그의 법률 행위를 대표하는 직무를 행하는 사람. 선정후견인과 법정후견인이 있음.
2. 성 가정교사나 보호자.

4:3 初 等
처음초 무리등

1. 맨 처음의 등급. 차례를 따라서 올라가는 데 맨 아래 등급.
2. 성 유치한 유대교의 율법적 관습.

4:8 本 質 上
밑본 바탕질 윗상

1. 본바탕. 본체적 현상.
2. 성 하나님을 바로 아는 현상.

5장

| 5:21 | 放
놓을방 | 蕩
방탕할탕 | 향락주의나 술의 신인 박카스를 숭배하는 음주당의 육욕에 빠진 방자한 모습. |
| 5:22 | 良
어질량 | 善
착할선 | 어질고 착함. 적극적인 선행[엡5:9]. |

에베소書

에베소서는 성도 개개인의 구원을 하나님의 영원한 구속 목적의 맥락에서 제시하는데, 그 목적이란 그리스도 안에서 만물을 통일하시는 것이다[1:10]. 그리스도께서는 이미 십자가의 부활을 통해 그 사역을 성취하셨지만 아직 최종적인 완성은 이루어지지 않았다. 그것은 그리스도의 몸인 교회를 통해서 지속되며 완성되어 간다. 교회는 그리스도의 몸으로 하나님의 최종 목적을 실현해가는 기관인 것이다.

옥중 서신(에베소서, 빌립보서, 골로새서, 빌레몬서)의 하나로 사도 바울이 1차 투옥 기간 중에 4편의 서신을 기록했다. 에베소서, 빌립보서, 골로새서는 함께 두기고와 오네시모 손에 맡겨져 주후 62년경 전달되었다. 디모데후서는 2차 투옥시에 기록된 옥중 서신이다. 에베소(기원전 11세기에 건설된 소아시아의 정치·상업·문화가 통합된 교통의 중심지)에 보낸 회람 서신으로, 장중한 문장과 깊은 신학적 통찰로 웅대한 기독교론과 교회론을 전개하였다.

1장

1:9   **經**   **綸**
글 경   낚시줄(인끈) 륜

1. 일을 조직적으로 잘 계획함.
2. 천하를 다스림.
3. 성 하나님의 계획이 진행되는 정도.

2장

2:2   **不**   **順**   **從**   순종치 않음.
아니 불.   순할 순   좇을 종

| 2:21 | 聯
잇달을연 | 結
맺을결 | 서로 이어서 맺음. 결연. |

3장

| 3:12 | 堂
집당 | 堂
집당 | 의젓하다. 어연번듯하게. |
| 3:14 | 各
각각각 | 族
겨레족 | 屬
붙을속 | 족속마다. |

4장

4:14	詭 속일궤	術 꾀술	1. 사람을 속이는 꾀. 2. 문자적 의미는 주사위 놀음, 도박꾼.
4:14	風 바람풍	潮 조수조	1. 바람에 딸려 흐르는 바닷물. 2. 시대에 따라 변하는 세태.
4:16	相 서로상	合 합할합	서로 맞음.
4:19	放 놓을방	任 맡길임	되는 대로 내버려 둠.
4:22	舊 옛구	習 익힐습	1. 옛적 버릇. 옛날부터 내려오는 풍속과 습관. 2. 성구원받기 전의 자연인으로서의 행실.

5장

| 5:5 | 崇 높을숭 | 拜 절배 | 者 놈자 | 높이어 우러러 공경하는 사람. |

| 5:17 | 理 이치이 | 解 풀해 | | 1. 깨달아 알아 들음.
2. 사리를 분별하여 해석함.
3. 양해. |

| 5:29 | 保 보호할보 | 養 기를양 | | 몸을 건강하게 보존하여 평안히 기름. |

6장

| 6:4 | 敎 가르칠교 | 養 기를양 | | 학식을 배워 닦은 수양. 인격생활을 고상하고 풍부하게 하기 위하여 지·정·의의 전반적인 발달이 이루어지도록 수양하는 일. |

| 6:9 | 恐 두려울공 | 喝 꾸짖을갈 | | 1. 무섭게 을러대며 위협함.
2. 타인에게 협박을 가하여 재물을 교부시키거나 재산상의 불법 이익을 얻는 일. |

| 6:11 | 全 온전전 | 身 몸신 | 甲 갑옷갑 | 冑 투구주 | 1. 온몸에 입는 갑옷과 투구.
2. 성마귀의 궤계와 싸울 영적인 무장. |

| 6:14 | 胸 가슴흉 | 背 등배 | | 1. 관복의 가슴과 등에 붙이는 수놓은 헝겊 조각.
2. 가슴과 등. |

빌립보書

빌립보서에는 '기쁨'에 관계된 단어가 명사형으로 5번, 동사형으로 9번 나온다. 본 서신의 배경에 깔린 분위기는 기쁨인데 '주 안에서 기뻐하라'는 것이다. 즉 환경을 초월한 신앙의 기쁨이다. 두 번째는 사람은 옥중에 매일 수 있으나, 하나님의 말씀은 매이지 않는대[딤후2:9]는 사실을 실감케 하고, 세 번째는 초월적 생사관을 보여주고 있으며, 네 번째는 복음에 합당한 모범적 삶을 살도록 권면하고 있다[3:17, 4:9].

사도 바울이 죽음을 눈앞에 두고 심히 기쁨과 만족스럽게 여기는 자기의 신변과, 내면적 신앙의 간증을 기록한 사랑의 편지, 기쁨의 편지다. 교회의 집무에 대한 권고(이교도들의 적대감에 대한 불안, 유대주의자들의 분쟁, 교회 안에서 머리를 들기 시작한 분열 등)를 내용으로 하고 있다.

1장

1:12	進 步 나아갈진 걸음보	사물이 차차 발달하여 나아지는 일.
1:18	方 道 모방 길도	일을 치러갈 길. 일에 대한 방법과 도리.

2장

2:3	虛 榮 빌허 영화영	1. 필요 이상의 겉치레. 2. 자기 정도에 넘치는 외관상의 영화. 3. 알맹이 없는 자랑.

| 2:17 | 灌
정성드릴관
(물댈, 씻을, 대일,
휘추리나무) | 祭
제사제 | 1. 제사의 한 가지.
2. 🅢제사에 사용했던 포도주를 다 쏟아 붓는 제사
[민15:1~10]인데, 이와 같은 생생한 표현을 사용함으로써, 바울은 그가 곧 순교당할지라도 그것이 그의 사역의 절정이며 기쁨의 원인이 된다고 설명했다. 바울은 뿌리는 자요, 양육하는 자였기 때문에 그들의 승리는 곧 바울의 승리를 의미하는 것이었음. |

3장

| 3:2 | 損
덜손 | 割
나눌할 | 禮
예도례 | 黨
무리당 | 할례의 근본 의미를 잊어버리고, 모세의 율법에서 금지된 '살을 빼는' 의식을 행하던 자들. |

| 3:8 | 高
높을고, | 尙
오히려상 | 1. 품은 뜻과 몸가짐이 조촐하고 높아 속된 것에 굽히거나 휩쓸리지 아니함.
2. 학문이나 예술 같은 것이 정도가 높고 깊어 저속하지 아니함. |

| 3:10 | 權
권세권 | 能
능할능 | 부활이신 그리스도의 신적인 능력만이 아니다. 그는 부활하셔서 믿는 자의 삶 가운데서 역사하시는 생명의 주님을 알고자 했던 것이요, 이 능력은 '그리스도와 함께 부활한'[골3:1] 자들로 하여금 '새로운 삶을 살도록'[롬6:4] 하게 한 것임. |

4장

| 4:11 | 自
스스로자 | 足
발족 | 다른 곳으로부터 구함이 없이 자기 가진 것으로 충분함. 외적인 환경의 영향을 받지 않는 것. |

4:12	秘 비밀(숨길)비	決 결단할결	감추어 두고 세상에 알리지 않는 혼자만이 쓰는 썩 좋은 방법. 비약.
4:18	祭 제사제	物 만물물	**향기로운 제물**은 아벨의 제물[창4:14]과 노아의 제물[창8:21]과 이스라엘 백성들이 정성을 들여서 준비한 화제(火祭)의 제물[레1:9, 13, 17]과 그리스도께서 우리를 위하여 자신을 버리신 향기로운 제물과 축생으로 하나님께 드린 것[엡5:2]처럼 자신의 생애를 바쳐 드리는 신자들의 향기로운 제물[고후2:15~16]과도 비교가 될 만하다. 하나님께서 기쁘시게 받을 만한 제물이냐 아니냐 하는 것[참조 롬12:1]은 그 제물을 가져오는 자의 동기(믿음)에 달려 있음[창4:1~15, 히11:4].

골로새書

본 서신의 제목은 헬라어 '프로스 콜롯사에이스'로서 '콜로새인들에게'라는 뜻이다. 저자가 바울이 아니라는 몇몇 학자들은 ① 사용된 문체나 단어가 바울의 다른 서신들의 것과 다르고, ② 이단 사상이 영지주의(靈知主義)로서 이는 바울 이후 시대(주후, 2세기)에 본격화된 것이란 점을 들어 부정하고 있다. 그러나 바울은 자신이 본서의 기록자란 사실을 세 번씩이나 밝히고 있으며[1:1, 23, 4:18], 빌레몬서에 나오는 동역자들(에바브라, 오네시모, 파가, 아리스다고, 데마, 누가)의 이름이 본서에 동일하게 나오는 것으로 보아 바울에 의해 기록된 서신임을 알 수 있다.

사도 바울의 옥중 서신의 하나로 주후 62년경 골로새(에베소 동쪽 160km 지점의 라오디게아와 히에라볼리 부근에 위치한 쇠퇴 과정의 상업도시) 교회에 보낸 서간문으로 이단 사상(이방인들의 관습과 유대주의자들의 율법주의, 이원론에 입각한 신비주의적 구원관을 가진 영지주의)을 논박한 내용이다.

2장

2:8	哲 밝을철	學 배울학	1. 자연·인생·지식에 관한 근본원리를 추구하는 학문. 세계 속에 존재하는 물(物)을 탐지하려는 과학에 대하여, 전체로서의 세계, 세계 그 자체의 가치성을 전체적·주체적으로 연구하는 학문. 2. 성세상 학문.
2:11	肉 살육	的 적실할적	1. 육체적. 육욕적. 2. 성부패한 옛 본성.
2:16	貶 깎아내릴폄	論 의논할론	남을 깎아내리어 나쁘게 하는 말.

| 2:23 | 自 스스로자 | 意 뜻의 | 的 적실할적 | 스스로의 생각. 자기의 뜻. |

3장

| 3:5 | 邪 간사할사 | 慾 욕심욕 | | 1. 그릇된 욕망. 부정한 욕망.
2. 음란한 욕망. 육욕(肉慾). |

| 3:11 | 野 들야 | 人 사람인 | | 1. 시골 사람. 꾸밈이 없이 참다운 사람.
2. 예절이 없는 사람.
3. 벼슬을 하지 않은 사람.
4. 미개인. 야만인.
5. 성 헬라어를 사용하지 않는 헬라 문화 미수용자. |

| 3:11 | 自 스스로자 | 由 말미암을유 | 人 사람인 | 정당한 행위에 의하여 자기의 권익을 자유로이 행사할 수 있는 사람. |

| 3:21 | 落 떨어질낙 | 心 마음심 | | 1. 바라는 일을 이루지 못하여 마음이 풀어짐.
2. 성 헬라어 아뒤메오. 마음이 무기력하고 언짢으며 침울한 상태. |

데살로니가前書

바울이 본서를 기록한 목적은 자신과 성도의 연대를 강화하는 것이다. 이 교회는 바울과 그의 선교팀을 통해 복음을 받았기에 특별한 애정을 갖고 있었다. 바울이 데살로니가를 떠나야 했기에 성도와의 관계를 회복·강화하려고 디모데를 파송했고, 본서를 기록하여 우호적 관계를 공고히 하였대[살전1:2, 2:13, 3:10]. 사도 바울이 데살로니가(마게도니아 수도인 바이아 에그나다에 연한 번화 도시) 교회에 보낸 첫 서신으로 50년경에 고린도에서 썼다. 신도의 신앙생활과 주의 재림에 대하여 서술하고 있다.

2장

2:6	尊 높일존	重 무거울중	1. 높이고 중하게 여김. 2. 성폐를 끼침. 바울이 사도로서 받을 수 있는 교회의 재정적 후원.
2:8	思 생각사	慕 사모모	여기서는 자녀를 향한 어머니의 희생적인 사랑을 표현한 말.

4장

| 4:3 | 淫 음란할음 | 亂 어지러울난 | 1. 성생활이 어지러움.
2. 성이 말의 헬라어 의미는 모든 종류의 금지되고 부자연스러운 성적 방종을 의미한다. 데살로니가와 같은 헬라의 도시에서는 온갖 형태의 성적인 방탕이 유포되어 있었다. 심지어 종교적 의식과도 연관되어 있었다. |

| 4:5 | 色
빛색 | 慾
욕심욕 | 1. 음심. 욕정. 남녀 간의 성욕. 색정.
2. 색정과 이욕(利慾). |

| 4:16 | 天
하늘천 | 使
부릴사 | 長
어른장 | 1. 천사의 우두머리.
2. 유대 전승에 따르면 7명인데 '우리엘, 라파엘, 라구엘, 미가엘, 사리엘, 가브리엘, 레미엘' 등이다. |

5장

| 5:14 | 勸
권할권 | 戒
경계할계 | 1. 선을 권장하고 악을 징계함.
2. 타이르며 훈계함. |

데살로니가後書

이 서한은 바울이 전서를 보낸 일·이년 후 다시 쓴 것으로, 데살로니가에 증가하고 있던 열광주의적 거짓 교사들은 그리스도의 재림이 임박했다고 주장했다. 핍박이 심했기에 그로부터 건짐을 받기를 소망하거나 현실도피적인 열광주의가 발생했고 '주의 날이 이미 이르렀다'는 주장에 동요했다[살후2:21]. 바울은 이런 폐해를 막기 위해 그리스도의 재림이 이르기 전에 나타날 사건들을 알려주고 [살후2:3~8] 동시에 재림이 언제 오든 상관없이 성실하게 일하여 양식을 마련해야 함을 가르쳤다[살후3:6~12]. 주의 강림을 재론하고 신도의 신앙을 강조하였다.

2장

2:2	動 움직일동	心 마음심	1. 마음이 움직임. 2. 國주의 재림에 대한 거짓 가르침에 크게 동요하고 있었음.
2:3	背 등(어길)배	道 길도	1. 도리에 어그러짐. 2. 國하나님을 대적하고 배반하는 반란.
2:4	對 대할대	敵 원수적	1. 적을 상대함. 2. 國여기서는 하나님과 말씀을 따르는 성도들을 핍박하며 대항함을 의미.
2:4	自 스스로자	尊 높을존	1. 스스로 제 몸을 높임. 2. 자중하여 자기의 품위를 유지함.
2:7	活 살활	動 움직일동	활발하게 움직임.

3장

3:14	指	目	지적. 사물이나 사람이 어떠하다고 가리키어 정함.
	가리킬지	눈목	

디모데前書

신약 성서 중의 목회 서신(디모데전·후서, 디도서)의 하나로 교회의 목회 사역에 관한 원리들(교회안에서 진리를 지켜야 하는 절대적인 필요성)과 목회자의 자질(덕목과 리더의 기준)에 관한 내용으로 주후 63년경 기록된 것이다. 하나님의 목양을 받고 있고, 그 목양으로 또 목양을 하고 있는 바울이 역시 그렇게 해야 할 에베소에 머물러 있는 디모데(바울이 가장 사랑하는 제자, "믿음 안에서 낳은 아들"[딤전1:2]이었고, "하나님의 사람"[딤전6:11], 또 헬라인 아버지와 유대인 어머니 사이에 태어난 바울의 첫 전도 여행의 동반자)에게 보낸 편지이다. 교회의 이단과의 투쟁, 신자들의 기도, 남녀 간의 태도, 집사의 사명 등을 기록했다.

1장

1:4	神 귀신신	話 말씀화		1. 역사상의 근거는 없으나 그 씨족이나 부족 또는 민족에 있어서의 신격을 중심으로 한 하나의 전승적 설화. 인지가 미개한 시대에 있어서 여러 가지의 자연 현상 및 사회 현상을 원시적인 인생관·세계관에 의하여 설명한 것으로서, 역사적·과학적·종교적·문학적 여러 요소를 분화되지 않은 상태로 포함하고 있음. 2. 성 하나님으로부터 피조물에 이르는 유출에 관한 영지주의적 가르침으로 발전.
1:13	毁 헐(비방할)훼	謗 헐뜯을방	者 놈자	남을 비방하고 헐뜯는 사람. 중상모략자.
1:13	逼 핍박할핍	迫 핍박할박	者 놈자	1. 바싹 조리어 괴롭게 구는 자. 2. 형세가 매우 절박하도록 밀어닥치는 사람. 3. 성 그리스도의 신봉자들을 가혹하게 억압하는 자.

| 1:13 | 暴 行 者 사나울폭 행할행 놈자 | 1. 난폭한 행동을 하는 자.
2. 남에게 폭행을 가하는 자.
3. 교만하고 유해한 사람. |

2장

2:1	禱 告 빌도 알릴고	1. 남을 위하여 기도하는 것. 2. 성하나님께 담대히 나아갈 수 있는 자유롭고도 친밀한 기도.
2:5	中 保 가운데중 보호할보	1. 화친을 맺거나 언약을 확증하기 위해 두 사람 사이를 중재하는 것을 의미함. 2. 성그리스도는 자신이 죽음으로써 인간의 죄로 인하여 깨어진 하나님과 인간의 관계를 회복했음. 그리스도는 하나님과 인간 사이의 유일한 중보자가 되신다[히9:15, 12:24].
2:9	貞 節 곧을정 마디절	1. 여자의 곧은 절개. 2. 굳은 마음.

4장

| 4:2 | 火 印 불화 도장인 | 1. 낙인(烙印). 주인을 반역하고 달아났던 종들 이마에 표했음. 옛날 시장에서 쓰이던 되. 곧 시승(市升)을 가리키는 말.
2. 성양심이 불도장을 맞은 것처럼 무감각해져서 가책을 느끼지 못하는 상태. |
| 4:8 | 來 生 올래 날생 | 1. 죽은 후에 다시 살아남. 또는 그 생애.
2. 불교三生(前生·現生·來生)의 하나. |

| 4:10 | 盡
다할진 | 力
힘력 | 1. 있는 힘을 다함. 수고함.
2. 갖은 애를 다 씀. 사력. 갈력. |

5장

| 5:3 | 敬
공경경 | 待
기다릴대 | 1. 삼가 공경하여 대접함.
2. 성교회는 참 과부(남편이 없고 돌보아 줄 사람이 없는)들에게 인간적 존중과 경제적 도움까지 베푼다는 의미. |

| 5:9 | 名
이름명 | 簿
장부부 | 1. 관계자의 이름을 적은 책.
2. 성신약에 단 한 번 나오는 단어로 당시 과부들에 대한 제도적 지원을 짐작. |

| 5:16 | 寡
적을과 | 婦
지어미부 | 親
친할친 | 戚
겨레척 | 남편이 죽어서 홀로 된 여자의 친척. |

| 5:16 | 偏
치우칠편 | 見
볼견 | 1. 공정하지 못하고 한쪽으로 기울어진 견해.
2. 축적된 지식·신념 및 태도가 몹시 일방적이고 불건전하거나, 사실을 정확하게 파악하기 전에 내리는 정곡을 벗어난 판단. |

| 5:23 | 脾
지라비 | 胃
밥통위 | 1. 지라와 밥통.
2. 음식의 맛이나 사물에 대하여 좋고 나쁨을 분간하는 기분.
3. 아니꼽고 싫은 일을 잘 견디는 힘. |

6장

6:6	知 알 지	足 발 족	제 분수를 알아 만족할 줄 앎.
6:15	萬 일만 만	主 임금 주	일만의 임금.
6:18	同 한가지 동	情 뜻(형편) 정	1. 남의 불행을 가엾게 여기어 따뜻한 마음을 씀. 2. 성 아량. 이해와 포용. 그리스도인들은 물질뿐만 아니라 정신적, 영적인 것도 함께 나누어야 한다는 것.

디모데後書

본서의 헬라어 원전의 제목은 '프로스 티모데온 베타' 즉 '디모데에게 보내는 두 번째 편지'로 되어있다. 사도 바울이 자신의 순교를 앞두고 디모데에게 보낸 마지막 것으로 유언과 같은 서신이다.

네로 황제의 박해로 두 번째 투옥[딤후1:8, 16, 2:9]된 바울은 이 편지를 쓸 때 자기의 죽음이 임박[4:6]했다는 것을 깨닫고, 외롭고 추운 감옥에서 믿음의 아들인 디모데에게 사신(私信)적인 글[딤후4:9~13]을 66년경에 기록했는데, 하나님의 은혜와 복음을 위한 인내, 예수의 병정이 될 것, 전도자의 직분 등 신자들에게 주는 위대한 교훈을 기록했다.

1장

1:5	外 바깥 외	祖 할아비 조	母 어미 모	어머니의 친정어머니.
1:11	頒 펼 반	布 베(펼) 포	者 놈 자	세상에 널리 펴서 퍼뜨리는 사람.
1:12	依 의지할 의	賴 힘입을 뢰		1. 남에게 의지함. 2. 성 의뢰한 자 → 믿은 자. 그의 신앙의 대상자이신 하나님과 그리스도.

2장

2:5	競 다툴 경	技 재주 기	서로 힘과 재주를 겨루어 낫고 못함을 다툼.

2:17	瘡 부스럼창	疾 병질	1. 창병. 화류병의 한 가지. 2. 매독.
2:22	情 뜻정	慾 욕심낼욕	디모데는 30대 초반 청년으로서의 성적 정욕을 가리키나 경박한 정신, 향락, 헛된 영광의 의미도 포함됨.

4장

4:5	傳 전할전	道 길도	人 사람인	기독교의 교지를 전하여 미신자에게 신앙을 갖게 하는 사람[엡4:11].

디도書

목회 서신의 하나로 사도 바울이 일부 거짓된 선생들을 배경으로 자격 있는 장로들의 임명과 다양한 사회적 집단에 대한 교훈을 비롯하여 교회를 조직하기 위해 그레타 섬에서 전도하고 있는 디도(믿음의 아들로 이방인이었으며 할례를 받지 않았던 사람)에게 쓴 편지로 목회 서신 가운데 가장 신학적이다. 하나님의 백성은 선해야 하고 선을 행해야 한다고 강조하면서 교회의 조직·지도·직책·감독·장로들의 자격요건·신자의 생활 지침 등의 내용이 기록되었다.

3장

| 3:3 | 行 樂
행할행 · 즐거울락 | 잘 놀고 즐겁게 지냄. |

| 3:5 | 重 生
무거울(거듭할)중 · 날생 | 1. 영적으로 다시 새 사람이 됨. 거듭남.
2. 믿는 사람들에게 책임 있는 생활을 시작하게 해 준다. 즉 예수 그리스도를 주(主)로 시인함으로써 믿는 자들은 그에게 복종하게 됨. 그러므로 구원을 이룬다는 것은 구원을 '위해 행하는' 것이 아니라 구원이 효력을 발하도록 하는 것을 의미함. 의롭다 인정됨에는 성화(聖化)의 체험적인 면이 뒤따라야만 하고 또한 이것에 의해 그리스도 안에서 새로운 삶을 살게 되고 이 삶을 확실히 증거하게 되는 것임. |

빌레몬書

사도 바울이 주후 62년경 빌레몬(골로새인으로 골로새 교회의 감독으로 있다가 네로 황제의 박해 때 순교한 사람)에게 쓴 바울 서신 가운데 가장 짧은(헬라어로 335단어로 구성) 편지이다. 바울은 이 편지를 쓸 당시 죄수였다[빌1, 9, 10, 23절]. 도주한 노예 오네시모를 「종으로 대하지 말고 사랑받는 형제로 두라」고 권하며 따뜻한 심정을 표했다. 그 편지의 밑바탕에는 복음으로 말미암아 이루어진 변화된 관계를 통하여 주어진 주인과 노예라는 사회적 신분에 대한 근본적인 도전이 들어 있다.

1장

1:12	心 마음심	腹 배복	1. 가슴과 배. 2. 관계가 밀접하여 없으면 안 될 일이나 물건. 3. 성 헬라어 스플랑크나. 마음 깊은 곳에서부터 심히 아끼고 사랑하는 자.
1:14	承 이을승	諾 승낙할낙	1. 청하는 바를 들어줌. 2. 신임에 응하여 계약을 성립시키는 일.

히브리書

본 서의 저자는 하나님께 가까이 가는 길이 어떤 길이며, 또 우리가 어떻게 그 길을 갈 수 있는지를 소개하는 동시에 우리를 그 길로 초대하고 있다[3:1~6]. 주후 60년대 후반에 어떤 무명의 신도가 쓴 신앙을 권한 문장으로 박해에 시달리고 신앙생활에 지쳐, 의기 저상한 신도를 격려하고 있다. 이러한 저자의 사상은 [히10:19~25]에 나타나고 있다.

2장

| 2:3 | 等
 무리등 | 閑
 한가할한 | 무심히 보다. 마음에 두지 않고 예사로 여김. |

4장

4:12	銳 날카로울예	利 날카로울리	1. 칼날 등이 날카로워 잘 듦. 2. 두뇌나 판단력이 날카롭고 정확함.
4:12	關 관계할관	節 마디절	뼈와 뼈가 맞닿는 가동성(可動性)의 연결부.
4:15	體 몸체	恤 구제할휼	1. 윗자리에 있는 사람이 아랫사람의 곤란한 사정을 돌보고 구해주는 일. 2. 긍휼히 여김. 동정심을 가짐.

7:3	彷 비슷할(거닐)방	彿 비슷할불	1. 그럴듯하게 비슷함. 근사함. 2. 성 멜기세덱은 완전한 원형이신 예수를 닮은 부분이 있음을 가리킴.
7:7	蔽 가릴폐	一 한일	言 말씀언 한마디로 휩싸서 말함.

8:5	模 본뜰(법)모	型 모양형	1. 똑같은 모양을 만들기 위한 틀. 2. 성 구약시대의 모든 제사 제도가 예수의 중보 사역에 대한 예표란 의미.
8:7	無 없을무	欠 모자랄(하품)흠	1. 모자람이 없음. 2. 결격 사유나 흠이 없음.

9:4	金 쇠금	香 향기향	爐 화로로 1. 금으로 만든 향을 피우는 조그마한 화로. 2. 성 솔로몬 성전까지 전해졌으나 갈대아 사람들의 침략으로 상실되었음.
9:9	良 어질량(양)	心 마음심	上 위상 1. 양심에서 벗어나지 못한 상태. 2. 자기의 행위에 관하여 선악과 정사의 판단을 내리는 본연적이고 후천적인 자각.

| 9:10 | 改 革
고칠개 가죽혁 | 1. 새롭게 뜯어 고침.
2. 합법적 절차를 밟아서 정치상·사회상의 묵은 체제를 고치고 체계를 바꿈.
3. 성그리스도의 희생과 회복으로 성취된 완전한 변화. |

11장

11:2	先 進 먼저선 나아갈진	1. 문자적으로는 '노인'. 2. 성'장로'라는 칭호로 사용. 여기서는 '조상'들이란 뜻으로 그들은 믿음으로 임무를 수행하고 고난을 참았음을 나타낸다.
11:11	斷 産 끊을단 낳을산	1. 아이 낳는 것을 끊음. 2. 아이 낳던 여자가 아이를 못 낳게 됨.
11:22	臨 終 時 임할림(임) 마칠종 때시	1. 목숨이 끊일 때. 2. 부모의 임종을 지키고 있을 때.
11:31	偵 探 軍 정탐할정 찾을탐 군사군	몰래 형편을 알아 보는 군인.

12장

| 12:11 | 鍊 達
쇠불릴련 통달할달 | 익숙하고 단련이 되어서 횡하게 통함. |
| 12:18 | 黑 雲
검은흑 구름운 | 검은 구름. (불길한 조짐) |

12:27	變 변할변	動 움직일동	변하여 움직임.

13장

13:22	簡 대쪽간	單 홑단	간략하고 단출함.

야고보書

신약 성서 공동 서신의 하나. 예수의 동생인 야고보가 주후 62년경에 기록한 것으로 각처에 산재해 있는 유대인 중의 그리스도 교인에게 보내는 편지. 그리스도교의 도덕적 측면을 강조하고 시험 받는 일, 가난한 사람에 대한 긍휼, 이웃의 사랑, 말에서 생기는 재앙, 욕심, 기도 및 재림 등에 대한 것을 내용으로 하고 있다.

1장

1:12	試 시험할시	驗 시험할험	1. 문제를 내어 답을 구하거나, 실지로 시켜 보아서 그 성적을 판정함. 2. 사물의 성질 · 능력을 알아봄. 3. 성 12절은 '시험'보다 '시련' 즉 외부적 고난이고, 13절은 인간의 마음 속에서 일어나는 범죄하려는 충동.
1:17	回 돌회	轉 구를전	1. 빙빙 돌아서 구르는 일. 2. 어떤 물체가 다른 물체의 둘레를 일정한 궤도를 그리며 움직임.
1:18	造 지을조	物 만물물	1. 하늘과 땅의 모든 물건(만물)을 만듦. 2. 조물주.
1:27	世 인간세	俗 풍속속	1. 세상의 풍속. 2. 선행을 하지 못하게 하는 세 가지 원수(육신 · 세속 · 마귀) 중 하나.

2장

| 2:8 | 徑
글경 | | 글. 경서. |

3장

3:3	禦 막을어	拒 막을거	1. 말이나 소를 몰다. 2. 거느려서 바른 길로 나가게 하다. 3. 성 '마음대로 부릴 수 있게'의 의미.
3:4	運 움직일운	轉 구를전	기계나 수레 등을 움직여 굴림.
3:7	海 바다해	物 만물물	해산물(海産物)
3:15	世 인간세	上 위상	的 적실할적	세상에 속한. 세상에 젖은.
3:15	情 뜻정	慾 욕심욕	的 적실할적	정욕에 속한. 색정의 욕심에 찬.
3:15	魔 마귀마	鬼 귀신귀	的 적실할적	마귀에 속한.
3:17	良 어질량	順 순할순		1. 어질고 순함. 2. 성 신적 권위에 순복하는 자세와 조화로운 대인관계를 갖는 것.

4장

4:11	遵 좇을준	行 행할행	者 놈자	그대로 좇아서 행하는 사람. 규정을 지키어 행하는 사람.
4:12	立 설립	法 법법	者 놈자	법률을 제정하는 사람.

베드로前書

로마제국의 대대적인 박해를 염두에 둔 위로와 전면으로 베드로가 주후 64년 전후 '흩어진 나그네', '이산된 체류자'에게 보낸 공동 서신으로 일반 교회에 보내는 편지인데, 신자에게 격려를 보냄과 동시에, 박해에 대하여 신자가 취할 신앙과 희망을 토대로 하는 태도에 관하여 가르친 것이다.

1장

1:20	創	世	前	세계를 처음 만들기 전.
	비로소창	인간세	앞전	

2장

2:14	方	伯	당시의 지배자에 대한 호칭들로, '왕'이란 아시아에서 백성들에게 '최고의 권위'를 행사했던 군주의 칭호이고, 반면 방백은 범법자들을 처벌하고 선행한 자들을 표창하라는 황제의 뜻을 수행할 임무를 부여받은 지방 총독, 행정 장관, 식민지 총독들을 말함.
	모방	맏백	

2:19	曖	昧	희미하여 분명하지 못함.
	희미할애	어두울매	

5장

| 5:3 | 藉
빙자할자 | 勢
권세(기세)세 | 자기나 남의 세력을 빙자하여 의지함.
※ 그 사람 돈푼이나 생기니까 자세가 여간 아냐. |

베드로後書

베드로가 주후 66년경 소아시아의 그리스도인들에게 보낸 것으로, 재림의 지연으로 교회 내부에서 준동하는 거짓 교사의 거짓 교훈에 어떻게 대처할 것인가를 교훈하고, 택함을 받은 자의 합당한 생활을 지시하며, 천국에 들어감을 위해 노력하고, 거짓 선지자들의 심판과 멸망을 선포했으며, 예수의 재림을 주장하여 말세의 올바른 신앙을 가르친 기록이다.

1장

1:3	神 奇 귀신신 기이할기	1. 신묘하고 기이함. 2. 신적인. 신에게서 나온. 3. 그리스인에게 주어진 신령한 특권을 암시.
1:6	節 制 마디절 억제할제	성 절제를 인간 안에서 역사하시는 성령의 결과로 봄.
1:9	遠 視 멸원 볼시	1. 먼 곳을 바라봄. 2. 물체의 상이 망막의 뒤에 생기기 때문에 가까운 거리의 것이 잘 보이지 않는 시력. 3. 영적인 안목이 어두워진 것을 의미.

2장

2:12	理 性 이치이 성품성	1. 사물의 이치를 생각하는 능력. 2. 실천적 원리에 따라 의지와 행동을 규정하는 능력. 3. 전체적 · 원리적 · 통일적 사유의 능력.

| 2:14 | 淫
음란할음 | 心
마음심 | 음탕한 것을 좋아하는 마음. 음행을 하고자 하는 마음. |

| 2:14 | 詛
저주할저 | 呪
저주할주 | 1. 남이 못되기를 빌고 바람.
2. 성저주의 자식 → 베드로는 거짓 스승을 이렇게 불렀는데 거짓 스승의 자식이 저주 가운데 놓인다는 의미가 아니라 거짓 스승 자신이 저주받은 자라는 것임. |

요한一書

사도 요한 서한의 첫째 권. 주후 95년에 일어난 도미시안 황제의 대박해에 관한 언급이 없는 점으로 비추어 보아 90년경에 기록되었을 것이다. 이 첫째 편지는 특정 소수인들이 아니라 소아시아의 모든 교회에 보낸 회람 서신으로 참된 성도와 거짓 성도를 어떻게 구별할 수 있는지에 대해 특징들을 소개해주고 있다. 하나님과 예수님이 우리를 사랑하시듯이 같은 지체들을 사랑해야 하고, 상습적으로 죄를 짓지 않으며 말씀을 순종하는 거룩한 삶을 살고자 몸부림친다는 것이다[요일1:5~2:2, 2:28~3:10]. 기록 장소는 요한이 노년을 보낸 에베소이다. 빛과 어둠, 세상을 사랑하는 것과 하나님을 사랑하는 것, 하나님의 영과 적그리스도의 영, 사랑과 미움 등의 대조적 내용을 담고 있다.

2장

2:18

敵
대적할적

1. 전쟁의 상대. 대적되는 편.
2. 경쟁의 상대.
3. 원수. 적그리스도 → 헬라어 '안티크리스토스'. 일반적인 배교자를 가리키는데 특징은
   ① 진정한 교회의 권속이 아님[19절].
   ② 교회를 배반하고 나간 자[19절].
   ③ 예수가 그리스도임을 부인하는 자[22절].

요한二書

사도 요한 서한의 둘째 권. 연대와 장소는 첫 번째 편지가 쓰여진 전후. 에베소 근처에 살았던 택함을 입은 아들들의 어머니에게 이 편지를 썼음. 그리스도의 교훈 안에서 생활하라는 내용이다.

1장

| 1:12 | 面
낯 면 | 對
대할 대 | 서로 얼굴을 마주 대함. 면접. 면당. 대면. |

요한三書

본 서의 저자가 자신을 '장로'[1:1]라 부르고 있으며, 내용이나 문체, 그리고 중심사상이 요한이서와 매우 유사하다. 주후 90~95년경 그의 말년에 목회하였던 에베소에서 기록된 것으로 보는 것이 일반적 견해다. 악행을 저지르는 지도자 디오드레베를 비교함으로써 교회와 성도들이 복음의 사역자들을 잘 대접하고 환대해야 할 것을 교훈하고자 한 것이다.

이 서한은 '가이오'라는 개인에게 보낸 사신(私信)으로 순회 교사들과 관련된 교회의 문제에 초점을 맞추고 있다.

1장

1:6	餞 전송할전	送 보낼송			여행하는 동안 필요한 음식과 돈, 동행할 친구, 교통 수단 등을 제공하여 돕는 것.
1:10	猶 오히려유	爲 할위	不 아닐부	足 발(넉넉할)족	오히려 모자람.
1:15	名 이름명	下 아래하			이름. 명의(名義).

유다書

신약 공동 서신의 한 책. 예수의 형제인 야고보의 동생인 유다[막6:3]가 주후 70~80년 사이에 기록하고 순교하였을 것으로 추정된다. 그 내용은 교회 안에서 일어나고 있는 이단자 또는 악덕자에 대하여 강하게 경계를 가해서 바른 길로 인도하려는 내용이다.

1장

1:10	本 밑본	能 능할능		세상에 난 뒤에 경험과 교육에 의하지 않고 선천적으로 갖춘 동작이나 운동.
1:12	愛 사랑애	粲 밥(흰쌀)찬		옛날 기독교가 성찬식이 끝난 뒤 한자리에 모여 회식하던 잔치. 자선과 우애에서 시작되어 처음에는 성찬식과 결합했으나, 뒤에 분리됨. 애연(愛宴).
1:25	萬 일만만	古 옛고	前 앞전	영원전. 아주 오랜 옛적.

요한啓示錄

신약 성서의 말권. 사도 요한이 로마 황제 드미티안 통치 말년 주후 81~96년경 에게해의 밧모섬에서 저술한 계시문으로 그는 하나님의 말씀과 예수의 증거 때문에 밧모섬에 유형당해 있던 어느 주일날 성령의 감동을 받아 신비로운 경험을 하게 된다. 자기 앞에 나타나신 예수님을 본 바를 기록하여 교회들에게 보내라는 지시로 본서의 서문이라 할 수 있는 이 글의 성격을 계시[1절], 예언[3절], 서신[4절]으로 소개하고 있다. 이 책을 어떻게 이해해야 할 지에 대한 필자의 직접적 설명이라고 볼 수 있다.

소아시아 여러 신도들의 박해와 환난을 위로·격려하고, 예수의 재림, 천국의 도래, 로마 제국의 멸망 등을 상징적으로 저술했다. 요한 묵시록. 계시록이라고도 한다. 그의 어머니 살로메와 예수의 어머니 마리아와는 자매인 듯하다는 전설이 있어 예수와 요한은 이종4촌 간인 듯. 사도요한은 세례요한의 제자였다. 하루는 세례요한이 예수의 지나감을 보고 "보라, 하나님 어린 양이로다"하고 말함을 듣고 즉시 요한을 떠나 예수를 따르게 되어 제자가 되었대[요1:35~36]고 한다.

啓 열(이끌)계	1. 열다. 가르치다. 인도하다. 여쭙다. 2. 떠나다. 꿇다.
示 보일(귀신귀)시	1. 보이다. 2. 제단(祭壇).
錄 기록할록	1. 기록. 문서. 목록. 2. 취하다. 변변치 않다.

1장

1:15 朱 (붉을주) 錫 (주석석) 은백색 광택이 있는 금속. 원소의 하나.

6장

6:12 氀 (푸른말총) 毯 (담요담)
1. 말털로 짠 검은 자루. 털로 두껍게 짠 담요.
2. 상복용으로 짜 굵은 삼베[마11:21].

7장

7:17 生 (날생) 命 (목숨명) 水 (물수)
1. 생명을 유지하는 데 꼭 필요한 물.
2. 영원한 영적 생명에 필요한 물이란 뜻으로 하나님의 복음을 비유한 말.
3. 성 영생과 무한한 은혜를 상징.

8장

8:1 半 (반반) 時 (때시) 한 시간의 절반(30분).

9장

| 9:9 | 鐵
쇠철 | 胸
가슴흉 | 甲
갑옷갑 | 가슴을 가리는 쇠로 만든 갑옷. |

16장

16:17	空 빌공	氣 기운기		지구 표면을 둘러싸고 있는 빛도 맛도 없는 기체. 대기(大氣).
16:20	山 뫼산	岳 큰산(묏부리)악		높고 큰 산들.
16:21	雹 우박(누리)박	災 재앙재		우박으로 인하여 농작물에 끼치는 재앙.

18장

18:7	女 여자여	皇 임금황		여왕.
18:12	緋 비단비	緞 비단단		명주실로 짠 피륙의 총칭.
18:12	玉 구슬옥	石 돌석		옥돌. 가공하지 아니한 옥.
18:12	眞 참진	鍮 놋쇠유		놋쇠. 구리(copper).

| 18:12 | 象
코끼리상 | 牙
어금니아 | 器
그릇기 | 皿
그릇명 | 상아로 만든 그릇. |

| 18:17 | 船
배선 | 客
손객 | | | 배를 탄 손님. |

| 18:22 | 細
가늘세 | 工
장인공 | 業
업업 | 者
놈자 | 작은 물건을 만드는 수공업자. |

| 18:23 | 卜
점칠복 | 術
꾀술 | | | **성** 모든 쾌락의 도구를 가리키며 일부는 아편, L.S.D.
등의 환각제라고 해석하기도 함. |

19장

| 19:11 | 忠
충성충 | 信
믿을신 | 충성과 신의. |

21장

| 21:8 | 行
행할행 | 淫
음란할음 | 者
놈자 | 1. 간음을 행한 사람.
2. **성** 그리스도를 부인하는 자. 거짓 증거하
는 자. 하나님을 떠난 죄를 범한 자. |

| 21:9 | 天
하늘천 | 使
부릴사 | 中
가운데중 | 하나님의 명령을 받들고 세상에 내려오는
사자 중에. |

| 21:19 | 玉
구슬옥 | 髓
골수수 | 가늘고 긴 결정이 모여 공 모양이나 유방 또는 종유
모양을 한 흰빛·잿빛·검은빛 혹은 갈색의 보석. |

21:20	綠 푸를록	玉 구슬옥		옥의 한 가지.
21:20	淡 맑을담	黃 누를황	玉 구슬옥	옥의 한 가지.
21:20	翡 비취새비	翠 푸를취	玉 구슬옥	깊은 녹색의 옥.
21:20	紫 자줏빛자	晶 수정정		보석의 일종.

22장

| 22:2 | 生
날생 | 命
목숨명 | 樹
나무수 | 성 승리하는 성도에게 주는 상금[계2:7]. |

교회력 안내

대강절(待降節: Advent)

대강절은 교회가 그리스도의 오심을 즐겁게 기억하며, 그의 재림을 기대하는 4주의 기간이다. 11월 30일에 가장 가까운 주일로부터 시작하여 크리스마스 전 4주일간 지켜진다. 대림절(待臨節), 강림절(降臨節)이라고도 한다.

성탄절(聖誕節: Christmas)

성탄절은 예수 탄생의 축제인 동시에 성육신(成肉身)의 축하이다. 12월 25일부터 1월 5일까지 12일간의 기간인데 크리스마스 후 주일이 한 번 또는 두 번이 포함될 수 있다. 성탄절 최초 기록은 336년 로마에서 지낸 기록이 있다. 아우렐리아누스 황제가 274년 '무적의 태양신' 신전을 지으면서 제정한 것으로 보고 있다.

부활절(復活節: Eastertide)

부활절은 교회의 최고(最古)의 축일이다. 춘분(3.20~21) 후 처음 보름달 다음 주일이다. 의식색은 백색이며, 수난 주간에 금지되었던 할렐루야를 소리 높여 부른다.

그리스도의 부활의 축제로서 부활주일을 시작하여 일곱 주일을 포함한 50일간의 기간이다. 죽음을 이기신 예수의 영원한 약속을 되새기는 절기이다.

부활절 40일 후인 그리스도의 승천주일은 예수 그리스도가 모든 때와 장소를 통하여 주(主)라는 사실을 증언하기 위해서 축하한다.

사순절(四旬節: Lent)

성회(Ash Wednesday, 聖灰) 수요일부터 사순절이 시작되어 수난주간(聖週)의 끝을 맺는 40일의 평일과 6번의 주일이 포함되는 기간이다. 즉 종려주일로부터 거꾸로 40일 되는 수요일부터 사순절이 시작된다. 이 기간 동안 교회는 속죄하기 위한 그리스도의 죽음을 선포하고 기억하며 거기에 응답한다.

40일간 금식과 특별기도로 경건의 훈련기간을 삼는다.

성경에서 '40'이란 숫자와 관련된 사건이 많이 등장하는데

① 노아 홍수 때 밤낮 40일간 비가 내렸고[창7:4]
② 40일 동안 땅을 탐지하기를 마치고[민13:25]
③ 출애굽한 이스라엘 백성이 40년 동안 광야생활[민14:33]
④ 이스라엘과 언약을 세우고 40일 40야를 보냄[출35:28]
⑤ 예수께서 광야에서 40일간 마귀의 시험을 받으시기도[마4:1]
하셨다. 즉 '40'이란 고난과 시련과 인내를 상징하는 숫자임을 알 수 있다.

수난주간(受難週間: Holy Week)

부활절 전 한 주간으로 이 기간 동안 교회는 예수 그리스도의 고난과 죽음을 감사하는 마음으로 기념한다.

이 주는 사순절의 최후 1주간이다. 주께서 예루살렘 입성으로부터 시작하여 체포, 심판, 십자가, 장사까지의 사건을 기념한다. 이 주간에는 여러 예배가 계속되고, 특히 목요일 저녁에는 성찬식을 거행하기도 한다. 금요일에는 주님께서 십자가에서 받은 고난을 생각한다. 수난주간의 의식색은 자주색이고 수난일은 흑색을 사용한다.

오순절(五旬節: Pentecost)

교회에 성령을 선물로 주심을 축하하는 축제이며, 하나님의 백성이 하나님의 성령의 보호 아래서 어떻게 사는가를 반성해 보기 위한 기간이다.

이 기간은 부활절 후 50일 되는 날, 즉 일곱째 주일로부터 대강절(강림절)의 시작까지 연장된다.

오순절 날에 성령이 강림해 교회를 일구어 가신 일[행 2장]을 기념한다.

추수감사절(秋收感謝節: Thanksgiving Day)

신앙의 자유를 찾아 미국으로 건너간 청교도들이 온갖 역경과 고생을 겪고 1623년에 비로소 훌륭한 수확을 거두게 되었다. 이것을 기념한 것이 감사절의 유래이고, 일명 추수감사절이라고도 부른다. 그해 11월에 당시의 행정관이었던 브래드포드(Bradford)가 감사절을 지키도록 언명한 바가 있었고 정식으로 국경일로 제정된 것은 1789년 워싱턴이 11월 26일 감사절로 정한 이후, 루즈벨트 대통령은 1939년에 새로운 판례로서 11월 셋째 목요일을 감사절로 정하였으나 미국의 여러 주의 지사들은 이에 따르지 않았다. 오늘날 세계 각국에서 그해의 추수를 하나님께 감사하는 뜻으로 지키게 되었고, 교회에서는 특별한 순서로 감사예배를 드린다.

현현절(顯現節: Epiphany)

현현절은 인류에게 하나님의 선물을 제시하신 것을 나타내는 기간이다. 현현일(1월 6일)로 시작하여 성회 수요일(Ash Wednesday: 사순절 시작의 날)까지 계속하는데 주일이 4~5번 포함될 수 있다. '나타내다, 밝혀지다'는 뜻으로 예수가 이 세상에 나타나신 것을 기념하는 날, 일명 주현절(主顯節)이라고도 한다.

성탄절·부활절과 함께 3대 절기 중 하나이나 한국교회에서는 거의 알려져 있지 않고, 지켜지지 않고 있다.

여호와의 절기

고대 이스라엘에서는 하나님의 명령에 따른 일곱 개의 종교적 축제가 있었다. ① 유월절(逾越節), ② 무교절(無酵節), ③ 곡물의 첫 이삭을 드리는 날인 초실절(初實節), ④ 오순절(五旬節), ⑤ 나팔절(喇叭節), ⑥ 속죄일(贖罪日), ⑦ 초막절(草幕節), ⑧ 부림절(purim節), ⑨ 수전절(修殿節). 이스라엘의 모든 축제는 하나님 자신의 명령에 의해 설정된 독특성을 지니고 있다. 그것들은 이스라엘 모두의 안식과 경배와 찬양과 감사와 관련된 실제적인 것들이며 또한 하나님의 구속 역사의 그림자와 같은 예언적 성격을 띠고 있음을 알게 된다[골2:17].

① **유월절**[출12:11, 무교절, 해방절]

② **무교절**[출12:17, 13:3, 레23:6]

③ **초실절**(곡물의 첫 이삭을 드리는 날)[레23:10~14]
히브리어 '비쿠림'. 이 초실절은 유월절이 지난 후 첫 안식일 다음 날인데, 이것은 첫 열매에 대한 헌납과 봉헌을 기념하는 것이다. 초실절에는 여호와께 한 단의 곡식[문자적으로는 '오멜' : 참조 출16:16]을 드려야 했다. 또 이후에 번제, 소제, 전제가 차례로 드려졌다. 약 1ℓ의 순수한 포도주를 전제(부어 드리는 제사)로 기쁨을 상징하기 위하여 소제물 위에 부어졌다. 이 초실절은 모든 추수의 봉헌을 상징하는 것으로 앞으로 거두게 될 모든 추수에 대한 서약과 축복의 뜻을 갖는다. ① 첫 열매는 예수 그리스도의 육체적 부활의 모형이다[고전15:20~30]. ② 첫 열매는 모든 신자들의 육체적 부활에 대한 예증이다[고전15:20~30, 살전4:13~18]. ③ 첫 열매는 교회의 봉헌을 상징한다.

④ **오순절**(灵的)[행2:1, 맥추절, 칠칠절(肉的)]

⑤ **나팔절**[레23:24]
히브리어 '하샤나'. 일곱 번째 달(종교력에 의하여)에는 세 절기가 있었다. 즉, 나팔절, 속죄일, 초막절 등이다. 유대인들은 두 가지 종류의 월력을 동시에 사용했다. 먼저 종교력은 니산월(3~4월)을 1월로 정해서 여러 종교 행사에 적용되었고, 민간력으

로는 에다님월(9~10월; 종교력의 제 7월, 즉 이 세 절기가 있는 달)을 1월로 잡아 행정, 출산 계약 체결 등에 이용했다. 이 나팔절의 특징인 나팔을 부는 것은 기쁨을 선포하는 것이다. 나팔을 불어 기념할 일은 당시로 볼 때 과거나 현재의 일뿐 아니라 그리스도를 내다보며 기쁨을 선포한다는 뜻이 함축되어 있다. 신약에서 두 번째 나팔은 예수 그리스도의 재림과 관계되어 있다[마24:31, 고전15:52, 살전4:16]. 나팔절에 관해서는[레23:23~25, 민10:10, 29:1~6]에 언급되어 있다.

이 날은 소파르(양의 뿔로 만든 나팔)을 100번 불게 되는데, 마지막 나팔은 길게 분다. 나팔절은 신약에서 휴거와 관련이 있다고 믿고 있다.

⑥ **속죄일**[레23:28]

⑦ **초막절**[레23:34, 수장절, 장막절, 추수절]

⑧ **부림절**[에9:26]

히브리어 '푸르'에서 유래한 이름으로 '제비(籤: 제비첨)'를 뜻한다. 율법에 정해져 있지 않은 유래 축제의 하나로, 유대 민족에 대해서 적대감을 갖고 있던 하만이 유대인을 몰살시키려고 정해 놓은 날에 하나님의 위대한 섭리로 오히려 하만과 그 가족이 처형된 것을 기념하기 위해 아달월(태양력 2~3월)의 14, 15일에 지켰다. 유대인이 구원된 날인 13일에는 금식을 하고, 저녁 별빛이 보이기 시작하는 때부터 회당에 모여 에스더서 전체를 낭독했다. 그리고 예배를 드린 후 종일토록 유쾌하게 즐기며 가난한 자에게 음식과 선물을 보냈다.

⑨ **수전절(修殿節)**[요10:22~23]

히브리어 '하누카(봉헌, 헌당)'에서 유래한 이름으로 '봉헌 의식'을 지칭하는 일반 용어[민7:10「예물봉헌식」, 대하7:9「솔로몬의 제단봉헌식」, 느12:27「예루살렘 성곽 낙성식」, 시30:1「성전 낙성식」]. 헬라인들이 성전을 더럽혔으므로 유다 마카베오는 특별히 제단을 새로 쌓아 기원전 165년 성전을 재봉헌했는데, 이것이 오늘날 하누카(Hanukkah)로 알려진 연례적인 봉헌축제일을 만드는 계기가 되었다.

축제는 8일간 계속되는데, 하루마다 1개씩 더 밝혀가서 촛불 8개를 밝히게 되는 의식으로 히스기야왕이 성전을 성결하게 한 사실과도 연관되기도 한다[대하29:17]. 기슬레우월(12월) 25일부터 시작되는데 특히 성전이 파괴되었던 이후로 촛불절(Lights)로 알려져 있다.

발문(跋文)

　남의 경사에 축하(祝賀)하는 말을 축사(祝辭)라고 합니다. 성경에도 "예수님이 떡을 떼어 축사하시고 나눠주셨다[마태복음 14:19]"라는 말씀이 나옵니다.

　그런데 성경에 나오는 축사(祝謝)는 축하한다는 뜻이 아니라, 감사기도, 축복기도라는 뜻입니다. 이런 말은 국어사전에도 없고, 성경에만 나오는 단어입니다.

　그러므로 성경의 용어를 배우지 않으면 성경을 제대로 이해하기 어렵습니다.

　투기(妬忌)라는 말도 그렇습니다. 보통 일상에서 쓰이는 투기(投機)는 땅 투기, 부동산 투기 등으로 쓰이는 말입니다. 그러나 성경의 투기는 시기(猜忌)와 같은 뜻의 단어입니다. 그러므로 성경의 투기(妬忌)하지 말라는 말을 부동산 투기하지 말라는 말로 이해하면 전혀 엉뚱한 뜻으로 오해하게 되는 것입니다.

　세상의 기업(企業)은 영리를 목적으로 운영되는 회사 등을 말합니다. 그러나 성경의 기업(基業)이라는 말은 그런 장삿속으로 운영되는 회사를 말하는 것이 아니라 하나님이나 조상으로부터 물려받는 유산(遺産)이나 유업(遺業)을 뜻하는 것입니다. 그중에 제일 오해하기 쉬운 말은 구속이라는 단어입니다. 세상의 구속(拘束)은 체포하여 신체를 속박하는 것입니다. 그러나 성경의 구속(救贖)이라는 말은 예수님의 피로 값 주고 사서(贖) 구원(救援)한다는 뜻입니다. 만약 성경의 구속을 세상의 구속으로 착각한다면 아주 엉뚱한 결론에 이를 수밖에 없는 것입니다.

　그런 뜻에서 성경의 용어를 배우지 않고는 성경을 바르게 이해할 수가 없다는 것은 확실한 것입니다.

　이런 애로를 해결하기 위하여 우리 교회 명예장로님께서 20여 년 전에 출판하셔서 강의하시던 『성경한자해설(聖經漢字解說)』이라는 책을 더 쉽고 편리하게 이해할 수 있도록 전면개정(全面改正)하여 새롭게 편찬(編纂)한 것은 참으로 다행하고 복 받은 일이 아닐 수가 없는 것입니다.

　박광호(朴光鎬) 장로님은 고려대학교 대학원을 졸업하시고 한림대학교 교수로 재직하시면서 서울신학대학교 등 여러 대학교에 국문학 교수로 출강하셨고, 수십 년 전부터 시인으로 문단에 등단하시어 여러 권의 시집을 출판하신 바 있으며, 은퇴 이후에도 현재까지 많은 곳에서 '시문학'을 강의하시는 유능한 교수이십니다.

이런 분의 열정에 의하여 우리 후학들은 성경의 한자를 쉽고도 재미있게 배울 수 있게 되었으니 얼마나 감사한 일인지 모르겠습니다. 성경의 용어들을 익히 알게 되면 남이 모르는 더 깊은 은혜의 바다에 나아가 더 심오하고 오묘한 은혜와 복을 받는 맛을 보게 될 것이 분명합니다.

그런 분들이 많아지기를 바라는 마음으로 발문(跋文)을 적었습니다.

2019년 12월

신덕교회 원로목사 신학박사 홍순영(洪淳永)

찾아보기

[가]

可 가	창31:30	333
加減 가감	신4:2	191
歌客 가객	시68:25	371
價格 가격	마27:9	
可決 가결	행15:22	541
嘉納 가납	말1:8	491
可能 가능	막14:36	
假量 가량	출12:37	99
可憐 가련	시10:2	359
假令 가령	민24:13	177
街路上 가로상	사10:6	415
家母 가모	사24:2	420
可否 가부	창24:50	
歌詞 가사	대하35:25	318
家産 가산	스7:26	323
嘉尚 가상	시104:34	380
可惜 가석	사13:18	416
家屬 가속	창45:11	79
家臣 가신	창14:15	

家屋 가옥	레14:55	
加入 가입	레14:1	
家長 가장	암4:1	473
假裝 가장	고후11:13	567
家藏什物 가장집물	창31:37	60
家庭 가정	창39:4	
家族 가족	창46:8	
家族中 가족중	삿13:2	
家中 가중	창39:8	71
可憎 가증	창46:34	80
苛責 가책	요8:9	529
家畜 가축	창13:7	34
價值 가치	레5:15	140
可便 가편	행26:10	549

[각]

各 각	창32:16	
脚 각	대상15:28	124
角 각	출29:17	302
各各 각각	창32:16	
各教會 각교회	행14:23	

各國 각국	창41:54	
恪勤 각근	사38:15	426
各其 각기	창1:11	
刻刀 각도	출32:4	129
各道 각도	에9:28	
各洞 각동	눅10:1	
各方 각방	렘49:32	
各色 각색	마4:24	497
各城 각성	창41:48	
各樣 각양	창4:22	21
覺悟 각오	행21:13	545
各邑 각읍	에9:28	
各人 각인	창41:12	
各種 각종	창2:16	15
各族屬 각족속	엡3:14	573
各地 각지	시106:17	
各處 각처	레23:3	
各村 각촌	눅9:6	
各幅 각폭	출26:8	118

閣下 각하	눅1:3	515	艱辛 간신	사5:10	412	監督 감독	출1:11	88
			奸惡 간악	시41:6	366	監督者 감독자	왕하22:5	295
[간]			姦惡 간악	합1:6	481	感動 감동	창41:38	74
間 간	창6:14	25	看役者 간역자	출3:7	89	橄欖 감람	창8:11	28
肝 간	출29:13	123	幹役者 간역자	대하24:12	314	橄欖木 감람목	왕상6:23	277
諫 간	전4:13	401	姦淫 간음	출20:14	107	橄欖山 감람산	삼하15:30	266
看檢 간검	출27:21	120	姦淫者 간음자	사57:3	430	橄欖園 감람원	출23:11	113
間隔 간격	출28:33	122	懇切 간절	신18:6	200	橄欖油 감람유	눅7:46	518
奸計 간계	시83:3	376	看直 간직	출12:6	97	感謝 감사	레7:12	141
艱苦 간고	사53:3	429	癇疾 간질	마4:24	497	感謝無地 감사무지	행24:3	546
懇曲 간곡	창50:21	85	懇請 간청	창19:3	45	感謝祭 감사제	왕상8:64	279
艱困 간곤	잠31:5	399	桿稱 간칭	잠16:11	393	感謝祭物 감사제물	대하29:31	
看過 간과	롬3:25	554	看品 간품	잠31:16	399	減削 감삭	민36:3	187
奸巧 간교	창3:1	16				減少 감소	레26:22	157
奸狡 간교	잠7:10	389	**[갈]**			監視 감시	욥33:11	350
懇求 간구	창25:21	54	渴 갈	출17:3	104	監役官 감역관	삼하20:24	270
懇勸 간권	왕하4:8	288	渴急 갈급	시42:1	366	監獄 감옥	느12:39	
間斷 간단	습3:5	484	渴望 갈망	시42:2		感情 감정	창32:20	61
簡單 간단	히13:22	595	渴症 갈증	사29:8	422	憾情 감정	잠26:24	397
肝膽 간담	수2:9	217				鑑察 감찰	창16:13	41
姦夫 간부	레20:10	150	**[감]**			感化 감화	느2:12	326
奸詐 간사	욥15:5	342	減 감	창8:1	27			
奸邪 간사	사32:6	424	敢 감	창18:27		**[갑]**		
干涉 간섭	창39:6	70	感覺 감각	왕하5:26	289	甲 갑	출28:32	
看守 간수	출16:23	103	鑑戒 감계	신28:46	210	甲冑 갑주	삼상17:54	251
			堪當 감당	창32:10	61			

甲板 갑판	겔27:6	457	強壯 강장	왕하24:16	297	客商 객상	왕상10:15	280	
			強制 강제	행5:26	536	客室 객실	삼상9:22		
[강]			強請 강청	왕하2:17	288	客店 객점	창42:27	76	
江 강	창2:10		強奪 강탈	시89:22	377				
強 강	창25:23		剛愎 강팍	출4:21	91	**[거]**			
強姦 강간	창34:2	63	強暴 강포	창6:11	24	居 거	창4:16	20	
強健 강건	수14:11	223	強暴者 강포자	욥15:20	342	居留人 거류인	출12:45	99	
康健 강건	시90:10					居留者 거류자	시39:12	365	
強硬 강경	신3:28	191	**[개]**			倨慢 거만	시73:8	373	
強國 강국	사60:22		個 개	창22:22		倨慢者 거만자	사2:12	410	
強勸 강권	창33:11	62	箇 개	출23:17	152	居民 거민	창15:14	102	
講壇 강단	느8:4	328	凱歌 개가	삼하1:20	258	居民中 거민중	삿20:15	237	
強大 강대	창18:18		開墾 개간	사28:24	422	居半 거반	눅10:30	519	
強盜 강도	레6:2		開國 개국	출9:18	94	巨富 거부	창26:13	55	
強力 강력	고후10:4		開東時 개동시	창44:3	78	居喪 거상	호9:4	468	
強烈 강렬	출10:19	95	改良 개량	행24:3	546	巨額 거액	고후8:20	566	
綱領 강령	시119:160	383	開諭 개유	호2:14	467	据逆 거역	민14:9	171	
講論 강론	신6:7	193	介意 개의	삼상25:24	255	拒絕 거절	창39:8	71	
降臨 강림	창11:5	32	個人 개인	행3:12		居接 거접	겔29:11	458	
強迫 강박	삿14:17	234	開廷 개정	욥11:10	340	擧祭 거제	레7:14	141	
襁褓 강보	욥38:9	352	疥瘡 개창	신28:27	210	擧祭物 거제물	출29:28	125	
江邊 강변	민22:5	175	開拓 개척	수17:15	224	居住 거주	창34:21	64	
強盛 강성	창26:16	55	改革 개혁	허9:10	594	居住地 거주지	겔34:13		
江水 강수	시36:8					居處 거처	창36:43		
強弱 강약	민13:18	170	**[객]**			去就 거취	창31:20	60	
			客 객	창15:13					

621

[건]			激怒 격노	신9:7	195	結實期 결실기	행14:17	541
健康 건강	시73:4		激動 격동	신32:27	214	決心 결심	수17:12	
愆過 건과	대하33:19	317	激勵 격려	욜3:9	471	決案 결안	마20:18	503
建物 건물	겔41:12		激發 격발	신4:25	192	決議 결의	대하30:23	316
建設 건설	시24:2		激忿 격분	삼하17:8	267	決議 결의	요9:22	530
健壯 건장	창49:14		格言 격언	욥13:12	341	缺點 결점	레22:25	
健全 건전	마15:31		激鬪 격투	욥38:23		決定 결정	삼상25:17	255
乾燥 건조	신8:15	195	擊破 격파	수11:8	222	結託 결탁	창44:30	79
建築 건축	창10:12	31	**[견]**			缺乏 겹핍	창45:11	79
建築者 건축자	왕상5:18		堅剛 견강	창49:24	84	結合 결합	대하20:36	313
乾葡萄 건포도	민6:3	164	堅強 견강	겔19:11		結婚 결혼	사62:4	432
乾葡萄餠 건포도병	대상16:3	302	堅固 견고	창11:3	31	**[겸]**		
[걸]			肩帶 견대	출28:7	121	兼 겸	스7:11	323
乞食 걸식	시37:25	364	譴責 견책	신28:20	210	謙卑 겸비	출10:3	95
乞人 걸인	요9:8		**[결]**			謙遜 겸손	욥22:29	345
[검]			決 결	창3:4		兼全 겸전	출18:21	105
劍 검	마10:34		結果 결과	시104:13		**[경]**		
檢閱 검열	사13:4		結局 결국	시37:37		輕 경	삼상6:5	245
[겁]			決斷 결단	창44:7	78	徑 경	약2:8	597
怯 겁	창32:11		決裂 결렬	시106:23	381	頃刻間 경각간	욥21:13	344
劫姦 겁간	창39:14	71	潔禮 결례	레14:23	146	脛甲 경갑	삼상17:6	250
怯弱 겁약	렘51:46	447	結末 결말	약5:11		敬虔 경건	신33:8	215
劫奪 겁탈	삿9:25	233	結縛 결박	창22:9	50	警怯 경겁	욥41:25	354
[격]			結實 결실	신29:23	211	驚怯 경겁	시31:22	362
隔 격	창35:16	65						

警戒 경계	창43:3	76	警心症 경심증	신28:28	210	啓明星 계명성	사14:12	416
境界 경계	민21:13	174	經夜 경야	창19:2	45	繼母 계모	레18:8	
境界標 경계표	신19:14	201	經營 경영	창11:6	32	系譜 계보	창5:1	21
警告 경고	출21:29	110	敬畏 경외	창22:12	50	計算 계산	출12:4	
競技 경기	딤후2:5	588	境遇 경우	잠25:11	397	繼續 계속	수6:13	218
境內 경내	출10:4	95	經緯 경위	신19:4	201	計數 계수	출30:12	
敬待 경대	딤전5:3	586	耕作 경작	창2:5	14	桂樹 계수	아4:14	407
經度 경도	레12:2	144	競爭 경쟁	창30:8	59	計數中 계수중	출30:13	126
驚動 경동	사14:16	416	慶節 경절	에8:17	335	繼承 계승	시45:16	
痙攣 경련	막1:26	509	更點 경점	시90:4	378	啓示 계시	렘14:14	438
經綸 경륜	엡1:9	572	競走 경주	렘12:5	437	啓示錄 계시록	묵1	
輕慢 경만	사28:14	421	競走者 경주자	전9:11		契約 계약	창26:28	
輕蔑 경멸	삼상2:30	243	輕重 경중	신25:2	207	計議 계의	호10:6	468
經文 경문	마23:5	505	警責 경책	대하24:27	314	季子 계자	수6:26	219
輕薄 경박	삿9:4	232	輕捷 경첩	사18:2	417	計策 계책	렘18:11	439
敬拜 경배	창22:5	50	經驗 경험	히5:13		系統 계통	민1:18	161
警報 경보	렘4:19	435	輕忽 경홀	창25:34	55	桂皮 계피	출30:24	127
經費 경비	스6:4	322	警惶 경황	렘8:9		界限 계한	욥38:10	353
警備 경비	겔33:4	458				計劃 계획	창6:5	23
傾斜 경사	행27:39	551	**[계]**			**[고]**		
傾斜地 경사지	수10:40	222	計巧 계교	삼상23:9	254	告 고	창3:11	16
警醒 경성	시127:1	383	計較 계교	왕상1:12	274	高 고	창6:15	
輕率 경솔	민30:6	182	繼代 계대	민32:14	184	故 고	창11:8	32
經水 경수	창18:11	43	計略 계략	렘18:23	439	雇價 고가	렘22:13	440
			誡命 계명	창26:5	55			

庫間 고간	신32:34	215	考案 고안	행17:29	543	哭泣 곡읍	에4:3	333
故國 고국	룻2:11		苦役 고역	출1:14	88	曲調 곡조	사23:16	
苦難 고난	창31:42		雇傭 고용	레25:50	156	穀草 곡초	출5:13	92
古代 고대	창6:4		雇用 고용	삼하10:6	263	曲解 곡해	시56:5	369
苦待 고대	행27:29	550	雇傭軍 고용군	렘46:21	445			
孤獨 고독	시68:6	371	袴衣 고의	출28:42	122	**[곤]**		
高利貸金 고리대금	시109:11	382	鼓子 고자	사56:3	430	困 곤	삼하17:2	267
高明 고명	사32:8	424	孤寂 고적	애가1:13	448	困境 곤경	삼하24:14	272
姑母 고모	레18:12		庫直 고직	스1:8	320	困苦 곤고	민11:15	168
苦悶 고민	마26:8	506	固執 고집	느9:29	329	困窮 곤궁	신24:14	207
苦憫 고민	눅16:24	522	蠱脹病 고창병	눅14:2	521	困難 곤난	신15:11	198
告發 고발	삼상22:8		苦楚 고초	애가3:19	449	困憊 곤비	창19:11	46
告白 고백	행24:14	547	故土 고토	욥30:8	349	困厄 곤액	욥20:22	344
故犯罪 고범죄	시19:13	361	苦痛 고통	창3:16	17	困辱 곤욕	사53:8	429
雇聘 고빙	삿18:4	236	苦痛中 고통중	눅16:23	522	昆忠 곤충	레5:2	
姑捨 고사	창27:12	56	高喊 고함	삼상17:20	250	昆蟲 곤충	레20:25	
固辭 고사	왕하5:16	289	苦海 고해	습10:11	489	困乏 곤핍	시6:6	358
高山 고산	사30:25		故鄕 고향	창24:4				
故殺 고살	민35:16	186				**[골]**		
故殺者 고살자	민35:16	186	**[곡]**			汨沒 골몰	대상9:33	300
高尙 고상	빌3:8	576	哭 곡	창27:41	56	骨髓 골수	욥21:24	344
苦生 고생	대하18:26	312	穀間 곡간	마3:12	496	骨肉 골육	창13:8	35
告訴事件 고소사건	행25:16	321	穀物 곡물	창41:35		骨肉之親 골육지친	레18:6	
孤兒 고아	출22:22	111	哭聲 곡성	출11:16	96	骨節 골절	욥4:14	337
			穀食 곡식	창27:28	56	**[공]**		
						空 공	창29:15	

貢 공	신20:11	202
公 공	삼하8:15	262
功 공	사28:21	
空間 공간	욥26:7	346
恐喝 공갈	엡6:9	574
攻擊 공격	삼하13:12	
恭敬 공경	출20:12	107
工巧 공교	출26:1	118
恐懼 공구	신28:20	209
供饋 공궤	창45:23	79
供給 공급	욥6:22	338
空氣 공기	계16:17	609
功德 공덕	신32:4	
公道 공도	창18:19	44
功力 공력	창30:30	59
共謀 공모	삼상22:8	254
公文 공문	행9:2	538
貢物 공물	삿3:15	228
攻駁 공박	민20:2	174
公法 공법	암5:7	473
公服 공복	왕상10:5	280
工夫 공부	전12:12	
空想 공상	전6:9	402
攻城鎚 공성퇴	겔4:2	452

貢稅 공세	시72:10	373
空手 공수	창31:42	
恭順 공순	전10:4	403
供養 공양	마25:44	506
工役 공역	왕상7:22	277
空然 공연	사49:4	
公義 공의	창18:25	45
工作 공작	왕상7:8	
孔雀 공작	왕상10:22	
工匠 공장	왕하22:5	295
公正 공정	신1:16	189
公主 공주	삼하13:18	
空中 공중	창1:26	
公衆 공중	행16:37	542
公直 공직	잠12:5	135
供職 공직	출39:26	391
公判 공판	시35:23	364
公平 공평	출23:6	
公布 공포	출32:5	129
恐怖 공포	사54:14	430
空虛 공허	창1:2	11
公會 공회	왕상12:20	282
公會員 공회원	막15:43	513
功効 공효	사32:17	424

[과]

過 과	창33:17	62
過去 과거	신4:42	193
過激 과격	잠15:1	393
過多 과다	신25:3	207
過度 과도	잠11:24	391
過冬 과동	사18:6	417
果木 과목	창1:11	12
寡婦 과부	창38:14	69
寡婦親戚 과부친척	딤전5:16	586
果樹 과수	아4:13	
過食 과식	잠25:16	
過失 과실	창37:2	67
果實 과실	레19:24	
果園 과원	전2:5	400
果園直 과원직	눅13:7	520
菓子 과자	출16:6	
誇張 과장	사16:6	417
過夏 과하	사18:6	417

[곽]

廓 곽	사26:1	421

[관]

關 관	창48:7	81
冠 관	출28:4	121

管 관	욥40:18	354
棺 관	눅7:14	
關係 관계	왕상12:16	281
關念 관념	출7:23	93
冠隸 관례	마5:25	498
官吏 관리	창41:34	
管理 관리	민1:50	
官吏長 관리장	왕상4:5	
觀望 관망	창42:1	75
關稅 관세	마17:25	502
官屬 관속	눅12:58	520
關心 관심	사5:12	412
管樂 관악	시5	357
貫盈 관영	창6:5	23
寬容 관용	렘13:14	437
官員 관원	삿5:7	229
官員長 관원장	창40:2	72
灌油 관유	출25:6	115
官爵 관작	에6:3	334
官長 관장	왕상4:7	275
關節 관절	히4:12	592
官庭 관정	마27:27	507
灌祭 관제	빌2:17	576
官職 관직	사22:19	

管轄 관할	민25:5	178
管轄下 관할하	민33:1	184
[괄]		
恝視 괄시	왕상2:16	274
[광]		
廣 광	창6:15	25
鑛 광	욥28:1	347
光景 광경	출3:3	
廣告 광고	렘50:2	
廣大 광대	출3:8	16
廣漠 광막	사22:18	419
光明 광명	창1:14	12
鑛石 광석	욥28:3	
光線 광선	삼하23:4	
曠野 광야	창14:6	36
光陰 광음	습2:2	483
廣場 광장	왕상22:10	
光彩 광채	출34:29	133
狂悖 광패	전10:13	403
廣布 광포	대상10:9	300
狂風 광풍	욥8:2	339
廣闊 광활	대상4:40	299
[괘]		
掛念 괘념	삼하13:33	264

[괴]		
魁首 괴수	왕상11:24	281
怪惡 괴악	삼하13:13	264
怪異 괴이	잠23:33	396
壞血病 괴혈병	레21:20	151
[굉]		
轟轟 굉굉	나3:2	479
[교]		
教 교	행2:10	535
較計 교계	창23:15	51
教導 교도	왕상12:6	281
驕慢 교만	출18:11	104
驕慢者 교만자	사2:12	410
巧妙 교묘	전4:4	401
教法師 교법사	눅5:17	516
教師 교사	사43:27	
教養 교양	엡6:4	574
教育 교육	왕하10:1	290
教人 교인	마23:15	
轎子 교자	사66:20	433
交戰 교전	창14:9	36
交接 교접	레18:23	148
交際 교제	대하20:35	313
教中 교중	고전5:12	560

交窓 교창	왕상6:4	276
交通 교통	잠3:32	
交合 교합	레18:22	148
交換 교환	룻4:7	241
狡猾 교활	시105:25	380
敎會 교회	마16:18	502
敎訓 교훈	신4:14	192

[구]

求 구	창23:8	
求乞 구걸	시109:10	382
求景 구경	겔28:17	
劬勞 구로	욥39:16	353
拘留 구류	사43:6	427
驅迫 구박	잠19:26	395
九百乘 구백승	삿4:3	229
口辯 구변	삼상16:18	250
區別 구별	출8:22	94
區分 구분	창30:40	
具備 구비	삼하23:5	
口舌 구설	시31:20	
救贖 구속	출6:6	92
拘束 구속	고전7:15	561
救贖者 구속자	욥19:25	343
舊習 구습	엡4:22	573

舊約 구약	고후3:14	566
區域 구역	창36:30	
救援 구원	창19:19	46
救援者 구원자	삿3:9	228
九月 구월	대상27:12	
口音 구음	창11:1	31
口才 구재	눅21:15	523
口傳 구전	렘36:4	443
句節 구절	행8:32	
救濟 구제	신15:10	198
救助 구조	수10:6	221
構造 구조	왕하16:10	293
救主 구주	눅1:47	
苟且 구차	막12:44	
驅逐 구축	욥38:13	353
毆打 구타	신17:8	199
苟合 구합	신27:20	209
媾合 구합	겔22:10	456

[국]

國 국	출11:3	
國家 국가	사34:12	
國境 국경	민33:37	185
國庫 국고	대하8:15	310
國庫城 국고성	출1:11	88

國權 국권	단2:44	
國內 국내	사39:2	
國母 국모	렘29:2	441
鞫問 국문	왕상8:32	278
國民 국민	창25:23	
國事 국사	단6:4	
國稅 국세	롬13:7	556
國王 국왕	시135:11	
國中 국중	창41:34	74
國土 국토	민32:33	

[군]

軍 군	창10:9	
君 군	단10:13	
軍官 군관	눅22:4	523
窘急 군급	삼상28:15	257
軍器 군기	대상12:33	301
軍器庫 군기고	왕하20:13	294
軍隊 군대	창32:2	61
軍隊長官 군대장관	창21:22	
軍刀 군도	잠30:14	398
軍糧 군량	왕상20:27	
軍馬 군마	삿5:22	
軍物 군물	왕하7:15	
窘迫 군박	창49:23	84

軍兵 군병	마27:27		宮內大臣 궁내대신	왕상4:6		權柄 권병	단4:3	463
軍服 군복	삼상17:38		宮女 궁녀	에2:3		權勢 권세	삿18:7	236
軍士 군사	수5:4		宮星 궁성	왕하23:5	296	權勢者 권세자	롬8:38	555
君王 군왕	시2:2		宮城 궁성	사13:22	416	眷屬 권속	창18:19	44
軍人 군인	민31:21		宮室 궁실	대상17:1		眷屬中 권속중	롬16:11	557
軍長 군장	수10:24	222	宮墻 궁장	애가2:7	449	權榮 권영	대하2:1	308
君長 군장	단10:13	465	宮殿 궁전	시48:13		權威 권위	시93:1	
君主 군주	사19:4		宮廷 궁정	왕상5:9	276	勸慰 권위	롬12:8	556
群衆 군중	신4:19	192	宮中 궁중	창45:2		勸慰者 권위자	행4:36	536
郡中 군중	삼상29:6		穹蒼 궁창	창1:6	11	勸誘 권유	렘20:7	440
窘逐 군축	애가3:43	449	窮乏 궁핍	신15:9	198	勸懲 권징	욥7:18	339
軍號 군호	삿20:38	238				權限 권한	막13:34	513
			[권]					
[굴]			勸 권	삼상24:10	254	**[궐]**		
窟 굴	창19:30	46	權 권	롬9:21	555	闕 궐	삿21:5	
屈 굴	욥19:6	343	勸戒 권계	살전5:14	581			
屈服 굴복	롬13:1	556	眷顧 권고	창21:1	48	**[궤]**		
屈伏 굴복	시18:39		勸告 권고	잠12:15	391	櫃 궤	출25:10	116
屈辱 굴욕	에6:13	334	眷念 권념	창8:1	27	詭計 궤계	민25:18	179
窟穴 굴혈	시10:9	359	權能 권능	창49:3	82	詭詐 궤사	시34:13	363
			權能者 권능자	막14:62	513	詭術 궤술	엡4:14	573
[궁]			權道 권도	고전7:6	561	詭譎 궤휼	욥5:12	338
宮 궁	창12:15		權力 권력	왕하13:8		詭譎者 궤휼자	사24:16	420
窮究 궁구	욥28:3	347	權利 권리	신21:17	203	**[귀]**		
宮闕 궁궐	왕하21:18		勸勉 권면	스6:14	323	貴 귀	삿5:10	
宮內 궁내	에1:8	331				貴物 귀물	렘20:5	440

貴夫人 귀부인	에1:18		極北方 극북방	겔47:17	460		**[금]**		
貴妃 귀비	시45:9	367	極上品 극상품	사5:2	412		金 금	창2:11	
歸順 귀순	대하30:8	316	極甚 극심	호12:14	469		禁 금	창23:6	
鬼神 귀신	마4:24	497	極惡 극악	겔21:25	455		金剛石 금강석	렘17:1	
貴人 귀인	민21:18	175	極盡 극진	대상16:25	302		禁錮 금고	레13:4	144
歸正 귀정	사1:27	410					金管 금관	슥4:12	488
貴族 귀족	민22:8	175	**[근]**				金器皿 금기명	왕하24:13	296
貴重 귀중	삼상18:30		斤 근	요12:3	531		今年 금년	왕하19:29	
貴賤 귀천	신1:17	189	近來 근래	신32:17			金壇 금단	출39:38	135
			勤勞 근로	사47:15			金大楪 금대접	스1:10	
[규]			近隣 근린	수9:16	221		金毒腫 금독종	삼상6:4	244
規例 규례	출12:14	98	勤勉 근면	잠11:16	391		金燈臺 금등대	대상28:14	306
規模 규모	에1:8	331	近方 근방	창14:6	36		禁令 금령	단6:7	463
規定 규정	렘31:35		近傍 근방	레3:4	138		禁令中 금령중	레4:2	138
			根本 근본	창3:23	17		金冕旒冠 금면류관	에8:15	334
[균]			近侍 근시	에4:5	333		金物 금물	왕하25:25	297
均等 균등	창18:25	44	勤愼 근신	잠1:4	387		金盤 금반	스1:9	320
			勤實 근실	시119:4	383		金防牌 금방패	삼하8:7	262
[극]			根源 근원	창2:10	14		金床 금상	왕상7:48	
極 극	신7:26	194	近邑 근읍	행5:16	536		今生 금생	시17:14	360
極難 극난	출14:25	101	近日 근일	삼상25:10	255		今世 금세	막10:30	
極南端 극남단	수15:1		近族 근족	레25:25	155		禽獸 금수	롬1:23	553
極端 극단	수15:2		近地 근지	신1:7	189		今時 금시	삼상9:13	246
極樂 극락	시43:4	366	芹菜 근채	마23:23	505		禁食 금식	삿20:26	
劇烈 극렬	신28:59	211	近處 근처	창14:13	36				
極烈 극렬	왕상3:26	288							
極北 극북	겔48:1								

禁食 금식	행13:2	540	飢渴 기갈	암8:11	473	記銘 기명	수21:9	
禁食日 금식일	렘36:6	443	起耕 기경	창45:6	78	奇妙 기묘	레8:7	
金神 금신	출32:31	130	機械 기계	창4:22	21	奇妙者 기묘자	사9:6	414
金偶像 금우상	사31:7		器械 기계	대하26:15	315	器物 기물	왕상10:21	
金匠色 금장색	느3:8	326	氣骨 기골	욥29:11	344	奇別 기별	수2:3	217
金匠飾 금장식	레4:30		奇怪 기괴	렘5:30	435	騎兵 기병	창50:9	85
金錢 금전	출21:21		器具 기구	창27:3	56	奇事 기사	출11:9	96
禁止 금지	창11:6	32	饑饉 기근	창12:10	33	記事 기사	시77:11	374
金佩物 금패물	민31:50	183	飢饉 기근	시37:19	364	氣象 기상	눅12:56	520
金品 금품	출34:22		飢饉時 기근시	시33:19	363	氣塞 기색	창45:26	79
金香爐 금향로	히9:4	593	記念 기념	출12:14	98	氣色 기색	마6:16	499
金笏 금홀	에5:11	333	記念物 기념물	레2:2	137	妓生 기생	레19:29	
			記念碑 기념비	삼상15:12		氣勢 기세	욥20:11	
[급]			記念册 기념책	말3:16	492	寄宿 기숙	시30:5	362
急 급	창18:6		記念標 기념표	사57:8	431	技術 기술	행17:29	543
急遽 급거	잠25:8	397	技能者 기능자	전9:11	403	氣息 기식	창6:17	25
急速 급속	신9:16	195	企待 기대	시37:9	364	妓樂 기악	단6:18	464
急切 급절	사28:16	422	祈禱 기도	창20:7	47	期約 기약	시75:2	374
[긍]			祈禱處 기도처	행16:13	541	記憶 기억	창9:15	29
矜恤 긍휼	출33:19	131	起動 기동	출21:19	109	基業 기업	창17:8	41
[기]			氣力 기력	창49:1	82	其外 기외	막12:5	
記 기	출1		記錄 기록	출17:14	104	氣運 기운	창25:8	
旗 기	민1:52		譏弄 기롱	삿8:15	232	奇異 기이	출15:11	102
氣 기	스9:3		器皿 기명	민4:12	163	奇蹟 기적	시40:5	365
期間 기간	출21:19							

氣絶
기절 · 삿4:21 · 229

基址
기지 · 대상21:25 · 304

基地
기지 · 겔45:6 · 460

氣盡
기진 · 렘48:45 · 446

基礎
기초 · 수6:26 · 219

基礎門
기초문 · 대하23:5 · 313

基礎石
기초석 · 왕상5:17 · 276

旗幟
기치 · 아6:4 · 408

其他
기타 · 수22:7

忌憚
기탄 · 행4:13 · 535

期限
기한 · 창17:21 · 42

記號
기호 · 출13:9 · 99

旗號
기호 · 민2:2 · 162

機會
기회 · 민35:20 · 186

[긴]

緊要
긴요 · 대상9:26 · 300

[길]

吉
길 · 창40:16

吉凶
길흉 · 신18:10 · 200

[나]

螺笄香
나감향 · 출30:34 · 128

裸麥
나맥 · 출9:32 · 95

螺絲
나사 · 왕상6:8 · 277

[낙]

樂
낙 · 창18:12

落膽
낙담 · 15:15 · 102

落望
낙망 · 시42:5 · 366

落成
낙성 · 느12:27 · 329

落成歌
낙성가 · 시30 · 362

落成式
낙성식 · 신20:5 · 202

落心
낙심 · 민32:7 · 184

落葉
낙엽 · 욥13:25

樂園
낙원 · 눅23:43 · 524

落胎
낙태 · 창31:38 · 60

樂土
낙토 · 시106:24 · 381

樂獻
낙헌 · 레23:38 · 153

樂獻祭
낙헌제 · 레22:18 · 152

[난]

亂
난(란) · 행21:38 · 545

欄干
난간 · 신22:8 · 203

亂類
난류 · 삼하20:1 · 269

亂離
난리 · 대하20:9 · 313

難産
난산 · 창35:17 · 66

爛肉
난육 · 레13:10 · 144

[남]

南
남 · 출27:9

男女
남녀 · 출35:22

男女間
남녀간 · 출21:4

南端
남단 · 수18:19

南門
남문 · 겔40:28

南方
남방 · 창12:9

藍寶石
남보석 · 출28:18 · 121

男色
남색 · 왕상14:24 · 282

男兒
남아 · 욥3:3

男子
남자 · 창1:17

男丁
남정 · 출10:11 · 95

男娼
남창 · 욥36:14 · 352

男便
남편 · 창3:6

南便
남편 · 출26:18

南風
남풍 · 욥37:17

南向
남향 · 수15:2

男兄
남형 · 창34:11 · 63

[납]

鑞
납(랍) · 출15:10 · 101

朗讀
낭독 · 출24:7 · 114

廊室
낭실 · 왕상6:3 · 276

狼狽
낭패 · 시35:4 · 364

[내]

內
내 · 레25:30

來歷
내력 · 눅1:2

內腑
내부 · 시109:18 · 382

來生 내생	딤전4:8	585	勞動者 노동자	전5:12		轆轤 녹로	렘18:3	439
來世 내세	막10:30		擄掠 노략	창14:12	36	錄名 녹명	민11:26	168
內所 내소	왕상6:16	277	擄掠軍 노략군	삼상13:17	247	綠寶石 녹보석	출28:20	122
內侍 내시	왕상22:9	285	擄掠物 노략물	삿5:30	230	綠色 녹색	에1:6	
內室 내실	삿16:9		努力 노력	잠16:26		綠玉 녹옥	계21:20	121
內外 내외	왕상6:30		奴僕 노복	창26:14	55	綠珠玉 녹주옥	출28:17	121
內外所 내외소	왕상6:29		奴婢 노비	창12:16	33		**[논]**	
內應 내응	왕하6:11	289	老少 노소	창19:4		論 논	민23:23	176
來日 내일	출8:10		老松 노송	나2:3		論斷 논단	레19:16	149
內臟 내장	출12:9	97	老衰 노쇠	창18:12	43	論爭 논쟁	신19:17	202
內殿 내전	왕상8:6	278	怒焰 노염	창49:7	82		**[농]**	
內帑庫 내탕고	왕하20:13	295	奴隸 노예	창43:18	77	弄談 농담	창19:14	46
	[냉]		老翁 노옹	대하36:17	318	農夫 농부	왕하25:12	
冷水 냉수	잠25:13		老幼 노유	수6:21		農事 농사	창4:2	18
	[년]		老人 노인	창43:27		農業 농업	창9:20	
年 년	계9:15		鸕鷀 노자	레11:17	143	農作物 농작물	사16:9	
	[노]		露積 노적	룻3:7	241		**[뇌]**	
怒 노	창18:30		路程 노정	출17:1	104	腦 뇌	단2:28	
櫓 노	사33:21	425	路中 노중	창45:24	79	賂物 뇌물	출23:8	112
老境 노경	창21:7	49		**[녹]**		雷聲 뇌성	출9:23	95
勞苦 노고	전2:26		祿 녹	창47:22	80		**[누]**	
怒氣 노기	대하28:9	316	綠 녹	겔24:6	456	累 누	삼하13:25	264
老年 노년	창24:36		綠豆 녹두	삼하17:28	268	樓 누	겔16:24	454
勞動 노동	레23:7							

樓閣 누각	시104:3	379
陋名 누명	신22:14	204
漏洩 누설	수2:14	217
縷洩 누설	욥36:8	
陋醜 누추	겔16:36	454

[능]

勒捧 늑봉	레6:2	140
勒徵 늑징	눅3:13	516
勒奪 늑탈	창21:25	49

[능]

能 능	창18:14	
能爛 능란	사3:3	411
能力 능력	창31:29	
凌辱 능욕	삼하21:21	270

[다]

多量 다량	시80:5	
多不過 다불과	고전14:27	563
多少 다소	레25:16	155
多少間 다소간	삼상25:36	255
多數 다수	출23:2	
多子 다자	신33:24	215
多情 다정	삿19:3	236
多幸 다행	행26:2	

[단]

壇 단	창8:20	28
鍛鍊 단련	욥23:10	345
單番 단번	수10:42	222
斷産 단산	히11:11	594
團束 단속	출21:29	110
單身 단신	출21:3	
斷言 단언	고전15:31	563
丹粧 단장	출33:4	130
丹粧品 단장품	출33:5	131
斷正 단정	레13:59	
端正 단정	롬13:13	556
短槍 단창	수8:18	220
短促 단촉	시89:45	377
短縮 단축	고전7:29	561
丹楓 단풍	겔31:8	

[달]

達 달	출3:9	90

[담]

毯 담	아3:10	406
擔軍 담군	왕상5:15	276
擔當 담당	출18:22	105
膽大 담대	출14:8	100
膽力 담력	대하25:11	315

[담]

談論 담론	삼상12:7	247
擔保 담보	창43:9	76
擔負 담부	대하34:13	317
膽汁 담즙	애가3:5	449
擔責 담책	삿19:20	236
談話 담화	삼상9:25	
淡黃玉 담황옥	계21:20	611

[답]

畓畓 답답	창32:7	
答禮 답례	대하9:12	310
答狀 답장	대하2:11	308
答詔 답조	스5:5	322

[당]

當 당	창31:40	
黨 당	민16:1	172
堂 당	삼상5:2	244
當局者 당국자	요7:26	529
堂堂 당당	엡3:12	573
唐突 당돌	막15:43	513
當世 당세	창6:9	24
當時 당시	창6:4	22
當身 당신	창16:5	
塘鵝 당아	레11:18	143
當然 당연	삿6:30	

黨員 당원	마22:23	504	大麥 대맥	사28:25	422	大將 대장	왕상9:22		
當日 당일	창17:26	43	對面 대면	창32:20	62	大將軍 대장군	삿5:14		
當場 당장	출21:20	109	大門 대문	삼상21:13		大丈夫 대장부	민13:33		
當處 당처	삿7:21	231	大便 대변	신23:13		大抵 대저	레25:33	156	
當籤 당첨	대상26:14	305	大部分 대부분	마21:8		對敵 대적	창14:20	37	
黨派 당파	행5:17	536	大事 대사	시71:19		大展 대전	대하3:5	309	
唐慌 당황	사32:10	424	隊商 대상	사21:13	419	待接 대접	창12:18	34	
			代書 대서	롬16:22	557	大楪 대접	출25:29	116	
[대]			大聲痛哭 대성통곡	삿21:2	238	大祭司長 대제사장	민35:25	187	
臺 대	창11:4	32	大小 대소	창19:11		大主宰 대주재	미4:13	477	
對 대	창15:10		大小間 대소간	삼상22:15		對陣 대진	수10:5	221	
隊 대	삿7:16	231	大小事 대소사	삼상20:2		對質 대질	욥9:32	340	
大綱 대강	대하12:7	311	代贖 대속	출13:13	100	對斥 대척	창31:36	60	
大軍 대군	왕하18:17	293	代贖物 대속물	욥33:24	350	大醉 대취	삼상25:36	255	
大君 대군	단12:1	466	戴勝 대승	레11:19	143	代表 대표	느3:17		
大闕 대궐	에2:19		代身 대신	창2:21		大風 대풍	욥1:19		
貸金 대금	시15:5	360	大臣 대신	창12:15	33	大風 대풍	렘25:32	441	
大怒 대노	출32:19		代言 대언	겔37:4	459	對抗 대항	레26:23	157	
大端 대단	삼상26:21		代言者 대언자	출7:1	93	大海 대해	민34:6		
對答 대답	창18:9	43	大宴 대연	창21:8	49	大海邊 대해변	수9:1		
代代 대대	출3:15		大王 대왕	왕하18:19		大會 대회	레23:36		
代代後孫 대대후손	창17:7		待遇 대우	창34:31	65	大茴香 대회향	사28:25		
大略 대략	창2:4	14	大人 대인	삼하3:38					
大路 대로	민20:17	174	大作 대작	욘1:4	475	**[덕]**			
大理石 대리석	에1:6					德 덕	잠22:11		

德行 잠31:29
덕행

[도]

道 창18:19
도
禱告 딤전2:1 585
도고
韜略 잠8:14 390
도략
度量 욥11:9 340
도량
度量衡 레19:35 150
도량형
道路 레26:22 157
도로
屠戮 출32:27 129
도륙
道理 창19:31
도리
塗抹 출17:14 104
도말
逃亡 창14:13 36
도망
圖謀 삼하14:13 265
도모
道伯 단3:2 462
도박
徒步 민20:19 174
도보
屠殺 욥44:22 367
도살
屠殺場 사34:7
도살장
都城 창26:32 67
도성
都數 삼하24:2 272
도수
屠獸場 사53:7 429
도수장
都市 막6:56
도시
都邑 수13:10 223
도읍
到任 행25:1 547
도임
圖章 창38:18 69
도장

盜賊 창30:33 60
도적
逃走 행7:29 537
도주
道袍 욥29:14 348
도포
逃避 민35:12 186
도피
逃避城 민35:6 185
도피성
都合 창46:27
도합

[독]

毒 신32:24
독
毒蛇 창49:17 83
독사
獨生 요1:18 527
독생
獨生子 요1:14 527
독생자
篤實 창42:11 75
독실
獨子 창22:2
독자
毒腫 출9:9 94
독종
毒酒 레10:9 142
독주
獨處 창2:18 15
독처
毒草 신29:18
독초
督促 출5:13 92
독촉

[돌]

突擊 출19:22 106
돌격
突入 삿20:37 238
돌입
突破 출19:21 106
돌파

[동]

東 창13:11
동

銅 민31:22
동
動 삼상1:13
동
同居 창13:6 34
동거
同官 마18:28 503
동관
東國 창25:6
동국
東南 왕상7:39
동남
童男 욜3:3 471
동남
東南方 대하4:10
동남방
童女 왕상1:3 274
동녀
董督 왕상5:16 276
동독
同等 사40:25
동등
銅綠 마6:19 499
동록
同僚 스4:7 321
동료
同類 시45:7
동류
洞里 삼상6:18
동리
同盟 창14:5 36
동맹
同侔 왕상20:35
동무
同門 겔10:19
동문
東門間 겔40:10
동문간
東門直 대하31:14 316
동문직
動物 창8:19
동물
東方 창2:8
동방
同腹 신13:6 197
동복

東北 동북	행27:12	
同事 동사	삼상14:45	248
東山 동산	왕하9:27	
同生 동생	창22:20	
同婿 동서	룻1:15	240
東西 동서	대상12:15	
東西南北 동서남북	창13:14	
東西便 동서편	수11:3	
同時 동시	출3:3	
動心 동심	살후2:2	582
東洋 동양	왕상4:30	
同業者 동업자	눅5:10	
同役者 동역자	롬16:3	557
同一 동일	출12:49	
同日 동일	레22:28	
瞳子 동자	신32:10	213
動作 동작	삼하5:24	
同情 동정	욥29:24	
同情 동정	딤전6:18	587
同族 동족	레25:25	155
同族中 동족중	갈1:14	569
同宗 동종	대상15:17	302
同參 동참	사63:9	432
銅鐵 동철	창4:22	21

同寢 동침	창4:1	18
同寢 동침	창4:17	20
東便 동편	창2:14	
同胞 동포	출2:13	89
東風 동풍	창41:6	
東海 동해	겔47:18	
同行 동행	창5:22	22
東向 동향	겔11:1	
[두]		
頭巾 두건	출39:28	135
頭骨 두골	삿9:53	
斗落數 두락수	레27:16	159
頭領 두령	민1:4	160
頭目 두목	출16:22	
頭目中 두목중	삼하23:13	271
杜門不出 두문불출	느6:10	328
頭髮 두발	렘48:37	446
斗護 두호	출23:3	112
[둔]		
鈍 둔	출4:10	91
[득]		
得男 득남	창4:1	18
得意 득의	창40:14	73
得罪 득죄	창39:9	71

[등]		
燈 등	출27:20	120
等 등	레6:3	
燈檠 등경	마5:15	498
燈臺 등대	출25:31	116
等待 등대	막3:9	510
騰騰 등등	해9:1	538
登錄 등록	시87:6	
謄寫 등사	신17:18	199
凳床 등상	대상28:2	305
凳牀 등상	사66:1	433
燈油 등유	출25:6	115
燈盞 등잔	출25:37	117
等閑 등한	히2:3	592
[마]		
磨光 마광	사49:2	428
馬廏 마구	눅13:15	520
魔鬼 마귀	신32:17	214
魔鬼的 마귀적	약3:15	597
瑪瑙 마노	대상29:2	306
馬門 마문	대하33:15	314
馬兵 마병	출14:9	100
馬兵隊 마병대	사21:7	418
魔術 마술	나3:4	480

魔術師 마술사	사8:19	414
魔術士 마술사	사19:3	
馬車 마차	왕상18:44	
馬匹 마필	사2:7	410
[막]		
幕 막	출26:8	118
莫甚 막심	시119:107	383
[만]		
萬 만	레26:8	
萬古前 만고전	유1:25	606
萬國 만국	신28:25	
萬國人 만국인	욥1:16	
萬軍 만군	삼상1:3	242
滿期 만기	삼상18:26	252
萬代 만대	사41:4	
挽留 만류	창24:56	53
萬萬 만만	신33:17	
萬名 만명	삼하18:3	
萬物 만물	창2:1	14
萬民 만민	창18:18	
萬民中 만민중	사63:3	
萬邦 만방	대상16:28	302
萬事 만사	삼하23:5	
滿朔 만삭	고전15:8	563

萬象 만상	시33:6	363
萬歲 만세	삼상10:24	246
萬世 만세	눅1:48	
萬歲壽 만세수	왕상1:31	274
萬歲前 만세전	잠8:23	
萬安 만안	스5:7	322
萬王 만왕	시72:11	373
萬有 만유	시103:19	379
滿二年 만이년	창41:1	
萬人 만인	창22:17	
萬一 만일	창27:46	
滿足 만족	삿17:11	
萬主 만주	딤전6:15	587
晚餐 만찬	고전11:20	562
晚餐席 만찬석	요21:20	532
慢忽 만홀	사1:4	409
挽回 만회	대하36:16	318
[말]		
末 말	창42:15	
末年 말년	겔38:8	459
末席 말석	눅14:9	
末世 말세	신31:29	213
末日 말일	사2:2	
末幅 말폭	출26:4	118

[망]		
亡 망	출10:7	
網 망	신25:4	207
望臺 망대	창35:21	66
妄靈 망령	출20:7	107
茫昧 망매	욥8:9	339
亡命 망명	삼상29:3	
妄自尊大 망자존대	시38:16	365
妄誕 망탄	렘16:19	438
[매]		
每 매	출28:21	
每年 매년	출23:14	
每年祭 매년제	삼상1:21	242
賣買 매매	창34:10	63
賣買證書 매매증서	렘32:11	
每名 매명	출16:16	
每房 매방	겔40:7	459
埋伏 매복	수8:4	220
每事 매사	사19:14	
每樣 매양	막11:19	512
每人 매인	출11:3	96
每日 매일	출5:19	
埋葬 매장	전6:3	402
埋葬地 매장지	창23:4	50

妹弟 매제	대상3:19	298	面責 면책	시80:16	375	名節 명절	호2:11	467
每主日 매주일	고전16:2		**[멸]**			名節日 명절일	호9:5	
每幅 매폭	출26:2	118	滅 멸	창6:13	24	命定 명정	사41:4	426
[맥]			滅亡 멸망	창19:15	46	明紬 명주	겔16:10	454
脈 맥	삼하4:1		滅亡山 멸망산	왕하23:13	296	明哲 명철	창41:33	74
麥秋 맥추	창30:14	59	滅亡者 멸망자	시35:17		明哲者 명철자	전9:11	403
麥秋節 맥추절	출23:16	113	蔑視 멸시	창16:4	40	名稱 명칭	시102:12	
[맹]			滅絕 멸절	창6:17	26	皿稱 명칭	잠16:11	393
猛烈 맹렬	창49:7	83	**[명]**			名下 명하	요三1:15	605
猛士 맹사	렘48:14	446	命 명	창2:16		**[모]**		
盟誓 맹세	창14:22	37	名 명	삼하15:16		母 모	창37:10	
猛獸 맹수	고전15:32		明年 명년	창17:21		謀計 모계	렘19:7	440
盟約 맹약	수9:20	221	命令者 명령자	사55:4		暮年 모년	욥42:12	355
[면]			名錄 명록	느2:20	326	冒瀆 모독	눅12:10	520
免 면	창4:15	19	名目 명목	민4:32	163	謀略 모략	신32:28	214
面 면	렘1:13	434	明白 명백	민12:8		侮慢 모만	잠29:8	
面對 면대	요二1:12	604	名簿 명부	딤전5:9	586	牟麥 모맥	수3:15	217
勉勵 면려	왕하18:32	294	名分 명분	창25:31	54	謀免 모면	왕상15:22	283
冕旒冠 면류관	삼하1:10	258	名聲 명성	민14:15	171	謀叛 모반	삼하15:31	267
面帕 면박	창24:65	53	名數 명수	민1:2	160	毛髮 모발	레13:33	145
面駁 면박	욥21:31	345	銘心 명심	신4:39	193	模本 모본	행20:35	544
免除 면제	신15:1	197	名譽 명예	신26:19	208	謀士 모사	삼하15:12	266
免除年 면제년	신15:2	197	名義 명의	에8:8	334	謀殺 모살	출21:14	109
免罪 면죄	출34:7	131	名義下 명의하	창48:6	81	謀臣 모신	삼상22:14	254

貌樣 모양　창1:26　13

侮辱 모욕　삼상11:2　247

謀議 모의　창49:6　82

募集 모집　삼상28:1　256

母親 모친　창24:67

母胎 모태　민12:12　169

謀害 모해　삼하21:5　270

模形 모형　수22:28　225

模型 모형　히8:5　593

[목]

木 목　레26:13

目擊者 목격자　눅1:2

木工 목공　사41:7

木器 목기　레11:32　143

目都 목도　창44:21　78

牧伯 목백　욥3:15　337

牧師 목사　엡4:11

木像 목상　레26:1　156

木石 목석　신4:28

木手 목수　삼하5:11

木葉 목엽　사33:9　425

沐浴 목욕　출2:5

沐浴場 목욕장　아4:2

沐浴桶 목욕통　시60:8　370

牧者 목자　창13:7　35

牧者長 목자장　삼상21:7　253

牧場 목장　삼하7:8　261

目的 목적　왕상2:13

目前 목전　창38:7

牧畜 목축　창34:5　63

[몰]

沒覺 몰각　사56:11　430

沒死 몰사　삼하17:16　268

沒殺 몰살　수11:6　222

沒數 몰수　창47:14　80

沒藥 몰약　창37:25　67

沒藥山 몰약산　아4:6　407

[몽]

夢事 몽사　렘23:25　441

夢泄 몽설　신23:10　205

夢兆 몽조　창40:5　72

蒙學先生 몽학선생　갈3:24　570

[묘]

墓 묘　창35:20

廟 묘　삿9:4　232

墓碑 묘비　창35:20　66

昴星 묘성　욥9:9　339

墓室 묘실　창23:6　51

墓地 묘지　왕하23:6

妙策 묘책　시64:6　370

[무]

無故 무고　삼상19:5　252

無關 무관　욥33:14

無酵 무교　출29:2　123

無酵餅 무교병　창19:3　45

無酵煎餅 무교전병　레2:4　137

無酵節 무교절　출12:17　98

無酵節日 무교절일　눅22:7　524

無窮 무궁　욥36:5

武器庫 무기고　사39:2

無男獨女 무남독녀　삿11:34

巫女 무녀　사57:3　430

舞蹈 무도　삿21:21　239

無禮 무례　시31:18

無力 무력　신32:36

無論 무론　창14:23　37

無論男女 무론남녀　출36:6　134

無論大小 무론대소　대상26:13　305

無論死生 무론사생　삼하15:21　266

無料 무료　시44:12

無理 무리　시35:19　364

無名 무명　고수6:9

無法 무법	벧전4:3		無底坑 무저갱	눅8:31	518	門間 문간	겔40:7	
武士 무사	수17:1		無情 무정	욥6:10		紊亂 문란	레18:23	149
無事 무사	삼상20:21		無罪 무죄	출23:7		門樓 문루	삼하18:33	268
無色 무색	욥29:24	348	無罪者 무죄자	신21:9		門閥 문벌	고전1:26	559
茂盛 무성	창41:5	73	無知 무지	욥38:2		門楔柱 문설주	출21:6	108
誣訴 무소	눅3:14	516	無知無覺 무지무각	시82:5	376	問安 문안	출18:7	104
無所不能 무소불능	욥42:2	355	無限 무한	욥37:23		問議 문의	막9:10	511
無數 무수	출8:3		無割禮 무할례	롬2:25		文字 문자	스4:7	
無時 무시	레16:2	148	無割禮黨 무할례당	엡2:11		門帳 문장	출26:37	119
無視 무시	시73:20	373	無割禮時 무할례시	롬4:10		問題 문제	왕상10:1	
無識 무식	욥34:35	351	無割禮者 무할례자	행11:3		門中 문중	행4:6	535
無信 무신	신32:20	214	誣陷 무함	출23:1	112	門直 문직	삼하18:26	268
無心中 무심중	레5:4		無花果 무화과	창3:7	16	紋彩 문채	잠7:16	389
無顏 무안	시70:2	372	無花果餠 무화과병	대상12:40	301	門下 문하	행22:3	545
貿易 무역	창42:34		無效 무효	민6:12	165			
貿易者 무역자	사23:8		無欠 무흠	히8:7	593	**[물]**		
貿易品 무역품	겔27:33		**[묵]**			物 물	겔13:21	
武勇 무용	삼상16:18	249	默禱 묵도	창24:45	52	物件 물건	창31:37	
無用 무용	전10:11		默默 묵묵	창24:21	51	勿論 물론	레17:15	
無益 무익	에3:8		默想 묵상	창24:63	53	物目 물목	출38:21	134
無人之境 무인지경	레16: 22	148	默示 묵시	삼하7:17	261	物産 물산	민35:3	185
無子 무자	창15:2	38	默認 묵인	행14:16	541	物品 물품	창14:21	
無慈悲 무자비	롬1:31	553	**[문]**			物貨 물화	느10:31	329
武裝 무장	민31:5	182	門 문	창4:7		**[미]**		
						味覺 미각	욥6:30	338

眉間 미간	출13:9	99	敏捷 민첩	사32:4	424	班列 반렬	왕하11:8	290
未久 미구	시106:13	381	民會 민회	행19:39	544	半分 반분	출21:35	
美童 미동	신23:17	205	**[밀]**			磐石 반석	창49:24	84
未來 미래	전9:1		密室 밀실	욥9:9	339	反數 반수	출30:23	
尾閭骨 미려골	레3:9	138	密接 밀접	시119:31	383	半時 반시	계8:1	608
微末 미말	고전4:9	560	**[박]**			叛逆 반역	삼하15:12	266
未明 미명	삿19:25	237	薄 박	민21:3	174	半圓形 반원형	왕상7:31	
美門 미문	행3:2	535	迫擊 박격	창49:19	83	半日耕 반일경	삼상14:14	248
美石 미석	눅21:5	523	薄待 박대	창31:50	61	班長 반장	대상26:12	305
微弱 미약	삿6:6		撲滅 박멸	시89:23	377	斑點 반점	렘13:23	
靡匠 미장	왕하22:6	295	博士 박사	창41:8		斑指 반지	창41:42	
微賤 미천	욥40:4	354	博士長 박사장	렘39:3	444	半支派 반지파	민34:13	185
美港 미항	행27:8	550	礴石 박석	대하7:3	451	班次 반차	대상24:1	304
迷惑 미혹	신4:19	192	拍手 박수	왕하11:12		半尺 반척	겔43:17	460
[민]			拍掌 박장	욥27:23	347	斑布 반포	출28:4	120
民間 민간	대하19:4		雹災 박재	계16:21	609	頒布 반포	출33:19	131
悶畓 민답	겔3:15	451	剝奪 박탈	사10:2	415	頒布者 반포자	딤후1:11	588
民亂 민란	마27:24	507	薄荷 박하	마23:23	505	半幅 반폭	출26:12	
憫惘 민망	욜1:18	470	迫害 박해	민25:17	178	反抗 반항	시78:40	
民數記 민수기	민1		**[반]**			**[발]**		
民擾 민요	마26:5	506	半 반	창24:22		發 발	창30:2	
民長 민장	느4:14	327	班 반	대상27:2		發覺 발각	사16:3	
民族 민족	창12:2	33	斑鳩 반구	아2:12	406	發見 발견	창31:32	60
民衆 민중	신20:1		反對 반대	스10:15	324	發酵 발교	출12:34	99

發明 발명	행19:33	543	放聲大哭 방성대곡	창21:16	49	排設 배설	창21:8	49
發忿 발분	시85:5	376	方術 방술	시58:5	370	排泄物 배설물	신23:13	205
發生 발생	레13:14		方式 방식	수6:15		陪食 배식	창43:32	
發說 발설	욥10:1	340	防禦 방어	왕하11:6	290	背約 배약	레26:25	157
發言 발언	욥32:6		方言 방언	창10:5	562	培養 배양	암7:14	473
發源 발원	창2:10	14	放任 방임	엡4:19	573	背逆 배역	수22:18	225
發育 발육	시92:12	378	放恣 방자	출32:25	129	陪從 배종	대상27:32	305
發布 발포	사10:1	34	方將 방장	마9:18	499	排斥 배척	왕하18:7	293
發表 발표	시78:2		放縱 방종	민15:39		配匹 배필	창2:18	15
發行 발행	창13:2		方舟 방주	창6:14	24	徘徊 배회	창24:65	53
[방]			方策 방책	삿20:7	237	**[백]**		
房 방	창43:30		防築 방축	레11:36	144	百 백	출27:9	
傍觀 방관	욥1:12	474	方針 방침	출18:19	105	百穀 백곡	시144:13	
方今 방금	눅22:60		放蕩 방탕	갈5:21	571	白骨 백골	겔32:27	
方道 방도	빌1:18	575	防牌 방패	창15:1	38	百官 백관	시105:22	380
方面 방면	렘31:39		妨害 방해	스4:4	321	百斤 백근	요19:39	
訪問 방문	왕하8:29		彷徨 방황	창21:14	49	白檀木 백단목	왕상10:11	
方伯 방백	창17:20	42	**[배]**			白馬 백마	슥1:8	488
方法 방법	출30:32	127	倍 배	창43:12		白瑪瑙 백마노	출28:19	122
彷彿 방불	히7:3	593	背道 배도	살후2:3	582	白膜 백막	레21:20	151
防備 방비	왕하6:10	289	背道者 배도자	시101:3	379	白木 백목	사19:9	418
放釋 방석	시105:20	380	背叛 배반	창14:4	36	白髮 백발	신32:25	
方席 방석	잠31:22		賠償 배상	출21:19	109	百倍 백배	창26:12	
方席 방석	겔13:18	453	陪席者 배석자	행25:12	548	百番 백번	전8:12	

642

百夫長 백부장	출18:21	
白色 백색	에1:6	
百姓 백성	창9:19	
百姓中 백성중	수5:4	
百歲 백세	창17:17	
白首 백수	시71:18	372
伯叔母 백숙모	레18:14	148
伯叔夫 백숙부	레20:20	
白晝 백주	신28:29	210
白鐵 백철	겔27:19	457
百體 백체	욥10:8	340
白濁病者 백탁병자	삼하3:29	259
百合花 백합화	왕상7:19	277
柏香木 백향목	레14:4	145
柏香木宮 백향목궁	삼하7:2	261

[번]

番 번	창18:32	
煩惱 번뇌	삿16:16	235
煩悶 번민	창41:8	73
煩憫 번민	삼상1:6	242
番兵 번병	삿7:19	231
蕃盛 번성	창1:20	13
繁盛 번성	시105:24	380
繁殖 번식	창48:16	

繙譯 번역	마1:23	495
燔祭 번제	창8:20	28
燔祭壇 번제단	출30:28	127
燔祭物 번제물	출10:25	96
燔祭所 번제소	레4:29	138
煩燥 번조	사8:21	414
繁昌 번창	시115:14	382
燔鐵 번철	레2:5	137
煩幣 번폐	말1:13	491
番紅花 번홍화	아14:14	407

[벌]

罰 벌	창4:15	19
罰金 벌금	출21:22	
伐木 벌목	신19:5	201

[범]

犯 범	창20:9	
犯過 범과	레5:5	138
汎濫 범람	시32:6	363
凡百 범백	대하8:16	310
犯法 범법	잠28:21	
凡事 범사	창24:1	
凡人 범인	시82:7	376
犯罪 범죄	사1:4	409
犯罪者 범죄자	욥24:19	

[법]

法 법	창47:26	
法官 법관	창19:9	
法櫃 법궤	레16:2	148
法度 법도	창26:5	
法令 법령	사10:1	
法律 법률	신17:11	
法律士 법률사	단3:2	462
法幕 법막	대하24:6	314
法廷 법정	약2:6	
法則 법칙	시62:0	

[벽]

壁 벽	출14:22	101
霹靂 벽력	사29:6	422
碧玉 벽옥	출28:20	122

[변]

變 변	창4:5	
邊 변	겔18:8	
變改 변개	레27:10	159
邊境 변경	민20:23	174
變動 변동	히12:27	595
辯論 변론	미6:2	269
邊利 변리	출22:25	111
辯明 변명	욥13:6	341

辯駁 변박	욥24:25	346	兵車城 병거성	왕상9:19	279	步撥軍 보발군	대하30:6	447
邊方 변방	민20:16	174	兵器 병기	신1:41	190	步兵 보병	삿20:2	
辨白 변백	욥13:15	341	兵法 병법	삼하17:8		報復 보복	삼상18:25	251
辨別 변별	욥12:11	341	病床 병상	욥33:19		寶石 보석	출25:7	115
辯士 변사	행24:1	546	病色 병색	레13:5	144	報酬 보수	창29:15	
便所 변소	신23:12		病身 병신	눅14:13		報讐 보수	민35:12	186
變易 변역	창31:7	60	病人 병인	사10:18		報讐日 보수일	렘46:10	445
變裝 변장	삼상28:8	257	病者 병자	삼하3:29		報讐者 보수자	신19:6	201
辯爭 변쟁	욥33:13	350	兵丁 병정	대하13:17		保養 보양	엡5:29	574
邊錢 변전	겔22:12	456	病中 병중	시41:3		報應 보응	출32:34	130
變形 변형	왕상20:38	284	並行 병행	전7:14	402	保人 보인	욥16:19	342
辯護 변호	시9:4	358				保障 보장	습9:12	489
變化 변화	욥38:14		**[보]**			保全 보전	창32:30	62
			褓 보	민4:6	163	補助 보조	느7:70	328
[별]			報 보	삼하18:31	268	步調 보조	고후12:18	568
別宮 별궁	왕하15:5		洑 보	잠21:1	395	保存 보존	창6:19	26
別名 별명	창25:30		補 보	전10:17	404	寶座 보좌	창41:40	74
別味 별미	창27:4		保 보	행17:9	542	保主 보주	욥17:3	343
別世 별세	눅9:31		譜系 보계	대상4:33	298	保證 보증	시119:122	
別食 별식	잠18:8		報告 보고	민13:27		保證物 보증물	욥17:3	
別室 별실	삼하20:3	269	寶庫 보고	신28:12	209	補充 보충	창31:39	
			保管 보관	신17:18	199	普通 보통	신3:11	
[병]			報答 보답	신32:6	213	步行 보행	출12:37	
病 병	창48:1		寶物 보물	욜3:5	471	步行者 보행자	민11:21	
瓶 병	출25:29		寶物庫 보물고	왕하20:13	294			
兵車 병거	창50:9	85						

保惠師 보혜자	요14:16	531
保護 보호	출23:20	
保護者 보호자	민14:9	171
寶貨 보화	잠1:13	387
[복]		
福 복	창1:22	13
復舊 복구	사44:26	427
福樂 복락	시36:8	
福祿 복록	욥21:16	344
復命 복명	왕하22:9	295
復發 복발	레13:57	145
伏兵 복병	수8:2	219
卜術 복술	레19:26	149
卜術者 복술자	신18:10	200
服役 복역	스9:9	324
福音 복음	마4:23	497
服裝 복장	창49:11	83
服從 복종	창16:9	41
腹中 복중	창25:23	
復職 복직	창41:13	74
[본]		
本 본	창28:19	
本國 본국	출12:19	
本宮 본궁	삼하20:3	269
本能 본능	유1:10	606
本洞里 본동리	눅2:39	516
本來 본래	출4:10	
本物 본물	레6:5	140
本方言 본방언	행1:19	534
本夫 본부	렘3:1	434
本分 본분	욥32:17	
本城 본성	삼상28:3	256
本性 본성	롬2:14	553
本數 본수	창43:21	77
本心 본심	애3:33	
本錢 본전	마25:27	
本族 본족	렘25:41	
本主 본주	레26:24	159
本質上 본질상	갈4:8	570
本處 본처	창28:9	
本妻 본처	막10:11	57
本體 본체	빌2:6	
本土 본토	창11:28	
本土人 본토인	출12:49	
本鄕 본향	민22:5	175
[봉]		
封 봉	왕하12:10	291
奉事 봉사	창29:18	58
奉事者 봉사자	사61:6	431
封鎖 봉쇄	렘13:19	438
奉安 봉안	대상28:2	305
奉養 봉양	창45:11	78
奉養者 봉양자	룻4:15	241
逢賊 봉적	출22:12	110
封緘 봉함	사8:16	413
奉獻 봉헌	민7:10	165
奉獻式 봉헌식	스6:16	323
奉獻禮物 봉헌예물	민7:84	166
[부]		
富 부	삼하12:1	
府庫 부고	에3:9	333
賦課 부과	왕하23:35	296
富貴 부귀	대하14:5	
附近 부근	눅3:3	
婦女 부녀	창14:16	
不當 부당	렘26:16	
負袋 부대	창21:14	49
富大 부대	신32:15	213
部隊 부대	삼상13:23	
不得己 부득기	삼상13:12	
不得不 부득불	고전9:16	
部落 부락	창25:16	

父命 부명	창50:12		不正 부정	미6:11		北向 북향	수18:17	
父母 부모	창2:24		不正當 부정당	출23:2		**[분]**		
俯伏 부복	시72:11	373	副祭司長 부제사장	왕하25:18		忿 분	창4:5	18
部分 부분	민18:29		扶助 부조	행11:29	539	分 분	신19:3	
部分的 부분적	고전13:9		不足 부족	창18:28		憤 분	왕하5:12	289
浮費 부비	눅10:35	519	附從 부종	신11:22	196	分揀 분간	삼하14:17	265
負傷 부상	왕상22:34	285	扶持 부지	대하18:34	312	忿激 분격	욥36:18	352
負傷者 부상자	렘37:10		不知中 부지중	창34:25		忿氣 분기	창49:7	83
富盛 부성	에5:11	333	父親 부친	창24:23		憤氣 분기	눅6:11	517
賦稅 부세	스4:13	321	付託 부탁	창28:1	57	憤怒 분노	창27:45	57
附屬 부속	민25:3	178	腐敗 부패	출32:7	129	忿怒 분노	창49:6	82
附屬品 부속품	민1:50	161	部下 부하	삿7:10		紛亂 분란	행19:32	543
父與祖 부여조	창49:29	84	父兄 부형	창37:10		分量 분량	창49:28	84
賦役 부역	느5:18	327	復活 부활	마22:23	504	分離 분리	느13:3	
父王 부왕	왕하14:5		復活時 부활시	눅14:14	521	分明 분명	창26:28	
富饒 부요	레25:26	155	復興 부흥	합3:2	482	糞門 분문	느2:13	326
府尹 부윤	왕상22:26	285				分班 분반	스6:18	
賻儀 부의	겔24:17	457	**[북]**			奮發 분발	사42:13	427
夫人 부인	창24:36		北 북	수8:18		分房 분방	고전7:5	561
否認 부인	레6:2		北極 북극	사14:13		分配 분배	레7:10	141
富者 부자	출30:15	127	北斗星 북두성	욥9:9		粉壁 분벽	단5:5	463
父子 부자	암2:7		北門 북문	겔8:14		分辨 분변	신1:39	190
父子間 부자간	렘13:14		北方 북방	수11:2		分別 분별	레10:10	
不淨 부쟁	창7:2	27	北便 북편	출26:20		分福 분복	전2:10	400
			北風 북풍	잠25:23				

分封王 마14:1 501
분봉왕

吩咐 삼하13:28 264
분부

分數 민16:3 172
분수

奮然 대하25:10 314
분연

分外 잠17:7 394
분외

紛擾 삼상28:15 257
분요

分誼 수22:25 225
분의

紛爭 민27:14 180
분쟁

分定 신4:19 192
분정

奔走 대하23:12 313
분주

噴泉 신8:7 194
분천

分秒 욥8:18 339
분초

糞土 사5:25 413
분토

分派 수18:10 224
분파

憤恨 신29:23 211
분한

忿恨 사10:5 415
분한

焚香 출25:6 115
분향

焚香壇 출30:27 127
분향단

[불]

不可 창18:25 44
불가

不可不 눅14:18
불가불

不可勝數 대하12:2 311
불가승수

不潔 레15:19 147
불결

不潔期 레15:25 147
불결기

不公平 시82:2
불공평

不過 사7:4 413
불과

不久 사10:25 415
불구

不具者 마15:30
불구자

不吉 수23:15
불길

不良 삼상25:17 389
불량

不良者 삼상2:12 243
불량자

不滿 유1:16
불만

不法 욥13:23
불법

不法者 눅22:37 524
불법자

不善 시36:4
불선

不順從 엡2:2 572
불순종

不信者 고전10:27
불신자

不安 시42:5
불안

不完全 레21:18
불완전

不義 출18:21
불의

不義者 욥31:3 349
불의자

不快 삼상18:8
불쾌

不便 행27:12
불편

不平 창37:4
불평

不合 신23:14 205
불합

不和 마10:35
불화

[붕]

朋友 시122:8
붕우

[비]

碑 창35:20
비

比 아1:9
비

秘決 빌4:12 577
비결

比較 삿8:2
비교

卑屈 시107:39 382
비굴

緋緞 계18:12 609
비단

緋緞方席 암3:12 472
비단방석

肥腯 삿3:17 228
비돌

鄙陋 삼하16:7 267
비루

卑陋 욥34:18 350
비루

匪類 삿19:22 237
비류

非夢似夢間 행10:10 539
비몽사몽간

祕密 삼상18:22 251
비밀

誹謗 민12:1 169
비방

妃嬪 에2:14 332
비빈

譬詞 욥27:1 346
비사

比辭 요16:25 532
비사

非常 사28:21 422
비상

碑石 삼하18:18
비석

誹笑 욥27:23 347
비소

鼻笑 겔23:32 456
비소

費用 출28:24 135
비용

脾胃 딤전5:23 586
비위

譬喻 비유	시49:4	368
比喻 비유	잠언1:6	387
婢子 비자	창24:61	53
榧子 비자	창43:11	76
卑賤 비천	욥14:21	341
翡翠玉 비취옥	계21:20	611
琵琶 비파	삼상10:5	246
批判 비판	마7:1	499

[빈]

貧困 빈곤	잠14:21	392
貧窮 빈궁	욥24:4	
嬪宮 빈궁	단5:2	463
貧民 빈민	욥29:12	
貧富 빈부	룻3:10	
貧弱 빈약	시41:1	
嬪嬙 빈장	왕상11:3	281
貧賤 빈천	왕하24:14	297
貧乏 빈핍	삼상2:8	
貧寒 빈한	레25:35	156

[빙]

憑據 빙거	눅6:7	517
聘物 빙물	창34:12	64
憑藉 빙자	슥13:3	134
聘幣 빙폐	출22:16	110

[사]

赦 사	출23:21	
四巨里 사거리	옵1:14	474
事件 사건	민25:18	
四境 사경	시105:31	
四更 사경	마14:25	501
四境內 사경내	신16:4	198
事故 사고	수20:4	
邪曲 사곡	신32:5	213
沙工 사공	왕상9:27	279
史官 사관	삼하8:16	262
舍舘 사관	눅2:7	516
邪鬼 사귀	슥13:2	490
砂金 사금	욥28:6	
詐欺 사기	수7:11	219
事機 사기	삼하15:11	266
史記 사기	대하33:19	
祠堂 사당	왕상16:32	283
四代 사대	창15:16	
使徒 사도	마10:2	500
使徒行傳 사도행전	행1	
事例 사례	에1:13	
謝禮 사례	잠31:28	
謝禮物 사례물	사1:23	410

事理 사리	전8:1	
沙漠 사막	레11:30	
死亡 사망	롬8:6	555
死亡者 사망자	시88:5	
四面 사면	창35:5	
使命 사명	행20:24	544
思慕 사모	창3:16	17
紗帽 사모	사61:10	432
事務 사무	창39:21	72
事務監督 사무감독	대상29:6	306
沙鉢 사발	렘35:5	443
四方 사방	창19:4	
四倍 사배	삼하12:6	
四分 사분	창47:24	
士師 사사	민25:5	178
士師 사사	삿2:16	228
私事 사사	잠23:4	396
私私 사사	사58:14	
士師記 사사기	삿1	
思想 사상	대상28:9	306
私生者 사생자	신23:2	205
邪術 사술	민23:23	176
四時 사시	창1:14	
使臣 사신	수9:4	220

邪神 삼상15:23 249
사신

事實 레6:2
사실

查實 신17:4 199
사실

四十年間 행7:36
사십년간

四十夜 출24:18
사십야

四十餘歲 행4:22
사십여세

邪惡 삼하23:6 271
사악

辭讓 눅14:18 521
사양

事業 잠22:29 395
사업

使役 수16:10 224
사역

使役者 삼상27:12 256
사역자

事緣 민27:5 180
사연

私慾 미7:3 478
사욕

邪慾 골3:5 579
사욕

使用 레19:36
사용

詐僞 호4:2 467
사위

赦宥 왕상8:39 279
사유

私有 대상29:3 306
사유

使者 창16:7 40
사자

獅子 창49:9 83
사자

嗣子 삼하14:7 265
사자

獅子窟 단6:7 464
사자굴

事蹟 창6:9 23
사적

事情 창40:14
사정

私情 고전2:11 559
사정

赦罪 사33:21 425
사죄

死罪 행25:11 548
사죄

死地 잠5:5 388
사지

四指 렘52:21 447
사지

死體 창15:11 38
사체

四寸 레25:49
사촌

詐取 호12:7 469
사취

奢侈 잠19:10 394
사치

沙汰 민23:3 176
사태

私通 겔16:32 454
사통

邪慝 삼하22:27 271
사특

四篇 렘36:23
사편

死刑 마26:66
사형

私和 마5:25 498
사화

使喚 창22:3 49
사환

[삭]

削刀 민6:5 165
삭도

削髮 렘47:5 445
삭발

削除 민27:4 180
삭제

[산]

山 창7:19
산

産 수7:21 219
산

産期 삼상4:19 244
산기

山堂 레26:30 158
산당

散亂 신28:65 211
산란

山麓 신3:17 191
산록

産門 호13:13 469
산문

産物 레25:19 155
산물

散散 삼상2:10 243
산산

山城 민13:19 170
산성

山嶽 시98:8
산악

山岳 계16:20 609
산악

山羊 신14:5 197
산양

産業 창47:27 81
산업

山中 대하27:4
산중

山地 민13:17 170
산지

産婆 창35:17 66
산파

産血 레12:4 144
산혈

珊瑚 욥28:18 348
산호

[살]

殺氣 행9:1 538
살기

殺戮 삼상4:10 244
살육

殺戮罪 호5:2 468
살육죄

殺人 출20:13
살인

殺人者 민35:6 185
살인자

殺害 에8:7 334
살해

[삼]

三更 삼경	눅12:38	520
三區 삼구	신19:3	
三年內 삼년내	사16:14	
森林 삼림	신19:5	201
三面 삼면	겔40:17	
三百十八人 삼백십팔인	창14:14	
三分 삼분	레8:7	
參星 삼성	욥9:9	339
三次 삼차	출23:14	
三寸 삼촌	레25:49	
三層 삼층	창6:16	
三層樓 삼층루	행20:9	
三篇 삼편	렘36:23	444
三絃琴 삼현금	단3:5	462
三兄弟 삼형제	삼상2:16	

[삽]

鍤 삽	신23:13	205

[상]

傷 상	창3:15	17
上 상	창6:16	
床 상	출25:23	116
像 상	출34:13	132
賞 상	룻2:12	
喪家 상가	렘16:5	
相距 상거	창32:16	61
商賈 상고	창23:16	51
詳考 상고	신4:32	192
上古 상고	왕하19:25	
相關 상관	창19:5	45
上官 상관	행16:20	542
賞給 상급	창15:1	38
上納 상납	창47:24	81
上鑱 상납	민31:22	183
上達 상달	출2:23	89
相當 상당	레5:15	140
相對 상대	마18:15	503
相對便 상대편	출22:9	110
上等 상등	출30:23	127
相論 상론	마22:13	504
上陸 상륙	행18:22	
上面 상면	출30:3	
常燔祭 상번제	민28:3	181
喪服 상복	삼하14:2	
喪事 상사	창24:67	53
想像 상상	신31:21	
上席 상석	마23:6	505
上疏 상소	행25:26	549
相續 상속	신18:8	200
相續權 상속권	렘32:8	443
相續者 상속자	창15:2	38
喪失 상실	롬1:28	553
傷心 상심	시147:3	
象牙 상아	왕상10:18	
象牙宮 상아궁	시45:8	367
象牙器皿 상아기명	계18:12	610
象牙床 상아상	암6:4	473
相約 상약	삿20:38	238
商業次 상업차	마22:5	504
喪輿 상여	삼하3:31	259
相議 상의	삿19:30	237
箱子 상자	출2:3	89
上典 상전	출21:4	108
相從 상종	삿18:28	236
上座 상좌	마23:6	
喪主 상주	삼하14:2	265
上直軍 상직군	욥27:18	347
上直幕 상직막	사1:8	409
上策 상책	삼상27:1	256
傷處 상처	왕상22:35	285
上天 상천	신4:39	192
上層 상층	겔42:5	

爽快 상쾌 삼상16:23 250
狀態 상태 행26:4 549
商品 상품 욥41:6
上品物 상품물 신33:15 215
傷寒 상한 신28:22 210
相合 상합 엡4:16 573
傷害 상해 시35:4 364
狀況 상황 단9:18 465

[쌍]
雙 쌍 창6:19 26
雙童 쌍동 창25:24
雙雙 쌍쌍 사21:7
雙胎 쌍태 창38:27 70

[색]
色 색 잠6:25 389
色慾 색욕 살전4:5 581
色點 색점 레13:2 144

[생]
生 생 막2:21
生寡婦 생과부 삼하20:3 270
生氣 생기 창2:7 14
生男 생남 렘20:15
生徒 생도 왕하2:3 287
生靈 생령 창2:7 14

生命 생명 창2:9 14
生命水 생명수 계7:17 608
生命冊 생명책 시69:28 372
生物 생물 창1:20 12
生産 생산 창16:1 39
生鮮 생선 민11:5 168
生鮮門 생선문 대하33:14 317
生疎 생소 사28:11 348
生水 생수 아4:15 407
生時 생시 시49:18
生業 생업 창47:3 80
生育 생육 창1:22 13
生日 생일 욥1:4
生長 생장 창17:23 42
生前 생전 창25:6
生存 생존 창43:27
生存世界 생존세계 사38:11
甥姪 생질 창29:12 57
牲畜 생축 창34:23 64
生葡萄 생포도 민6:3
生活 생활 창27:40
生活費 생활비 막12:44
笙簧 생황 단3:5 462

[서]
西 서 창12:8
瑞光 서광 사21:4 418
書記 서기 왕하12:10
書記官 서기관 삼하8:17 262
書記長 서기장 행19:35 544
署名 서명 욥31:35 349
庶母 서모 창35:22 66
西方 서방 신33:22
誓約 서약 민30:2 182
書院 서원 창28:20 543
誓願 서원 행19:9 57
誓願物 서원물 레27:9 159
誓願者 서원자 레27:9 158
誓願祭 서원제 레22:18 151
庶子 서자 창25:6
書籍 서적 스6:1 322
書册 서책 단9:2 465
書板 서판 사8:1 413
西便 서편 출3:1
西風 서풍 출10:19
西海 서해 신11:24
西向 서향 겔48:21

[석]			先生 선생	왕하2:3		宣布 선포	신1:1	189
石 석	계9:20		善惡 선악	창2:9	14	善行 선행	느6:19	
石榴 석류	출28:33	122	善惡間 선악간	창31:24		鮮血 선혈	사63:3	433
石榴石 석류석	출28:18	121	宣言 선언	신30:18	212	**[설]**		
石榴汁 석류즙	아8:2		先塋 선영	창47:30	81	設計 설계	왕상6:38	
石象 석상	레26:1		先王 선왕	렘34:5		設立 설립	사30:33	
石手 석수	삼하5:11		先人 선인	신19:14		褻慢 설만	느9:18	329
夕陽 석양	수10:26		善人 선인	시125:4		說明 설명	창44:16	
石淸 석청	마3:4	496	船人 선인	계18:17		設備 설비	겔46:23	460
石灰 석회	신27:2	209	船長 선장	겔27:8		泄精 설정	창38:9	69
[선]			宣傳 선전	느6:7	328	楔柱 설주	출12:7	97
善 선	창20:16		選定 선정	수18:4	224	設置 설치	왕상8:21	
船價 선가	욘1:3	475	先祖 선조	창46:34		設或 설혹	창24:41	52
船客 선객	계18:17	610	善終 선종	욥29:18	348	**[섭]**		
先見 선견	사30:10	423	船主 선주	행27:11	550	攝政王 섭정왕	왕상22:47	285
先見者 선견자	삼상9:9	245	先知 선지	합1:12	481	**[성]**		
宣告 선고	시76:8	374	先知者 선지자	창20:7	47	城 성	창4:7	20
善待 선대	민10:29	167	先知者中 선지자중	막8:28		盛 성	창22:17	50
煽動 선동	삼상22:8	254	先進 선진	히11:2	594	聖潔 성결	출15:13	102
先頭 선두	대하20:27		先着 선착	전9:11		聖經 성경	마21:42	504
善良 선량	신6:18	193	船體 선체	행27:17	550	成功 성공	전10:10	
膳物 선물	창30:20		船隻 선척	왕상22:48	286	城廓 성곽	신1:28	189
先鋒 선봉	신3:18	191	選擇 선택	사56:4	430	性急 성급	합1:6	481
膳賜 선사	삼상30:26	257	宣播 선파	삿5:10	229	城內 성내	레25:29	

聖徒 성도	신33:2	215	聖日 성일	출31:14	128	勢力 세력	출14:27	
聖徒中 성도중	롬15:26		聖殿 성전	시5:7		洗禮 세례	마3:6	496
聖靈 성령	마3:16	496	聖殿庫 성전고	마27:6	507	稅吏 세리	마5:46	498
城壘 성루	나3:8	480	性情 성정	행14:15	540	稅吏長 세리장	눅19:2	523
城樓 성루	합2:1	482	城中 성중	창18:24	44	細麻布 세마포	창41:42	74
成立 성립	잠15:22		聖地 성지	렘31:40		細麻布帳 세마포장	출27:9	120
聖幕 성막	출26:1	117	城堞 성첩	사54:12	429	歲末 세말	신11:12	196
聖幕門 성막문	출26:36	119	成就 성취	신18:22	201	細微 세미	출16:14	103
城門 성문	창19:1	45	成胎 성태	창30:2	58	世上 세상	창5:24	22
城門樓 성문루	삼하18:24	268	聖牌 성패	출29:6	123	世上的 세상적	약3:15	597
聖物 성물	출28:38	122	性禀 성품	신2:30	190	細細 세세	삼상3:18	
聖民 성민	신7:6	194	性品 성품	왕상2:4		世世 세세	사34:10	
城壁 성벽	레25:29	155	聖號 성호	레20:3	150	世世無窮 세세무궁	롬16:27	
聖別 성별	느3:1	326	聖會 성회	출12:16	98	世俗 세속	약1:27	596
成事 성사	사48:5					細弱 세약	창41:23	73
聖山 성산	시3:4	360	**[세]**			歲月 세월	창4:3	18
聖所 성소	출15:17	115	貰 세	출22:15	110	歲入金 세입금	왕상10:11	280
聖神 성신	대상12:18	301	稅 세	민31:37		歲初 세초	신11:12	196
誠實 성실	창24:27	52	世系 세계	창10:32	31	洗濯業者 세탁업자	사36:2	425
誠心 성심	창47:29	81	世界 세계	출19:5		洗濯者 세탁자	왕하18:17	293
性慾 성욕	렘2:24		世界上 세계상	욥37:12				
城邑 성읍	창13:12		細工業者 세공업자	계18:22	610	**[소]**		
城邑門 성읍문	삿9:35	233	稅關 세관	마9:9	499	所見 소견	신12:8	
			稅金 세금	스9:8		小鼓 소고	출15:20	102
聖衣 성의	출29:29	125	世代 세대	창7:1	26	少女 소녀	창24:14	

少年 소년	창4:23		小兒 소아	삼상15:3		所向 소향	사47:15	427
騷動 소동	민24:17	177	騷擾 소요	욥3:17	337	巢穴 소혈	렘25:38	441
所得 소득	레6:17	140	所欲 소욕	시10:3	359	燒火 소화	출12:10	97
騷亂 소란	눅21:9	523	所用 소용	출5:7	91	小茴香 소회향	사28:25	422
小路 소로	삿5:6		所願 소원	창4:7	19	**[속]**		
所望 소망	롯1:12	240	所爲 소위	창31:28		屬 속	창14:23	37
小麥 소맥	사28:25	422	所謂 소위	막10:42		速 속	창17:6	
消滅 소멸	민14:33	171	所有 소유	창12:5	33	贖 속	출21:30	110
燒滅 소멸	민16:35	172	所有物 소유물	창31:18		俗 속	레10:10	
所聞 소문	창45:16		所有主 소유주	욥31:39		贖愆 속건	레6:6	140
小便 소변	왕하18:27		所有地 소유지	수1:15		贖愆祭 속건제	레5:6	139
所産 소산	창3:17	17	小邑 소읍	행21:39	545	贖愆祭物 속건제물	레14:13	145
所産物 소산물	욥31:39	349	所任 소임	행24:27	547	俗談 속담	창10:9	31
所産地 소산지	신8:8	194	小子 소자	창43:29		贖良 속량	레19:20	149
所生 소생	창21:9	49	素祭 소제	출29:41	126	贖良物 속량물	사43:3	427
蘇生 소생	창45:27	79	掃除 소제	사14:23	417	束縛 속박	욥36:13	351
蘇醒 소성	시19:7	361	素祭物 소제물	레2:3	137	速速 속속	사5:19	
蕭蕭 소소	욥39:25	353	燒酒 소주	눅1:15	515	贖身 속신	출21:8	108
所屬 소속	창45:11	79	召集 소집	민10:2		贖錢 속전	출21:11	109
訴訟 소송	출18:19	105	所請 소청	스6:9	322	贖罪 속죄	출29:36	125
訴訟狀 소송장	욥31:35	349	所出 소출	창41:47	75	贖罪金 속죄금	출21:30	110
少數 소수	신26:5		掃蕩 소탕	사28:17	422	贖罪物 속죄물	출29:33	125
少時 소시	시25:7		蘇合香 소합향	출30:34	128	贖罪所 속죄소	출25:17	116
消息 소식	창29:13	57	所行 소행	욥36:9	351	贖罪日 속죄일	레23:28	152

贖罪祭 속죄제	출29:14	123	繡 수	출26:1	118	水面 수면	창1:2	
			手巾 수건	출34:33	133	樹木 수목	창23:17	
[손]			受苦 수고	창3:16	17	水門 수문	느3:26	327
孫女 손녀	창36:39		手工物 수공물	시115:4	382	修補 수보	느4:7	327
損傷 손상	레19:27	149	水口 수구	삼하5:8	260	數百 수백	삼상29:2	
損失 손실	삼상25:21	255	守宮 수궁	레11:30	143	守備隊 수비대	삼상13:3	247
孫子 손자	창21:33		竪琴 수금	창4:21	20	愁色 수색	삼상1:18	242
損割禮黨 손할예당	빌3:2	576	囚禁 수금	시68:6	371	搜索 수색	삼상26:20	256
損害 손할	출21:19	109	收納 수납	왕하22:4	295	首席 수석	삼상9:22	
			數年 수년	왕상17:1		水仙花 수선화	아2:1	
[송]			數多 수다	수11:4	222	收拾 수습	렘10:17	437
悚懼 송구	욜2:6	470	手段 수단	신32:27	214	愁心 수심	욥7:13	338
訟事 송사	출23:2	112	水道 수도	왕하18:17	293	垂楊 수양	겔17:5	454
頌祝 송축	왕상8:15	278	水道口 수도구	사36:2	425	鬚髥 수염	레13:29	145
			首頭 수두	민10:14	167	羞辱 수욕	창34:14	64
[쇠]			首領 수령	삼상19:20	252	需用物 수용물	스6:9	322
衰 쇠	출18:18	104	守令 수령	단3:2	462	輸運 수운	왕상5:9	276
衰亡 쇠망	시39:10	365	水路 수로	사18:2		隨員 수원	왕상10:2	280
衰滅 쇠멸	사21:16	419	修理 수리	왕하12:5	291	水源 수원	시78:15	375
衰微 쇠미	민24:22	177	受理 수리	사1:23	410	酬恩祭 수은제	왕상3:15	275
衰弱 쇠약	창47:13		數理 수리	마14:24		酬應 수응	창34:11	63
衰殘 쇠잔	레26:39	158	水瑪瑙 수마노	욥28:16	347	數人 수인	창33:15	
衰盡 쇠진	습2:11	483	數萬 수만	유1:14		收入 수입	학1:6	485
衰敗 쇠패	잠5:11	388	數萬名 수만명	단11:12		數日 수일	창29:20	
[수]								
數 수	창16:10							
壽 수	창25:8							

收藏 수장	신16:13	198	宿所 숙소	출4:24	91	術數 술수	레19:26	149
收藏節 수장절	출23:16	113	**[순]**			**[숭]**		
修殿節 수전절	요10:22	530	順 순	레26:41	158	崇拜 숭배	출23:24	113
守節 수절	창38:11	69	瞬間 순간	수8:19	220	崇拜者 숭배자	엡5:5	574
水晶 수정	욥28:18	348	純潔 순결	출27:20	120	崇尙 숭상	시31:6	362
手足 수족	창41:44		純金 순금	욥28:19		**[슬]**		
水族 수족	욥26:5	346	順理 순리	롬1:26	553	膝下 슬하	창50:23	86
隨從 수종	창40:4	72	順服 순복	삼하22:45	271	**[습]**		
隨從者 수종자	출33:11	131	順序 순서	민2:17		襲擊 습격	수11:7	222
手中 수중	창16:6	40	瞬息間 순식간	출33:5	130	習慣 습관	삼상2:13	
水中 수중	레11:12		順適 순적	창24:12	51	濕氣 습기	욥37:11	
守直 수직	민3:8	162	純全 순전	레13:24	145	**[승]**		
瘦瘠 수척	시6:2	358	純精 순정	대하4:21	309	勝 승	민12:3	169
數千 수천	삼상29:2		順從 순종	창26:5		乘客 승객	겔27:34	
修築 수축	왕상11:27	281	純眞 순진	롬16:18	557	承諾 승낙	몬1:14	591
羞恥 수치	창20:16	48	巡察 순찰	창41:45	74	勝利 승리	삼상26:25	
搜探 수탐	창44:12	78	巡察者 순찰자	단4:13	463	承認 승인	사49:24	43
受胎 수태	눅1:7	515	純靑色 순청색	민4:6	163	勝戰 승전	시45:4	
手下 수하	창16:9	40	巡行 순행	대하17:9	312	勝戰歌 승전가	출32:18	
壽限 수한	삼하7:12	261	巡廻 순회	삼상7:16	245	昇天 승천	왕하2:11	287
收穫 수확	사32:10		**[술]**			**[시]**		
數爻 수효	출5:8	92	術客 술객	창41:8	73	詩 시	대하29:27	
[숙]			術法 술법	출7:11	93	時 시	마8:13	
叔父 숙부	삼상10:14	246	術士 술사	수13:22	223	時刻 시각	신16:6	198

時間 시간 삼상20:35
猜忌 시기 창26:14 55
時期 시기 수3:15 403
時機 시기 롬13:11 556
市內 시내 마8:33
侍女 시녀 창29:24 58
時代 시대 출1:6
豺狼 시랑 시44:19 367
試鍊 시련 잠27:21 397
侍立 시립 왕상10:5 280
媤母 시모 룻1:14 240
視務 시무 창39:11 71
市民 시민 행21:39
市民權 시민권 행22:28
時方 시방 삼하12:23
媤父 시부 창38:13 69
是非 시비 신25:1 207
是非間 시비간 삼하13:22 264
時事 시사 대상29:30 307
時勢 시세 대상12:32 301
時時 시시 시62:8
侍臣 시신 왕하22:12 295
屍身 시신 행5:6 536
侍衛 시위 왕상14:28 282

侍衛隊 시위대 삼하23:23 272
侍衛隊長 시위대장 창37:36 68
侍衛隊長官 시위대장관 렘52:14
侍衛兵 시위병 막6:27 511
侍衛所 시위소 왕상14:28 282
侍衛者 시위자 삼상22:17 254
侍衛廳 시위청 느3:25 327
詩人 시인 민21:27
是認 시인 마10:32 500
時日 시일 호2:13 467
始作 시작 창6:1 22
始作點 시작점 욥26:14 346
嘶腸 시장 삼하17:29 268
市場 시장 사23:3
時節 시절 시1:3
施濟 시제 잠21:26 395
始祖 시조 사43:27
侍從 시종 수1:1 216
始終 시종 대상29:29
侍從長 시종장 렘51:59 447
屍體 시체 창23:13 50
始初 시초 사18:2
詩篇 시편 시1
施行 시행 출21:11 108

試驗 시험 창22:1
試驗 시험 약1:12 596
試驗的 시험적 삼상17:39 250
時候 시후 레26:4

[식]
式 식 행7:44
食口 식구 창47:12
食量 식량 출12:4
食料 식료 창39:6
食料品 식료품 시132:15
食物 식물 창1:29 13
植物 식물 욥8:16
植民地 식민지 행16:12 541
食事 식사 룻2:14
式樣 식양 출25:9 115
食言 식언 민23:19 176
食慾 식욕 잠16:26
食飮 식음 행9:9
食主人 식주인 롬16:23 558
食卓 식탁 창19:3
食後 식후 고전11:25

[신]
神 신 창1:2 11
腎 신 신23:1 204

信 신	사26:2		神性 신성	롬1:20	553	失色 실색	사29:22	423
辛苦 신고	창35:16	65	迅速 신속	스6:8	322	失手 실수	전5:6	
神宮 신궁	욜3:5	471	信實 신실	레6:2	140	失心 실심	렘4:9	435
神奇 신기	벧후1:3	601	信仰 신앙	빌1:27		實情 실정	에2:23	332
腎囊 신낭	신23:1	204	伸冤 신원	신10:8	196	失足 실족	신32:35	215
神堂 신당	삿9:27	233	呻吟 신음	출6:5	92	失敗 실패	롬11:12	
新郎 신랑	시19:5		信任 신임	왕하21:6		失行 실행	민5:12	164
神靈 신령	대상25:1	304	信者 신자	행10:45	539	實行 실행	민23:19	176
信賴 신뢰	대하20:20	313	身長 신장	민13:32				
申命記 신명기	신1		神接 신접	레19:31	150	**[심]**		
神妙莫測 신묘막측	시139:4	384	神接者 신접자	신18:11	200	甚 심	창1:31	13
訊問 신문	삿8:14	232	信聽 신청	잠29:12	398	心靈 심령	왕하5:26	289
訊問所 신문소	행25:23	548	身體 신체	겔32:5		審理 심리	왕상3:28	275
臣民 신민	출1:9	88	申飭 신칙	출19:21	106	審問 심문	욥14:3	341
臣僕 신복	창20:8	48	臣下 신하	창40:20		審問權 심문권	겔23:24	456
臣服 신복	왕하17:3	293	信號 신호	민31:6	183	尋訪 심방	갈1:18	569
臣僕中 신복중	삼하2:15	259	神話 신화	딤전1:4	584	心腹 심복	몬1:12	591
新婦 신부	아4:8		身後 신후	전6:12	402	心碑 심비	고후3:3	566
神社 신사	롬2:22	554	身後事 신후사	전3:22	401	心思 심사	삿5:15	229
紳士的 신사적	행17:11	542				尋常 심상	잠14:9	392
神像 신상	창35:2	65	**[실]**			心術 심술	대하36:8	318
身像 신상	단3:1		實 실	창20:12		心願 심원	단6:1	463
新鮮 신선	시92:10	378	實果 실과	창2:16	15	心臟 심장	삼하18:14	
伸雪 신설	삼상25:39	255	失望 실망	욥31:16		心腸 심장	시7:9	358
			實狀 실상	신9:4	195	心情 심정	삼상1:15	

心中 심중	창17:17	42	衙門 아문	마26:3	506	惡評 악평	민13:32	170
心志 심지	사26:3	421	衙前 아전	대하24:11	314	惡行 악행	레20:14	
甚至於 심지어	신12:31	196	阿諂 아첨	욥32:31	350	惡刑 악형	히11:35	
審判 심판	창18:25	44						
審判臺 심판대	롬14:10	557	**[악]**			**[안]**		
審判者 심판자	욥23:7	345	惡 악	창6:5	23	安寧 안녕	창43:27	
審判長 심판장	시50:6		惡感 악감	행14:2	540	安頓 안돈	민13:30	170
心火 심화	삼하13:2	264	惡鬼 악귀	눅7:21		安樂 안락	렘12:1	437
			樂器 악기	삼하6:5	260	眼力 안력	창29:17	
[십]			惡念 악념	신15:9	198	眼目 안목	시11:4	
十誡 십계	출34:28	133	惡談 악담	시41:9	366	安否 안부	창43:27	77
十誡命 십계명	신4:13	191	惡毒 악독	신32:33	214	顔色 안색	창4:5	18
十度 십도	왕하20:9	294	樂師 악사	시68:25	371	按手 안수	출29:10	123
十里 십리	마5:41		惡性 악성	레13:51		安息 안식	창2:2	14
十夫長 십부장	출18:21		握手 악수	애가5:6	450	安息年 안식년	레25:5	153
十分一 십분일	창15:20		惡神 악신	삼상16:14	249	安息時 안식시	레26:35	158
十餘里 십여리	요6:19		惡心 악심	히3:12		安息日 안식일	출26:25	103
十月 십월	슥8:19		鰐魚 악어	레11:30	143	安息後 안식후	마28:1	508
十一月 십일월	신1:3		惡業 악업	사1:16	410	安心 안심	창43:23	
十一條 십일조	민18:21	172	惡意 악의	롬1:29		眼藥 안약	계3:18	
十字架 십자가	마10:38		惡人 악인	창18:23		晏然 안연	삿8:11	231
十絃琴 십현금	시92:1	378	惡疾 악질	출9:3	94	安穩 안온	욥3:26	337
			惡瘡 악창	욥2:7	336	安慰 안위	창5:29	22
[아]			惡臭 악취	출7:18		安慰者 안위자	욥16:2	342
雅歌 아가	아1:1	405	惡慝 악특	시26:10	362	安逸 안일	욥21:23	344
雅淡 아담	창39:6	71						

鞍裝 안장	창22:3	49	哀哭 애곡	창50:10	85	弱點 약점	롬15:1	
安葬 안장	사14:20	416	哀哭聲 애곡성	욥30:31	349	約定 약정	삼상21:2	253
安全 안전	창12:13		曖昧 애매	벧전2:19	599	約條 약조	수9:6	2220
安靜 안정	대상4:40	299	哀惜 애석	신13:8	197	約條物 약조물	창38:17	69
安存 안존	잠17:27	394	愛粲 애찬	유1:12	606	掠奪 약탈	삼상14:48	248
按察 안찰	왕하13:16	291	哀痛 애통	창23:2	50	掠奪者 약탈자	나2:2	479
[암]			哀痛聲 애통성	욥30:31	349	約婚 약혼	신20:7	
暗殺 암살	신27:24	209	哀呼 애호	사22:12	419	**[양]**		
暗礁 암초	행27:29	550	愛護者 애호자	렘3:4		羊 양	창4:2	
巖穴 암혈	사2:19	410	**[액]**			量 양	마23:32	
暗黑 암흑	출20:21	107	額數 액수	왕하23:35	296	樣 양	행23:15	546
[압]			**[야]**			羊角 양각	수6:4	218
壓迫 압박	민10:9	166	夜更 야경	시119:148	383	兩軍 양군	삼상17:21	
壓迫者 압박자	시119:121	383	惹鬧 야료	삼상18:10	251	洋琴 양금	삼하6:5	260
壓制 압제	창49:15	83	野藤 야등	왕하4:39	288	兩面 양면	출32:15	
壓制者 압제자	사9:4	414	野蠻 야만	롬1:14	552	羊門 양문	느3:1	326
[앙]			野人 야인	골3:11	579	兩方 양방	신19:17	202
仰望 앙망	시25:15	362	**[약]**			兩方間 양방간	신1:16	189
仰慕 앙모	출33:7	131	弱 약	창30:42		養父 양부	사49:23	428
仰帳 앙장	출26:1	117	藥 약	렘30:13		良善 양선	갈5:22	571
殃禍 앙화	잠12:21	391	約 약	막8:9		良順 양순	약3:17	597
[애]			若干 약간	수11:22	222	糧食 양식	창14:11	36
哀歌 애가	대상35:25	318	約束 약속	마20:2		良心 양심	요8:9	
哀乞 애걸	창42:21	75	略傳 약전	창37:2	69	良心上 양심상	히9:9	593

良藥 양약	잠3:8	
養育 양육	창50:23	86
養育者 양육자	룻4:16	241
養子 양자	롬8:15	555
兩隻 양척	욥9:33	340
兩親 양친	눅2:50	
兩便 양편	출18:16	
陽皮 양피	창17:11	42

[어]

馭拒 어거	욥39:7	353
禦拒 어거	약3:3	597
語訥 어눌	사32:4	424
魚鱗甲 어린갑	삼상17:5	250
魚門 어문	느3:3	326
漁夫 어부	마4:19	497
魚鷹 어응	레11:13	142
御印 어인	단6:8	464
御前 어전	에1:10	332
御殿 어전	에5:1	
魚族 어족	신4:18	192
御酒 어주	에1:7	331

[억]

| 抑留 억류 | 창43:18 | 77 |
| 抑壓 억압 | 사14:6 | 416 |

抑鬱 억울	창30:6	58
抑制 억제	창43:31	77
臆志 억지	창31:31	60
抑奪 억탈	겔18:7	455
抑奪物 억탈물	겔33:15	458

[언]

言渡 언도	눅23:24	524
言辭 언사	창37:4	67
言約 언약	창6:18	26
言約櫃 언약궤	민10:33	167
言約書 언약서	출24:7	114
言約冊 언약책	왕하23:2	296
言語 언어	창11:1	
言爭 언쟁	딤전6:4	

[얼]

| 蘖 얼 | 시106:32 | 381 |

[엄]

嚴 엄	창42:7	75
嚴禁 엄금	행5:28	536
淹沒 엄몰	시42:7	366
掩襲 엄습	창34:25	64
嚴威 엄위	시47:2	368
嚴壯 엄장	단8:23	464
嚴重 엄중	삼상5:6	244

[업]

| 業 업 | 창15:7 | 466 |

[여]

如干 여간	잠15:17	393
餘年 여년	사38:10	425
餘望 여망	행27:20	550
餘名 여명	욘4:11	476
與否 여부	창8:8	
如常 여상	출4:7	91
女先知 여선지	삿4:4	229
女先知者 여선지자	대하34:22	
女孫 여손	수17:6	
如數 여수	출5:18	92
女神 여신	왕상11:5	
女兒 여아	마14:11	
女王 여왕	왕상10:1	
女人 여인	창12:11	
女人中 여인중	창36:2	
女子 여자	창1:27	
如前 여전	창29:3	
女弟子 여제자	행9:36	
女主人 여주인	창16:4	39
如此如此 여차여차	수7:20	219
如出一口 여출일구	왕상22:13	285

旅行 여행	민9:10		研究 연구	출31:4		年歲 연세	창47:8	
旅行中 여행중	눅11:6		演劇場 연극장	행19:29	543	年少 연소	룻3:10	
女皇 여황	계18:7	609	煙氣 연기	창15:17		連續 연속	욥41:3	
			煙氣 연기	사6:4	413	年數 연수	레25:15	155
[역]			延期 연기	행24:22	547	練熟 연숙	렘50:9	446
役軍 역군	왕상5:13	282	年年 연년	출13:10		練習 연습	창14:14	36
歷代 역대	신32:7		鍊鍛 연단	욥28:1	347	鍊習 연습	사2:4	
歷代上 역대상	대상1		鍊達 연달	히12:11	594	沿岸 연안	삿11:26	234
歷代志略 역대지략	왕상14:19	276	年代 연대	신32:7		戀愛 연애	창29:18	
力量 역량	스2:69		宴樂 연락	출26:4	198	軟弱 연약	신28:54	211
逆理 역리	롬1:26	553	聯絡 연락	신16:14		戀人 연인	렘4:30	
役事 역사	출1:13	88	聯絡 연락	삼상18:1	251	研子 연자	마18:6	503
力士 역사	삿3:29		連絡 연락	전10:16	403	連接 연접	왕상6:5	276
亦是 역시	느5:10	327	戀戀 연련	창34:3	63	年終 연종	출23:16	113
驛卒 역졸	에3:13	333	年老 연로	욥15:10		演奏 연주	시33:3	363
瀝靑 역청	창6:14	25	鍊磨 연마	시64:3	370	年齒 연치	출6:16	93
			年末 연말	삼하14:26		年限 연한	창1:14	12
[연]			延命 연명	출21:21	109	聯合 연합	창2:24	15
連 연	출25:19		戀慕 연모	잠5:19	388	連合 연합	겔37:17	459
軟 연	신32:2		捐補 연보	대하34:9	317	聯合國 연합국	렘50:9	446
鉛 연	욥19:24	343	捐補櫃 연보궤	막12:41	512	連婚 연혼	대하18:1	312
蓮 연	욥40:21		年復年 연부년	삼하21:1	270	宴會 연회	삿9:27	233
輦 연	아3:7	406	年事 연사	시65:11	371	宴會長 연회장	요2:8	527
年甲者 연갑자	갈1:14	569	宴席 연석	마14:6	501			
聯結 연결	엡2:21	573						
緣故 연고	창12:17	33						

憐恤 연휼	시102:14	379

[열]

列國 열국	창10:32	31
列國中 열국중	민24:20	177
熱氣 열기	욥30:30	
悅納 열납	창4:4	18
熱烈 열렬	신29:24	211
列邦 열방	창17:6	41
列邦中 열방중	애1:1	448
熱病 열병	레26:16	157
熱誠 열성	시69:9	
熱心 열심	삼하21:2	
列王 열왕	창17:16	42
列王記 열왕기	왕상1	
熱情 열정	렘51:39	
列祖 열조	창25:8	53
列族 열족	사66:18	433
裂破 열파	렘4:20	435

[염]

鹽 염	시107:34	381
鹽谷 염곡	삼하8:13	262
念慮 염려	창38:11	69
染病 염병	레26:25	157
鹽城 염성	수15:62	223

殮襲 염습	렘25:33	441
厭症 염증	욥4:2	337
廉恥 염치	삼하6:20	261
鹽海 염해	창14:3	35

[영]

靈 영	출28:3	120
營 영	대상9:18	299
嶺 영	사10:29	415
靈感 영감	왕하2:9	287
英傑 영걸	창10:8	31
榮光 영광	창49:6	527
榮光中 영광중	막10:37	512
永久 영구	신29:29	
零落 영락	스6:9	323
營門 영문	삼상10:5	246
永罰 영벌	마25:46	506
永生 영생	창3:22	17
零星 영성	대상16:19	302
永世 영세	창9:12	29
永世前 영세전	롬16:25	558
永贖 영속	단9:24	465
領率 영솔	민10:14	167
嬰兒 영아	렘48:4	
羚羊 영양	사51:20	428

營業 영업	시107:23	381
永永 영영	창44:32	
榮譽 영예	왕하16:35	303
英雄 영웅	출15:15	102
永遠 영원	창6:3	22
永遠無窮 영원무궁	출15:18	102
營長 영장	대하26:11	315
伶長 영장	시4:0	357
靈的 영적	롬12:2	556
迎接 영접	창14:1	37
永存 영존	시49:9	368
領地 영지	대상6:66	299
營寨 영채	삼하11:11	263
領土 영토	시114:2	
影響 영향	욥35:6	351
靈魂 영혼	삿5:21	230
榮華 영화	창45:13	79

[예]

禮 예	막15:18	513
例 예	요11:2	
豫告 예고	행7:52	537
銳利 예리	히4:12	592
禮物 예물	창32:13	
禮拜 예배	요4:20	528

禮法 예법	히9:1		五旬節 오순절	행2:1	534	溫柔 온유	민12:3	169
禮服 예복	레21:10	151	五十間 오십간	요21:8		穩全 온전	창20:5	47
豫備 예비	창24:31	52	汚穢物 오예물	겔7:19	452	溫泉 온천	창36:24	
豫備日 예비일	마27:62	507	五月 오월	민33:38				
豫算 예산	눅14:28		五月間 오월간	슥7:3		**[올]**		
豫選 예선	삼상16:1	249	午正 오정	창18:1		兀鷹 올응	레11:18	143
禮式 예식	출12:25		午餐 오찬	마22:4	504	**[옹]**		
豫言 예언	민11:25	168	五尺 오척	겔40:7		甕器匠 옹기장	대상4:23	298
禮節 예절	롬16:2	557	誤解 오해	신32:27	214	甕器店 옹기점	창19:28	46
豫定 예정	사30:32	423	嗚呼 오호	삼하1:19	258	擁圍 옹위	아3:7	406
豫兆 예조	왕상13:3	282				擁衛 옹위	사66:15	433
豫表 예표	사8:18	414	**[옥]**			**[와]**		
[오]			獄 옥	창39:20		瓦礫 와륵	욥41:30	355
五代孫 오대손	대상4:37		獄門 옥문	행5:19	536	**[완]**		
娛樂 오락	사58:3		玉石 옥석	계18:12	609	頑強 완강	출7:14	93
五里 오리	마5:14		玉髓 옥수	계21:19	610	頑固 완고	삼상15:23	249
傲慢 오만	삼상2:3	243	獄卒 옥졸	마18:34	503	腕力 완력	욥30:21	349
烏木 오목	겔27:15	457	獄中 옥중	창39:21	71	完備 완비	대하8:16	
奧妙 오묘	신29:29	212	沃土 옥토	신8:10	195	完成 완성	롬13:10	
五倍 오배	창43:34		玉盒 옥합	마26:7	506	頑惡 완악	신21:18	203
五百分之 오백분지	민31:28		**[온]**			宛然 완연	고전6:7	560
五百餘 오백여	고전15:6		溫氣 온기	시19:6		完全 완전	창6:9	24
五分 오분	창41:34		溫良 온량	잠15:4	393	頑悖 완패	잠7:11	389
誤殺 오살	신4:42	193	溫順 온순	사40:11		**[왕]**		
			瘟疫 온역	출5:3	452	王 왕	창14:1	
						王谷 왕곡	창14:17	37

王冠 왕관	에6:8		外貌 외모	신1:17	189	妖術者 요술자	사3:3	411
王國 왕국	시46:6		外邦人 외방인	레22:25		搖祭 요제	출29:24	125
王宮 왕궁	출8:9		外三寸 외삼촌	창28:2		搖祭物 요제물	출29:27	125
王權 왕권	마16:28	502	外城 외성	대하32:5	317	腰痛 요통	사21:3	418
王都 왕도	수10:2	221	外所 외소	왕상6:17		要害處 요해처	삼하5:17	260
往來 왕래	창8:7		外飾 외식	레18:10	498			
王命 왕명	에1:12		喂養間 외양간	왕상4:26		[욕]		
王服 왕복	왕상22:10		外人 외인	창31:15	161	辱 욕	창16:5	40
王妃 왕비	왕상11:19		外殿 외전	겔41:15	459	欲望 욕망	사5:14	412
旺盛 왕성	창26:13	55	外祖母 외조모	딤후1:5	588	慾心 욕심	시78:30	
王城 왕성	삼하12:26		外祖父 외조부	창28:2		[용]		
王室 왕실	삼상22:14		外套 외투	수7:21	219	龍 용	욥7:12	338
王位 왕위	신17:18					勇敢 용감	민24:18	
王子 왕자	삿8:18		[요]			勇氣 용기	삼상30:6	
王子中 왕자중	삼하9:11		料 요	눅3:14	516	容納 용납	창13:6	34
王族 왕족	왕하25:25		褥 요	시6:6	358	用度 용도	고후11:9	567
王座 왕좌	단7:9		要求 요구	신10:12		容量 용량	겔45:11	460
王后 왕후	느2:6	325	要緊 요긴	행15:28	541	勇力 용력	왕하18:20	293
王候 왕후	욥21:28	344	搖動 요동	삿9:9	233	勇猛 용맹	삿18:2	235
			搖亂 요란	신7:23	194	容貌 용모	창39:6	70
[외]			料理 요리	창18:7		勇士 용사	창6:4	22
外 외	창19:12		料理人 요리인	삼상9:23		容恕 용서	창18:24	44
外國 외국	행26:11		要塞 요새	삼상22:4	253	容身 용신	막2:2	510
外國人 외국인	레22:10		妖術 요술	신18:10	200	容認 용인	사57:6	431
外面 외면	왕상7:9		妖術客 요술객	사19:3	418	春精 용정	대하2:10	308

龍井 용정	느2:13	326
[우]		
右 우	창13:9	
寓居 우거	창12:10	33
憂苦 우고	출3:7	90
愚鈍 우둔	시19:7	361
雨露 우로	삼하1:21	258
雨雷 우뢰	출19:16	105
愚昧 우매	민12:11	169
愚昧無知 우매무지	신32:6	213
愚昧者 우매자	전2:14	400
愚氓 우맹	마23:17	505
雨雹 우박	출9:18	94
偶像 우상	출20:4	106
偶像 우상	삼상19:13	252
右手 우수	창48:13	81
牛膝草 우슬초	출12:22	99
優勝 우승	신7:14	194
尤甚 우심	사28:22	422
友愛 우애	롬12:10	556
牛羊 우양	창24:35	
偶然 우연	민35:22	187
優劣 우열	레27:33	
優劣間 우열간	레27:10	

牛乳 우유	창18:8	
友誼 우의	렘2:2	434
友情 우정	욥29:4	
宇宙 우주	행17:24	542
愚蠢 우준	신32:21	214
雨澤 우택	시104:16	380
右便 우편	출29:22	
右向 우향	겔21:16	
憂患 우환	시107:39	382
[운]		
運動 운동	마14:2	
運動力 운동력	히4:12	
運動場 운동장	고전9:24	
殞命 운명	막15:37	513
雲母石 운모석	에1:6	
雲霧 운무	사18:4	417
運搬 운반	민1:50	161
運轉 운전	약3:4	597
雲梯 운제	겔4:2	451
運河 운하	출7:19	93
運行 운행	창1:2	11
芸香 운향	눅11:42	519
[울]		
鬱憤 울분	잠22:24	395

[웅]		
雄據 웅거	왕상11:24	281
雄壯 웅장	시68:33	372
[원]		
願 원	창12:13	
冤 원	렘50:34	446
原居人 원거인	창36:20	66
原告 원고	잠18:17	394
遠近 원근	신21:2	
元年 원년	왕하25:17	297
元來 원래	느13:5	
元老 원로	행5:21	536
圓滿 원만	잠4:18	388
怨望 원망	출15:24	102
遠方 원방	신29:22	
怨讐 원수	창3:15	17
元始 원시	렘17:12	439
遠視 원시	벧후1:9	601
願欲 원욕	전12:5	404
冤情 원정	렘11:20	437
源泉 원천	창49:25	84
冤痛 원통	삼상1:16	242
怨恨 원한	민35:22	187
冤恨 원한	호9:7	468

怨嫌 원혐	신4:42	193
[월]		
月 월	계9:15	
月經 월경	겔18:6	455
月望 월망	시81:3	375
月朔 월삭	민10:10	166
[위]		
爲 위	창2:18	15
位 위	출11:5	
胃 위	신18:3	
危境 위경	시107:20	381
違骨 위골	창32:25	62
威光 위광	창49:3	82
危急 위급	삼상13:6	
偉大 위대	시93:4	
偉力 위력	사8:7	
威令 위령	합1:7	481
慰勞 위로	창24:67	
慰勞者 위로자	전4:1	401
慰問 위문	요11:19	531
違反 위반	겔44:7	
違法 위법	행10:28	539
爲先 위선	레23:10	152
緯線 위선	삿16:13	235

威勢 위세	사66:15	433
衛所 위소	왕상16:18	283
慰安 위안	시94:19	
威嚴 위엄	출15:7	101
威儀 위의	행25:23	549
爲人 위인	습3:4	483
委任 위임	창39:4	70
委任式 위임식	출29:22	125
委任祭 위임제	레7:37	141
危重 위중	왕상17:17	283
僞證 위증	신19:16	202
僞證人 위증인	신19:18	
僞證者 위증자	시27:12	
位置 위치	민2:17	
委托 위탁	민27:19	180
委託 위탁	렘29:3	441
危殆 위태	대상12:19	301
威風 위풍	잠30:29	398
爲限 위한	삿11:38	234
危險 위험	신8:15	195
威脅 위협	시10:18	359
[유]		
留 유	창26:3	
柔 유	사1:6	409

類 유	삿9:4	233
有酵物 유교물	출12:19	99
有酵餅 유교병	출12:15	98
有口無言 유구무언	마22:12	504
鍮器 유기	레6:28	141
幼年 유년	민30:16	182
有德 유덕	잠11:16	
有力 유력	룻2:1	240
有力者 유력자	전9:11	
幽靈 유령	마14:26	502
流離 유리	창4:12	19
琉璃 유리	욥28:17	348
蹂躪 유린	사63:18	433
有名 유명	창6:4	
幽冥 유명	잠15:11	393
乳母 유모	창24:59	
有無 유무	민13:20	
乳房 유방	욥3:12	337
幽僻 유벽	삼상25:20	255
有福 유복	시89:15	
有夫女 유부녀	신22:22	
有司 유사	출22:28	111
有司長 유사장	렘20:1	440
留宿 유숙	창24:23	52

柔順 유순	신28:54	211	流質 유질	출30:23	127	六尺 육척	겔40:5	
有識 유직	사29:11		流出 유출	레15:13	146	肉體 육체	창6:3	22
遺失物 유실물	레6:4	140	流出病 유출병	레15:2	146	六畜 육축	창2:20	15
留心 유심	전7:2	402	幼稚 유치	신28:50	211	**[윤]**		
有心 유심	사21:7	418	愉快 유쾌	잠23:16	396	潤澤 윤택	신32:15	213
幼兒 유아	출12:37		流行 유행	신29:22		**[율]**		
幽闇 유암	신4:11	191	乳香 유향	창37:25	67	律 율	마24:51	
幽暗 유암	욥3:5	337	油香 유향	대상9:29	300	律例 율례	창26:5	55
幼弱 유약	창33:13	62	乳香木 유향목	아4:14	407	律法 율법	출13:9	100
遺言 유언	대상23:27	304	誘惑 유혹	민25:18	179	律法問題 율법문제	행23:29	
遺業 유업	창28:4	57	幽魂 유혼	시88:10	377	律法師 율법사	눅7:30	517
有餘 유여	말2:15	491	硫黃 유황	창19:24	46	律法士 율법사	마22:35	
裕餘 유여	고후8:14	566				律法書 율법서	신17:18	199
猶豫 유예	삼상11:3	247	**[육]**			律法冊 율법책	신31:26	
逾越節 유월절	출12:11	97	肉 육	요3:6		**[은]**		
猶爲不足 유위부족	요三1:10	605	六個月 육개월	대상3:4		銀 은	창20:16	
留意 유의	욥1:8	336	肉桂 육계	출30:23	127	銀龕室 은감실	행19:24	543
有益 유익	창25:23	55	六百乘 육백승	출14:7	100	慇懃 은근	렘13:17	448
誘引 유인	수8:6	220	肉饍 육선	잠17:1	394	銀金 은금	창13:2	
唯一 유일	시22:20		肉身 육신	신5:26		銀大楪 은대접	왕하12:13	291
遺傳 유전	창7:3	27	肉身 육신	롬1:3	552	銀燈臺 은등대	대상28:15	
有助 유조	욥15:3	342	肉的 육적	골2:11	578	銀物 은물	왕하25:15	
裕足 유족	삼상2:5	243	肉情 육정	요1:13	527	隱微 은미	왕상10:3	280
留陳 유진	민9:18	166	陸地 육지	창7:22	27	隱密 은밀	민12:8	169
			六枝槍 육지창	사30:24	423			

銀箔 은박	렘10:9	436	陰靈 음령	욥26:5	346	應諾 응락	왕하12:8	291
銀盤 은반	민7:13	165	飮料 음료	요6:55	528	應食 응식	레8:29	141
隱秘 은비	사48:6	428	陰府 음부	창37:35	68	應用 응용	전10:19	404
恩賜 은사	렘31:12	442	陰府 음부	눅16:23	522	應驗 응험	겔12:22	453
銀床 은상	대상28:16		淫婦 음부	레20:10	150	[의]		
隱身處 은신처	시32:7	363	音聲 음성	창3:8	16	義 의	창15:6	
銀偶像 은우상	사31:7	424	飮食 음식	창37:25		義 의	롬3:21	554
殷殷 은은	시81:7	375	陰室 음실	렘37:16	444	意見 의견	창20:10	48
隱匿 은익	창37:26	68	淫心 음심	벧후2:14	602	依例 의례	에2:9	332
恩人 은인	눅22:25	524	音樂 음악	대하34:12		議論 의론	삼하19:43	269
銀盞 은잔	창44:2	78	陰翳 음예	욥28:3	347	依賴 의뢰	레26:26	157
銀匠色 은장색	삿17:4	235	淫慾 음욕	사57:5		義理 의리	잠11:4	390
銀錚盤 은쟁반	잠25:11		陰沈 음침	시23:4	361	義務 의무	신25:5	208
隱跡 은적	삼상23:22	254	淫蕩 음탕	시106:39	381	疑問 의문	단5:12	
恩寵 은총	창32:10	61	淫風 음풍	레19:29	150	儀文 의문	롬2:27	554
恩擇 은택	시51:18	369	淫行 음행	민25:1	178	衣服 의복	창35:2	65
隱蔽 은폐	렘16:17	438				衣服中 의복중	미2:8	
銀行 은행	눅19:23		[읍]			醫師 의사	창50:2	
恩惠 은혜	창6:8	23	邑 읍	수3:16		議士 의사	대상26:14	305
隱諱 은휘	시40:10	365	邑內 읍내	막5:14		意思 의사	잠18:2	
[음]			邑長 읍장	행17:6	542	依數 의수	눅6:34	517
陰囊 음낭	신25:11	208	[응]			疑心 의심	민5:14	164
淫女 음녀	잠2:16	387	應 응	민11:23		醫藥 의약	렘46:11	
淫亂 음란	출34:15	132	應答 응답	창35:3	65	醫員 의원	대하16:12	312
			應得 응득	렘13:25	438			

議員 의원	눅23:50	524	異邦神 이방신	신31:16	212	移種 이종	사17:10	417
義人 의인	창6:9	24	異邦中 이방중	출12:49	452	二週年 이주년	삼하13:23	
椅子 의자	삼상1:9		異腹 이복	창20:12	48	痢疾 이질	행28:8	551
依支 의지	민1:18	161	移徙 이사	창20:1	47	理致 이치	욥38:2	352
依托 의탁	삿3:15	228	離散 이산	사11:12	415	以下 이하	겔8:2	
依託 의탁	대하14:11	311	異常 이상	창15:1	38	理解 이해	엡5:17	574
意合 의합	암3:3	472	異像 이상	창46:2	80	履行 이행	레26:9	157
意向 의향	수9:25	221	以上 이상	레26:46		離婚 이혼	레21:7	151
疑惑 의혹	요10:24	530	異狀 이상	행28:6		離婚書 이혼서	사50:1	
[이]			異像中 이상중	욥23:15	350	離婚證書 이혼증서	마19:7	
利 이	출18:21		理性 이성	벧후2:12	601	以後 이후	창11:6	32
離間 이간	잠6:19	389	利息 이식	레25:36	156	**[인]**		
移居 이거	마1:11	495	已往 이왕	창20:18	48	因 인	창3:17	17
二更 이경	삿7:19	231	以外 이외	겔23:38		印 인	출28:11	121
異端 이단	행24:5	547	利慾 이욕	겔33:31	458	人 인	민14:13	
移動 이동	신19:14	201	二月 이월	창7:11		仁 인	마23:23	
二頭 이두	민31:38	183	二月班 이월반	대상27:4		認可 인가	출18:23	105
以來 이래	출9:18	94	理由 이유	삼상17:29		人間 인간	신32:26	
理論 이론	고후10:5		利益 이익	레25:37	156	人口 인구	삼하24:1	
二萬萬 이만만	계9:16		利子 이자	사24:2		忍耐 인내	눅8:15	518
二萬石 이만석	대하2:10		異蹟 이적	출3:20	90	引導 인도	창19:16	46
裏面的 이면적	롬2:29	554	以前 이전	창41:31		印度 인도	에1:1	
姨母 이모	레18:13		移轉 이전	렘6:12		引導者 인도자	사3:12	
異邦 이방	창15:13	38	異族 이족	왕상11:8	281	人類 인류	렘32:19	

人民 인민	창14:16	
印封 인봉	렘32:11	443
人糞 인분	겔4:12	452
人事 인사	왕하4:29	
吝嗇 인색	고후9:7	567
人生 인생	민23:19	
人數 인수	출12:4	96
人心 인심	삼하15:13	
仁愛 인애	창47:29	81
姻緣 인연	왕상3:1	274
仁慈 인자	창19:16	46
人子 인자	민23:19	176
印章 인장	창41:42	
印章斑指 인장반지	민31:50	183
人跡 인적	출34:3	
認定 인정	창30:33	60
人情 인정	욥16:13	342
人種 인종	창19:32	
茵蔯 인진	호10:4	468
人形 인형	사44:13	

[일]

日 일	계1:15	
一家 일가	요18:26	
一箇月 일개월	레27:6	
一箇月間 일개월간	민11:20	
一境 일경	창17:8	41
日光 일광	욥8:16	
一口二言 일구이언	딤전3:8	
日記 일기	에10:2	
一年中 일년중	민28:14	
逸樂 일락	눅8:14	518
一例 일례	출22:17	
一般 일반	출9:34	95
一百三十歲 일백삼십세	창5:3	
一部分 일부분	창5:3	
一生 일생	민22:30	
一時 일시	사43:17	
一時間 일시간	계18:10	
一息間 일식간	시90:9	378
一心 일심	수9:2	
日影表 일영표	왕하20:11	294
日用 일용	출16:4	103
日用品 일용품	에2:9	332
日月星辰 일월성신	신17:3	199
一日分 일일분	왕상4:22	
日字 일자	창1:14	
一切 일절	민8:16	166
一點 일점	마5:16	
一定 일정	욥23:12	
一齊 일제	출19:8	
一晝夜 일주야	고후11:25	
一次 일차	출30:10	
一體 일체	레17:14	
一致 일치	겔11:19	
一平生 일평생	왕상11:25	
一行 일행	창13:5	34
一向 일향	민30:14	182
一毫 일호	렘38:14	444
一劃 일획	마5:18	

[임]

臨 임	창15:1	38
任命 임명	왕하8:6	
臨迫 임박	왕상2:1	
臨産 임산	창35:16	65
臨時 임시	겔33:22	
任意 임의	창2:16	15
臨終時 임종시	히11:22	594

[입]

入棺 입관	창50:26	86
入敎 입교	행6:5	537
入口 입구	삿1:24	
入番 입번	왕하11:5	290

入番者 입번자	약4:12		自白 자백	겔12:16	453	紫晶 자정	계21:20	611
入參 입참	민4:23	163	自服 자복	레5:5	138	自足 자족	빌4:11	576
[잉]			子婦 자부	창6:18	26	自尊 자존	살후2:4	582
孕胎 잉태	창3:16	17	慈悲 자비	출22:27	111	紫朱 자주	아7:5	
[자]			自備糧 자비량	고전9:7	562	紫紬 자주	행16:14	542
者 자	창3:20		赭山 자산	사13:2	416	自主者 자주자	갈3:28	570
字 자	출32:16		紫色 자색	출25:4		自體 자체	약2:17	
刺客 자객	행21:38	545	仔細 자세	창42:29		自責 자책	삼하24:10	272
自決 자결	요8:22	529	藉勢 자세	벧전5:3	600	自處 자처	행13:46	540
自高 자고	출9:17	94	子孫 자손	창5:1		自薦 자천	고후3:1	565
鵁鶄 자고	렘17:11	439	子孫中 자손중	창36:15		自請 자청	삼상3:13	
自古 자고	렘28:8		紫水晶 자수정	출28:19	122	自取 자취	삼하16:8	267
自古以來 자고이래	욜2:2		子息 자식	창3:16		自稱 자칭	사44:5	
自今 자금	사9:7	414	自身 자신	창35:2		**[작]**		
自矜 자긍	삿7:2	230	自若 자약	욥40:23	354	斫伐 작벌	신20:19	202
自己 자기	창1:27		子與孫 자여손	출34:7	131	作別 작별	미1:14	
子女 자녀	창5:4		自願 자원	출35:21	134	作定 작정	삼하17:14	267
子女間 자녀간	레12:6		自由 자유	출21:2		**[잔]**		
自斷 자단	출18:26	105	自由人 자유인	골3:11	579	盞 잔	창40:11	72
資料 자료	사23:18		自由者 자유자	고전7:22		殘滅 잔멸	렘25:38	441
紫馬 자마	슥1:8	487	自意 자의	레22:21		殘忍 잔인	잠11:17	391
自慢 자만	렘23:32		自意的 자의적	골2:23	579	潺潺 잔잔	시107:29	381
姉妹 자매	레18:9		刺字 자자	사3:24	412	殘暴 잔포	단9:27	465
子民 자민	시149:2	385	子子孫孫 자자손손	왕하17:41		殘暴者 잔포자	잠5:9	388

殘虐 잔학	렘30:14	442	長年 장년	호12:3		將帥 장수	대상13:1	
殘害 잔해	창49:5	82	長短 장단	출26:2		粧飾 장식	삿8:21	232
殘酷 잔혹	욥30:21	349	壯談 장담	눅22:59	524	裝飾品 장식품	겔16:17	454
[잠]			長大 장대	민13:32	170	障碍 장애	시57:6	369
暫間 잠간	삿20:36	238	壯大 장대	사18:2		障碍物 장애물	레19:14	149
暫時 잠시	민4:20	163	將來 장래	출13:14		壯嚴 장엄	사30:30	423
暫時間 잠시간	욥24:24	346	將來事 장래사	사41:22	426	長幼 장유	창43:33	77
箴言 잠언	왕상4:32	275	壯麗 장려	대상22:5	303	丈人 장인	출3:1	
潛潛 잠잠	창34:5	63	獎勵 장려	시64:5	370	匠人 장인	삿5:26	230
[잡]			葬禮法 장례법	요19:40		長子 장자	창10:15	
雜 잡	욥31:40		長老 장로	창50:7	85	壯丁 장정	출12:37	
雜類 잡류	신13:13	197	將立 장립	대하13:9	311	掌中 장중	시71:4	372
雜稅 잡세	스4:13	321	帳幕 장막	창4:20	20	葬地 장지	삿16:31	235
雜族 잡족	출12:38	99	帳幕門 장막문	출33:10	131	將次 장차	창41:35	
[장]			將亡城 장망성	사19:18	418	長兄 장형	삼상17:28	250
長 장	창6:15	25	丈母 장모	레20:14	150	**[재]**		
帳 장	출26:35	119	臟腑 장부	출29:17	124	齋戒 재계	슥7:3	488
長劍 장검	잠30:14	398	丈夫 장부	사46:8		災難 재난	창42:4	75
長官 장관	출14:7		葬事 장사	창15:15	39	才能 재능	출38:23	
將官 장관	욥39:25	353	壯士 장사	대상28:1		才德 재덕	출18:21	105
長廣 장광	출28:16	121	匠色 장색	신27:15	209	材料 재료	창50:3	
長久 장구	신5:33		長成 장성	창21:20		財利 재리	마13:22	501
將軍 장군	계6:15		場所 장소	창26:22		材木 재목	레14:45	
壯年 장년	욥30:2		長壽 장수	창15:15	39	財務 재무	롬16:23	558

財務官 재무관	단3:2		著述 저술	눅1:2	515	專 전	창19:32	535
財物 재물	창14:11	36	貯藏 저장	창41:36	74	殿 전	창28:17	57
栽培 재배	시107:37	381	詛呪 저주	창3:14	16	專 전	행2:42	
財産 재산	창34:23	64	貯蓄 저축	창6:21	26	殿閣 전각	렘6:5	436
再三 재삼	욥33:29		沮戲 저희	스4:5	321	殿閣直 전각직	행19:35	544
宰相 재상	잠8:16	390				全蝎 전갈	신8:15	195
災殃 재앙	창12:17	34	**[적]**			全境 전경	출10:15	95
才操 재조	출31:3	128	敵 적	요—2:18	603	全國 전국	창41:43	
再次 재차	행7:13		敵國 적국	민24:8	177	前軍 전군	욜2:20	470
裁判 재판	출18:13	104	敵軍 적군	신23:14	205	全權 전권	에9:29	
裁判官 재판관	삼하15:4	266	適當 적당	민32:1		全能 전능	창17:1	41
裁判席 재판석	사28:6		賊黨 적당	왕하13:20	291	全能者 전능자	창49:24	84
裁判者 재판자	미5:1	477	寂寞 적막	욥3:7	337	典當 전당	출22:26	111
裁判長 재판장	출21:6	108	籍沒 적몰	스7:26	323	典當物 전당물	겔18:7	
災害 재해	창44:29	78	摘發 적발	창44:16	78	纏袋 전대	수9:4	220
災禍 재화	삼하12:11	263	敵兵 적병	대하13:14		纏帶 전대	잠1:14	387
			敵手 적수	출21:18	109	傳道 전도	마11:1	500
[쟁]			赤身 적신	욥1:21	336	傳道書 전도서	전1:0	
爭論 쟁론	삿6:32	230	的實 적실	단6:12	464	傳道人 전도인	딤후4:5	589
爭辯 쟁변	욥9:3	339	赤子 적자	사3:4	411	傳道者 전도자	전1:1	
錚錚 쟁쟁	욥39:23	353	敵陳 적진	삿7:9	231	戰亂 전란	사3:25	
爭鬪 쟁투	롬13:13	556	積蓄 적축	호13:15	469	前例 전례	룻4:7	
			積置 적치	창41:35	74	傳例 전례	시122:4	384
[저]						戰慄 전률	합3:6	482
沮喪 저상	삼하17:10	267	**[전]**					
貯水池 저수지	사22:11		前 전	창13:3	34			

田里 전리	느13:10	330
戰馬 전마	겔27:14	457
前面 전면	출26:9	
全滅 전멸	수2:10	217
專務 전무	행6:4	537
前無後無 전무후무	출11:6	96
殿門 전문	왕하12:9	291
前陪 전배	삼하15:1	266
前番 전번	왕하1:14	287
煎餅 전병	출29:2	123
轉覆 전복	렘31:28	443
全部 전부	출25:36	
前夫 전부	신24:4	206
戰死 전사	신20:5	202
戰士 전사	삿20:17	
前書 전서	고전1	
戰勢 전세	왕하3:26	
餞送 전송	창18:16	44
全身 전신	창25:25	
全身甲冑 전신갑주	엡6:11	574
全心 전심	삼상7:3	
全心全力 전심전력	딤전4:15	
傳言 전언	출18:6	104
傳染 전염	레15:24	147

傳染病 전염병	민14:12	
典獄 전옥	창39:21	71
前王 전왕	민21:26	
田園 전원	출22:6	110
前日 전일	창43:18	
戰場 전장	삿8:13	
錢財 전재	겔22:25	456
戰爭 전쟁	출1:10	88
戰爭記 전쟁기	민21:14	174
殿庭 전정	시135:2	384
奠祭 전제	출29:40	126
奠祭物 전제물	창35:14	65
田地 전지	창47:18	
前職 전직	창40:13	72
前進 전진	느12:37	
典執 전집	신24:6	206
典執物 전집물	신24:10	
煎鐵 전철	겔4:3	452
全體 전체	출34:10	
全治 전치	출21:19	109
田土 전토	레25:31	156
箭筒 전통	창27:3	56
箭筒 전통	욥39:33	353
傳播 전파	출9:16	94

全廢 전폐	사6:11	413
前後 전후	출30:3	
[절]		
絕交 절교	느9:2	
節期 절기	출5:1	91
節期祭 절기제	민15:3	171
絕對 절대	단8:4	
竊盜 절도	요10:1	530
絕望 절망	삼상27:12	256
切迫 절박	삼상13:6	247
折半 절반	출26:9	119
絕壁 절벽	겔38:20	
節日 절일	민28:17	181
節制 절제	행24:25	547
[점]		
點 점	창30:32	59
占 점	창44:15	
點考 점고	수8:10	220
占卦 점괘	겔13:6	
占領 점령	민21:24	175
占卜 점복	겔13:23	453
點心 점심	눅11:37	519
店匠 점장	왕상7:14	277
占匠 점장	단2:2	461

漸漸 점점	창8:3		定規 정규	대하8:14	310	靜肅 정숙	느8:11	328
			正規 정규	사44:13		定式 정식	대하4:7	
[접]			情金 정금	창2:12	15	正式 정식	행19:39	
接 접	수12:5	223	定期 정기	민9:2		精神 정신	신28:65	
接境 접경	슥9:2	489	丁寧 정녕	창2:17	15	正午 정오	시37:6	
接近 접근	민4:19		正當 정당	욥33:23		靜穩 정온	사14:7	416
接對 접대	대상12:18	301	正大 정대	사32:5	424	情慾 정욕	잠21:25	395
接待 접대	겔16:61	454	正道 정도	대하27:6	315	情慾的 정욕적	약3:15	597
接戰 접전	창14:8	36	程度 정도	고후2:5	565	正月 정월	창8:13	
接足 접족	창8:9	28	整頓 정돈	창43:25	77	正月班 정월반	대상27:3	
接觸 접촉	출29:37	126	精力 정력	민11:6	168	正義 정의	대하14:2	
[정]			整列 정렬	사22:7	419	亭子 정자	왕하9:27	
定 정	창23:18		正路 정로	잠23:19	396	整齊 정재	대상12:33	301
情 정	마27:59		整理 정리	출30:7	126	貞節 정절	딤전2:9	585
釘 정	출20:25	108	定命 정명	나2:7	479	貞操 정조	호5:7	468
淨 정	레11:32	143	精微 정미	삼하22:31	271	定罪 정죄	신25:1	207
頂 정	삼하14:25	265	精美 정미	시18:30	360	停止 정지	출36:4	134
庭 정	시116:19	383	定配 정배	스7:26	323	正直 정직	창44:16	
精 정	마27:59	507	征服 정복	창1:28	13	正直者 정직자	욥17:8	343
定價 정가	레27:8	158	政事 정사	사9:6	414	定處 정처	삼하15:20	266
淨潔 정결	창7:2	27	精誠 정성	대상29:19	307	偵探 정탐	창42:9	75
情境 정경	출23:9	112	丁稅 정세	마17:25	502	偵探軍 정탐군	히11:31	594
精巧 정교	출39:1	135	精水 정수	레15:17	147	情形 정형	삿20:3	237
情交 정교	민5:13	164	定數 정수	왕하25:30		定婚 정혼	창19:14	
政權 정권	시103:19							

正確 정확	에4:7		弟子中 제자중	눅11:1		祖父 조부	창28:13	
[제]			制裁 제재	고전6:12	560	調査 조사	창30:33	59
除 제	창14:24	37	製造 제조	출30:25	127	助産 조산	출1:16	88
祭 제	민15:3	171	製造品 제조품	겔27:16		祖上 조상	창4:20	
諸具 제구	삼상8:12	245	提出 제출	행25:18	548	吊喪 조상	삼하1:17	258
提琴 제금	삼하6:5	260	制限 제한	욥14:5	341	詔書 조서	대하36:22	318
祭壇 제단	출28:43		**[조]**			潮夕 조석	삼상17:16	
祭壇門 제단문	겔8:5	453	彫刻 조각	출35:35	134	潮夕間 조석간	사28:12	
制度 제도	창6:15	25	皂角木 조각목	출25:5	114	造成 조성	시90:2	377
祭物 제물	창4:3	18	彫刻物 조각물	사2:16	410	造成者 조성자	렘10:16	437
諸般 제반	창39:8	71	彫刻品 조각품	시74:6		嘲笑 조소	시44:13	367
祭祀 제사	창31:54	61	吊客 조객	삼하10:3	263	操心 조심	신6:12	193
祭司 제사	출35:19	134	條件 조건	요8:6	529	條約 조약	사33:8	
祭司長 제사장	창14:18	37	朝貢 조공	삼하8:2	262	照耀 조요	행12:7	540
祭司職 제사직	출31:10	128	躁急 조급	잠14:29	392	條條 조조	창43:7	76
第三門 제삼문	렘38:14		嘲弄 조롱	출32:25	129	組織 조직	시139:13	
第三層 제삼층	왕상6:6		鳥籠 조롱	렘5:27	435	措處 조처	출21:34	110
制馭 제어	민30:2	181	詔命 조명	에2:8	332	造化 조화	잠8:22	390
祭肉 제육	레7:7	141	吊問 조문	욥2:11	336	調和 조화	고후6:15	566
第二次 제이차	민10:6		吊問使 조문사	대상19:3	303	朝會 조회	단4:36	
第一 제일	출22:5		造物 조물	약1:18	596	**[족]**		
第一卷 제일권	시1		造物主 조물주	롬1:25	553	足 족	창24:25	
第一隊 제일대	민2:9		朝飯 조반	요21:12	532	足臺 족대	대하9:18	310
弟子 제자	사8:16		朝服 조복	에8:15	334	族譜 족보	대상5:1	299

族譜冊 족보책	대하12:15		從事 종사	민4:37	163	左右面 좌우면	출30:3	
族屬 족속	창10:16	31	終是 종시	마21:32	504	左右便 좌우편	왕상10:20	
族屬中 족속중	창34:2		種植 종식	겔34:29	459	座定 좌정	삼하6:2	260
族長 족장	창36:15	66	終身 종신	창3:14	16	坐定 좌정	단7:9	464
			終夜 종야	민11:32	168	左便 좌편	창14:15	
[존]			從容 종용	창25:27	54	坐向 좌향	겔21:16	
尊敬 존경	에1:20		終日 종일	민11:32	168			
尊貴 존귀	창34:19		從者 종자	창24:32	52	**[죄]**		
尊大 존대	대상29:25	307	種子 종자	창47:19		罪 죄	창4:7	18
尊待 존대	시15:4	360	鍾子 종자	사22:24	419	罪愆 죄건	출28:38	122
尊崇 존숭	삿13:17	234	踪跡 종적	시56:6	369	罪過 죄과	삼상24:11	255
尊榮 존영	대하1:11	308	宗族 종족	창10:5	31	罪目 죄목	행25:27	549
尊重 존중	삼상2:30	243	種族 종족	민3:15	162	罪罰 죄벌	창4:13	19
			宗族中 종족중	민25:14	178	罪囚 죄수	창39:20	
[졸]			從卒 종졸	행10:7	539	罪惡 죄악	창6:5	23
拙 졸	고후11:6	567	腫處 종처	레13:19	145	罪孼 죄얼	레4:3	138
猝地 졸지	수11:7	222	宗親 종친	렘41:1	445	罪蘖 죄얼	시36:1	364
						罪人 죄인	창13:13	
[종]			**[좌]**			罪中 죄중	민16:26	
縱 종	창13:17	35	左 좌	창13:9		罪責 죄책	잠30:10	398
宗家 종가	대상24:31	304	座席 좌석	레15:22	147	罪牌 죄패	마27:37	507
宗教 종교	행25:19	548	坐席 좌석	삿3:20				
宗教性 종교성	행17:22	542	左手 좌수	창48:13		**[주]**		
腫氣 종기	레13:18	145	左右 좌우	출2:12		主 주	창4:14	19
棕櫚 종려	출15:27	103	左右間 좌우간	창24:49		株 주	사7:23	413
種類 종류	창1:11	12				主管 주관	창1:16	12
終末 종말	민23:10	176						

主管者 주관자	시68:27	371	柱礎 주초	욥38:6	352	重大 중대	대하24:27	
主權 주권	대상29:11	177	住宅 주택	렘9:19		中途 중도	시102:23	379
主權者 주권자	민24:19		朱紅 주홍	사1:18		重量 중량	삼하12:30	
週年 주년	레25:30		酒興 주흥	에1:10	332	中路 중로	출33:3	130
駐屯 주둔	민31:19	183	**[죽]**			仲媒 중매	고후11:2	567
酒幕 주막	눅10:34	519	粥 죽	창25:29	54	重罰 중벌	렘23:36	
酒母 주모	왕상17:17	283	**[준]**			重病 중병	대하21:15	
注目 주목	창24:21	51	準價 준가	창23:9	51	中保 중보	사38:14	426
周密 주밀	왕하4:13	288	竣工 준공	출39:32	135	重傷 중상	삼상31:3	
稠密 주밀	시122:3		峻嶺 준령	사30:25	423	中傷 중상	고후12:20	568
周鉢 주발	민4:7	163	駿馬 준마	왕상4:28	275	衆生 중생	시145:15	
柱像 주상	출23:24	113	準備 준비	창22:8	50	重生 중생	딛3:5	590
柱像 주상	레26:1	157	俊秀 준수	창39:6	70	重數 중수	출30:34	128
註釋 주석	대하13:22	311	準繩 준승	욥38:5	352	重修 중수	대상11:8	300
住所 주소	창27:39		遵從 준종	렘35:18	443	中心 중심	창8:21	
奏樂 주악	삼하6:5	260	遵行 준행	창6:22	26	中央 중앙	창3:3	
晝夜 주야	창1:14	12	遵行者 준행자	약4:11	598	重言復言 중언부언	마6:7	498
周圍 주위	창41:49		**[중]**			重役 중역	신26:6	208
注意 주의	신23:23		中 중	창2:23		重要 중요	히8:1	
主人 주인	창18:12		重 중	창4:13	19	仲裁者 중재자	사59:16	431
主掌 주장	대상15:22	302	中間 중간	창15:10		重罪 중죄	출32:21	129
主張 주장	스10:4	324	重建 중건	수19:50	224	中天 중천	수10:13	
主宰 주재	창14:19	37	中年 중년	시102:24		中層 중층	마6:6	
躊躇 주저	신1:21	189	衆多 중다	창17:20	42	中風病 중풍병	마8:6	

中風病者 중풍병자	마4:24	

[즉]

卽 즉	마27:33	
卽時 즉시	창18:33	
卽位 즉위	왕하25:27	

[즙]

汁 즙	출22:29	112

[증]

證據 증거	창9:12	29
證據櫃 증거궤	출25:22	116
證據幕 증거막	민1:50	161
證據人 증거인	렘29:23	442
證據板 증거판	출40:20	136
證明 증명	룻4:7	241
證書 증서	신24:1	206
症勢 증세	왕상17:17	283
曾孫 증손	민16:1	
增殖 증식	신8:13	195
曾往 증왕	잠24:30	397
證人 증인	출23:1	
證參 증참	마18:16	503
增築 증축	대하27:3	
證表 증표	삼상17:18	250
證驗 증험	신18:22	200

[지]

知覺 지각	시14:2	359
地境 지경	창18:26	45
地界 지계	잠15:25	393
地界石 지계석	잠22:28	395
地界表 지계표	신27:17	209
支供 지공	왕상9:11	279
地球上 지구상	눅21:35	
至極 지극	창14:18	37
只今 지금	창7:4	93
至今 지금	창24:16	114
知能 지능	욥36:5	
地段 지단	삼상14:14	248
地臺 지대	대하3:3	309
地帶 지대	시12:9	
址坮 지대	애가4:11	449
指導 지도	시25:5	361
指導者 지도자	삼상9:16	246
指路 지로	행1:16	534
地面 지면	창1:29	13
指名 지명	출31:2	128
指目 지목	살후3:14	583
地方 지방	창10:20	
脂肪 지방	시119:70	

地上 지상	신7:6	
至善 지선	스3:11	321
至聖物 지성물	출30:29	127
至聖所 지성소	출26:33	119
指示 지시	창12:1	32
指示標 지시표	겔21:19	455
知識 지식	출31:3	128
知識者 지식자	단2:21	
地獄 지옥	마5:22	498
地位 지위	에3:1	
指摘 지적	욥17:5	343
地點 지점	겔43:12	460
指定 지정	레5:15	140
知足 지족	딤전6:6	587
至尊 지존	삼하22:14	271
至尊無上 지존무상	사57:15	431
至尊者 지존자	삼상15:29	249
地震 지진	왕상19:11	
遲滯 지체	창19:6	46
肢體 지체	레21:8	151
至親 지친	삼하19:42	269
支派 지파	창49:16	83
地下 지하	욥28:5	
智慧 지혜	창2:6	16

智慧者 지혜자	신16:19	198	診斷 진단	레13:3		鎭靜 진정	대상22:19	303
指環 지환	사3:21	412	震動 진동	출19:18	106	眞珠 진주	민11:7	168
指揮 지휘	민4:19	163	盡力 진력	딤전4:10	586	陳中 진중	출19:16	106
[직]			眞理 진리	창32:10		珍饌 진찬	잠23:3	396
直街 직가	행9:11	538	殄滅 진멸	출32:10	129	診察 진찰	레13:3	144
直徑 직경	왕상7:23	277	陳門 진문	출32:26	129	進就 진취	대하24:13	314
直告 직고	잠29:24	398	珍味 진미	단1:5	461	塵土 진토	삼상2:8	243
織工 직공	사38:12		進步 진보	빌1:12	575	進行 진행	창32:1	
職工 직공	행19:24	543	眞相 진상	단7:16		眞紅 진홍	사1:18	
職務 직무	민3:7	162	陳設 진설	창18:8	43	振興 진흥	민24:7	177
職分 직분	출28:1		陳設餠 진설병	출25:30	116	**[질]**		
職員 직원	대하23:18		珍羞 진수	창49:20	84	疾苦 질고	사53:3	429
職任 직임	민7:5	165	陳述 진술	창24:33	52	蒺藜 질려	삿8:7	231
織造 직조	출39:27	135	眞實 진실	창24:49		質問 질문	렘12:1	
職責 직책	고후5:18	566	眞實無妄 진실무망	출18:21	105	疾病 질병	출15:26	102
直行 직행	행16:11	541	眞心 진심	렘3:10		秩序 질서	고전14:40	
[진]			津液 진액	시32:4		嫉視 질시	신28:54	211
盡 진	창25:8	53	嗔言 진언	왕상18:29	284	嫉妬 질투	출20:5	107
津 진	출2:3	89	嗔言者 진언자	신18:11	200	嫉妬心 질투심	민25:11	178
陳 진	출14:19	100	鎭營 진영	민13:19	170	**[짐]**		
塵芥 진개	애가3:45	449	陣營 진영	삼상17:20	250	斟酌 짐작	행25:18	548
陳旗 진기	민2:3		眞鍮 진유	계18:12	609	**[집]**		
珍奇 진기	욜3:5	471	眞情 진정	출21:5		執權者 집권자	마20:25	503
震怒 진노	출15:7	101	眞正 진정	수24:14		執事 집사	행21:8	544

集會 집회	시7:7		贊成 찬성	행22:20	545	創傷 창상	창4:23	21
[징]			讚頌 찬송	창9:26	30	創設 창설	창2:8	14
懲戒 징계	민26:10	179	讚頌歌 찬송가	스3:11	321	昌盛 창성	창24:35	52
懲罰 징벌	삿8:16	232	讚頌詩 찬송시	고전14:26	563	創世 창세	마13:35	501
徵兆 징조	창1:14	12	讚揚 찬양	삼하18:28	268	創世記 창세기	창1	
懲責 징책	레26:28	158				創世前 창세전	벧전1:20	599
懲治 징치	창15:14	39	**[참]**			漲水 창수	삼하22:5	271
			參加 참가	민4:3		蒼玉 창옥	겔28:13	457
[차]			慘澹 참담	삿11:35	234	漲溢 창일	창7:18	27
次 차	삿17:3		僭濫 참람	시143:4	499	創作 창작	대하26:15	315
差等 차등	대상24:5	304	讒訴 참소	마9:3	269	創造 창조	창1:1	10
次例 차례	에2:12	332	參與 참여	창49:6	82	創造物 창조물	욥40:19	
差別 차별	롬3:12	554	參集 참집	단3:2	462	創造時 창조시	막10:6	512
次序 차서	창43:33	77	慘敗 참패	렘48:5	446	創造者 창조자	잠8:30	
遮日 차일	사40:22	426	慘酷 참혹	삼하2:26	259	倉猝間 창졸간	잠3:25	387
次子 차자	창41:52					瘡疾 창질	딤후2:17	589
次次 차차	삼하18:25		**[창]**			創初 창초	막13:19	
差錯 차착	창43:12	77	窓 창	창6:16		菖蒲 창포	출30:23	127
			槍 창	민25:7		唱和 창화	삼상18:7	251
[착]			倉庫 창고	창41:56		蒼黃 창황	욥41:25	354
着錮 착고	삼하3:34	259	槍軍 창군	행23:23	546			
着念 착념	렘31:21	442	娼妓 창기	신22:21	204	**[채]**		
着心 착심	잠23:12	396	娼女 창녀	창34:31	64	寨 채	대하17:12	312
			昌大 창대	창9:27	30	債給 채급	사24:2	420
[찬]			窓門 창문	수2:21		彩色 채색	창37:3	67
燦爛 찬란	눅24:4	525	蒼白 창백	렘30:6				
讚美 찬미	마21:16	504						

彩石 채석	대상29:2	306
菜蔬 채소	창1:11	12
菜食 채식	단1:12	
債用 채용	사24:2	420
菜田 채전	눅13:19	521
債主 채주	출22:25	111

[책]

册 책	출17:14	
責 책	시9:5	358
責望 책망	창21:25	
責望者 책망자	겔3:26	451
責罰 책벌	왕하19:3	294
册床 책상	왕하4:10	
責善 책선	레19:17	149
責任 책임	민1:53	
册中 책중	막12:26	

[처]

妻 처	창7:13	
處 처	민23:9	176
處決 처결	행24:22	547
處女 처녀	창24:16	
凄凉 처량	삼하13:20	264
處理 처리	창39:21	72
處罰 처벌	시106:30	

處分 처분	삼하19:27	
處所 처소	창24:31	52
妻子 처자	창30:36	
妻弟 처제	왕상11:19	281
處地 처지	고전14:16	
處處 처처	시12:8	
妻妾 처첩	삼하5:13	
處置 처치	민15:34	171

[척]

隻 척	요6:22	528
尺量 척량	시60:6	370
尺數 척수	왕상6:25	277

[천]

賤 천	신25:3	
薦 천	행1:23	534
千個 천개	창20:16	
千箇 천개	삼하18:12	
薦擧 천거	롬16:1	557
薦擧書 천거서	고후3:1	565
天國 천국	마4:17	
天軍 천군	시103:21	379
天氣 천기	마16:3	502
踐踏 천답	레26:37	158
賤待 천대	욥16:10	342

天幕 천막	대하14:15	311
千萬 천만	히12:22	
千萬人 천만인	창24:60	
千倍 천배	신1:11	
天父 천부	마6:14	499
千夫長 천부장	출18:21	
天使 천사	창19:1	
天使長 천사장	살전4:16	581
天使中 천사중	계21:9	610
千山 천산	시50:10	
薦新 천신	겔19:11	455
遷延 천연	단2:11	461
天銀 천은	대상29:4	307
擅恣 천자	신1:43	190
天障 천장	대하3:5	309
天地 천지	창1:1	
天地間 천지간	신3:24	10
千千 천천	삼상18:7	
千下 천하	창1:9	

[철]

鐵 철	레26:19	157
鐵工 철공	삼상13:19	248
鐵工匠 철공장	대하24:12	314
鐵器 철기	신27:5	209

鐵籠 철롱	겔19:9	455	靑寶石 청보석	겔28:13	457	楚撻 초달	잠13:24	392
鐵兵車 철병거	수17:16	224	靑色 청색	출25:4		招待 초대	슥3:10	487
鐵城 철성	겔4:3	452	靑玉 청옥	출24:10	114	超等 초등	창49:3	82
鐵杖 철장	욥40:18	354	請願 청원	행25:24	549	初等 초등	갈4:3	570
鐵椎 철추	시74:6	374	聽從 청종	창37:27	68	草幕 초막	레23:42	153
鐵鎚 철퇴	렘51:20	447	廳直 청직	창43:16	77	草幕節 초막절	레23:34	152
鐵筆 철필	욥19:24	343	靑靑 청청	사15:6		草網 초망	합1:15	481
哲學 철학	골2:8	578	靑草 청초	단4:15	463	招募 초모	왕하25:19	297
哲學者 철학자	행17:18	542	靑春 청춘	시103:5		草木 초목	창2:5	
鐵胸甲 철흉갑	계9:9	609	請婚 청혼	아8:8		初步 초보	히5:12	
			靑黃色 청황색	계6:8		抄本 초본	스4:11	321
[첨]						初産 초산	렘4:31	435
諂 첨	욥11:19	340	**[체]**			初喪 초상	전7:2	402
添加 첨가	민36:3	187	替番 체번	삿7:19	231	初實節 초실절	출34:22	132
[첩]			遞夫 체부	욥9:25	340	超越 초월	시97:9	378
妾 첩	창16:3	39	體容 체용	왕상1:6	274	招引 초인	행14:19	541
疊 첩	학2:15	486	體質 체질	시103:14		初一日 초일일	출40:2	
捷徑 첩경	창49:17	83	體恤 체휼	히4:15	592	草場 초장	삿20:33	
妾丈人 첩장인	삿19:4	236	**[초]**			焦悴 초췌	단1:10	461
[청]			醋 초	민6:3	165	初胎生 초태생	출13:2	99
請 청	창19:7		初 초	신16:6		招魂者 초혼자	신18:11	200
淸潔 청결	욥8:6		草 초	아4:13		**[촉]**		
請求 청구	창30:14		草芥 초개	출15:7	101	促急 촉급	삼하1:6	258
靑年 청년	창24:43	514	初更 초경	애가2:19	449	燭臺 촉대	렘52:19	447
淸明 청명	출24:10	114	焦急 초급	욥19:27	343			

燭蜜 촉밀	시22:14	361	秋收 추수	창45:6	78	出入口 출입구	겔42:11	
觸犯 촉범	사3:8	411	秋收軍 추수군	마13:30	501	出戰 출전	삼하11:1	
[촌]			醜惡 추악	롬1:29	553	出征 출정	대하21:9	313
村 촌	창25:16		追憶 추억	창41:9	73	出陣 출진	신23:9	205
村落 촌락	레25:31	156	酋長 추장	창34:2	63	黜會 출회	요12:42	531
村村 촌촌	에9:19		追從 추종	레19:31	150	**[충]**		
[총]			**[축]**			蟲 충	행12:23	540
寵 총	창29:31	58	縮 축	민31:49	183	衝突 충돌	삼하6:8	261
總計 총계	민1:46	161	軸 축	왕상7:30	278	衝動 충동	삿9:31	233
驄毯 총담	계6:12	608	祝福 축복	창12:3	33	充滿 충만	창1:22	13
總督 총독	스5:3	322	祝謝 축사	삼상9:13	245	充分 충분	나2:12	
總理 총리	창41:41		縮小 축소	미6:10		忠誠 충성	민12:7	169
總理大臣 총리대신	대하28:7	315	祝願 축원	잠11:11	390	充數 충수	왕상20:25	284
聰明 총명	출31:3	128	祝賀 축하	시49:18		忠臣 충신	요19:12	
總務 총무	창39:4	70	**[출]**			忠信 충신	계19:11	610
總數 총수	민26:2	179	出 출	출1		充實 충실	창41:5	73
總會 총회	민16:2	172	出嫁 출가	레21:3	151	忠實 충실	삼상2:35	243
[최]			黜敎 출교	요9:22	529	忠義 충의	대하19:9	
最高 최고	약2:8		出口 출구	겔44:5		充足 충족	시78:25	375
最後 최후	렘31:17		出發 출발	민10:12		忠直 충직	느13:13	330
[추]			出番 출번	왕하11:7	290	衝天 충천	신4:11	191
錘 추	레19:36	150	出生 출생	창10:21		**[취]**		
醜 추	욥30:18		出生地 출생지	창31:31		取 취	창2:21	15
追擊 추격	창35:5	65	出入 출입	창34:24		娶 취	창4:19	20

醉 취	창9:21	29	親舊 친구	창26:26				[침]	
取利 취리	느5:7	327	親近 친근	신10:20	196		寢宮 침궁	아1:4	405
取消 취소	에8:5	334	親睦 친목	창34:21	64		寢臺 침대	행5:15	536
			親密 친밀	시25:14	361		侵擄 침로	삼상23:27	254
	[측]		親屬 친속	삼상18:18	251		沈淪 침륜	렘51:64	447
測量 측량	민35:5	185	親手 친수	신9:10	195		寢網 침망	사24:20	420
惻隱 측은	렘31:20	442	親友 친우	시55:13			沈沒 침몰	창9:11	29
			親切 친절	행27:3	550		沈默 침묵	시83:1	376
	[층]		親庭 친정	레22:13			寢房 침방	느3:30	
層 층	왕상7:4		親族 친족	창43:7			侵犯 침범	왕하11:8	290
層階 층계	출20:26	108	親戚 친척	창12:1	32		寢床 침상	창47:31	81
層臺 층대	대하9:11	310	親筆 친필	고전16:21	564		寢所 침소	눅11:7	519
			親合 친합	단11:34	465		寢睡 침수	단6:18	464
	[치]						寢室 침실	출8:3	
治道 치도	시78:50	375		[칠]			浸入 침입	눅16:6	522
治療 치료	창20:17	48	漆 칠	렘22:14	440		霑霑 침침	욥30:6	348
治理 치리	창41:33	74	七面蜥蝪 칠면석척	레11:30	143		沈香 침향	시45:8	367
治理者 치리자	창45:8	78	七十王 칠십왕	삿1:7			沉香木 침향목	민24:6	177
致富 치부	창14:23	37	七十柱 칠십주	출15:27	102				
治石 치석	왕상6:7	277	七月 칠월	창8:4				[칭]	
嗤笑 치소	렘18:16	439	七月間 칠월간	민12:14			稱 칭	창1:5	11
置心 치심	시62:10	370	七週 칠주	신16:9			稱頌 칭송	대상16:4	302
恥辱 치욕	삼상17:26	250	七晝夜 칠주야	레8:35	141		稱述 칭술	삿5:11	229
輜重 치중	사10:28	415	七七節 칠칠절	출34:22	132		稱譽 칭예	렘13:11	437
痔疾 치질	신28:27	210	七兄弟 칠형제	마22:25			稱讚 칭찬	창12:15	33
	[친]								
親 친	창22:8								

稱呼 칭호	사44:5	
稱號 칭호	호12:5	469
[쾌]		
快樂 쾌락	전2:3	
快活 쾌활	창18:5	43
[타]		
打擊 타격	행27:10	550
他國 타국	출2:22	
他國人 타국인	출12:19	
墮落 타락	렘14:7	438
他人 타인	창29:19	
打作 타작	창50:10	85
打作機 타작기	암1:3	472
駝鳥 타조	레11:16	142
他處 타처	창36:6	66
打破 타파	출23:24	113
[탁]		
濁流 탁류	눅6:48	517
卓越 탁월	창49:3	82
[탄]		
綻露 탄로	출2:14	89
嘆息 탄식	출2:14	89
嘆願 탄원	렘37:20	444
誕日 탄일	창40:20	73

[탈]		
奪取 탈취	민21:26	175
奪取物 탈취물	출15:9	101
[탐]		
貪 탐	창3:6	16
探求 탐구	신12:30	196
貪婪 탐람	렘6:13	436
貪利 탐리	시10:3	359
貪色 탐색	고전6:9	560
貪食 탐식	잠23:21	
貪食者 탐식자	잠23:2	396
貪心 탐심	사57:17	
貪慾 탐욕	민11:4	168
探偵 탐정	삼상26:4	256
探知 탐지	민13:2	169
探知軍 탐지군	왕상20:17	284
貪虐 탐학	전7:7	402
[탕]		
蕩減 탕감	느10:31	329
蕩減 탕감	눅7:42	518
湯罐 탕관	레11:35	143
蕩敗 탕패	잠13:23	392
[태]		
胎 태	창20:18	48
太古 태고	시55:19	

態度 태도	고전11:16	562
怠慢 태만	렘48:10	446
太半 태반	대상12:29	301
泰山 태산	단2:35	
太陽 태양	레26:30	
太陽像 태양상	대하14:5	311
太陰 태음	신33:14	215
笞杖 태장	고후11:25	567
胎中 태중	창25:23	54
太初 태초	창1:1	10
泰平 태평	삿3:11	228
太平 태평	왕하20:19	
太平時代 태평시대	왕상2:5	
笞刑 태형	신25:2	207
太后 태후	왕상15:13	283
[택]		
擇 택	창13:11	
擇定 택정	수20:2	225
[터]		
攄得 터득	욥8:8	339
[토]		
吐 토	레18:28	
土窟 토굴	사2:19	411
土器 토기	레6:28	

土器匠 토기장	사29:16	423	通商 통상	겔27:3	457
土壇 토단	출20:24	107	洞簫 통소	창4:21	
土屯 토둔	겔4:2	452	統率 통솔	왕상16:9	283
討論 토론	막9:33	511	通譯 통역	고전12:10	
土産 토산	왕하2:19	288	通用 통용	창23:16	51
土産物 토산물	시78:46		統一 통일	엡1:10	
討索 토색	왕하15:20	292	通知 통지	마14:35	502
吐說 토설	시32:3	363	洞察 통찰	잠24:12	396
土城 토성	삼하20:15	270	痛責 통책	잠27:6	397
土人 토인	대상11:4	300	洞燭 통촉	시5:1	357
土地 토지	창3:23		統治 통치	대상16:31	303
			統治者 통치자	시105:20	380
[통]			統治下 통치하	렘34:1	
通 통	창25:18		痛恨 통한	신29:28	212
桶 통	출27:3		統轄 통할	민3:32	162
筒 통	왕상7:33	278	通行 통행	민21:22	175
通姦 통간	창35:22	66	通行口 통행구	겔42:9	
痛哭 통곡	신1:45	190	通婚 통혼	창34:9	63
通過 통과	창12:6	33	痛悔 통회	시34:18	363
通達 통달	대하30:22	316			
痛悼 통도	사23:5	419	**[퇴]**		
通辯 통변	창42:23	76	頹落 퇴락	왕하12:5	291
通報 통보	왕상21:14		退步 퇴보	수23:12	
痛憤 통분	왕하3:27	288	退縮 퇴축	시44:18	367
痛忿 통분	단2:12	462			

[투]		
妬忌 투기	창30:1	58
鬪爭 투쟁	신21:5	
偸竊 투절	호4:2	467
投票 투표	행26:10	549
[특]		
特別 특별	출14:7	100
特甚 특심	왕상19:10	284
特異 특이	창10:9	31
[파]		
破 파	창14:15	
罷 파	대하16:5	312
派 파	행6:1	537
派遣者 파견자	나2:13	479
破壞 파괴	민15:31	171
破器 파기	시31:12	362
巴旦杏 파단행	창43:11	76
波濤 파도	출15:8	101
罷免 파면	왕상2:27	274
破滅 파멸	민33:52	185
破傷 파상	레24:20	153
破船 파선	왕상22:48	286
派送 파송	마23:37	505
破碎 파쇄	시74:14	374

把守 파수	삼하13:34	265	悖乖 패괴	삿2:19	228	片鐵 편철	민16:38	172
把守軍 파수군	삼상14:16	248	敗壞 패괴	욥16:17	342			
把守軍中 파수군중	마28:11	508	霸權者 패권자	사14:5	416		**[폄]**	
破約 파약	민30:2	182	悖戾 패려	잠11:20	391	貶論 폄론	골2:16	578
播種 파종	출23:10	112	悖理 패리	사29:16	423		**[평]**	
	[판]		敗亡 패망	대하14:13		平康 평강	민6:26	165
板 판	출24:12	114	敗滅 패멸	사22:4		平均 평균	레7:10	
判決 판결	출21:22	109	佩物 패물	창24:53	53	評論 평론	합2:6	482
判決法 판결법	민27:21	180	悖逆 패역	민5:6	163	平民 평민	레4:27	
判決者 판결자	욥9:33		悖逆不道 패역부도	삼상20:30	252	平床 평상	막4:21	510
判斷 판단	창16:5	40	悖逆者 패역자	시68:18	371	平生 평생	신6:2	
判斷力 판단력	시72:1		牌長 패장	출5:6	91	平時 평시	삼상20:25	
判明 판명	신19:18	202	敗戰 패전	삼상31:3		平安 평안	창15:15	39
板壁 판벽	학1:4	485				平野 평야	대상27:28	
判異 판이	욥21:16	344		**[편]**		平穩 평온	왕하11:20	290
板子 판자	왕상6:36		便 편	창18:2	43	平原 평원	신3:10	
板墻 판장	출38:27	135	偏 편	행13:33		平日 평일	삼상18:10	
			偏見 편견	딤전5:16	586	平靜 평정	시89:9	377
	[팔]		褊急 편급	미2:7	477	平地 평지	창11:2	
八百年 팔백년	창5:4		遍踏 편답	시48:12	368	平坦 평탄	창24:21	
	[패]		偏黨 편당	고전11:19	562	平土葬 평토장	눅11:44	520
牌 패	출28:36	122	遍滿 편만	창9:7	29	平平 평평	시65:10	
敗 패	출32:18		偏僻 편벽	출23:3	112	平和 평화	레26:6	
敗家 패가	잠18:9	394	便紙 편지	삼하11:14	263		**[폐]**	
悖壞 패괴	창6:11	24	編輯 편집	잠25:1	397	廢 폐	레26:44	

幣 폐	고후11:9	
弊端 폐단	전5:13	401
廢物 폐물	애가3:45	449
幣帛 폐백	삼상18:25	251
肺病 폐병	레26:16	157
肺腑 폐부	렘17:10	439
閉鎖 폐쇄	레14:38	146
蔽一言 폐일언	히7:7	593
閉會 폐회	행13:43	540

[포]

葡萄 포도	창9:20	
葡萄園 포도원	출22:5	
葡萄園直 포도원직	사27:3	
葡萄酒 포도주	창9:21	29
葡萄汁 포도즙	창49:11	83
捕虜 포로	민24:22	177
捕縛 포박	막15:7	513
捕手 포수	렘16:16	438
捕繩 포승	전7:26	402
飽食 포식	잠13:25	392
暴惡 포악	잠29:13	398
布帳 포장	출27:9	120
褒獎 포장	삼상19:4	252
暴虐 포학	삿9:24	233

暴虐者 포학자	사25:4	420

[폭]

幅 폭	출26:1	118
暴陽 폭양	사25:4	420
暴雨 폭우	욥38:25	
瀑布 폭포	시42:7	
暴風 폭풍	욥9:17	
暴行 폭행	행21:35	545
暴行者 폭행자	딤전1:13	585

[표]

標 표	창4:15	19
表 표	전22:15	204
豹 표	아4:8	407
漂流 표류	삿5:21	230
表面的 표면적	롬2:28	554
表明 표명	마26:73	507
標木 표목	렘31:21	442
漂白 표백	말3:2	492
表象 표상	롬5:14	555
表示 표시	욥36:33	
表蹟 표적	출12:13	98
標的 표적	시74:4	373
表跡 표적	사19:20	418
標準 표준	마2:16	496

表證 표증	시86:17	376
表徵 표징	창17:11	42
表號 표호	출3:15	90

[품]

稟 품	민27:5	180
稟賦 품부	대하2:12	308
品行 품행	잠20:11	

[풍]

豐年 풍년	창41:29	74
風浪 풍랑	행27:18	550
風流 풍류	눅15:25	521
風聞 풍문	왕하19:7	294
豐富 풍부	창13:2	34
豐備 풍비	욥36:31	352
諷詞 풍사	미2:4	477
風說 풍설	출23:1	112
豐盛 풍성	창27:28	56
風聲 풍성	삼하22:45	271
風勢 풍세	전11:4	404
風俗 풍속	레18:3	
風雨 풍우	욥36:33	
諷刺 풍자	합2:6	482
楓子香 풍자향	출30:34	128
風災 풍재	신38:22	210

風潮 풍조	엡4:14	573
豊足 풍족	신28:47	210
風彩 풍채	사53:2	429
[피]		
避 피	창3:8	16
被告 피고	잠18:17	394
疲困 피곤	출17:12	
避難 피난	사4:2	412
避難處 피난처	시14:6	271
避難處 피난처	삼하22:3	359
皮膚 피부	레13:2	
皮膚病 피부병	레13:6	
被殺 피살	신21:1	203
被殺者 피살자	신32:42	215
皮匠 피장	행9:43	538
被造物 피조물	롬1:25	553
彼此 피차	창31:49	60
彼此間 피차간	창42:23	
[필]		
匹 필	창24:10	
畢 필	출39:42	135
筆客 필객	시45:1	367
畢竟 필경	창3:19	17
畢役 필역	왕상3:1	275

必然 필연	출13:19	100
必要 필요	잠30:8	
[핍]		
逼近 핍근	겔24:2	456
逼迫 핍박	신30:7	212
逼迫者 핍박자	딤전1:13	584
乏絶 핍절	신28:48	210
[하]		
河 하	창6:16	
下鑑 하감	신26:7	208
河馬 하마	욥40:15	354
荷物 하물	행27:10	550
下屬 하속	마26:58	506
河水 하수	창36:37	67
何如間 하여간	고후12:16	
下人 하인	창18:7	
下地 하지	신4:39	192
下體 하체	창9:22	29
下層 하층	왕상6:6	
[학]		
鶴 학	레11:19	143
虐待 학대	창16:6	40
虐待者 학대자	사51:13	428
學問 학문	단1:4	461

學士 학사	스7:6	323
虐殺 학살	삼하21:5	270
學術 학술	행7:22	537
學識 학식	잠1:5	
學者 학자	사50:4	
虐疾 학질	신28:22	210
[한]		
恨 한	창27:42	56
限 한	창41:49	
閒暇 한가	신24:5	206
限界 한계	잠8:29	
閒談 한담	잠11:13	391
限量 한량	사5:14	
旱災 한재	신28:22	210
閒寂 한적	막1:35	509
限定 한정	욥13:27	
恨嘆 한탄	창6:6	23
[할]		
割禮 할례	창17:10	41
割禮黨 할례당	엡2:11	
割禮山 할례산	수5:3	218
割禮時 할례시	롬4:10	
割禮者 할례자	행11:2	539

	[함]		降服 항복	민32:29	184	解産 해산	창25:24		
陷落 함락	신20:20	202	降伏 항복	눅10:17	518	解産 해산	미5:3	478	
陷沒 함몰	욥22:16	345	恒常 항상	창6:5	23	解釋 해석	창40:8	72	
含笑 함소	욥29:24	348	行伍 행오	출13:18		解釋者 해석자	욥33:23	350	
陷穽 함정	출10:7	95	恒用 항용	삼상21:4	253	海岸 해안	눅6:17	517	
陷害 함해	욥34:30	351	航海 항해	사42:10		海洋 해양	잠3:20		
	[합]		航海者 항해자	겔26:17		海絨 해융	마27:48	507	
合 합	창46:15			**[해]**		解弛 해이	합1:4	481	
盒 합	마2:11	496	害 해	창19:9		垓子 해자	삼하20:15	270	
蛤蚧 합개	레11:30	143	解渴 해갈	시104:11	380	懈怠 해태	잠19:15	394	
合當 합당	창20:9	48	解決 해결	창20:16			**[행]**		
合同 합동	민18:4		海股 해고	사11:15	415	行 행	창17:1		
合力 합력	롬8:28	555	骸骨 해골	창50:25	86	行閣 행각	요5:2	528	
合理 합리	욥35:2	351	海獺 해달	출25:5	114	行客 행객	삿19:17	236	
鴿糞太 합분태	왕하6:25	289	該當 해당	마26:66	506	行具 행구	삼상10:22	246	
合心 합심	삿20:11	237	害毒 해독	민5:19		行動 행동	민24:18		
合意 합의	출32:32	130	海路 해로	시8:8		行樂 행락	딛3:3	590	
合意上 합의상	고전7:5	561	海灣 해만	수15:2	223	行列 행렬	느12:31	329	
合奏 합주	대하20:28	313	海面 해면	욥38:30		行路 행로	신1:31	189	
合歡菜 합환채	창30:14	59	解夢 해몽	삿7:15	231	行李 행리	렘46:19		
	[항]		海物 해물	약3:7	597	行步 행보	창33:14	62	
抗拒 항거	시74:23	374	解放 해방	레19:20	149	幸福 행복	신10:13		
港口 항구	시107:31		海邊 해변	창49:13		行事 행사	삼상8:8		
港灣 항만	행27:30	551	海濱 해빈	삿5:17	230	行船 행선	눅8:23	518	

行巡 행순	아5:7	407
行習 행습	민22:30	175
行實 행실	스9:13	324
行惡 행악	시6:8	358
行惡者 행악자	욥31:3	349
行爲 행위	창6:12	24
行淫 행음	창38:24	70
行淫者 행음자	계21:8	610
行人 행인	삿5:6	
行狀 행장	왕상11:41	281
行裝 행장	행21:15	545
行蹟 행적	왕상14:19	282
行陳 행진	민4:5	162
行進 행진	시68:7	
行次 행차	시68:24	371

[향]

向 향	창18:22	
香 향	창50:2	85
香氣 향기	창8:21	28
香囊 향낭	아1:13	406
享年 향년	창9:29	30
香爐 향로	레10:1	142
香料 향료	사39:2	
鄕里 향리	수15:45	223

香木 향목	계18:12	
向方 향방	고전9:26	
享壽 향수	창5:5	21
香煙 향연	레16:13	148
香油 향유	마26:7	
饗應 향응	에2:18	332
香材料 향재료	대하16:14	312
鄕村 향촌	민32:42	184
香臭 향취	창27:27	56
香品 향품	창37:25	67
香盒 향합	사3:20	411

[허]

許 허	왕상8:24	278
虛空 허공	욥26:7	346
許多 허다	신31:17	
許諾 허락	창16:2	39
虛浪放蕩 허랑방탕	눅15:13	521
虛妄 허망	출23:1	112
虛無 허무	신32:21	214
虛費 허비	마26:8	506
虛事 허사	신32:47	
虛榮 허영	빌2:3	575
虛僞 허위	사28:15	
虛誕 허탄	욥27:12	347

[헌]

獻金 헌금	눅21:1	523
獻物 헌물	레23:38	153
獻身 헌신	출32:29	130

[험]

險 험	삼상14:4	248
險惡 험악	창47:9	80
險峻 험준	욥39:28	

[혁]

| 赫赫 혁혁 | 에1:4 | |

[현]

玄關 현관	삿3:23	
顯達 현달	잠3:35	387
現夢 현몽	창20:3	47
現狀 현상	사64:5	
玄孫 현손	민27:1	179
賢淑 현숙	룻3:11	241
絃樂 현악	시4:0	357
現場 현장	요8:4	529
現在 현재	신1:11	
顯著 현저	단8:5	464
眩恍 현황	왕상10:5	280

[혈]

| 血 혈 | 고전15:50 | |
| 血氣 혈기 | 창9:15 | 29 |

血漏 혈루	막5:29	511	兄弟間 형제간	고전6:5		護衞 호위	신32:10	213
血漏症 혈루증	마9:20	499	兄弟姊妹 형제자매	민6:7	165	護衞兵 호위병	왕하10:25	290
血屬 혈속	출1:5	88	兄弟中 형제중	창42:19		護衞所 호위소	왕하15:25	292
血肉 혈육	창6:12	24	形體 형체	시139:15	384	好意 호의	행25:3	548
血統 혈통	요1:13	527	亨通 형통	창24:42	52	戶籍 호적	겔13:9	453
孑孑單身 혈혈단신	사51:2	428	形便 형편	삼하14:20	265	呼出 호출	욥9:19	
						扈行 호행	삼하19:40	269
[혐]			**[호]**			豪華 호화	사5:14	
嫌怨 혐원	신19:4	201	號角 호각	시98:6	378	呼吸 호흡	창7:22	27
嫌疑 혐의	욥19:17	343	呼哭 호곡	창50:10	85			
			號哭 호곡	삼하11:26	263	**[혹]**		
[협]			豪氣 호기	삼상16:18	249	或 혹	창16:2	
協力 협력	빌1:27		胡桃 호도	아6:11	408	惑 혹	잠7:21	
脅迫 협박	잠13:8	392	號令 호령	욥39:25		酷毒 혹독	창49:7	83
狹窄 협착	애가1:3	448	毫釐 호리	삿20:16	238	或時 혹시	창30:33	59
			縞瑪瑙 호마노	창2:12	15	或者 혹자	사49:12	
[형]			琥珀 호박	출28:19	121			
兄 형	창10:21		好不好 호불호	민13:19	170	**[혼]**		
荊棘 형극	사5:6	412	護喪軍 호상군	창50:14	85	魂 혼	창35:18	
刑罰 형벌	출21:19	109	好色 호색	롬13:13	556	昏困 혼곤	욘4:8	476
形像 형상	창1:26	13	呼訴 호소	창4:10	19	婚期 혼기	고전7:36	562
形狀 형상	왕상6:29		護送 호송	행23:32	546	混沌 혼돈	창1:2	10
形勢 형세	레27:8	158	湖水 호수	출7:19	93	混亂 혼란	삼상14:20	248
兄嫂 형수	창38:9	68	護身符 호신부	사3:20	412	昏迷 혼미	잠5:23	388
形容 형용	눅1:22	515	護心鏡 호심경	사59:17	431	婚姻 혼인	신7:3	194
形跡 형적	고전7:31	561				混雜 혼잡	창11:7	32
兄弟 형제	창9:5							

混雜物 혼잡물	사1:25	410	花冠 화관	사3:20	411	火箭 화전	시7:13	358
魂絕 혼절	단8:27	465	火光 화광	시78:14		火祭 화제	출29:18	125
昏醉 혼취	슥12:2	489	火光石 화광석	겔28:14	458	火祭物 화제물	레5:12	140
混合 혼합	잠9:2		和答 화답	출15:21	102	和暢 화창	아1:16	406
			華麗 화려	삼하1:24	259	和親 화친	수9:15	220
[홀]			火爐 화로	렘36:22	444	和平 화평	삿4:17	229
笏 홀	창49:10	83	火木 화목	대상21:23		和合 화합	삼상29:4	
忽然 홀연	민6:9	165	和睦 화목	욥22:21	345	和解 화해	눅12:58	520
[홍]			和睦祭 화목제	출20:24	107	花環 화환	왕상7:29	277
紅馬 홍마	슥1:8	487	和睦祭物 화목제물	수22:23	225			
紅瑪瑙 홍마노	출28:18	121	花紋席 화문석	삿5:10	229	**[확]**		
紅寶石 홍보석	출28:17	121	花紋褥 화문요	잠7:16	389	確信 확신	신28:66	
紅糸 홍사	창38:28	70	華美 화미	욥40:10	354	確實 확실	레13:44	145
紅色 홍색	출25:4		花斑石 화반석	대상29:2	306	確言 확언	신26:17	208
洪水 홍수	창6:17	25	火傷 화상	레13:25		擴張 확장	수19:47	224
紅玉 홍옥	겔28:13	458	畫像 화상	막12:16	512	確定 확정	레25:30	155
紅衣 홍의	사63:1		火石 화석	겔3:9	451	確證 확증	행2:40	535
紅袍 홍포	마27:28	507	花石榴 화석류	느8:15	328	**[환]**		
紅海 홍해	출10:19		禍厄 화액	사57:1	430	宦官 환관	왕하20:18	295
[화]			火焰 화염	민21:28	175	宦官長 환관장	렘39:13	445
禍 화	창34:30	64	火焰劍 화염검	창3:24	17	患難 환난	창35:3	65
化 화	시32:4		火印 화인	딤전4:2	585	患難後 환난후	막13:24	
火 화	시39:3		化粧 화장	렘4:30		幻像 환상	욥20:8	334
花 화	아1:14	406				歡迎 환영	삿19:3	236
禾穀 화곡	시72:16	373	火箸 화저	대하4:21	309	患者 환자	레13:4	

患處 환처	레13:3	144	皇后 황후	렘7:18	436	會集 회집	사43:9	
						灰漆 회칠	겔13:11	453
	[활]			**[회]**		茴香 회향	마23:23	505
活動 활동	살후2:7	582	會 회	사33:12				
活潑 활발	시38:19	365	灰 회	시111:1	425		**[획]**	
			悔改 회개	욥42:6	355	畫 획	눅16:17	
	[황]		會計 회계	왕하12:15				
惶恐 황공	시55:5	369	回答 회답	신20:11			**[횡]**	
黃金 황금	스1:6	320	會堂 회당	시74:8		橫 횡	창13:7	35
遑急 황급	사52:12	429	會堂長 회당장	막5:22	510	橫暴 횡포	욥35:15	351
荒凉 황량	레26:31	158	會幕 회막	출27:21	120	橫行 횡행	시12:8	359
惶忙 황망	시88:15	377	會幕門 회막문	출29:11	123		**[효]**	
荒蕪 황무	출23:29	113	回報 회보	출19:8	105	孝 효	딤전5:4	
荒蕪地 황무지	신32:10	213	回復 회복	창40:13	72	效力 효력	창4:12	19
黃寶石 황보석	겔28:13	458	恢復 회복	삼하8:3	262	驍勇 효용	삼하23:20	272
惶悚 황송	출33:4	130	回復者 회복자	룻4:15	241	曉喩 효유	행12:21	540
荒野 황야	시107:40	382	灰三物 회삼물	사41:25	426	效驗 효험	마27:24	507
黃楊木 황양목	사41:19	426	回想 회상	애3:21			**[후]**	
黃玉 황옥	출28:17	121	回生 회생	왕하13:21	291	後 후	창4:3	
荒寂 황적	애가1:4	448	會議 회의	렘23:18		厚 후	창30:20	
皇帝 황제	행25:21	548	回轉 회전	약1:17	596	後見人 후견인	갈4:2	570
蝗虫 황충	왕상8:37	309	回程 회정	창33:16	62	後軍 후군	수6:9	218
蝗蟲 황충	대하6:28		會衆 회중	출12:3	96	後宮 후궁	삼하15:16	266
荒廢 황폐	창47:19	80	會中 회중	시1:5	357	厚待 후대	창12:16	33
黃昏 황혼	왕하7:5					後隊 후대	민2:31	162
						後代 후대	수22:28	225

後來事 후래사	사41:23	
厚薄 후박	민13:20	170
後夫 후부	신24:3	206
后妃 후비	왕상11:3	280
後嗣 후사	창15:3	38
後生 후생	시78:6	375
後書 후서	고후1	
後世 후세	시49:13	368
後孫 후손	창3:15	
後時代 후시대	율1:3	470
後室 후실	신22:30	204
後裔 후예	창10:1	30
詬辱 후욕	시44:16	
後園 후원	에1:5	
後苑 후원	에7:8	334
後日 후일	창30:33	59
後陣 후진	민10:25	167
後妻 후처	창25:1	
朽敗 후패	욥13:28	341
後悔 후회	민23:19	176

[훈]

訓戒 훈계	시16:7	360
訓導 훈도	롬2:20	554
訓示 훈시	스10:8	324

[훤]

暄嘩 훤화	출32:17	129
喧譁 훤화	행23:9	546

[훼]

毁滅 훼멸	신29:23	211
譭謗 훼방	레24:11	153
毁謗者 훼방자	딤전1:13	584
毁傷 훼상	삼하12:18	264
毁破 훼파	출23:24	113

[휘]

揮帳 휘장	출27:21	120

[휴]

休息 휴식	출16:23	

[흉]

凶 흉	왕상14:6	
胸甲 흉갑	계9:9	
凶年 흉년	창26:1	
胸背 흉배	엡6:14	574
胸壁 흉벽	전9:14	403
兇惡 흉악	창41:3	73
洶湧 흉용	출15:10	101
胸牌 흉패	출25:7	115

[흑]

黑馬 흑마	슥6:2	488
黑石 흑석	에1:6	
黑暗 흑암	창1:2	11
黑雲 흑운	히12:18	594

[흔]

釁端 흔단	삼하2:27	259
欣然 흔연	행8:39	538
痕跡 흔적	레13:23	145

[흠]

欠 흠	출12:5	97
欽慕 흠모	사53:2	429
歆饗 흠향	창8:21	28

[흡]

吸收 흡수	신11:11	196
洽足 흡족	시68:9	371

[흥]

興 흥	욥22:23	345
興起 흥기	욥5:11	338
興奮 흥분	학1:14	485
興旺 흥왕	느2:10	325

[희]

稀貴 희귀	삼상3:1	244
禧年 희년	레25:10	154
喜樂 희락	민10:10	166

戱弄 희롱	창21:9	49	犧牲 희생	창46:1	80		**[힐]**		
希望 희망	사21:4	418	稀少 희소	느7:4	328	詰難 힐난	막8:11	511
稀微 희미	고전13:12	563	稀罕 희한	단2:11	462	詰問 힐문	창43:7	76
喜色 희색	잠16:15	393							

저자약력 | 朴光鎬

동국대학교 국어국문학과 졸업
고려대학교 대학원 졸업

〈經歷〉
문교부 6급 공무원 퇴임
한영고등학교 교사 역임
한림대학교 교수 역임
강원대학교 외래교수 역임
서울신학대학교 객원교수 역임
현대시문학대학원 지도교수
서울신학대학교 재단이사 역임
한국문인협회 회원
재)한국문화진흥재단 이사 겸 계간 『문예운동』 공동발행인
한국시니어교육진흥원 강사연수원장

〈著書〉
『문학개론』, 『성서한자풀이』, 『시창작 넉더듬이』, 『대학한문』, 『교육학개론』(공저),
『뿌리와 잎줄기 그리고 열매』, 『7급 국가직·지방직(행정·법원·검찰·세무·외무)국어』,
『한자교본』 외

〈詩集〉
『바다에 뿌린 씨앗』, 『희나리』, 『지구를 배낭에 지고』 외

聖經漢字解說(성경한자해설)

2020년 1월 5일 초판 1쇄 인쇄
2020년 1월 10일 초판 1쇄 발행

지은이 박광호
펴낸이 진욱상
펴낸곳 백산출판사
교 정 박시내
본문디자인 오행복
표지디자인 오정은

등 록 1974년 1월 9일 제406-1974-000001호
주 소 경기도 파주시 회동길 370(백산빌딩 3층)
전 화 02-914-1621(代)
팩 스 031-955-9911
이메일 edit@ibaeksan.kr
홈페이지 www.ibaeksan.kr

ISBN 979-11-5763-705-8   03710
값 35,000원